CB075541

BREVE DICIONÁRIO *de* TEOLOGIA

Justo González

hagnos

© 2005   Justo González

Título original
Diccionário breve de teologia

Tradução
Silvana Perrella Brito

Revisão
João Guimarães
Mauricio A. Martinez

Capa
Maquinaria Studio

Diagramação
Sandra Oliveira

Editor
Juan Carlos Martinez

1ª edição - Agosto de 2009
Reimpressão - Setembro de 2015

Coordenador de produção
Mauro W. Terrengui

Impressão e acabamento
Imprensa da Fé

Todos os direitos desta edição reservados para:
Editora Hagnos
Av. Jacinto Júlio, 27
04815-160 - São Paulo - SP - Tel/Fax: (11) 5668-5668
hagnos@hagnos.com.br - www.hagnos.com.br

Dados Internacionais de Catalogação na Publicação (CIP)
(Câmara Brasileira do Livro, SP, Brasil)

L. González, Justo
   Breve dicionário de teologia / Justo L. González.
[tradução Silvana Perrella Brito]. -- São Paulo: Hagnos, 2009.

Título original: Dicionario breve de teologia.

Bibliografia
ISBN 978-85-7742-041-4

1. Teologia - Dicionários   I. Título

08-08816   CDD-230.03

Índices para catálogo sistemático:
1. Teologia cristã: Dicionários   230.03

Editora associada à:

Prefácio à edição em português

Como afirmei na introdução, para que este dicionário fosse escrito, precisei mais de meio século. Originalmente, foi concebido na *alma mater* de um seminário em Cuba, onde tudo o que digo na introdução era parte dessa realidade, mas outra parte da realidade era a que bem poucos dos meus colegas podiam ler os livros teológicos de referência que havia na biblioteca, pois, muitos desses livros estavam em inglês, outros em francês e pouquíssimos em espanhol. Graças a uma série de circunstâncias, que de maneira alguma partiram de mim, mas da divina Providência e dos esforços dos meus pais, eu recebera uma educação excepcional no que tange a idiomas, e conseguia ler os livros que estavam inacessíveis aos meus colegas.

Como resultado inesperado dessas circunstâncias, de repente me vi explicando a algum dos meus colegas o que uma palavra ou frase queriam dizer. Boa parte disto não era mais que a simples tradução; mas a tradução com frequência requer interpretação. E foi assim que aqueles colegas foram instrumentos que Deus utilizou para me chamar ao que depois veio a ser boa parte da minha profissão acadêmica. O que começou como tradução e interpretação converteu-se em uma paixão por explicar, por simplificar sem ser simplista demais, por interpretar, para fazer chegar o melhor do pensamento e do testemunho cristão de todas as épocas a um público que nem sempre era perito no assunto.

Este Breve Dicionário de Teologia, que agora aparece em língua portuguesa, e que originalmente foi escrito em inglês e espanhol, é parte desse propósito central. Não há justificativa alguma para dificultar a leitura teológica com o uso de termos técnicos para os leitores e leitoras, pois nem sempre eles entendem. Também não há justificativa para condicionar os livros de referência a exemplares volumosos e caros, que poucos conseguem comprar, e que ninguém quer levar de um lado para o outro. Portanto, está explicado o tamanho desta obra. Seu propósito não é dizer tudo quanto se possa sobre cada tema, mas tão-somente o necessário para poder ler e entender livros e tratados teológicos, nos quais os termos que são explicados aqui aparecem de maneira repetitiva. Espero que esse objetivo atenda aos novos leitores, aos quais esta tradução para português me permite ter acesso.

Deste modo, a tradução deste dicionário para o português pela Editora Hagnos constitui para mim um motivo de profunda satisfação. O que comecei há mais de meio século, nas aulas do meu seminário, agora vai alcançar inúmeros leitores da língua de Camões. Estou convencido de que os estudantes de teologia e os cristãos em geral, no Brasil, Portugal, Angola, Moçambique e outros lugares, têm um lugar nos planos de Deus para o seu mundo. Nada me poderia dar maior prazer do que a possibilidade de que este livro, que começou a ser escrito há tanto tempo, tenha um lugar, por pequeno que for, no futuro de Deus.

Justo L. González
Junho de 2009

Introdução

Já escrevi muitos livros. Em alguns casos, levei poucos meses para escrever, porém, outros exigiram muitos anos de trabalho. Nesta obra, *Breve Dicionário de Teologia*, estou empenhado há mais de meio século no outono de 1954, quando também comecei os meus estudos teológicos. Com empolgação iniciei a minha primeira semana de aulas, para terminá-la com frustração. Mergulhei nos meus livros e os li avidamente, e descobri muita coisa interessante; porém, encontrei outras meio confusas. As palavras nem sempre significavam exatamente o que eu pensava, ou elas foram usadas em contextos diferentes, em que seu significado comum fazia pouco sentido. Eu tinha de parar e reler muitas vezes uma frase, e com frequência deixando o seu exato significado pendente, até que outra leitura, oportunamente, clarificasse o sentido. Os dicionários comuns nem sempre eram úteis. Eu sabia o significado de muitas palavras que lia, ou, na melhor das hipóteses, o que o dicionário afirmava sobre elas. Mas o sentido nem sempre batia. Lutero começou a Reforma protestante; porém o luteranismo não é reformado! Como isso pode ser? Assim, de vez em quando aparecia uma frase latina no texto: *simul justus et peccator*; *reformata semper reformanda; communicatio idiomatum*. Eu estudara latim, e podia ler facilmente essas frases. Eu podia traduzir facilmente essas frases. Mas mesmo a tradução não fazia muito sentido! Essas frases mudaram de significado ao longo dos séculos, portanto, nem o conhecimento de latim, nem mesmo o conhecimento do melhor dicionário, eram úteis para eu tentar descobrir o que elas significavam no contexto que as encontrara.

Desta maneira, uma das primeiras tarefas que tive de enfrentar em meus estudos teológicos foi começar a desenvolver um dicionário mental – no qual muitas das antigas palavras tinham novo significado, e novas palavras foram utilizadas para antigos significados. Não completei ainda essa tarefa, nem espero completar. A língua é dinâmica. Novos assuntos aparecem, e, portanto, temos de buscar novas palavras e novos significados. Antigos temas que estavam esquecidos tomam nova vida, à medida que as circunstâncias jogam luz sobre eles, e com eles palavras e frases há muito esquecidas são reavivadas, para serem adicionadas ao meu dicionário mental.

Nessa tarefa, não me esqueci de olhar para mim mesmo. Porém, não foram apenas os meus professores que ajudaram; houve também a ajuda de muitos dicionários de teologia – alguns em muitos volumes, e outros em formato de bolso – que elucidaram diversos pontos. Ainda uso alguns desses dicionários regularmente. Porém, descobri que, visto que o vocabulário teológico evolui, esses dicionários refletem o tempo em que foram escritos e os assuntos em destaque de seu tempo. Uma simples comparação de dois ou três deles, escritos com o intervalo de 20 anos entre cada um deles, prova o meu ponto de vista. Como resultado, um dicionário preparado há vinte anos, embora seja útil, não terá a inclusão de muitas das palavras e frases que agora são relativamente comuns no discurso teológico. Certamente que eu não espero que seja diferente com este dicionário. Como disse, comecei a escrevê-lo há algum tempo, e a menos que ele seja periodicamente revisado e talvez até reescrito, ele trará as marcas da passagem do tempo. E, ao mesmo tempo, sendo eu um historiador da doutrina, tanto pelo treinamento quanto pela ocupação, acredito que este dicionário também oferece o vocabulário necessário para o teólogo iniciante estar em diálogo com a teologia dos séculos passados.

Portanto, este dicionário é uma ferramenta para estudantes que começaram cedo, e para os quais agora ofereço este livro. Como escrevi, procurei lembrar e resolver minhas dúvidas de mais de meio seculo, e facilitar o trabalho para os estudantes dos dias atuais. Pensando nos estudantes que estão há algum tempo no campo, procurei clarificar o significado das palavras no discurso teológico, tanto no presente quanto no passado. Posso imaginar um estudante que lê os jornais regularmente, e, portanto, está consciente do atual sentido da palavra "criacionismo", ficando confuso quando lê que Agostinho foi um criacionista, mas Tertuliano não era, e tanto um quanto o outro acreditavam na doutrina da criação! Posso também imaginar uma estudante – mesmo aquela com melhor *background* teológico – deparar de repente com uma referência à teologia feminina, ou às teologias contextuais, e se surpreender a respeito do que significam essas frases.

Se este dicionário facilitar de alguma maneira a tarefa desses estudantes, e abrir o caminho para eles ficarem empolgados a respeito da beleza da teologia, e não precisarem parar para pensar o que determinada palavra significa, me sentirei gratificado com o meu trabalho!

Agora, uma palavra sobre o que está incluído nas páginas que seguem. Você observará que a lista de palavras e frases abordadas inclui quatro tipos principais de verbete. Alguns deles são palavras usadas quase exclusivamente na teologia, e se referem a assuntos teológicos específicos. Por exemplo, "arminianismo" e "nestorianismo". Nesses casos, procurei incluir dados suficientes para que o leitor possa estar ciente do significado desses termos, bem como de algumas de suas implicações. Algumas são relativamente palavras que, quando usadas na teologia, ou em determinado seminário ou contexto teológico, podem significar alguma coisa diferente do uso comum. Exemplos desse tipo de verbete são "criacionismo" e "reformada, tradição". Nesses casos, procurei iluminar o sentido de uma palavra específica em determinado contexto, e distinguí-la do uso mais amplo, de menor significado técnico. Um terceiro tipo de entrada é um pouco mais técnico, pois objetiva fazer este dicionário mais útil para os estudantes de teologia mais adiantados. Por exemplo, "Teopasquismo" e "Mayorista, Controvérsia". Por fim, um quarto tipo de verbete se refere a assuntos teológicos, que são tão comuns que uma revisão geral de alguns desses assuntos básicos com eles podem ser úteis para o estudante de teologia. O exemplo óbvio é "Deus". Nesses casos, procurei oferecer uma breve visão das maneiras que os teólogos lidam com o tema, e que são alguns dos termos e assuntos relacionados.

Isso me leva à situação das referências cruzadas. Elas são claramente marcadas com asteriscos (*), que referem ao verbete correspondente, que indicam uma entrada para o assunto, ou como um termo intimamente relacionado pode ser encontrado no texto. Para evitar interromper o texto com muitas referências entre parênteses, com freqüência, me assegurei que o leitor perceba que a entrada da referência não apareça exatamente da mesma maneira. Assim, a referência a "Hegel" remete a "Hegelianismo" e "Luterano" leva a "Luteranismo". Quando a referência aparece na palavra, isso usualmente significa que ela tem a ver com o assunto.

Finalmente, uma palavra para aquele que tem este dicionário como sua primeira ferramenta para educação teológica e pesquisa. Se você ficar atrapalhado, como eu fiquei há mais de meio século, não se desespere. Quem sabe? Talvez em algumas décadas você esteja escrevendo um dicionário de termos teológicos, incluindo assuntos e termos que no presente não posso imaginar. Deus abençoe seus estudos e o seu serviço no Reino!

Justo L. González

A

ABSOLVIÇÃO. Ação de absolver ou deixar livre. No contexto teológico, refere-se ao perdão do pecador. Desde o começo, a igreja costumava orar pela absolvição dos pecadores que confessavam seus pecados — para que Deus os perdoasse, e os libertasse. Nos séculos VIII e IX, tornou-se costume, em lugar de orar pela absolvição do pecador, que o sacerdote o declarasse livre. Assim veio a ser parte do sacramento e da penitência*,[1] quando o sacerdote declara: "absolvo-te de teus pecados em nome do Pai, do Filho e do Espírito Santo".

ACIDENTE: Além de seu sentido comum, com referência ao que pode acontecer por acaso ou sem propósito premeditado, no discurso filosófico e teológico um acidente é uma propriedade de uma substância*, quando tal propriedade não é essencial à natureza da própria substância. A redondeza de uma bola não é um acidente, mas uma propriedade substancial da própria bola. Por outro lado, sua cor é um acidente ou uma propriedade acidental, visto que pode existir uma bola de outra cor. No campo da teologia, esse termo se encontra com maior frequência em dois contextos: primeiro, na afirmação de que não há acidentes em Deus, visto que os acidentes são por definição contingentes, e na natureza divina não há contingência*. Em segundo lugar, o termo é usado frequentemente em discussões sobre a presença do corpo e do sangue de Cristo na eucaristia,* particularmente em explicações sobre a doutrina da transubstanciação*.

ACOMODAÇÃO. Vocábulo com dois sentidos muito diferentes, segundo seu contexto. Nos estudos sobre a revelação refere-se à necessidade de que a revelação de Deus se adapte (acomode-se) à capacidade humana de compreensão e recepção. Assim,

---

[1] [NT] O símbolo (*) refere-se ao verbete correspondente.

por exemplo, ao discutir a autoridade das Escrituras, ou os ensinamentos de Jesus, frequentemente, esse princípio de acomodação é utilizado para afirmar que as Escrituras, apesar de infalíveis, ajustam-se a seus leitores, e que Jesus faz o mesmo com relação a sua audiência. Encontramos um exemplo de tal acomodação quando Calvino afirma que a razão pela qual se diz que Josué deteve o sol e a lua, quando de fato é a Terra que se move, é porque uma descrição astronomicamente correta daqueles acontecimentos não teria sido compreensível quando essas palavras foram escritas.

Hoje o mesmo vocábulo é utilizado com maior frequência em contextos missiológicos, nos quais se referem aos esforços por parte dos missionários de apresentar seus ensinamentos considerando a cultura à qual se dirigem (Aculturação*). Os missionários jesuítas Roberto de Nobili, na Índia, e Matteo Ricci, na China, propuseram tal acomodação. Frente a eles se levantou a resistência dos elementos mais tradicionais do catolicismo romano, que deu lugar à "Controvérsia dos Ritos Malabares" e à "Controvérsia dos Ritos Chineses".

ACULTURAÇÃO. O processo mediante o qual quem tenta comunicar a fé a outras culturas busca construir pontes entre sua fé e essas culturas (Acomodação*). Contrasta com a enculturação*. A principal diferença entre ambas está em que, enquanto na aculturação é o missionário quem busca a adaptação, na enculturação são os receptores da fé que, ao aceitar o evangelho, o fazem em termos de sua própria cultura, algumas vezes intencionalmente e outras inconscientemente.

ADIAFORIA. Literalmente, questões indiferentes. No contexto teológico, refere-se àquilo que as Escrituras não mandam nem proíbem, assim como também a opiniões teológicas que, sem fazer parte da doutrina ortodoxa, tampouco a contradizem. O tema da adiaforia tornou-se controverso entre os luteranos do século XVI, depois da morte de Lutero, quando Melanchthon e seus seguidores declararam que era lícito aceitar certas práticas em prol da paz e da unidade, enquanto os luteranos mais rigorosos, dirigidos por Matias Flácio, insistiam que fazer tal coisa era se negar a serem testemunhas fiéis da verdadeira fé. Depois, a Fórmula de Concórdia (1577), ao mesmo tempo em que afirmava a doutrina de Melanchthon sobre a adiaforia, também declarava que em época de perseguição, quando se requer um testemunho firme, o que em outro caso pode ser adiaforia, torna-se questão de obrigação para todos os crentes.

ADOCIONISMO. No sentido mais estrito, a opinião de alguns teólogos espanhóis no século VIII (principalmente Félix de Uregel e Elipando de Toledo) que sustentavam que, enquanto a segunda pessoa da Trindade é eterna, o ser humano Jesus foi adotado como Filho de Deus pela graça. Isso é de certa forma a expressão medieval da antiga teologia antioquena,* que buscava preservar a humanidade de Jesus, distinguindo-a claramente de sua divindade. Mesmo que as opiniões dos adocionistas espanhóis fossem condenadas repetidamente por vários sínodos francos sob Carlo Magno, essa doutrina continuou existindo na Espanha, particularmente entre aqueles que viviam sob o regime mouro e, portanto, fora do alcance das autoridades carolíngias. Mas comumente, o mesmo vocábulo é utilizado para se referir a qualquer doutrina que sustente que Jesus foi um ser humano que Deus adotou como seu filho. Os ebionitas (Ebionismo*) e muitos teólogos antioquenos dos séculos IV e V, frequentemente recebem o título de adocionistas. Pelas mesmas razões, alguns acusam a teologia liberal do século XIX de tendências adocionistas (Liberalismo*).

AFUSÃO. Infusão.

ÁGAPE. Palavra utilizada com maior frequência no Novo Testamento para se referir ao amor, e às vezes à festa do amor que os primeiros cristãos celebravam (Eucaristia*). No contexto da história do culto, usa-se com maior frequência no último sentido. Quando é empregada no contexto da teologia e da ética contemporânea, seu uso deriva do importante livro do teólogo lundense* Anders Nygren (1890-1971), *Ágape e eros*. Ali, Nygren esclarece o modo pelo qual os cristãos devem entender o amor contrastando o termo *ágape* com outras duas palavras gregas que também podem ser traduzidas como "amor". Segundo Nygren, *eros* é o amor para o desejável, o belo, o que é digno de ser amado. Ainda que nem sempre se refira ao desejo sexual — como ao falar de "erotismo" — e é uma forma de amor que de uma maneira ou de outra busca possuir o amado. Significativamente, o Novo Testamento nunca se refere ao amor cristão como *eros*. Em algumas ocasiões se refere a *filia*. Esse é o amor que existe entre amigos. Inclui um atrativo que frequentemente se baseia na admiração, ou ao menos na compatibilidade — como no caso do *filósofo*, que é um amigo da sabedoria, *Sofia*. Contudo, é ao *ágape* a forma de amor à qual o Novo Testamento se refere com quase total unanimidade ao falar em primeiro lugar do amor de Deus para a criação e para a humanidade e, depois, como reflexo e resposta a esse amor, do amor dos cristãos entre si. O *ágape*, em contraste agudo com o *eros* e também com o *filia*, não ama porque o amado seja digno disso, nem tampouco porque deseja possuir o amado. É o amor imerecido de Deus, um amor que, em lugar de buscar possuir, busca melhorar, bendizer, fazer feliz.

Alguns teólogos, particularmente Paul Tillich e outros, profundamente impactados pelo platonismo* e pelo neoplatonismo*, suavizaram o contraste que Nygren estabeleceu entre *ágape* e *eros*, dizendo que há um sentido pelo qual é legítimo desejar o amado, que, certamente, Deus deseja possuir-nos, e que, além disso, é lícito para os cristãos amar a Deus porque é digno, belo e desejável.

AGNOSTICISMO. Termo que parece ter sido criado por T. H. Huxley, em 1869. Mesmo que no uso popular seja sinônimo de ateísmo, no sentido estrito há duas diferenças importantes entre os dois vocábulos. Em primeiro lugar, o ateu está convencido de que Deus não existe, enquanto que o agnóstico não sabe se Deus existe; sua convicção é, não que Deus não exista, mas é impossível saber se existe. Em segundo lugar, enquanto o ateísmo se refere unicamente à existência de Deus, o agnosticismo refere-se à convicção de que é impossível alcançar conhecimento verdadeiro sobre tudo que se encontra além do alcance dos sentidos e da experiência, e por isso não somente se nega a afirmar a existência de Deus, mas também a vida após a morte, o livre-arbítrio, o sentido da vida etc.

AGOSTINIANISMO. A posição de quem segue os ensinamentos de Agostinho de Hipona (354-430), comumente conhecido como "Santo Agostinho" ou simplesmente "Agostinho". Visto que Agostinho foi sem dúvida o teólogo mais influente na igreja de fala latina — com exceção do apóstolo Paulo — em certo sentido praticamente toda a teologia ocidental, tanto católica como protestante, é agostiniana. Contudo, o termo "agostinianismo" normalmente é reservado para quem prefere as posturas de Agostinho com respeito a certos pontos que têm sido objetos de dúvida ou debate.

O próprio Agostinho passou por um longo processo de conversão e de amadurecimento, pelo qual sua teologia foi moldada por uma série de controvérsias ou de opiniões ou de opções, e que mais tarde ele repudiou e refutou. Em sua juventude, foi atraído pelo maniqueísmo, que depois abandonou porque não cumpria a promessa de resolver alguns dos problemas que mais o intrigavam. Um deles era a existência do mal (Teodiceia*), que os maniqueístas explicavam, dizendo que existem dois princípios eternos e constantemente opostos, o princípio do bem e o princípio do mal. Mesmo que em sua juventude Agostinho se inclinasse a essa posição, logo começou a ter dúvidas sobre ela, e pediu mais explicações dos mais famosos mestres maniqueístas. Quando esses não conseguiram convencê-lo, Agostinho encontrou resposta para suas dúvidas no neoplatonismo, que ensinava que o mal não tem existência própria, mas que consiste antes na ausência do bem. Quanto mais se afastam as coisas do Único, menos boas são. Contudo, elas continuam sendo boas, e não são realmente más. O que chamamos "mal", particularmente é o mal moral, é o que acontece quando uma criatura se encontra mais distante do Único do que deveria estar, ou seja, é menos boa do que deveria ser. Dadas essas opiniões de Agostinho, às vezes, o termo "agostinianismo" refere-se a esse modo de entender o mal como uma carência, melhor do que como uma realidade.

A natureza da alma também criava dificuldades para Agostinho, até que seu estudo da filosofia neoplatônica o levou à conclusão que a alma é incorpórea (o que não era noção comum entre os cristãos de seu tempo). Imediatamente após a morte de Agostinho, em geral eram chamados de "agostinianos" aqueles que afirmavam que a alma é incorpórea.

Por outro lado, o neoplatonismo e toda a tradição platônica também atraíram Agostinho por causa de sua teoria do conhecimento (Epistemologia*). Para Agostinho, como antes para Platão e seus seguidores, o verdadeiro conhecimento não pode chegar até nós pelos sentidos, que somente são capazes de perceber realidades passageiras e contingentes. Platão explicava o conhecimento como a lembrança que a alma tem de sua existência prévia no mundo das ideias puras e eternas — mundo do qual a alma caiu para vir morar neste mundo material. Por algum tempo Agostinho se inclinou a essa explicação, mas depois abandonou porque implicava na preexistência* da alma. Sua própria postura foi à teoria da iluminação*, segundo a qual o verbo ou o *logos* de Deus ilumina a alma dando-lhe conhecimento — posição que antes outros cristãos de inclinação platônica haviam sustentado, como Justino, Clemente de Alexandria e Orígenes, mas que Agostinho desenvolveu e refinou.

Logo, no que se refere à teoria do conhecimento ou epistemologia, o "agostinianismo" é a posição de quem afirma que o conhecimento nos vem através da iluminação. Isso foi motivo de controvérsias no século XIII, quando a reintrodução de Aristóteles na Europa Ocidental veio a prover uma teoria alternativa do conhecimento na qual os sentidos tinham um lugar importante. Aqueles que rejeitaram as novas teorias aristotélicas receberam então o nome de "agostinianos", em contraste com os aristotélicos, que eram vistos como inovadores. Visto que Tomás de Aquino (c. 1225-74) foi o mais destacado e influente entre aqueles que buscaram reinterpretar a teologia cristã sobre o fundamento da filosofia aristotélica, e nesse sentido o tomismo* veio a ser o oposto do "agostinianismo", mesmo que na realidade, deva-se assinalar que o que o próprio Tomás tentava fazer era reconciliar Agostinho com Aristóteles, e não colocá-los em contraposição mútua.

Como bispo, Agostinho envolveu-se em duas grandes controvérsias que também deram forma a sua teologia, uma contra os donatistas, e a outra contra os pelagianos. O debate com os donatistas tinha a ver com a validade dos sacramentos* administrados por pessoas indignas, e também com a natureza da igreja. Frente aos donatistas, Agostinho afirmou que a validade de um sacramento vem de Deus, e não de quem o administra, e que, portanto, o sacramento é válido ainda que se receba das mãos de um ministro indigno, ou quando é oferecido irregularmente. No que se refere à igreja*, Agostinho apelou à distinção entre igreja visível e a invisível. Na igreja visível o trigo e o joio estão misturados, e os mortais não podem distinguir um do outro, mas Deus sabe onde está o trigo e onde está o joio, e, portanto, a igreja verdadeira é a invisível, que somente Deus pode ver, mas que será revelada no fim dos tempos. Por outro lado, isso não significa que a igreja visível seja desnecessária, visto que o único modo que temos de nos unir à igreja invisível é mediante a visível, apesar de todas as suas imperfeições. Nesse contexto, o "agostinianismo" normalmente refere-se a uma eclesiologia que, ao mesmo tempo em que distingue a igreja visível e a invisível, insiste, todavia, no valor e na necessidade da visível. Além disso, ao referir-se aos sacramentos, e em particular à comunhão, alguns protestantes se declararam agostinianos porque há certas passagens nas quais Agostinho fala da presença de Cristo na Eucaristia* como simbólica ou "espiritual" — embora haja outras passagens nas quais ele se refire à presença física do corpo de Cristo na comunhão.

Por último, a teologia agostiniana foi profundamente impactada pela controvérsia pelagiana, particularmente no que se refere à graça* e à predestinação*. Agostinho pensava que Pelágio e seus seguidores, ao insistir no esforço moral e na decisão pessoal como o princípio da salvação, minavam a doutrina da graça (Arbítrio*). Em lugar de colocar o princípio da fé (Initium* fidei i) no arbítrio humano, Agostinho afirmou que esse início é o resultado de uma ação soberana de Deus, pela qual alguns foram predestinados para receber a graça e serem salvos. Nesse contexto, muitos protestantes se declaram agostinianos, visto que eles também destacam a salvação pela graça — mesmo que, nesse caso, também se deva notar que Agostinho cria que a salvação era obtida pelos méritos* das obras* realizadas com a cooperação da graça. Além disso, outros grupos e movimentos têm destacado a primazia da graça na salvação, por exemplo, os jansenistas que se têm denominado agostinianos.

ALBIGENSES. Uma seita dualista, também conhecida como "cátaros" ou os "puros", que tem possíveis conexões históricas com o maniqueísmo*. Foi importada do Levante (Oriente Médio), parece que por cruzados que retornavam à Europa, e alcançou êxito notável na cidade de Albi — por essa razão são chamados de "albigenses". Como os maniqueístas anteriormente, os albigenses distinguiam entre dois níveis de seguidores, os "perfeitos" e os "crentes". Rejeitavam todo o uso de elementos materiais no culto, e acusavam os cristãos ortodoxos de confundir o espiritual com o material. O movimento se expandiu por toda a Provença. Em 1208, Inocêncio III promulgou uma cruzada contra ele, que resultou em milhares de mortes e parece também no desaparecimento do movimento.

ALEGORIA (interpretação alegórica). Um modo de ler e interpretar textos que vê neles, não seu sentido literal óbvio, mas um sentido simbólico. Tal interpretação existia desde muito antes do advento do cristianismo, pois havia eruditos helenistas que tratavam de defender Homero e os antigos escritores mediante a alegorização de algumas de suas passagens mais questionáveis. Também era praticada por alguns judeus como um modo de mostrar a seus críticos helenistas que o judaísmo não era uma religião crua e primitiva, mas uma verdade filosófica pelo menos tão antiga quanto a filosofia grega. (De fato, houve muitos judeus, assim como cristãos, que argumentaram que Moisés foi anterior a Platão, e o que Platão sabia o havia aprendido das Escrituras).

Com o advento do cristianismo, que dizia ser o cumprimento das promessas feitas a Abraão, os cristãos viram-se na necessidade de interpretar as Escrituras hebraicas de tal modo que fossem compatíveis com a fé cristã, e, em seus debates com seus críticos pagãos mais educados, também se viam na necessidade de mostrar que as Escrituras não eram tão grosseiras como às vezes pareciam.

Um modo de responder a tais necessidades era a interpretação alegórica. Assim, por exemplo, se Deus ordenou aos filhos de Israel matar a todos os habitantes de Jericó, isso quer dizer que quando Deus entra na alma devemos destruir todo vestígio de pecado que haja nela.

Embora tais interpretações fossem relativamente comuns entre os cristãos, logo se tornaram típicas da teologia alexandrina, e em particular de Orígenes e seus seguidores. Segundo Orígenes, cada texto bíblico tinha vários sentidos, e por trás do sentido literal há sempre outro mais profundo e "espiritual" que há de ser descoberto mediante a interpretação alegórica. Isso se consegue conhecendo o sentido oculto e espiritual das palavras e das coisas, de tal modo que quando alguém encontra uma palavra ou uma coisa em uma passagem qualquer pode interpretá-la "espiritualmente".

Na Idade Média, a interpretação "espiritual" se tornou comum, e muitos mestres ficaram famosos e alcançaram grande respeito precisamente porque podiam extrair ensinamentos profundos dos textos que pareciam mais simples.

Ainda que esse método de interpretação tenha a óbvia vantagem de permitir a utilização de qualquer texto para o ensinamento e a contemplação, e ainda que não haja dúvidas de que algumas passagens são verdadeiramente alegóricas — por exemplo, quando Jesus disse que ele é a videira verdadeira — tem sido criticado severamente porque dá autoridade ao intérprete por cima do texto, o qual perde sua autoridade.

Por último, a interpretação alegórica não deve ser confundida com a tipologia*, que também pensa que há um sentido além do que aparenta no texto — e particularmente nos acontecimentos a que o texto se refere — mas faz isso com base no sentido literal e histórico do texto.

ALEXANDRINA, TEOLOGIA. A teologia que se desenvolveu na cidade de Alexandria, a partir do século II. Alexandria destacava-se por seus estudiosos, sua biblioteca e seus filósofos. Também era reconhecida pelo encontro enriquecedor e às vezes confuso entre religiões e filosofias de diversas partes do mundo. Mesmo antes do advento do cristianismo, o judaísmo alexandrino havia estabelecido um diálogo ativo com as correntes filosóficas da cidade. A Bíblia hebraica havia sido traduzida para o grego (versão conhecida como a *Septuaginta*). Pouco antes do tempo de Jesus, o filósofo judeu Filo (Filo de Alexandria) havia tentado interpretar o judaísmo de tal modo que fosse compatível com a tradição platônica.

O que Filo havia feito para o judaísmo, fizeram os teólogos cristãos de Alexandria com respeito a sua própria fé. O primeiro grande mestre alexandrino e cristão foi Clemente de Alexandria. Ele e seu discípulo Orígenes estabeleceram norma para boa parte da teologia alexandrina por longo tempo. Seu propósito foi mostrar que o cristianismo era compatível com a tradição platônica por meio da interpretação alegórica das Escrituras (Alegoria*). Prefeririam falar sobre Deus em termos filosóficos (imutável, impassível, infinito etc.), ao contrário que na linguagem mais antropomórfica da Bíblia. Como a maioria de tradição platônica, os cristãos dessa escola valorizavam o espírito e a mente sobre a matéria — e alguns de seus primeiros mestres pensavam que o propósito original de Deus incluía somente uma criação espiritual, e que a criação material foi parte da resposta divina ao pecado humano. Para eles, um elemento importante na condição humana é que esqueçamos quem somos — seres espirituais criados para a contemplação da divindade. Por isso destacavam a obra de Cristo como mestre e como exemplo, ou como uma recordação de nosso verdadeiro ser e de nossa vocação final.

Foi no contexto das controvérsias teológicas, que explodiram (ou eclodiram) no século V, que o contraste entre a teologia alexandrina e sua contraparte antioquena* veio à tona. Visto que os alexandrinos centravam a atenção sobre a obra do Salvador como mestre e como mensageiro de Deus, tendiam a prestar maior importância à divindade de Jesus, a ponto que às vezes sua humanidade parecia questionável. A função dessa humanidade era tornar possível aos humanos receber sua mensagem, seus ensinamentos e sua iluminação. O resultado foi o que os teólogos chamam de uma cristologia "unitiva" ou seja, uma cristologia que enfatiza a união do divino e do humano Jesus, mesmo quando isso possa ocultar sua verdadeira humanidade — frente à cristologia "disjuntiva" dos antioquenos — uma cristologia que busca salvaguardar a plena humanidade do Salvador estabelecendo uma diferença clara e às vezes até uma distância entre sua divindade e sua humanidade. O princípio fundamental da cristologia unitiva dos alexandrinos era a doutrina da *communicatio idiomatum** — o compartilhar das propriedades, segundo a qual o que se diga da humanidade de Jesus também pode ser dito de sua divindade, e vice-versa.

O resultado de tudo isso foi que os alexandrinos desenvolveram uma cristologia do tipo "logos-carne" — ou seja, uma cristologia na qual o logos ou Verbo divino se une, não a um ser humano em toda sua plenitude, mas a um corpo humano sem alma racional humana (Apolinarismo*). Isso foi rejeitado pelo Concílio de Constantinopla no ano de 381.

Um dos campeões da cristologia alexandrina no século V foi Cirilo de Alexandria, que propôs a "anhipóstasis" ou união anhipostática* em contraste com a cristologia radicalmente disjuntiva de Nestório (Nestorianismo*). A postura de Cirilo foi afirmada pelo Concílio de Éfeso no ano de 431, que, além disso, condenou Nestório.

Pouco depois, a tendência dos alexandrinos levou ao monofisismo* — a teoria segundo a qual há em Jesus somente uma natureza, a divina, visto que a humanidade é absorvida ou dissolvida na divindade. Isso foi rejeitado pelo Concílio da Calcedônia, em 451, considerado geralmente como o fim das controvérsias cristológicas.

Embora a luta continuasse, por esse tempo as tendências monofisistas dos alexandrinos haviam se unido ao ressentimento no Egito e na Síria contra o governo central em Constantinopla. O resultado de tudo isso foi uma série de tentativas de reconciliação, nas quais as autoridades propuseram soluções moderadamente alexandrinas (Monotelismo*, Monergismo*). Mas todas essas tentativas fracassaram. Outro resultado foi toda uma série de cismas que continuam até hoje em muitas igrejas que não aceitam as decisões de Calcedônia, as quais parecem não destacar suficientemente a divindade de Jesus. Entre essas igrejas se encontram a Igreja Copta, a Igreja da Etiópia e a Igreja Jacobita da Síria.

ALIANÇA. Um voto ou promessa que une dois ou mais participantes. Tais participantes podem pertencer a diversos níveis sociais, em cujo caso em geral a aliança ou pacto estabelece a natureza e os termos de sua relação futura. O conceito de aliança ou pacto aparece repetidamente na Bíblia, na qual o pacto de Deus com Abraão e sua descendência, e "o novo pacto em meu sangue" da eucaristia se destacam entre muitos outros. Algumas vezes, particularmente em tempos antigos, esses diversos pactos de Deus com seu povo recebem o nome de dispensações*. A teologia patrística e medieval frequentemente oferece listas de alianças, por exemplo, com Adão, com Noé, com Abraão e o pacto da graça ou do evangelho, entre outros.

A teologia reformada — seguindo nisso a Zwinglio e Bullinger — tradicionalmente tem destacado a importância da aliança como ação da graça divina. Tal aliança não é um acordo entre partes iguais, mas uma ação mediante a qual o Deus soberano se une livremente às promessas que faz com toda liberdade. A partir dessa perspectiva, os teólogos reformados têm insistido que toda aliança é uma ação da graça de Deus — ainda que se possa distinguir entre a aliança com Adão, que poderia ser descrita como um "pacto de obras", e a "aliança da graça", que começa com Abraão.

A discussão do tema da aliança dentro da tradição reformada levou, no século XVII, ao que se tem chamado de "teologia da aliança", ou também "Teologia Federal".

ALIENAÇÃO. Separação ou distanciamento. O termo é empregado comumente na filosofia a partir dos tempos de Hegel e, sobretudo, de Fauerbach e Marx — na teologia e nos escritos daqueles teólogos que têm sido mais impactados pelos filósofos. Hoje é empregado com mais frequência nos escritos dos teólogos existencialistas. Refere-se comumente à alienação ou distanciamento de si próprio, de outros e de Deus. A autoalienação é tanto a distância que separa o eu de seu verdadeiro ser como a incapacidade do eu de aceitar-se como é. Alguns teólogos tendem a falar de alienação em vez de pecado.

ALMA. Mesmo que em geral os cristãos estejam de acordo que a alma existe, a igreja nunca definiu a doutrina da alma. Na língua grega que se usava durante os primeiros séculos da era cristã, a "alma", frequentemente, era o princípio que dá vida a um corpo, e, portanto, todos os seres viventes — inclusive os animais e os vegetais — em certo sentido têm uma "alma". Paulo e alguns dos antigos escritores cristãos às vezes se referem ao ser humano como "corpo, alma e espírito", e outras vezes como "corpo e alma", o que tem dado lugar a um debate entre teólogos posteriores sobre se a criatura humana tem dois ou três componentes. Os tricotomistas dizem que o ser humano consiste em corpo, alma e espírito, enquanto que os dicotomistas afirmam que a alma e o corpo são humanos, e que o "espírito" a que Paulo se refere é a presença de Deus na alma. Para complicar as coisas, essa ambiguidade no idioma persiste através de todo o período patrístico, visto que alguns autores falam da "alma vegetativa" — o que dá a vida a todos os seres viventes — e a "alma racional" — onde residem a razão e a personalidade.

Quanto à origem da alma, alguns cristãos em tempos antigos, por exemplo, Orígenes até o final do século II e começo do III, criam na preexistência* da alma. O próprio Agostinho (345-430) durante algum tempo considerou essa possibilidade. Contudo, em geral o cristianismo rejeita tal preexistência, o que deixa então duas opções que diversos teólogos têm seguido: o traducianismo* e o criacionismo*. Conforme a primeira dessas opiniões, a alma é herdada dos pais, da mesma forma que o corpo é herdado. Conforme a segunda, cada alma individual representa um novo ato de criação por parte de Deus.

Quanto ao destino final da alma (Céu*, Inferno*, Ressurreição*), a maior parte da tradição cristã sustenta que, ainda que a alma possa viver sem corpo, a alma por si só não é um ser humano completo, e que, portanto, na consumação final as almas se reunirão com seus corpos presentes.

AMILENARISMO. A rejeição da expectativa do milênio. Enquanto os milenaristas debatem a ordem dos acontecimentos mencionados em Apocalipse 20.2-7, os amilenaristas simplesmente declaram que os mil anos que ali se fala não devem ser interpretados como um período de tempo, mas antes como uma metáfora que se refere à vitória final de Cristo sobre o mal. Portanto, para a maioria dos amilenaristas a discussão sobre o milênio carece de interesse, e por isso são, principalmente os milenaristas que os chamam de "amilenaristas".

AMOR. A terceira e mais elevada das "virtudes* teologais". Como tal, é a regra suprema da ação para os cristãos, que devem imitar a Deus que "é amor". Agostinho (354-430) expressou esse princípio declarando: "Ama a Deus, e faze o que deseja". Outros têm insistido em que o amor não é um simples sentimento, visto que implica ação — e às vezes ação quando o sentimento não existe. É por essa razão que aos cristãos é mandado amar. Como sentimento, é impossível fazer do amor um mandamento; mas como ação é possível. Logo, "amar o próximo" não se refere principalmente a ter sentimentos positivos sobre o próximo, mas antes agir em amor mesmo quando não existe o sentimento, com a esperança e a oração de que o sentimento surgirá.

Para alguns teólogos, o amor é o principal atributo de Deus, que é amor. Nas discussões sobre a Trindade*, os teólogos repetidamente têm afirmado que a própria Trindade é expressão do amor de Deus dentro de si mesmo. Agostinho declarou que o Espírito Santo* é o vínculo de amor entre o Pai e o Filho — opinião que tem se tornado tradicional na teologia ocidental.

Um dos escritos teológicos mais influentes do século XX foi o livro *Ágape* e Eros*, de Anders Nygren (1890-1971), que explora os diversos termos gregos que podem ser traduzidos por "amor", e seus diversos sentidos.

ANABATISMO. Nome dado pelos inimigos de um movimento que surgiu no século XVI, cujos seguidores sustentavam que o batismo requer fé, e que, portanto o batismo de crianças não é válido. A palavra "anabatista" quer dizer "rebatizador", e, portanto os próprios anabatistas não pensavam que descrevia sua postura, visto que segundo eles não estavam rebatizando a ninguém, mas simplesmente batizando aqueles cujo suposto batismo anterior não era válido.

Contudo, o anabatismo representa muito mais que uma postura sobre o batismo. Em geral, os anabatistas propunham um regresso radical ao Novo Testamento e suas práticas. Sustentavam que no Novo Testamento chegar a ser cristão não era uma questão de nascimento, mas uma decisão pessoal, e que, portanto, a prática de dar por certo que toda pessoa nascida em uma sociedade cristã é por isso cristã — opinião generalizada desde os tempos de Constantino — devia ser rejeitada.

Isso implica por sua vez que há uma diferença radical e claramente discernível entre o corpo civil e o corpo dos crentes. De certo modo, isso era o que mais incomodava os cristãos tradicionais, visto que implicava que os governos e as nações não são realmente cristãos nem o podem ser, e até da igreja um pequeno núcleo de verdadeiros crentes em contraste com a ampla massa de pessoas que simplesmente eram membros tanto do Estado como da igreja por nascimento. Por essas razões tanto os católicos como os principais reformadores protestantes rejeitaram e até perseguiram os anabatistas, que se refugiaram em posturas cada vez mais extremas. Alguns chegaram a dizer que a batalha final entre o bem e o mal havia chegado, e se tornaram revolucionários militares e até violentos — o que por sua vez aumentou a perseguição e a crueldade contra eles.

Por outro lado, enquanto alguns anabatistas se tornavam cada vez mais radicais, outros insistiam em que o ensinamento do Novo Testamento no sentido de não pagar o mal com o mal para os inimigos era fundamental, e, portanto, se declaravam pacifistas (Guerra*). Ainda que também isso fosse visto como subversivo por parte dos governos ameaçados por uma possível invasão turca, e, portanto, os anabatistas pacifistas que também foram perseguidos, persistiram em sua postura. Essa é a origem dos vários grupos menonitas*.

Mais tarde, quando alguns dissidentes ingleses, em sua maioria pertencentes à tradição reformada* ou calvinista, foram impactados pelo anabatismo, surgiu entre eles o movimento batista moderno e as igrejas que hoje são parte dele.

ANAKEFALAIOSIS. Recapitulação*.

ANALOGIA. A semelhança entre coisas diferentes, que serve de base para boa parte do idioma humano. Um leão é forte, o aço é forte, e um argumento pode ser forte. Em cada um desses casos, a palavra "forte" tem sentido diferente, mas semelhante aos demais. O tema da analogia como um modo de falar sobre Deus tem sido amplamente discutido por teólogos e filósofos. No campo da filosofia, a discussão remonta aos tempos de Platão e Aristóteles. Na teologia, ainda que tenham sido usados os mesmos princípios, a analogia torna-se tema de estudo e discussão no escolasticismo*, particularmente com Tomás de Aquino e seus intérpretes (Tomismo). (depois da morte de Tomás, quando sua teologia prevaleceu, discutiu-se muito a respeito dos detalhes de sua doutrina sobre a analogia. Hoje a maior parte dos eruditos concorda que as opiniões de Tomás a respeito evoluíram, e que essa é a principal razão pela qual se pode interpretar de diversos modos).

Segundo Tomás de Aquino e outros teólogos, a analogia não é somente um modo conveniente e necessário de falar sobre Deus. Se podemos usar a analogia para nos referirmos a Deus, isso é porque existe uma analogia fundamental do ser — *analogia entis* — que faz que todas as criaturas sejam análogas ao Criador. Logo, no sentido estrito, o fundamento da analogia não é que Deus seja como as criaturas, mas que as criaturas são como Deus.

A frase "analogia de fé" — *analogia fidei* — aparece repetidamente na literatura patrística, referindo-se em geral à relação entre o Antigo Testamento e o Novo. Graças a essa analogia de fé que existe continuidade entre a promessa e seu cumprimento.

No século XX, o teólogo reformado Karl Barth (1886-1968) começou a utilizar a frase *analogia fidei* como alternativa para a *analogia entis*, que segundo ele se fundamenta em uma continuidade entre o Criador e a criação que não lhe parecia aceitável, e que em sua opinião se encontrava na própria base da diferença entre o catolicismo romano e o protestantismo. Segundo Barth, não existe nenhuma analogia do ser, não há continuidade ontológica alguma, nem sequer semelhança, entre Deus e os seres criados. Tudo o que existe é uma analogia de fé, e esta é resultado da graça e se conhece mediante a revelação.

ANÁTEMA. Uma maldição ou proibição. No uso teológico mais comum, é uma condenação formal por parte da igreja ou suas autoridades, que em geral envolve excomunhão*, e é aplicada aos que são declarados hereges. Às vezes, por implicação, algo que deve ser evitado, como quando se diz que uma doutrina ou teoria é "anátema".

ANGELOLOGIA. A disciplina teológica que trata dos anjos — e que frequentemente inclui não somente os anjos "bons", mas também os demônios e todo outro ser semelhante. Mesmo que os anjos e os demônios apareçam frequentemente na Bíblia, nem no Antigo Testamento nem no Novo se pretende explicar o que são, nem tampouco classificá-los. Aparecem no Antigo Testamento em data relativamente recente, e se trata deles como de algo que se dá por estabelecido, como o faz também o Novo Testamento. O que fica claro através de toda a Escritura é que os anjos, assim como os demônios, são parte da criação de Deus. São criaturas, e, portanto, não devem ser adorados

— como era feito em boa parte da cultura circundante.

Portanto, a Bíblia aceita esse elemento da cosmovisão circundante, mas o corrige em termos de seu monoteísmo radical.

Foi só no começo da Idade Média que os cristãos começaram a desenvolver a angelologia no sentido estrito. Os pioneiros nesse sentido foram, no Oriente de fala grega, o cristão de convicções neoplatônicas que escreveu sob o pseudônimo de Dionísio, o Areopagita, e, no Oriente de fala latina, Gregório, o Grande (c. 540-604). Logo, a angelologia cristã surge aproximadamente no século VI. Em geral, em tal angelologia os anjos eram considerados como seres puramente espirituais e incorpóreos, e, portanto, superiores aos humanos — o que em parte foi devido à perspectiva neoplatônica, que considerava o espírito como algo intrinsecamente superior à matéria (em contraste com isso, alguns dos teólogos anteriores, como o autor de Hebreus e Irineu, pensavam que os anjos serviam de tutores para os humanos, que posteriormente reinariam sobre eles).

Conforme a angelologia se desenvolveu, combinou a intenção de sistematizar o que a Bíblia diz a respeito dos seres celestiais com a concepção hierárquica da realidade que propunha o falso Dionísio, o Areopagita, que organizava os exércitos celestiais sob a forma de uma hierarquia tripartida, cada uma delas com três coros, dando um resultado de nove coros ou níveis de anjos. Mesmo quando as opiniões do falso Dionísio foram abandonadas, o principal interesse da angelologia tem sido classificar os seres celestiais, e determinar a relação entre anjos, arcanjos, serafins e querubins. Em tempos mais recentes tem havido bastante especulação popular na literatura de ficção sobre os anjos, e isso tem levado vários teólogos a voltar a tratar sobre o tema, buscando um modo de colocá-lo, mais uma vez, dentro do contexto estrito de uma visão cristocêntrica da história da criação.

ANGLICANISMO. Uma das principais tradições surgidas da reforma do século XVI. (Luteranismo*; Reformada*, Tradição; Anabatismo*; Tridentino*). A Igreja da Inglaterra, que se separou da Romana pelo motivo da anulação do matrimônio de Henrique VIII e Catarina de Aragão, foi fortemente impactada pela teologia protestante — particularmente a teologia reformada. Embora esse impacto representasse um grande e complicado processo, boa parte dele foi devido às pessoas de inclinações protestantes que se viram obrigadas a partir para o exílio durante o reinado de Maria Tudor. Muitos deles foram influenciados pelo calvinismo* enquanto residiam no continente europeu, e ao regressar a sua pátria durante o reinado de Isabel levaram essa teologia consigo. A obra dessas pessoas deu à Igreja da Inglaterra um selo reformado. Enquanto alguns membros da Igreja da Inglaterra se tornaram estritamente calvinistas, e conseguiram prevalecer durante a Revolução Puritana, posteriormente a Igreja da Inglaterra optou por um calvinismo mais moderado que permitia uma diversidade de posturas — desde os calvinistas estritos que insistiam na predestinação*, na depravação* total, e outros pontos semelhantes, até os arminianos, que rejeitavam essas expressões mais extremas do calvinismo. Isso é o que comumente recebe o nome de a "via média" anglicana.

Dentro dessa grande diversidade de opiniões, o que preservou a unidade da Igreja da Inglaterra, ao contrário que uma ortodoxia estritamente definida, foi sua forma de governo — seus bispos — sua relação com o governo e todo o sistema político, e suas práticas litúrgicas, estabelecidas mediante o *Livro de oração comum*.

Quando o império colonial britânico se desmembrou, a Igreja da Inglaterra, nas nações recém-fundadas, também se tornou independente, surgindo assim várias igrejas anglicanas que não são parte da Igreja da Inglaterra. A essas se acrescentaram outras igrejas que foram o resultado do trabalho missionário anglicano além dos limites do império britânico. Todas elas juntas constituem a Comunhão Anglicana ou o anglicanismo. Mesmo sendo independentes, seus dirigentes se reúnem a cada dez anos na conferência de Lambeth, sob a presidência do arcebispo de Canterbury. Essas conferências não têm autoridade legislativa sobre as igrejas que são partes da Comunhão Anglicana.

ANHIPÓSTASIS – ENHIPÓSTASIS (UNIÃO ANHIPOSTÁTICA). A teoria, proposta principalmente por Cirilo de Alexandria (? – 444), segundo a qual a divindade e a humanidade se unem de tal modo em Jesus, que ao mesmo tempo há nele tanto uma natureza humana quanto uma natureza divina; a primeira subsiste unicamente na *hipóstase** da segunda. Logo, a humanidade de Jesus não tem *hipóstase* própria, e por isso essa teoria é chamada de "união anhipostática" (visto que "anhipostático" quer dizer que carece de *hipóstase*).

A ambiguidade do termo "hipostasis" torna difícil determinar exatamente o que é que Cirilo queria dizer com essa teoria. Alguns intérpretes acreditam que, segundo Cirilo, na pessoa de Jesus a natureza divina tomou uma natureza humana geral, e que, portanto, no que se refere a sua humanidade, Jesus não era um indivíduo. O mais provável é que Cirilo quisesse simplesmente dizer que a natureza humana de Jesus não tem sustentação própria, mas que subsiste graças a sua união com a divina. Para Cirilo, essa união é fundamento da *communicatio* idiomatum*, que era um de seus principais pontos de discórdia com a teologia antioquena. União* hipostática.

ANO LITÚRGICO. O ciclo anual no qual a igreja celebra e centra sua atenção sobre momentos específicos na história da redenção*. Antes que houvesse ano litúrgico, já existia um ciclo semanal de celebração e memória. Este girava em torno do primeiro dia da semana, o dia da ressurreição* de Jesus, que, portanto, frequentemente é chamado de o "dia do Senhor" — do qual vem o termo latino *dominica*, e em castelhano e em português domingo. O domingo era o dia da celebração centrado na ressurreição de Jesus, em sua parúsia e em seu reino* vindouro. O serviço de domingo, que normalmente acontecia bem cedo, na madrugada, culminava na celebração da eucaristia*. A sexta-feira era, então, o dia em que se recordava o custo da redenção, ou seja, a crucificação, e era, portanto, dia de penitência* e jejum. Pelo menos em algumas igrejas, o sábado era também o dia de jejum e meditação — e também de descanso naqueles casos em que as autoridades e a ordem social o permitiam.

Foi dessa semana litúrgica que surgiu o ano litúrgico. Mesmo que cada domingo fosse uma celebração da ressurreição, desde data bem remota, pelo menos já no começo do século II, começou a separar-se um domingo especial a cada ano, uma espécie de grande domingo da ressurreição e esse, mais tarde, veio ser um dos focos centrais em torno do qual se desenvolveu o ano litúrgico. Já no século II, contudo, houve desacordo entre as igrejas na Ásia e as do Ocidente sobre a data desse grande domingo da ressurreição, e como deveria ser determinado. Ao mesmo tempo em que ambas afirmavam que originalmente havia uma relação entre essa data e a Páscoa judia, o desacordo surgia com relação a como deveria ser fixada a data para celebrar a ressurreição em uma igreja que era cada vez mais gentia. O desacordo continua até os dias de hoje, de modo que a celebração do domingo da ressurreição nas igrejas orientais dificilmente coincide com a mesma celebração nas ocidentais, tanto na católica romana quanto nas protestantes.

A véspera do domingo da ressurreição era também o dia em que normalmente se batizava os neófitos (Batismo*). Ao mesmo tempo em que se celebrava esse batismo, o restante da igreja também renovava seus votos batismais. Como preparação para esse grande acontecimento, separava-se um período de várias semanas em que se dedicava à instrução final dos catecúmenos que haviam de ser batizados e durante o qual o restante da igreja se preparava para renovar os próprios votos. Essa é a origem da quaresma, que mais tarde foi fixada em quarenta dias, se bem que não são contados os domingos, que ainda em tempos de quaresma são considerados dias de celebração da ressurreição de Jesus.

Para completar esse ciclo litúrgico que se desenvolveu em torno da ressurreição, acrescentaram-se primeiro a celebração do Pentecostes e mais tarde a ascensão de Jesus.

O outro foco em torno do qual se desenvolveu o ano litúrgico foi o nascimento de Jesus. Muito antes que se chegasse a celebrar esse nascimento, em 25 de dezembro, as igrejas orientais celebravam, em 6 de janeiro, a "Epifania" ou manifestação de Jesus e sua missão, e, portanto, também como o dia do batismo de Jesus. Mesmo que em diversos lugares tenham surgido e tenham praticado datas diversas para celebrar o nascimento de Jesus, no século IV a igreja ocidental começou a celebrar este nascimento em 25 de dezembro, pelo que parece em uma tentativa de se contrapor aos ritos pagãos em torno do solstício de inverno e ao nascimento do deus Mitras. Mais tarde, a observação oriental da Epifania passou para o Ocidente, e a celebração ocidental da Natividade foi aceita no Oriente, com exceção da Igreja Armênia, que, todavia celebrava o nascimento de Jesus em 6 de janeiro. Desse modo, foram fixadas as datas principais do ciclo natalino: o dia 25 de dezembro como data do nascimento e o dia 6 de janeiro como dia da Epifania ou manifestação de Jesus em seu batismo — ao que posteriormente acrescentou-se também sua manifestação aos pagãos na vinda dos magos, e sua manifestação em seu primeiro milagre nas bodas de Caná.

O advento, ou seja, o período anterior ao Natal, parece ter sido o principio de um período de preparação, não para o nascimento de Jesus, mas para a sua segunda vinda ou parúsia. Por essa razão foi colocado ao final do ano antes do começo do ano novo, como recordação da nova era vindoura. Porém, quando se começou a celebrar o Natal em 25 de dezembro, o advento veio a ser um período preparatório para a vinda de Jesus não só no final dos tempos, mas também em seu nascimento. Mais tarde, imitando a quaresma, o advento adquiriu também um caráter penitencial.

Visto que o nascimento de Jesus é celebrado em uma data fixa, a data do domingo da ressurreição varia, o tempo entre cada um desses dois ciclos também varia, e lhe tem sido dado o nome de "tempo ordinário".

Com a finalidade de ajudar a igreja a centrar sua atenção sobre o tema de cada uma dessas estações e datas do ano litúrgico, surgiram os lecionários*, de tal modo que os textos atribuídos para cada dia particular iluminam o tema ou os temas desse dia.

Além dos ciclos natalinos e de ressurreição, cada igreja tem outras festas especiais que às vezes tendem a ocultar as celebrações do ano litúrgico. Assim, desde data bem remota acostumou-se a comemorar o martírio de Estêvão em 27 de dezembro, e a morte dos inocentes em 28 — com o resultado estranho de que a morte dos inocentes acontece antes da chegada dos magos. Além do martírio de Estêvão, depois surgiram celebrações em memória de outros mártires, apóstolos e santos — a tal ponto que em algumas tradições cada dia do ano é dedicado pelo menos a um santo, e normalmente a mais de um. As igrejas protestantes em geral têm menos celebrações, mas se deve notar que muitas celebram o dia 31 de outubro como "dia da Reforma", e que os metodistas e outros de tradição wesleyana observam o dia de *Aldersgate* (rua Aldersgate, em Londres) como o dia da experiência de salvação pessoal por parte de João Wesley.

ANOMOEANOS. Partido extremo dentro do arianismo*. Sustentavam que o Filho difere tanto do Pai que o melhor é referir-se a ele como "diferente" — em grego *anomoios*, do qual deriva o nome desse partido. Segundo eles, o Filho somente pode receber o título de "deus" porque participa do poder de Deus, mas não há dúvidas que o Filho é criatura e obra de Deus. O principal teólogo desse partido foi Eunômio, contra quem vários teólogos ortodoxos escreveram tratados importantes.

ANTICRISTO. Termo que aparece somente cinco vezes no Novo Testamento — quatro em 1João e uma vez em 2João — mas tem sido tema de ampla discussão, particularmente no contexto da escatologia. Embora o termo apareça unicamente nesses cinco casos, o conceito de poderes pessoais que se opõem a Deus aparece repetidamente nas Escrituras. Visto que em Apocalipse se fala de um confronto final entre Deus e o Cordeiro de um lado, e os poderes do mal — o dragão e a besta — do outro, a ideia do anticristo logo é associada ao chefe das forças do mal nesse conflito final. Por isso, ao longo da História alguns cristãos têm identificado o anticristo com qualquer poder, instituição ou indivíduo que lhes são opostos ou os persiga. Assim, por exemplo, na igreja antiga houve quem pensasse que o anticristo fosse Nero. Alguns dos reformadores, do século XVI, identificavam o papado, ou algum papa em particular com o anticristo. Em tempos mais recentes, principalmente nos Estados Unidos, muitos sustentavam que o anticristo era o comunismo. Com relação a tudo isso, é importante assinalar que na epístolas de João o anticristo não é o inimigo final, mas qualquer um que se oponha à verdade de Deus — pela qual 1João 2.18 afirma que: [...] agora muitos anticristos têm surgido". Também é importante assinalar que o que torna essa figura particularmente maligna não é que se oponha abertamente ao verdadeiro Cristo, mas que se faça passar por Cristo. Assemelha-se a Cristo, e esse engano torna o anticristo mais perigoso que qualquer inimigo aberto.

ANTINOMIANISMO. Do grego *anti*, contra, e *nomos*, lei. Palavra criada por Martinho Lutero em suas controvérsias contra João Agrícola, que negava primeiro o uso da *Lei de Israel — principalmente o *Decálogo — para instruir os fiéis sobre as suas obrigações, e depois, também se opunha ao seu uso como meio de chamar os pecadores ao arrependimento, dizendo que a pregação do próprio evangelho bastava para esse propósito. Lutero respondeu com um tratado *Contra os antinomianos*, no qual defendia o uso da lei tanto no ensino como na pregação. Depois, a *Fórmula de Concórdia* declarou que a lei tem três usos: mostrar-nos nossos pecados; governar a vida da sociedade; guiar as vidas daqueles que Deus salvou mediante a graça (Lei*, terceiro uso dela).

Mesmo que em princípio se referisse especificamente à posição de

Agrícola e seus seguidores, o termo "antinomianismo", por extensão, aplica-se a toda oposição ou negação do valor da lei na vida cristã. Nesse sentido, o antinomianismo apareceu em vários momentos da História. Na igreja primitiva, os conflitos de Paulo com alguns grupos sobre a lei e sua insuficiência para a salvação levaram alguns a estabelecer uma posição radical entre a lei e o evangelho. O principal deles foi Marcion (Marcionismo*), que chegou a ensinar que a lei havia sido dada por um deus inferior ao Pai de Jesus Cristo, que é Deus de amor e de graça e não da lei. Vários gnósticos (gnosticismo*) sustentaram posições semelhantes. Durante a Idade Média, alguns utilizaram as palavras de Agostinho, "ame a Deus e faça o que você quiser" como desculpa para rejeitar a lei como princípio de vida. Nos tempos da Reforma, a controvérsia entre Lutero e Agrícola foi só uma de muitas semelhantes. Calvino escreveu um tratado intitulado: *Contra a fantástica e furiosa seita dos libertinos que dão a si mesmos o nome de espirituais*. Outros grupos semelhantes surgiram na Inglaterra durante a revolução puritana. Na Nova Inglaterra, os grupos puritanos mais tradicionais acusaram Anne Rutchinson de ser antinomiana.

Mais recentemente, aquelas teorias éticas que sublinhavam a importância do contexto de uma decisão ou a supremacia do princípio do amor sobre todo outro princípio também são acusadas de antinomianismo.

ANTIOQUENA, TEOLOGIA. Escola teológica que surgiu em torno da cidade de Antioquia e em algumas regiões da Ásia Menor, e que contrastava radicalmente com a teologia alexandrina*. Enquanto os alexandrinos faziam amplo uso da interpretação alegórica, os antioquenos preferiam o sentido literal e histórico do texto, e utilizavam a alegoria com mais moderação que os alexandrinos. E, enquanto os alexandrinos pensavam que o problema da condição humana era tal que a principal tarefa de Cristo era como mensageiro que nos lembra nossa realidade espiritual, os antioquenos pensavam que a condição humana era a escravidão ao pecado e ao diabo, e que, portanto, a principal obra de Cristo era vir a ser o cabeça de uma nova humanidade livre, e fazer isso conquistando os poderes do mal através da encarnação, da cruz e da ressurreição (Expiação*). Logo, enquanto os alexandrinos destacavam a divindade de Jesus, os antioquenos destacavam sua humanidade, seu caráter de "novo Adão".

Ainda que alguns dos primeiros antioquenos — por exemplo, Paulo de Samosata (século III) — pelo que parece, trataram de assegurar a completa humanidade de Jesus limitando sua divindade, tais soluções foram abandonadas. Portanto, os teólogos antioquenos desenvolveram o que foi chamado de uma teologia "disjuntiva" — ou seja, uma cristologia na qual a completa humanidade de Jesus se conserva principalmente distinguindo-a, e às vezes até isolando-a, de sua divindade. Por isso os primeiros antioquenos rejeitaram o princípio da *communicatio* idiomatum*, e através de toda sua história a escola de Antioquia tratou de limitar as consequências desse *communicatio*.

Entre os principais mestres da teologia antioquena estão Diodoro de Tarso (c. 350-c. 392) e Teodoro de Mopsuestia (350-428), assim como um dos maiores pregadores de todos os tempos, João Crisóstomo (c.347-407). Todos eles eram famosos por seus estudos bíblicos e por sua ênfase no sentido literal dos textos.

Contudo, o mais famoso teólogo dessa escola foi Nestório, patriarca de Constantinopla, cujas opiniões foram rejeitadas pelo Concílio de Éfeso no ano 431 (Nestorianismo). Nestório insistia — como mais tarde a cristologia ortodoxa chegou a sustentar — que em Cristo há duas naturezas, uma divina e outra humana. Mas também insistia na integridade separada de cada uma dessas duas naturezas, afirmando que em Cristo há duas pessoas, uma divina e outra humana. Nestório rejeitou o *communicatio idiomatum*, afirmando que Jesus fez certas coisas como ser humano, e outras como Deus. O que fez romper a controvérsia que foi a rejeição por parte de Nestório do título de *Theotokos** — parideira de Deus — que era dado à virgem Maria. Nestório insistia em que quem nasceu de Maria foi Cristo, e não Deus, e que, portanto, deveria ser dado a ela o título de *Christotokos*. Seus opositores, sob a direção de Cirilo de Alexandria, respondiam que em tal caso ele deveria dizer que foi Cristo, e não Deus, quem sofreu na Galileia, e Cristo, e não Deus, quem sofreu na cruz.

Ainda que os ensinamentos de Nestório fossem rejeitados pelo Concílio de Éfeso, a controvérsia não terminou. Muitos dos seguidores de Nestório chegaram a ser mestres influentes na Pérsia, onde a maioria dos cristãos se tornou de "nestorianos", rejeitando as decisões do Concílio de Éfeso. Até o dia de hoje, há um pequeno número de cristãos cujas raízes remontam a esse cisma. Quanto a Nestório, ainda vivia quando o Concílio de Calcedônia (451) moderou a posição alexandrina extrema do Concílio de Éfeso, e Nestório começou a insistir que as decisões de Calcedônia reivindicavam suas opiniões. Mas poucos lhe deram atenção.

ANTROPOLOGIA. Etimologicamente, a doutrina que estuda os seres humanos. No contexto teológico, o termo normalmente refere-se ao modo como um teólogo ou escola teológica entende a natureza e o destino humano. Mesmo que em questões pequenas haja nas Escrituras diversas perspectivas antropológicas, há algumas asseverações que constituem o fundamento da antropologia bíblica. Assim, por exemplo, fica claro nas Escrituras que a humanidade se origina em Deus, seu Criador. Também nos é dito que os humanos levam a imagem* de Deus, mesmo que o sentido exato dessa frase não esteja definido. O ser humano, criado por Deus, segundo a imagem divina, governa sobre o restante da criação e é, portanto, mordomo de Deus na administração da criação. Logo os seres humanos são parte da criação ao mesmo tempo em que, em certo sentido, são superiores a ela. Isso se relaciona com a capacidade que essa criatura tem de transcender a si mesma, de ver a si mesma, por assim dizer, de fora. Além disso, o propósito de Deus na criação da humanidade é que esses seres vivam em comunidade, e por isso a Bíblia se refere mais a povos, tribos, famílias e nações que a indivíduos. Essa criatura criada livre por Deus, decidiu desobedecer a Deus e seguir o próprio caminho, o pecado. Ao fazer isso, sujeitou sua liberdade e seu destino às forças do mal, e, portanto, necessita de redenção. Finalmente, pela graça de Deus e por meio de Jesus Cristo, a vida abundante e eterna é prometida a essa criatura humana.

A partir dessas premissas, e frequentemente refletindo a cultura circundante, a antropologia cristã ocupa-se de uma série de questões. Algumas delas se encontram constantemente no centro do discurso teológico, como o livre-arbítrio* e sua relação com a predestinação*, além do pecado* e da salvação*.

Um tema que tem aparecido repetidamente no discurso teológico sobre a criatura humana, especialmente nos círculos mais conservadores, é a composição do ser humano. Mesmo que a Bíblia normalmente se refira ao ser humano como uma entidade única e indivisível, fica claro que esses seres são corpos, mas são também corpos com certos atributos e capacidades que a realidade corpórea não esgota. Assim, nos salmos a frase "minha alma" normalmente quer dizer simplesmente "eu", e o mesmo significa "meu corpo", mesmo que cada uma dessas duas frases tenha conotações diferentes. Outras palavras, como "coração", "fígado" etc. são utilizadas na Bíblia para falar do ser humano como um todo. Cada uma delas tem certas ênfases particulares. Por outro lado, no pensamento grego, frequentemente se contrapunha alma ao corpo, como duas partes constitutivas e às vezes em conflito dentro do ser humano. Por isso desde datas remotas se discute entre os cristãos, assim como entre os filósofos pagãos, tanto a natureza como o número de partes constituintes do ser humano. As passagens bíblicas nas quais se mencionam tais temas têm levado alguns cristãos a optarem pela postura "dicotômica", segundo a qual o ser humano é composto de alma e corpo, enquanto outros preferem a "tricotomia", referindo-se ao corpo, alma e espírito. (Alma*).

Outro tema que às vezes tem sido discutido pela antropologia teológica é a origem da alma. Em relação a isso, alguns sustentam que a alma deriva dos pais, assim como o corpo (Traducianismo*), enquanto outros pensam que cada alma individualmente é uma nova criação de Deus (Criacionismo*).

Em tempos mais recentes, a antropologia teológica voltou a enfocar seu interesse no tema fundamental sobre o que significa ser autenticamente humano, em vez de questões como a composição do ser humano e a origem da alma.

ANTROPOMORFISMO. A tendência em descrever Deus — ou os deuses — em termos humanos. Dentro do cristianismo, alguns têm interpretado a imagem* de Deus no ser humano nesse sentido, e, portanto, têm concluído que Deus tem um corpo como o nosso, e se assemelha em muito a nós. Em geral, a teologia cristã tem rejeitado tal antropomorfismo.

Contudo, a questão é mais complexa. A única linguagem que temos para nos referir a Deus é a linguagem humana, e nesse sentido todo discurso sobre Deus é antropomórfico. Ainda que alguns teólogos tenham destacado que tal linguagem é metafórica ou analógica (Metáfora*; Analogia*), alguns — particularmente aqueles mais impactados pela filosofia grega, e mais tarde por diversas formas do racionalismo — têm afirmado que a linguagem mais abstrata é mais apropriada para falar sobre Deus, e, portanto, têm preferido se referir a Deus como "imutável", "impassível" etc. (Atributos de Deus*). Mesmo que não haja dúvida sobre o valor de tal linguagem, que nos recorda a natureza analógica da linguagem mais antropomórfica, deve-se recordar que mesmo essa maneira de falar continua sendo antropomórfica porque abrange, todavia, os limites da experiência e da linguagem humanas, com a única exceção que o faz agora em termos mais abstratos, e, portanto, não é necessariamente melhor do que uma linguagem antropomórfica, por exemplo, quando dizemos que Deus ama.

Por último, em toda essa discussão é necessário recordar que a afirmação fundamental da fé cristã é que Deus se tornou humano, o que implica em certo sentido, na própria encarnação*, que Deus se fez antropomórfico.

APOCALÍPTICO, (APOCALIPTICISMO). Em grego, o termo *apokalypsis* simplesmente quer dizer "revelação" e é nesse sentido que é empregado no Apocalipse de João que começa precisamente com essas palavras: "Apocalipse ou revelação de Jesus Cristo..." Contudo, precisamente devido ao uso particular desse livro, o termo "apocalíptico" veio a ter dois usos na presente linguagem.

Primeiramente, em seu uso mais comum, simplesmente se refere a algo catastrófico, como quando alguém se refere a "uma visão apocalíptica do desastre econômico que se aproxima".

Contudo, mais especificamente no discurso teológico e nos estudos bíblicos, o termo "apocalíptico" refere-se a certa perspectiva particular e à literatura que a reflete. Nesse sentido, o apocalipticismo parece ter surgido primeiramente na Pérsia, entre os zoroastrianos, e passou dali para o judaísmo durante os tempos de exílio, por último passou do judaísmo a certos setores do cristianismo primitivo. A principal característica do apocalipticismo é uma visão dualista da História, e a expectativa de que esse dualismo se resolverá em tempos escatológicos iminentes, mediante a vitória do bem sobre o mal. Essa visão dualista da História, na qual o princípio do bem se impõe ao princípio do mal, resultando na divisão da humanidade entre aqueles — normalmente a maioria — que servem aos poderes do mal, e que, portanto, gozam atualmente de poder e privilégios, e uma minoria no presente oprimida e perseguida que posteriormente participará da vitória final do bem, enquanto os maus serão destruídos ou condenados ao sofrimento eterno. Dentro de tal perspectiva, não nos surpreende o fato de que o apocalipticismo em geral surge e floresce entre aquelas minorias que se sentem oprimidas e perseguidas — como os primeiros cristãos do cristianismo ou os anabatistas do século XVI.

Além dessa perspectiva fundamental, a literatura apocalíptica mostra outros traços comuns. Afirma basear-se em visões, tende a utilizar termos simbólicos, como bestas estranhas, numerologia abundante, linguagem crítica que frequentemente só os que pertencem ao grupo podem entender. Boa parte da literatura apocalíptica é pseudônima, pois pretende ter sido escrita por alguma figura respeitada no passado. Tal é o caso do *Apocalipse de Abraão*, o *Apocalipse de Elias*, o *Apocalipse de Pedro* etc.

APOCATÁSTASE. Termo grego que significa saúde, restauração plena, regresso ao estado original. É utilizada assim no Novo Testamento, por exemplo, em Atos 3.21. Em seu uso mais específico, em círculos teológicos, refere-se à restauração final de todas as coisas ao seu estado original. Foi assim que, primeiro Orígenes (c.135-c.254) e mais tarde Gregório de Nissa (c.335-394) utilizaram o termo. Nesse sentido, a apocatástase refere-se à culminação do círculo inteiro da História, de tal modo que a criação será restaurada a sua perfeição inicial. Isso contrasta com a visão mais linear da História, na qual o que começa em um jardim, em Gênesis termina em uma cidade no Apocalipse.

Em geral, as teorias da apocatástase envolvem a expectativa de que no final todos, inclusive Satanás, serão salvos (Universalismo*) e, portanto, às vezes há teólogos que se referem a qualquer posição universalista como apocatástase. Há, contudo, uma diferença importante entre esses dois elementos, visto que é possível sustentar posturas universalistas sem crer que toda a criação retornará ao seu estado original.

APÓCRIFO. Os livros que não se incluem no cânon*. Infelizmente, o termo "apócrifo" tem o sentido original de algo escondido, e, portanto, tem dado lugar ao erro comum de pensar que todos os livros apócrifos foram escondidos ou proibidos, enquanto que na realidade isso vale somente para alguns deles. Além disso, o próprio termo tem sentidos muito diferentes quando aplicado ao Novo Testamento do que quando aplicado ao Antigo.

APÓCRIFO

No contexto do Antigo Testamento, o termo "apócrifo" foi empregado primeiramente por Jerônimo (347-419) como um título coletivo para todos aqueles escritos que formavam a Septuaginta (e também a Vulgata do próprio Jerônimo), mas que não eram parte do cânon hebraico. Jerônimo pensava que esses livros, ainda que tivessem valor para a edificação dos crentes e sua devoção, não eram parte do cânon no sentido estrito, e, portanto, não deveriam ser utilizados, como o restante da Escritura, para determinar doutrina. Porém, visto que a partir do tempo de Jerônimo e através de toda a Idade Média a igreja normalmente não utilizou a Bíblia hebraica, e sim a Vulgata de Jerônimo, e no caso dos cristãos de fala grega, a Septuaginta, e visto que tanto a Vulgata quanto a Septuaginta incluem esses livros, a distinção que Jerônimo fez logo foi anulada e posteriormente esquecida.

Nos tempos da Reforma, Lutero e outros voltaram à recomendação de Jerônimo, declarando que esses livros eram bons, mas não eram parte do cânon nem tinham autoridade canônica. O próprio Lutero colocou-os ao final de sua tradução do Antigo Testamento. Outros tradutores para outras línguas seguiram seu exemplo, frequentemente com uma nota explicativa sobre o caráter estritamente não canônico desses livros. No século XVII começou-se a imprimir Bíblias sem os apócrifos, e no começo do século XIX isso se tornou política normal das Sociedades Bíblica Britânica e Americana.

Em reação contra Lutero e outros protestantes que duvidavam da autoridade canônica plena dos apócrifos, o Concílio de Trento (1545-63) declarou que todos esses livros são plenamente inspirados, e declarou herege a quem sustentasse o contrário. Contudo, com o passar do tempo os católicos romanos começaram a reconhecer o *status* particular desses livros referindo-se a eles como "deuterocanônicos", ou seja, como um "segundo cânon". Isso não quer dizer que não tenham autoridade, mas simplesmente que não são parte do cânon hebraico.

Além disso, há outras literaturas hebraicas antigas que nunca foram parte de cânon nenhum, e que frequentemente afirma-se terem sido escritas por alguma figura destacada do Antigo Testamento. Tais livros recebem o nome, não de "apócrifos", mas de "pseudoepigráficos". Entre eles estão, por exemplo, *Os testamentos dos doze patriarcas*, *Os salmos de Salomão*, *Jubileus*, *o Apocalipse de Baruc* e muitos outros. No caso do

Novo Testamento, o uso dos termos é muito diferente, visto que os "apócrifos do Novo Testamento" não são paralelos aos apócrifos do Antigo. A maior parte, desses livros apócrifos do Novo Testamento, nunca fez parte de cânon algum, exceto entre as seitas ou movimentos que os produziram. A exceção mais notável é o *Apocalipse de Pedro*, que alguns alexandrinos do século II consideravam como parte do cânon. A contrapartida disso também é certa: os livros que em um momento ou outro foram parte de algum cânon cristão e hoje não o são, como o *Pastor* de Hermas, a *Epístola de Barnabé* etc., não são parte dos "apócrifos do Novo Testamento".

Entre os apócrifos do Novo Testamento estão duas classes de livros uns que foram escritos simplesmente com base em um desejo piedoso de acrescentar algo ao que foi dito no Novo Testamento, e outros compostos por algum grupo ou seita com o propósito de promover e sustentar as próprias doutrinas mediante a publicação de algum livro, frequentemente sob o pseudônimo de um apóstolo. Entre os primeiros se incluem, por exemplo, toda uma série de histórias sobre Jesus durante sua infância e juventude, lendas sobre os milagres e viagens de alguns dos apóstolos etc. Esses livros nunca foram suprimidos ou proibidos, mas simplesmente foram excluídos do cânon ao mesmo tempo em que muitos continuavam circulando e suas lendas se tornaram populares durante a Idade Média.

Entre os livros da segunda categoria estão livros como o *Evangelho da verdade*, pelo próprio gnóstico Valentin. Todos eles são bem posteriores aos evangelhos canônicos. Esses sim, foram suprimidos, e têm sobrevivido principalmente em citações de autores que os refutam ou, como no caso de uma série de papiros descobertos no Egito no século XIX, em bibliotecas esquecidas que de algum modo tem sobrevivido aos embates do tempo.

APOLINARISMO. A doutrina cristológica de Apolinário de Laodiceia, rejeitada pelo Concílio de Constantinopla em 381, e depois por outros concílios e autoridades eclesiásticas. Segundo Apolinário, em Cristo a natureza divina ocupava o lugar da alma racional humana. Em outras palavras, a humanidade de Jesus não era uma humanidade completa e racional. Jesus era humano porque seu corpo era humano, e esse corpo vivia e funcionava como qualquer corpo humano. Mas não era humano no sentido de que tivesse mente humana, visto que em seu caso o logos* ou

Palavra de Deus* ocupava o lugar da mente humana. Isso é uma expressão típica da primeira cristologia Alexandrina*, na qual o logos se une, não a um ser humano completo, mas unicamente a um corpo humano.

A grande objeção ao apolinarismo veio daqueles que sustentavam que Jesus havia assumido a natureza humana a fim de salvá-la. Se tal foi o propósito da encarnação, por conseguinte "o que não foi assumido por Cristo não está salvo". Logo, se Cristo não assumiu uma mente humana, a mente humana não está salva. No entanto, é precisamente na mente que o pecado mostra todo seu poder e sua principal ação. A fim de salvar o ser humano integral, a Palavra de Deus devia encarnar-se em um ser humano integral.

APOLOGÉTICA. A defesa racional da fé cristã, de suas doutrinas e práticas. Desde o princípio, foi dado o título de "apologistas" àqueles que escreviam em defesa do cristianismo, procurando mostrar que não havia razão para perseguir os cristãos, que o cristianismo era a "verdadeira filosofia", e que de fato as práticas morais dos cristãos contribuíam para o bem-estar da sociedade. Os primeiros apologistas cristãos escreveram no século II e, mesmo que algumas de suas obras tenham sido perdidas, esses apologistas — particularmente Justino Mártir — foram os primeiros teólogos cristãos no sentido de oferecer uma visão racional do cristianismo. Muitos dos mais distintos pensadores cristãos das gerações seguintes, e até que a perseguição terminasse, também escreveram obras apologéticas. Entre eles se encontram Tertuliano, Clemente de Alexandria, Orígenes, Cipriano e outros.

Uma vez que o cristianismo chegou a ser a religião oficial do Império Romano, por toda a Idade Média a teologia apologética pareceu bem menos necessária. Ela foi mais praticada no encontro com as tribos pagãs do norte, onde os missionários buscavam provar a validade da fé cristã para os saxões, frígios e outros, e no encontro no sul com o islã, onde houve amplos debates entre muçulmanos e cristãos sobre suas respectivas crenças. É bem possível que a *Suma contra gentiles* de Tomás de Aquino tenha sido concebida inicialmente como um manual para tais debates.

Com o racionalismo crescente e ascetismo do Renascimento e dos séculos subsequentes, a teologia apologética adquiriu nova importância, particularmente em esforços filosóficos que tentavam provar ou apoiar a doutrina cristã. Quando a filosofia de Descarte (Cartesianismo*) tornou-se popular, houve católicos que tentaram mostrar a racionalidade de sua fé sobre princípios cartesianos. O mesmo fizeram vários calvinistas, particularmente nos Países Baixos, que tentaram provar sobre princípios do racionalismo as posturas do calvinismo* estrito. Na Inglaterra, durante a hegemonia do empirismo* de Locke, vários autores procuraram mostrar que o cristianismo era eminentemente racional, ao mesmo tempo em que sustentavam também que o que a razão não pode demonstrar não era parte da verdadeira religião. Foi esse o propósito, por exemplo, da obra de John Toland, *O cristianismo não é mistério* (1696), e de Matthew Tindal, *O cristianismo é tão antigo como a criação* (1730). Essa tradição continuou com Kant (1724-1804), que, depois de argumentar que os princípios fundamentais da religião — a existência de Deus, a existência da alma, e a vida após a morte — não podem ser provados pela "razão pura", tentou demonstrar o valor de tais doutrinas mediante o que ele chamava de "razão prática". Durante o século XIX, quando as doutrinas cristãs tradicionais se viram repetidamente desafiadas por novos descobrimentos científicos, muitos teólogos pensaram que sua tarefa consistia em defender o valor racional do cristianismo. O primeiro livro famoso de Schleiermacher, publicado pouco antes de começar o século (1799), levou o título apologético de *Sobre a religião: Discursos para as pessoas cultas que a desprezam*. Pouco depois, quando o sistema de Hegel alcançou popularidade, houve várias interpretações hegelianas da fé cristã. No século XX, a tradição apologética continuou na obra de Paul Tillich (1886-1965) e de vários teólogos famosos.

Por outro lado, há também uma grande lista de quem tem pensado que o empreendimento apologético é em si mesmo um erro, visto que a fé se encontra no próprio centro do cristianismo, e ela não pode ser o resultado de argumentos racionais. Tal foi a postura de Soren Kierkegaard (1813-55) no século XIX, e de Karl Barth (1886-1968) no século XX.

Até o final do século XX, e princípio do XXI, com o surgimento da pós-modernidade*, a apologética começou a tomar novas direções, visto que agora as próprias ideias de objetividade e de universalidade, que haviam constituído o fundamento da filosofia moderna e, portanto, também da apologética moderna, estavam em dúvidas. Nesse contexto, provavelmente o que a apologética pode fazer mais é mostrar que as doutrinas cristãs não são absurdas ou irracionais.

APOSTASIA. Ação de abandonar a fé. Desde datas mais antigas, era considerado um pecado sério, a ponto de que alguns sustentavam que os três pecados imperdoáveis eram o homicídio, a fornicação e a apostasia, que incluía também toda forma de idolatria. Mais tarde, conforme diversas igrejas e tradições cristãs começaram a competir entre si, aquele que abandonava uma igreja por outra — por exemplo, os católicos que se tornavam protestantes e vice-versa — frequentemente eram considerados apóstatas pela comunidade que haviam abandonado. Em alguns casos, o termo "apostasia" é usado também para quem abandona um voto ou promessa que tenha feito, como quando um sacerdote decide abandonar o sacerdócio. Contudo, esse não é o sentido estrito do termo.

APOSTOLICIDADE. Característica ou marca que a igreja começou a reclamar para si durante o século IV ao incluí-la em vários credos, com o qual assinalava que a igreja havia sido fundada pelos apóstolos, cuja doutrina continuava ensinando, e cujos sucessores os dirigentes atuais diziam ser (Sucessão* apostólica).

Em outros contextos, a apostolicidade significa simplesmente que algo remonta aos tempos dos apóstolos. Como quando dizemos, por exemplo, que a "apostolicidade dessa doutrina não pode ser negada".

Mais recentemente, em diversas partes do mundo, particularmente na América Latina, algumas igrejas independentes começaram a unir-se no que chamam de "redes apostólicas", elas dão o título de "apóstolos" para alguns de seus dirigentes, certificando-se então como "apostólicas". Trata-se de um fenômeno novo, sem base na tradição cristã anterior.

APROPRIAÇÕES. Na teologia trinitária, o princípio que permite afirmar uma relação particular de uma das pessoas* da Trindade* a uma ação. Por exemplo, é a segunda pessoa da Trindade quem se encarnou. Mas isso não significa que as outras pessoas estejam ausentes na ação que é própria de uma pessoa. Assim, ainda que seja o Filho quem se encarnou, o Pai e o Espírito Santo sempre estão presentes com o Filho encarnado.

ARBÍTRIO. A liberdade do ser humano para tomar decisões. Alguns teólogos e filósofos consideram que para que haja liberdade basta que não haja coação. Assim, por exemplo, mesmo que por natureza um cachorro faminto coma quando sua comida é oferecida, sua decisão de comer é livre, porque ele não é obrigado a isso. Para outros, a verdadeira liberdade existe unicamente quando a vontade é sua própria causa. Segundo essa definição, quem faz algo simplesmente porque é de sua natureza fazê-lo, não age em liberdade verdadeira. A verdadeira liberdade requer opções e a capacidade de decidir entre alternativas.

O livre-arbítrio interessa aos teólogos por duas razões. Em primeiro lugar, os teólogos afirmam, quase unanimemente, que a liberdade é necessária como requisito para a responsabilidade. Nesse sentido, a liberdade se opõe ao determinismo*, segundo o qual todas as coisas e todos os acontecimentos têm sido determinados de antemão. Em segundo lugar, os teólogos repetidamente têm discutido a relação entre a liberdade humana e a predestinação*. Nesse contexto, já não se trata de que tudo está predeterminado, mas unicamente da incapacidade por parte da vontade humana para aceitar a salvação por sua própria iniciativa, além da graça*. O tratamento clássico do livre-arbítrio no campo da teologia foi produzido por Agostinho (354-430) em seu primeiro debate contra os maniqueístas e depois contra os pelagianos. Contra o determinismo dos maniqueístas, Agostinho defendeu a liberdade humana como dom de Deus; mas é um dom que, por sua própria natureza, pode ser empregado para o mal. A controvérsia pelagiana o forçou a esclarecer em que sentido a vontade humana é livre, e para responder a essa questão distinguiu entre quatro condições diferentes, cada uma das quais implica certos limites quanto à liberdade. Na primeira condição, que existia no Éden antes da queda*, os seres humanos tinham liberdade tanto para pecar como para não pecar (*posse peccare* e *posse non peccare*). Contudo, como resultado da queda, perdemos a liberdade de não pecar, e só nos resta a liberdade para pecar (*posse peccare*, mas *posse non peccare*). Isso não significa que não tenhamos liberdade; quer dizer, ao contrário, que nossas alternativas estão limitadas, de tal modo que todas são pecaminosas em alguma medida. A redenção e a santificação restauram no crente a liberdade de não pecar (*posse non peccare*), enquanto que a possibilidade de pecar (*posse peccare*) permanece. Por último, na vida futura, todavia, teremos liberdade, mas unicamente para não pecar (*posse non peccare*, mas *non posse peccare*).

O ponto em que tudo isso levou a sérios debates é a questão de como se passa do segundo estágio ao terceiro, ou seja, o que comumente se chama conversão. Segundo Agostinho, a vontade humana por si mesma não tem a liberdade para dar esse passo, pois o ser humano em sua condição de pecado somente pode escolher entre opções pecaminosas, e a conversão não é uma dessas opções. É aqui que intervém a graça* irresistível e a predestinação*, visto que é a graça de Deus que move o pecador de sua condição de pecado para a de redenção, e essa graça é dada; não com base em algo que a pessoa faça ou decida, mas como resultado do decreto de eleição por parte de Deus, que determinou quem há de receber a graça irresistível. Esta posição, que se origina em Agostinho, é também a do calvinismo ortodoxo. Frente a ela, o arminianismo*, ao mesmo tempo em que concorda que os pecadores não têm em si mesmos a capacidade de aceitar o dom da graça salvadora, evita as consequências predestinistas desse fato, e defende o papel da liberdade humana na salvação declarando que há uma "graça preveniente" que nos é dada livremente a todos, e que dá a capacidade, se assim decidirmos, de aceitar a graça salvadora.

ARIANISMO. A doutrina de Ário, que levou a primeira grande controvérsia teológica depois de terminadas as perseguições, e que foi rejeitada pelo Concílio de Niceia (325), e depois pelo de Constantinopla (381). Ário era presbítero da Igreja de Alexandria que chocou com seu bispo, Alexandre, sobre o modo pelo qual a divindade de Cristo deve ser entendida. Enquanto Ario estava disposto a afirmar que o Salvador é divino, insistia em que não o é por natureza, mas por adoção. O Verbo de Deus que se encarnou em Jesus não existia desde a eternidade com Deus, mas era uma criatura. É certamente a primeira de todas as criaturas, existente antes da encarnação, e por intermédio de quem Deus fez o restante da criação; contudo, ele continuou sendo criatura. Tal opinião conflitava com os ensinamentos de Alexandre, que insistia na divindade completa e eterna do Filho. O debate se tornou agressivo. Ário era um pregador popular e logo nas cidades multidões cantavam lemas como "houve quando não existia" (referindo-se ao Filho).

Por outro lado, Alexandre empregou sua autoridade episcopal para disciplinar e para silenciar Ário, e posteriormente tanto Ário como suas doutrinas foram rejeitados por um sínodo dos bispos do Egito. Ário apelou a um círculo de amigos, aos quais chamava de seus "companheiros lucianistas", porque todos haviam estudado com o famoso teólogo Luciano de Antioquia. Partiu então de Alexandria e se refugiou com o mais influente de seus amigos lucianistas, Eusébio de Nicomedia.

Isso ampliou a controvérsia, e por fim o imperador Constantino decidiu que era tempo de convocar um grande concílio de todos os bispos de todas as igrejas, que se reuniram em Niceia, no ano de 325. Após longo debate, esse concílio produziu um credo que deixava bem claro que o arianismo não era aceitável, pois se referia ao Filho como "unigênito, ou seja, da substância do Pai, Deus de Deus, Luz de Luz, Deus verdadeiro de Deus Verdadeiro, gerado não feito, de uma substância (*homoiusion**) com o Pai..." A isso o concílio acrescentou uma série de anátemas* contra Ário e seus ensinamentos: "Mas aqueles que disseram que houve quando não houve, e que antes de nascer não existia, ou que foi criado do nada, ou afirmam que o filho de Deus é uma hipóstase* ou substância* diferente, ou é criado, ou está sujeito a alteração ou mudança, a todos eles a Igreja Católica anatematiza" (Anátema*).

Mas isso não pôs fim à controvérsia. Muitos sentiam a preocupação de que as decisões tomadas em Niceia tendessem a apagar a distinção entre o Pai e o Filho. Eusébio de Nicomedia e vários de seus colegas começaram a usar sua influência, e cinco anos depois do Concílio de Niceia existia uma forte reação contra ele. Vários dos bispos que haviam participado ativamente naquelas discussões foram depostos. Outros começaram a buscar fórmulas que não parecessem tão extremas quanto as de Niceia. Depois da morte de Alexandre de Alexandria, seu sucessor, Atanásio (c. 295-373), veio a ser o campeão da ortodoxia niceia, e por essa razão sofreu diversos exílios.

Conforme a controvérsia se desenvolveu, o termo *homousion* ("*da mesma substância*" que o Pai) veio a ser marca distintiva dos defensores de Niceia. Mas logo surgiram alternativas. Uma delas, que se tornou muito atrativa para os bispos moderados, seria o termo *homoiusion* (termo que mediante a inclusão de um *i* significava que o Filho era de "*substância semelhante*" a do Pai). Mesmo que aqueles que sugeriram tal solução não fossem verdadeiramente arianos, mas simplesmente pessoas que queriam se assegurar que a distinção entre o Pai e o Filho se conservasse, os mais firmes defensores do que foi decidido em Niceia os consideraram quase arianos, por isso lhes deram o nome inexato de "semi-arianos". Os verdadeiros arianos, que insistiam em que o Filho é criatura, e não deve ser considerado divino, receberam o nome de anomoeanos*, visto que insistiam que o Filho era *anomoios*, ou seja, diferente, do Pai. Havia então quem evitava tomar partido declarando que o Filho era "semelhante" — *homoios*, e por isso foram denominados de "homoeanos" — ao Pai, sem esclarecer o caráter dessa semelhança.

No curso da controvérsia, primeiro Atanásio e depois os "grandes capadócios" — Basílio de Cesarea, Gregório de Nazianzo, e Gregório de Nissa — esclareceram o sentido de vários termos, e assim alcançaram o apoio da grande maioria dos dirigentes da igreja. Por isso, no Concílio de Constantinopla, no ano 381, as decisões de Niceia foram reafirmadas. O credo que resultou de todas essas controvérsias — que comumente é conhecido como o Credo Niceno, mesmo que na realidade não corresponda exatamente ao credo promulgado naquele concílio — veio a ser o credo mais comumente usado em toda a igreja.

Mesmo que com isso tenha terminado a controvérsia ariana, o arianismo não desapareceu. Durante o período em que foi forte, alguns missionários arianos haviam ido para as tribos germânicas além das fronteiras do império. Quando mais tarde essas tribos invadiram o império, já eram cristãs, mas de confissão ariana. O resultado foi que no Ocidente, onde o arianismo nunca foi forte, agora reapareceu graças às conquistas desses povos germânicos — particularmente os vândalos no norte da África e os godos na Itália e Espanha. Algum tempo depois, contudo, o arianismo desapareceu também no Ocidente.

ARISTOTELISMO. A tradição filosófica fundada por Aristóteles no século IV a.C. Discípulo de Platão (Platonismo*), Aristóteles escreveu sobre uma ampla gama de temas: lógica, metafísica*, ética*, a alma* e suas funções, a natureza etc. Diferia de seu mestre quanto ao modo de alcançar o conhecimento (Epistemologia*). Enquanto Platão pensava que os sentidos e suas percepções não podem levar ao verdadeiro conhecimento, Aristóteles sustentava que a percepção dos sentidos, mesmo que por si própria não seja o conhecimento, é fonte do conhecimento, e, portanto, não deve ser abandonada em benefício de fontes puramente "intelectuais". Esse fato em si mesmo fez que Aristóteles se interessasse por uma variedade de temas, visto que a partir de sua perspectiva todos eles conduziam ao verdadeiro conhecimento, e, portanto, não se podia desconhecê-los ou deixar de lado como se somente pudessem prover um conhecimento ilusório.

No tempo do advento do cristianismo, a filosofia de Platão estava bem mais difundida que a de Aristóteles. O maior impacto do último era principalmente indireto, através do modo pelo qual havia influenciado escolas teológicas como o estoicismo*. Por isso, em seu trabalho apologético a maioria dos cristãos se esforçava em relacionar sua fé com o platonismo, e não com o aristotelismo, e isso, por sua vez, produziu um entendimento cada vez mais platônico do próprio cristianismo, e o abandono dos ensinamentos de Aristóteles. Durante as controvérsias cristológicas dos séculos IV e V, a maior parte daqueles que participaram delas usava princípios platônicos para apoiar suas posturas. Foram principalmente os antioquenos — e na realidade somente os mais extremados entre eles — que insistiram no valor da contribuição de Aristóteles como meio de entender a realidade e consideraram a possibilidade de empregar sua metafísica para se referir à encarnação*. Como resultado de tudo isso, essa postura cristológica foi rechaçada pelos concílios ecumênicos de Éfeso (431) e Calcedônia (451). Então alguns daqueles que a sustentavam partiram para o exílio além das fronteiras do Império Romano com a Pérsia, onde levaram consigo as obras de Aristóteles. Mesmo que no Oriente bizantino fosse bem conhecida, no Oriente de fala latina Aristóteles ficou praticamente esquecido. Sua lógica foi empregada durante o renascimento do século XII por aqueles que defendiam o uso da dialética na teologia, por exemplo, Pedro Abelardo (1079-1142); mas a metafísica de Aristóteles e suas obras sobre a natureza e seu conhecimento eram geralmente desconhecidas.

Essa situação mudou quando eruditos latinos começaram a viajar para a Espanha muçulmana e para a Sicília, também profundamente impactada pela cultura islâmica. Ali encontraram os escritos de Aristóteles assim como de seu grande comentarista muçulmano, Averróis. As obras de Aristóteles, que os muçulmanos haviam encontrado e traduzido quando conquistaram o Império Persa, agora começaram a abrir espaço dentro da Europa de fala latina, frequentemente unidas às de Averróis e de outros escritores muçulmanos e judeus. O resultado foi um caloroso debate entre os teólogos ocidentais, especialmente na Universidade de Paris, sobre o valor e o uso do aristotelismo no campo da teologia. Enquanto que a grande maioria insistia nas posturas tradicionalmente platônicas, tal como haviam sido reinterpretadas por Agostinho e pelo agostinianismo*, e outros iam ao extremo oposto de aceitar tudo quanto a nova filosofia dizia, ainda que com o risco de negar a doutrina cristã (Averroísmo*), Tomás de Aquino (c. 1225-74) e seu mestre Alberto o grande (1206-80) deram o passo atrevido de empregar a filosofia aristotélica para reinterpretar a teologia tradicional, inclusive a agostiniana. Essa foi a genialidade do tomismo*, que mais tarde veio a ser a teologia dominante dentro do catolicismo romano.

ARMINIANISMO. A posição de Jacob Armínio (1560-1609) e seus seguidores — frequentemente conhecidos como remonstrantes* — quanto à *graça, o livre-arbítrio*, à predestinação* e à perseverança* dos crentes. Armínio era um teólogo calvinista holandês que, em todos aqueles pontos nos quais a tradição reformada* diferia da católica ou da luterana, continuou sendo calvinista. É importante recordar isso, visto que frequentemente se diz que o arminianismo é o contrário do calvinismo*, quando na realidade tanto Armínio como seus seguidores eram calvinistas em todos os pontos, exceto nos que debatiam. Além disso, é necessário notar que o debate envolvia também o interesse de um dos grupos em sublinhar o calvinismo estrito a fim de salvaguardar a independência recentemente conquistada do país, enquanto que o outro buscava posições que tornassem mais fácil para o país comercializar com outros que não fossem estritamente calvinistas. Em parte, por essa razão, os calvinistas estritos fundamentavam seus argumentos sobre as Escrituras, e o princípio da justificação só pela graça, construindo sobre isso um sistema rigidamente lógico e racional, enquanto seus opositores desenvolveram argumentos igualmente coerentes fundamentados sobre os princípios geralmente aceitos da religião — razão pela qual em certo modo foram precursores do racionalismo*.

Armínio envolveu-se em um debate quando resolveu refutar as opiniões daqueles que rejeitavam a doutrina calvinista estrita da predestinação. Mas então se convenceu de que eram eles que tinham razão, e se tornou o principal defensor dessa posição. Os calvinistas estritos que se opuseram a ele e que mais tarde condenaram seus ensinamentos eram supralapsarianos. Sustentavam que

Deus havia decretado antes de tudo a eleição* de alguns e a reprovação de outros, e depois havia decretado a queda* e suas consequências, de tal modo que o decreto inicial da eleição e reprovação pudesse ser cumprido. Também sustentavam que as consequências da queda são tais que toda a natureza humana está totalmente depravada, e que o decreto da predestinação é tal que Cristo morreu unicamente pelos eleitos, e não por toda a humanidade. Em princípio, Armínio tratou de responder a essas opiniões adotando uma posição infralapsariana; mas logo se convenceu de que isso não bastava. Criticou então seus adversários argumentando, em primeiro lugar, que sua discussão dos decretos da predestinação não era suficientemente cristocêntrica, visto que o verdadeiro grande decreto da predestinação é aquele "pelo qual Cristo foi destacado por Deus para ser o salvador, a cabeça e o fundamento daqueles que herdarão a salvação"; e, em segundo lugar, que a predestinação dos fiéis por parte de Deus baseia-se em sua presciência de sua fé futura.

Visto que a doutrina da predestinação de seus opositores se fundamenta na primazia da graça, e de uma graça irresistível, Armínio respondeu propondo uma graça "preveniente" ou "preventiva", que Deus dá a todos, e que os capacita para aceitar a graça salvadora se assim decidirem. E, visto que a graça não é irresistível, isso implica que é possível um crente, mesmo depois de haver recebido a graça salvadora, cair dela. Foi contra todas essas propostas dos arminianos que o Sínodo de Dordrecht, ou de Dort (1618-19) afirmou os cinco pontos principais do calvinismo estrito, a depravação* total da humanidade, a eleição incondicional, a expiação limitada por parte de Cristo, a graça irresistível, e perseverança dos fiéis.

As teorias de Armínio foram adotadas por vários teólogos de tradição reformada que não estavam dispostos a levar seu calvinismo às consequências que Dordrecht as havia levado. O mais destacado entre eles foi João Wesley (1703-91). Entre os batistas ingleses, aqueles que aceitaram o arminianismo receberam o nome de "batistas gerais", porque insistiam que Cristo morreu por todos, enquanto que aqueles que ensinavam a expiação limitada foram chamados "batistas particulares".

ARREBATAMENTO. Tema comum na escatologia* pré-milenarista. Fundamenta-se na primeira carta aos tessalonicenses 4.15-17, e afirma que a igreja será "arrebatada" para se unir a Cristo quando vier a parúsia. Entre aqueles que se preocupam com o arrebatamento e a ordem dos acontecimentos finais há três opiniões divergentes quanto à ordem cronológica do arrebatamento e da "grande tribulação". Os pós-tribulacionistas" que sustentam que a igreja será parte da grande tribulação, e que somente depois dessa tribulação será levada a se unir a Cristo. Os pré-tribulacionistas" que creem que o arrebatamento virá antes da grande tribulação e que a igreja, portanto, não passará pelas provas e dores dessa tribulação. Por último, os "mesotribulacionistas" que creem que o arrebatamento virá durante a grande tribulação, depois que surgir o anticristo*, mas antes das grandes provas e castigos.

ARREPENDIMENTO. O fato de reconhecer, rejeitar e odiar o próprio pecado. No sentido estrito, o arrependimento requer a contrição*, mesmo que alguns teólogos tenham afirmado que basta a atrição*. O termo grego no Novo Testamento que geralmente se traduz como "arrependimento" na realidade quer dizer abandonar o pecado, voltar-se em outra direção, e, portanto, pode ser traduzido como "conversão". Visto que a Vulgata o traduzia como *poenitentia*, esses textos foram utilizados para explicar o sacramento da penitência*, com sua ênfase sobre o arrependimento e sobre a pena que segue ao pecado e sua confissão*.

ASCENSÃO. A ação final de Jesus sobre a terra, mediante a qual ascendeu ao céu, e a partir da qual, segundo afirmam vários credos, está sentado à direita de Deus Pai Todo-poderoso. A doutrina da ascensão frequentemente tem recebido escassa atenção por parte dos teólogos cristãos, para quem não parece mais que o modo pelo qual Jesus abandonou a terra. Mas o *Catecismo de Heidelberg* (1562) assinala três pontos cruciais que marcam a importância dessa doutrina: em primeiro lugar, é o Cristo depois da ascensão que é nosso advogado perante o trono de Deus. Em segundo lugar, graças a sua ascensão e ao fato de que está sentado no céu, Deus tomou com ele a humanidade levando-a ao céu, a partir de onde a atrai, como cabeça que é do corpo da nova criação. Em terceiro lugar, é Cristo quem do céu envia o Espírito Santo, de modo que o Espírito está presente agora entre nós como não era possível antes da ascensão.

Desses três pontos, o segundo é o que em geral tem despertado menos atenção, mas de certo modo é o de maiores consequências. Nele se escutam ecos da asseveração de Ireneu, que "Deus se fez homem, para que os humanos possam ser feitos como Deus", e de opiniões semelhantes em Atanásio, Ambrósio e outros. (*Teopoiesis**).

ASCETISMO. Disciplina de renúncia em prol de um discipulado mais fiel, relacionada frequentemente com a imitação de Cristo como norma para a vida. Em suas melhores expressões, inclui também a prática do amor cristão — e é por essa razão que vários dos pioneiros da vida ascética chegaram à conclusão de que o verdadeiro discipulado não se pode praticar em completa solidão, o que deu início ao monaquismo comunitário ou cenobítico. Durante a Idade Média, a vida ascética identificava-se com a monástica com o caminho de perfeição* cristã que não era requerida de todos os crentes. Após a Reforma, vários grupos — particularmente dentro do movimento de santidade* — têm tentado restaurar a prática ascética como responsabilidade comum de todos os crentes. Em muitos casos, contudo, o ascetismo reflete uma atitude negativa para o corpo como mau, ou pelo menos inclinação para o mal, e, portanto, tem levado a práticas de autocastigo ou de "mortificação" do corpo mediante jejuns extremos, posições incômodas, açoites etc.

ASPERSÃO. Ação de borrifar ou respingar com gotas de água. Usa-se às vezes como método para o batismo*, quando simplesmente se borrifa água sobre a cabeça. Tradicionalmente, quase todas as igrejas criticam tal prática, e preferem ou a infusão* ou a imersão*.

A aspersão é praticada tradicionalmente com relação à renovação dos votos batismais, que acontecem, na véspera da ressurreição, quando a água é aspergida sobre a congregação para que os membros recordem do próprio batismo.

ASSEIDADE. Do latim *asitas*, a característica de um ser que existe em e por si mesmo, sem derivar sua existência nem depender de outro ser. Esse termo foi usado frequentemente na filosofia e teologia medievais para referir-se à primazia absoluta de Deus sobre todos os seres. Um termo semelhante, ainda que com conotações ligeiramente distintas, é a *perseidade*, que se refere à característica de um ser existir por si só. Os dois termos têm sido usados com frequência no contexto dos argumentos tradicionais para provar a existência de Deus. (Cosmológicos*, argumentos: Ontológico*, argumento).

ASSUNÇÃO. Geralmente se refere à assunção corporal de Maria ao céu, no final de sua vida terrena, que é um dogma da Igreja Católica Romana proclamado por Pio XII, em 1950 — mas por longo tempo sustentado por muitos teólogos e crentes católicos. Usa-se o termo "assunção" (em contraste com "ascensão*") para assinalar que, enquanto Jesus ascendeu ao céu por sua própria autoridade e ação, Maria foi assunta ao céu pelo poder de Deus. Foi a partir principalmente do século V que circulou a tradição segundo a qual, no final da vida de Maria, os apóstolos foram milagrosamente transportados para Jerusalém por anjos e ao colocarem o corpo da mãe de Jesus em sua tumba, esse foi levado ao céu. A partir de então, essa tradição se tornou cada vez mais popular. No princípio do século VIII, já era tradição oficial da Igreja Bizantina, que celebrava a assunção de Maria em 15 de agosto. No Ocidente, mesmo que, todavia, não fosse um dogma oficial da igreja, foi aceito de forma geral durante a Idade Média. Logo, a importância da proclamação por parte de Pio XII está no fato de que aquilo que até então era considerado "provável", mas não no artigo de fé, então se tornou dogma, e quem o rejeitasse era considerado herege por parte do catolicismo romano. De certo modo, o dogma da assunção de Maria é a conclusão do dogma de sua imaculada* concepção, visto que se a morte é consequência do pecado, tal pena não deve ser aplicada a Maria, que segundo o dogma da imaculada concepção foi concebida sem pecado.

ATO (ato puro; atualidade). Na filosofia aristotélica e medieval, uma potencialidade realizada. Uma semente é uma árvore em potência, mesmo que em ato continue sendo semente. Quando a potencialidade da semente se realiza, então vem a ser uma árvore na atualidade. A diferença entre ato e potência tem sido usada tradicionalmente para explicar o movimento, assim como qualquer mudança. Quando algo se move de um lugar para o outro, isso é possível porque potencialmente já estava no segundo lugar. Os seres contingentes podem estar em potência em diversos lugares, mas no ato somente em um. Em contraste, Deus, que é ato puro, está em todos os lugares.

ATRIBUTOS DE DEUS. Aquelas características ou qualidades que se podem atribuir a Deus. Tradicionalmente, as discussões quanto a como é possível falar a respeito de Deus — ou seja, como podemos conhecer e falar de seus atributos — têm seguido um desses três caminhos: a *via eminentiae,* a *via analogiae,* a *via negativa.*

A *via eminentiae* se baseia sobre a pressuposição de que tudo quanto há de bom no mundo se origina em Deus — ou seja, tudo o que é bom é vestígio do Criador visível na criatura. Sobre essa base, pode-se afirmar que Deus possui todo o bem em grau máximo — ou seja, eminentemente. Logo, se é bom conhecer, e quanto mais conhecemos é melhor, então Deus deve conhecer e saber tudo — Deus deve ser onisciente.

Da mesma forma, se é bom ter poder (sempre que se use corretamente), então Deus tem todo poder — é onipotente. Se o estar presente em algum lugar é melhor que estar ausente, então Deus está presente em todo lugar — é onipresente.

A *via negativa* tem sido entendida de duas maneiras diferentes. No sentido estrito, quer dizer que é impossível atribuir a Deus qualquer atributo humano ou de criatura alguma — e tudo quanto podemos dizer é "Deus não é como..." Levado às últimas consequências, isso implica que é impossível falar a respeito de Deus. Tudo o que podemos fazer ante a divina presença é ficar surpresos em silêncio. Essa tem sido a opinião de muitos místicos inspirados pelo falso Dionísio, o Areopagita.

Em um sentido menos estrito, contudo, a *via negativa* é simplesmente a contraparte da *via eminentiae.* Se for possível aplicar a Deus em grau máximo todos os atributos positivos, também é necessário negar-lhe todos os atributos negativos ou limitações. Surge então toda uma série de atributos de caráter negativo: Deus é infinito pois não tem fim; é impassível*, pois, não é capaz de sofrer a ação de um agente externo, exceto se o próprio Deus assim o determinar; Deus é imutável, visto que não está sujeito a mudanças ou variação alguma; Deus é simples, visto que não pode ser dividido nem há em Deus contradição interna. Seguindo o mesmo raciocínio, argumenta-se também que visto que existe graças a outro é uma imperfeição, Deus existe nele e por si próprio (Asseidade*).

Por outro lado, alguns têm assinalado que a mente humana não tem uma ideia muito clara do que significa o prefixo "oni" como em "onipotente" ou "onisciente". O mesmo pode ser dito com respeito aos atributos negativos, visto que na realidade não podemos conceber nem entender a infinitude nem a imutabilidade absoluta. Isso levou então a *via analogiae* (Analogia*), que afirma que a relação entre o criador e as criaturas é tal que existe entre os dois um vínculo, uma analogia do ser — *analogia entis*. Quando falamos analogicamente, o que queremos dizer é que uma coisa é "como" outra, o que por sua vez implica que são diferentes. Logo, o caminho da analogia permite aos crentes falarem sobre Deus usando linguagem e imagens puramente humanas (Antropomorfismo*), e ao mesmo tempo declarar que essa linguagem, apesar disso e de ser apropriada, tem suas limitações. Isso é o que nos permite dizer, por exemplo, que Deus ama, é justo, fiel etc. Poderia se arguir, além disso, que, em última instância, todo o discurso sobre Deus é analógico, visto que os atributos aos quais chegamos mediante a *via eminentiae*, assim como aqueles que provêm da *via negativa*, na realidade, são casos de analogia.

ATRIÇÃO. O arrependimento pelo pecado que surge, não da verdadeira contrição*, ou seja, de sentir dor pelo próprio pecado, mas antes do temor ao castigo. Durante a Idade Média houve amplos debates entre os teólogos se o arrependimento que não passa de mera atrição basta para alcançar o perdão ou se a verdadeira contrição é necessária. Em tempos mais recentes, muitos chegaram à conclusão que a atrição pode levar à contrição, e que em todo caso os dois estão comumente presentes e tão entrelaçados que não podem ser distinguidos.

AUTONOMIA. Além de seu uso na política, esse termo é utilizado mais correntemente no discurso moral, onde se refere à capacidade de agir segundo a própria vontade e integridade pessoal, sem se deixar levar por estímulos acidentais ou por forças ou regulamentos externos (heteronomia*). Na obra de Kant (1724-1804), e depois dele, em boa parte do discurso moral, não se refere à liberdade absoluta para fazer o que alguém goste — o que na realidade é uma forma velada de escravidão dominada por estímulos, desejos, e outros fatores semelhantes — mas antes pela capacidade de seguir regras de condutas universalmente válidas e de fazê-lo por causa da própria vontade, e não por causa do temor das consequências.

AVERROÍSMO. O título que se dá àqueles que, especialmente no século XIII, levaram seu aristotelismo muito além da posição moderada de Tomás de Aquino (Tomismo*), e foram, portanto, acusados de negar vários pontos da fé cristã. Foi lhes dado o nome de "averroístas" porque muitos de seus críticos — inclusive Tomás de Aquino — diziam que não eram verdadeiramente seguidores de Aristóteles, mas de seu comentarista muçulmano Averróis.

Foi principalmente na faculdade de artes de Paris que esse "averroísmo latino" floresceu. Ali, mestres como Sigerio de Brabante (c.1230-c.1282) e Boecio de Dacia insistiam na independência da filosofia, que devia ser considerada livre para seguir o próprio curso mesmo quando esse a levasse a conclusões que contradizem as verdades teológicas. Também foram acusados de sustentar uma teoria da "verdade dupla", segundo a qual o que é certo no campo da filosofia pode ser falso na teologia, tais acusações resultaram de uma leitura demasiadamente simplista de suas posturas, visto que os averroístas não pretendiam que houvesse duas verdades contraditórias, mas simplesmente que a filosofia devia seguir o próprio método, mesmo quando posteriormente algumas de suas conclusões tivessem de ser corrigidas pela teologia. Em todo caso, tal posição parecia implicar que pelo menos alguns dos ensinamentos da teologia são opostos à razão, e isso bastou para que o averroísmo fosse repetidamente refutado e até suprimido pelas autoridades eclesiásticas e acadêmicas.

Os pontos específicos de conflitos entre os averroístas e os teólogos, além da questão fundamental da liberdade da filosofia, eram muitos. Em primeiro lugar, os averroístas sustentavam que a razão* filosófica leva a consequência da eternidade do mundo, pelo menos da matéria — o que se opõe a doutrina da criação* *ex nihilo*, ou seja, do nada. Sustentavam, além disso, que o movimento dos astros se refletia no movimento dos acontecimentos sobre a terra, e com base nisso propunham uma visão cíclica da História. Por último, o ponto que despertou maior oposição foi sua teoria da "unidade do intelecto agente", o que quer dizer que a alma* racional de todos os seres racionais é uma só, e que, portanto, não há vida individual após a morte.

Mesmo que o averroísmo tenha sido repetidamente condenado pelos bispos, sínodos e professores universitários, continuou existindo em Paris pelo menos até o século XIV. Por essa data havia surgido na Itália um averroísmo mais extremado, que floresceu particularmente em Pádua. No século XVI, muitos desses averroístas italianos estavam prontos para rejeitar toda a doutrina cristã em prol de suas posturas filosóficas.

AXIOLOGIA. A disciplina que estuda a natureza dos valores. Em contraste com a ética*, a axiologia ocupa-se não só dos valores morais, mas também dos estéticos e práticos. Normalmente não se ocupa tampouco de valores específicos, mas sim da questão dos valores em geral — sua formação, explicação e inter-relação. Às vezes, o termo é utilizado para se referir a um sistema de valores, quando se fala, por exemplo, da axiologia de alguma pessoa.

B

BARTHIANISMO. Neo-ortodoxia*.

BATISMO. O rito tradicional de iniciação ao cristianismo. Seu nome deriva do verbo grego que significa banhar, submergir, e às vezes pegar de surpresa, como no caso de uma inundação. Dada a função purificadora da água, não há de nos surpreender que diversas religiões pratiquem ritos de purificação nos quais se emprega água. No século I, uma das cerimônias na admissão dos gentios ao judaísmo era o "batismo de prosélitos", o que marcava a purificação dos convertidos de sua imundícia prévia. Depois, quando João Batista obriga os judeus a se batizarem está implícito que seu pecado é tal que ficaram imundos, e, portanto devem passar agora por um arrependimento e purificação semelhantes aos que se requeriam dos convertidos gentios.

No Novo Testamento fica claro que a igreja praticou o batismo desde seu início — segundo Atos, imediatamente após Pentecostes. Menciona-se, discute-se ou se alude em quase todos os livros do Novo Testamento — mesmo que se diga pouco sobre como deve ser administrado, e algumas vezes parece "em nome de Jesus" enquanto que em outras se pratica "em nome do Pai, do Filho e do Espírito Santo". A mesma discussão sobre o batismo, fora do Novo Testamento, aparece na Didaquê, em que se indica que o batismo deve acontecer em água viva — ou seja, água corrente — que deve ser provida para o caso de não haver água corrente. Nesse caso pode-se batizar a pessoa em água parada. E, quando não há tal possibilidade, ela também pode ser batizada vertendo-se água sobre a cabeça três vezes em nome do Pai, do Filho e do Espírito Santo. (Imersão*; Aspersão*; Infusão*).

A partir daí as referências ao batismo e as instruções sobre como administrá-lo se tornam frequentes. Tal é o caso dos escritos de Tertuliano (c. 155-c. 220) e Hipólito (c. 170-c. 235), graças aos quais é possível descrever o rito do batismo como era praticado no século II, e possivelmente um pouco antes. Nessa época, era costume que os batismos acontecessem na véspera do domingo da ressurreição. Batizavam-se os catecúmenos (Catecismo) nus, os homens separados das mulheres. Parece que as pessoas que iam ser batizadas se ajoelhavam na água, e então se vertia água sobre a cabeça três vezes. Segundo o testemunho de Hipólito, nessa data também eram batizados os filhos dos crentes. Normalmente o batismo incluía também um ritual de renúncia "ao diabo e suas obras", uma declaração de fé (na qual se encontra a origem do que agora chamamos de Credo Apostólico; credos*), vestir-se de roupas brancas, ser ungido com óleo e depois se unir ao restante da congregação para receber a comunhão pela primeira vez. Nessa primeira comunhão também lhes era dado água para beber como sinal de lavagem interna, e outro cálice com leite e mel, como sinal de sua herança da Terra Prometida.

O significado do batismo é múltiplo, o que simboliza nas várias formas que tomam os batistérios e as pias batismais. Muitas vezes é entendido como uma ação de dar testemunho da fé do novo crente, e também como uma ação ou símbolo de limpeza. Em tal caso, a forma do batistério não tem grande importância. Também o batismo se relaciona com a morte e a nova vida do crente em Cristo, o qual se simboliza em fontes batismais em forma de sarcófago ou cruz. O batismo como sinal de nova criação é com frequência simbolizado mediante uma fonte octogonal, que assinala o dia da ressurreição como o primeiro dia da nova criação, como os sete da antiga. Por outro lado, uma fonte ou batistério em forma circular ou de pera simboliza a matriz, e o batismo como novo nascimento. Por último um modo bastante comum de entender, mas difícil de simbolizar em forma de fonte, é o batismo como a ação de enxertar a pessoa na videira verdadeira, Jesus, tornando-a membro do corpo da igreja.

A prática do batismo tem evoluído através dos séculos. Em algumas ocasiões a ideia de que o batismo lava todos os pecados anteriores, mas tem pouca relação com a vida depois de recebê-lo, levou algumas pessoas a adiá-lo tanto quanto fosse possível, de modo a cometer a maioria de seus pecados antes de ser batizadas. Isso chegou a tal ponto que havia quem esperasse para receber o batismo no seu leito de morte. Quando o Império Romano se tornou cristão, era costume batizar, pouco depois do nascimento, toda pessoa que nascesse dentro do império — com exceção das crianças judias — indicando com isso que a igreja havia se tornado co-extensiva com a sociedade em geral. A imersão, ou pelo menos o entrar na água e se ajoelhar, continuou sendo a forma mais comum do batismo até que a conversão de um grande número de pessoas dos climas frios do norte levou à prática de verter água sobre a cabeça. Pelo menos até o século XI a igreja em Roma continuou a prática de batizar todos, inclusive as crianças, mediante a imersão. Assim é a prática das igrejas ortodoxas até o dia de hoje. A maioria das igrejas protestantes luteranas, reformadas, e anglicanas mudou pouco os rituais batismais, com exceção de praticá-los na linguagem vernácula. Lutero sublinhou o fato de que o batismo não é válido somente no início da vida cristã, mas durante toda ela — assim como um enxerto continua sendo válido por longo tempo depois de seu início.

Mesmo que outros tenham questionado a prática de batizar crianças, foi durante a época da Reforma que tal questionamento levou a divisões permanentes dentro da igreja. Os anabatistas sustentavam que o batismo requer fé por parte de quem o recebe, que por essa razão somente os crentes devem recebê-lo, e que por isso quem foi batizado em sua infância deve ser batizado de novo. Esse princípio do batismo dos crentes se difundiu desde então, não só entre os primeiros grupos anabatistas como os menonitas*, mas também como doutrina fundamental de muitas igrejas batistas, dos Discípulos de Cristo, de alguns grupos pentecostais e outros.

Dois fatos recentes com respeito às práticas do batismo merecem menção. Em primeiro lugar, dado o contexto pós-constantiniano no qual vivia a maioria das igrejas antigas da Europa e América, assim como os contextos missionários nos quais a igreja estava crescendo a um ritmo nunca visto antes, o batismo de adultos tornou-se mais comum, não só naquelas denominações que sempre praticaram unicamente o batismo de crentes, mas em toda a igreja. Teologicamente, isso se relaciona com a consciência crescente de que há uma diferença entre a igreja e a sociedade em que vive, e a conseguinte negativa em batizar os filhos de pais que não são participantes ativos na vida da igreja. O resultado disso tem sido uma ênfase crescente na preparação de adultos para o batismo, inclusive naquelas igrejas que praticam o batismo de crianças.

Outra série de mudanças nas práticas batismais relaciona-se com as tentativas de restaurar o batismo como se praticava nos tempos pré-constantinianos, vendo em algumas dessas práticas paradigmas que podem ser valiosos em tempos pós-constantinianos. Isso tem levado a uma revisão de muitos escritos batismais, e à restauração de várias práticas antigas que haviam caído em desuso, como as renúncias antes do batismo, a renovação anual dos votos batismais, entre outras.

BEATIFICAÇÃO. A ação de declarar "beato" ou bem-aventurado a um crente morto, e, portanto digno de veneração. Mesmo que não seja comumente usado, o título que é dado a tais pessoas beatificadas é o de "venerável", como no caso do venerável João Duns Escoto e o venerável Beda. O título de "venerável" torna-se, então inferior ao de "santo". Desde o ano de 1634, por ação de Urbano VIII, o processo da beatificação segue certas regras estabelecidas em Roma, e se tornou um passo no processo da canonização* dos santos.

BIBLICISMO. Termo que em geral tem conotações depreciativas, e se aplica a quem insiste na inerrância* das Escrituras, rejeitando as conclusões da crítica histórica e literária. Muitas vezes o termo é aplicado a quem sustenta que a sua é a única interpretação correta das Escrituras.

BLASFÊMIA. Qualquer palavra, gesto, ação ou pensamento que tenha o propósito de ofender a Deus — ou em alguns casos, a religião ou a igreja. No Antigo Testamento, era castigada com a morte. Jesus foi acusado de blasfêmia por falar contra o templo — e o mesmo aconteceu com Estêvão. Durante a Idade Média, era castigada severamente, com frequência com pena de morte. Depois da Reforma, a blasfêmia continuou sendo um crime, não só nos países tradicionalmente católico-romanos, mas também em outras terras nas quais o protestantismo era oficial, como a Inglaterra e a Escócia. Segundo foram delineando-se os limites da separação entre a igreja e o Estado, a blasfêmia foi perdendo o seu caráter de ação criminosa em muitos países cristãos — mesmo que, todavia, não em todos. Em várias denominações é castigada mediante a excomunhão* ou por algum modo de afastar a pessoa blasfema da comunidade dos crentes.

C

CABALA. Termo derivado do hebraico que significa "tradição". Originalmente se refere a toda tradição hebraica além da Lei, tanto escrita como oral. Por fim, especialmente depois do século XII, veio a referir-se especialmente a certo método de interpretação bíblica que descobre sentidos secretos nos textos, com frequência mediante a numerologia e a interpretação mística e (alegoria*). Dizendo ser uma tradição secreta que remonta aos tempos de Moisés, gozou de ampla popularidade dentro do judaísmo medieval e do Renascimento. Alguns cristãos foram profundamente impactados por ela, e chegaram a empregar os métodos hermenêuticos da Cabala como meios para encontrar nas Escrituras hebraicas certas doutrinas cristãs tradicionais como a Trindade e a encarnação.

CAÍDOS, RESTAURAÇÃO DOS. O processo de devolver aos caídos a plena comunhão da igreja, particularmente permitindo-lhes participar uma vez mais da Eucaristia*. Desde o começo, a igreja teve de enfrentar o fato inegável de que os cristãos batizados continuavam pecando. Em meados do século II, essa realidade gravitava sobre a consciência de Hermas, que se arrependia de ter cobiçado uma mulher, e se mostrava preocupado com outros membros da igreja em Roma que tinham pecado. Ele chegou à conclusão de que, depois do batismo*, há mais uma oportunidade para que o crente se arrependa e seja restaurado. Isso se fazia então mediante um ato formal de confissão pública, de arrependimento e de restauração. Depois dessa segunda oportunidade, segundo cria Hermas, a única esperança que restava para o crente que pecava de novo era que Deus o escolhesse para a glória do martírio. Naturalmente, tudo isso se referia unicamente aos pecados sérios, visto que os pecados cotidianos dos crentes eram confessados regularmente na adoração pública, na qual eram declarados perdoados (Confissão*).

Uma preocupação de maior importância para os primeiros cristãos era a da restauração daqueles que haviam caído em um dos três pecados principais, o homicídio, a fornicação e a apostasia. A questão do perdão dos fornicadores tornou-se o eixo do debate no século III entre Calixto († c. 223), o bispo de Roma, e Hipólito (c. 170-c. 235), um dos mais distintos teólogos de seu tempo. O último era rigoroso em questões de moral, e se escandalizou ao inteirar-se de que Calixto estava readmitindo à comunhão da igreja, depois de passar por um processo de arrependimento, confissão e penitência, alguns dos cristãos que haviam cometido adultério. Calixto e Hipólito ficaram chocados e posteriormente a posição de Calixto prevaleceu, e com isso voltou a reafirmar-se que quem se tornava culpado de fornicação não se encontrava por isso além do alcance da graça e da restauração.

Havia sido resolvida, apenas, a questão da restauração dos adúlteros, quando se apresentou a questão da restauração daqueles que haviam caído na apostasia ao negar sua fé em tempos de perseguição. Surgiu então um debate em Roma no qual Novaciano tomou o partido rigorista, enquanto o bispo Cornélio († c. 253) insistia em que a igreja deve estar disposta a perdoar os pecadores. Em Cartago surgiu um debate semelhante entre o bispo Cipriano (c. 210-58) e alguns dos "confessores" — pessoas que haviam confessado sua fé e permanecido firmes em tempos de perseguição apesar dos cárceres e das torturas. No caso desse debate em Cartago, os dois grupos concordavam que os caídos podiam ser restaurados depois de mostrarem arrependimento e fazerem penitência, mas Cipriano insistia que isso devia ser feito mediante a autoridade eclesiástica estabelecida, enquanto os confessores declaravam que os próprios sofrimentos e a firmeza haviam conquistado para eles o direito da restauração dos caídos. Mesmo que depois Cipriano ganhasse essa batalha, isso não pôs fim às controvérsias sobre a restauração daqueles que haviam caído durante tempos de perseguição. Não foi senão no Concílio de Niceia (325), tendo já passado as perseguições, que a igreja, em geral, começou a estabelecer regras uniformes para a restauração dos caídos.

Todos esses debates em torno da restauração dos caídos, e o acordo final de estabelecer normas para eles, podem ser vistos como um passo decisivo no desenvolvimento do sistema penitencial da igreja medieval (penitência*), visto que a pergunta sobre o que se deve fazer com os pecados cometidos depois do batismo sempre foi uma questão teológica e pastoral difícil.

CALVINISMO. A tradição teológica que surge de João Calvino (1509-64). Como protestante, Calvino concordava com todos os princípios fundamentais do protestantismo, como a justificação* pela fé, a autoridade das Escrituras, o sacerdócio universal dos crentes, a santidade da vida comum (ou seja, não monástica) etc. Sempre se considerou fiel expoente dos ensinamentos de Lutero, que por sua vez se referiu favoravelmente à obra teológica do jovem Calvino. Havia, contudo, certas diferenças entre Calvino e Lutero, e essas posteriormente deram origem à tradição calvinista ou reformada*. Uma dessas diferenças pode ser vista na ênfase de Calvino sobre o processo de santificação como parte da vida cristã e como meta da salvação — em contraste com Lutero, que temia que falar demais da santificação pudesse levar outra vez à justificação mediante as obras. Além disso, Calvino insistia mais que Lutero sobre o valor da Lei como guia para o cristão, mesmo depois de haver recebido o evangelho, e não somente como um meio para mostrar nossa pecaminosidade. A Lei, que certamente condena o pecador, também o dirige para uma vida santa. Em terceiro lugar, Calvino inclinava-se mais que Lutero a esperar e requerer dos magistrados e do governo em geral que se ajustassem à Lei de Deus — o que é uma das razões por que a revolução do tipo religioso tem sido muito mais comum em terras calvinistas que luteranas. Por último, havia diferenças entre Calvino e Lutero sobre a presença de Cristo na Eucaristia*. Enquanto ambos criam que Cristo está verdadeiramente presente no sacramento, Lutero insistia na presença física do corpo e sangue de Cristo nos elementos, e Calvino declarava que a presença de Cristo, ainda que real, é espiritual, e o que acontece na comunhão é que, em virtude do poder do Espírito Santo, somos levados à presença de Cristo no céu, em vez de o corpo de Cristo descer até o altar (Virtualismo*).

Essas eram as principais diferenças entre o luteranismo e o calvinismo durante o século XVI — diferenças que elevaram alguns dos teólogos luteranos mais rigorosos, da segunda e terceira geração a atacar Calvino e seus ensinamentos.

Contudo, no século XVII outros acontecimentos mudaram o sentido do termo "calvinismo". Tanto na Holanda quanto na Grã-Bretanha, surgiram diferenças entre os calvinistas sobre a predestinação* e toda uma série de temas relacionados a ela. Na Grã-Bretanha, a *Confissão de Westminster*, e na Holanda os Cânones do Sínodo de Dordrecht (1618-19), pronunciados contra Armínio e seus seguidores (Arminianismo*) definiram o calvinismo ortodoxo mais estritamente do que o próprio Calvino o havia feito, e com maior ênfase na doutrina da predestinação e suas últimas consequências. A partir daí, o termo "calvinismo" tem conservado uma posição que não somente concorda com os pontos nos quais Calvino diferia de Lutero, mas também com o calvinismo ortodoxo do século XVII.

As principais ênfases do calvinismo ortodoxo podem ser resumidas mediante os cinco cânones doutrinais de Dortrecht: (1) a depravação* total de toda a humanidade, de tal modo que como resultado da queda* não há nada bom em nós que nos permita voltarmos para Deus; (2) a eleição incondicional, de tal modo que Deus predestina uns para a salvação e outros para a perdição, não com base no que se faz ou crê, nem tampouco porque Deus sabe o que hão de fazer ou crer, mas simplesmente mediante um decreto soberano; (3) uma expiação* ou obra* de Cristo cuja eficácia se limita aos eleitos; (4) a impossibilidade de resistir à graça*, que é dada aos eleitos sem que possam resisti-la; (5) a perseverança* dos santos, que, porque estão predestinados à salvação, não podem posteriormente se perder.

Recentemente há certas correntes dentro da tradição reformada que, tendo consciência das diferenças entre o próprio Calvino e o calvinismo estritamente ortodoxo, buscam voltar a Calvino, e fazer uma nova leitura de sua teologia que não esteja relacionada aos acontecimentos e controvérsias do século XVII.

CÂNON. Termo grego que originalmente quer dizer "regra" ou "medida". É usado em contextos teológicos com diversos sentidos. O "cânon da Escritura" é a lista de livros que são considerados parte da Bíblia. Nos temas da lei e governo eclesiástico, a "lei canônica" refere-se à lei eclesiástica, em contraste com a lei civil. Na liturgia católica, o "cânon da missa" é a oração de consagração. Nas liturgias orientais, refere-se a certas séries de hinos (normalmente nove, em forma de acróstico) prescritos para serem cantados na oração matutina. A lista de santos aprovados pela igreja é o "cânon dos santos" (Canonização*). Como título, um "canônico" é normalmente um membro do cabido de uma catedral ou igreja colegiada.

CANONIZAÇÃO. Nos estudos bíblicos, é o processo mediante o qual um livro ou grupo de livros torna-se parte do cânon. Em outros contextos é a declaração de que um cristão, já morto, é digno de veneração como santo.

Desde seus primeiros tempos, os cristãos têm venerado a memória de seus santos mais distintos, em particular os apóstolos, depois os mártires. O aniversário de sua morte, com frequência é celebrado como o dia da vitória final e, quando era possível ser feito, celebravam-se, nessa data, serviços especiais no túmulo do morto. Depois, algumas pessoas começaram a conservar relíquias que de algum modo se relacionavam com algum santo em particular, e colocá-las em lugares especiais nas igrejas.

Tudo isso aconteceu espontaneamente. Em algum lugar se venerava a memória de um santo particular, e pouco a pouco essa devoção se espalhava por outras regiões, até se tornar questão de prática e aceitação geral.

Na igreja ocidental, já no século XII, os papas estavam reclamando para si a autoridade de canonização, e declarando que não deviam ser considerados santos aqueles que não tivessem o endosso apropriado por parte da Santa Sé. Esse princípio, posteriormente, veio a ser parte da lei canônica, que agora estabelece o procedimento mediante o qual quem antes havia sido beatificado (Beatificação*) pode ser declarado santo oficial da igreja. Esse processo inclui elementos semelhantes aos de um julgamento, no qual se encarrega um oficial da igreja de investigar e sustentar toda objeção possível à canonização da pessoa. Nos círculos ortodoxos orientais, normalmente é o Santo Sínodo ou algum corpo semelhante que faz tal determinação.

Uma vez canonizada, a pessoa é incluída na lista dos santos oficiais da igreja, cujas festas são celebradas por toda igreja, e a partir de então é lícito nomear igrejas em sua honra.

CARIDADE. Em textos teológicos tradicionais, o termo não tem o mesmo sentido que no uso comum. Não se refere principalmente à prática de fazer esmolas ou ajudar aos necessitados. Refere-se, antes, ao amor cristão, e provém do latim *caritas*, a tradução mais comum do *ágape**. Como tal, é a maior das três virtudes* teologais: fé, esperança e amor ou caridade.

CARTESIANISMO. O sistema filosófico de René Descartes (1596-1650), cujo nome latino era Cartesius. Por extensão, o cartesianismo é também o sistema de seus seguidores. Os elementos do cartesianismo que mais têm impactado a teologia cristã são o seu racionalismo e seu modo de entender a relação entre a alma e o corpo. O racionalismo cartesiano, que começava com a dúvida absoluta, e só se mostrava disposto a aceitar aquilo que a mente não pudesse conceber como falso, foi severamente criticado pelas autoridades eclesiásticas, que o viam como um ataque à fé. Mas posteriormente houve muitos teólogos que valorizaram os métodos de Descartes e suas provas da existência de Deus e da alma, declarando que tais provas eram irrefutáveis e que, portanto eram uma grande ajuda para a igreja.

Quanto à relação entre a alma e o corpo, Descartes nunca ofereceu uma solução satisfatória. Seus seguidores ofereceram diversas soluções, inclusive o ocasionalismo*, que fazia de Deus a ponte que relacionava a alma com o corpo.

CASUÍSTICA. No sentido positivo, refere-se à arte e à prática de aplicar princípios gerais, particularmente princípios morais, a casos específicos. Isso se desenvolveu durante a Idade Média conforme os pastores sentiam a necessidade de aplicar a penitência* de maneira responsável e, portanto, muitos dos manuais penitenciais para os confessores eram de fato livros de casuística. No sentido pejorativo, mais comum atualmente, a casuística refere-se à prática de racionalizar uma decisão com a finalidade de poder seguir o curso que se deseja pretendendo que se trate de um caso particular no qual não se devem aplicar os princípios morais.

CÁTAROS. Albigenses*.

CATEQUESE. O processo de instrução e preparação para o batismo. Aqueles que são parte dele se chamam "catecúmenos". Na igreja antiga, a catequese incluía a instrução tanto doutrinal como moral, e muitas vezes durava até três anos, com ênfase no princípio sobre as questões morais, e maior firmeza na doutrina quando se aproximava a data do batismo.

Quando o Império Romano se declarou cristão, e se começou a batizar a maioria da população durante os primeiros dias de sua vida, a catequese associou-se cada vez mais, não com a preparação para o batismo, mas com a instrução das crianças, com frequência como preparação para a confirmação*. Os livros e manuais escritos com esse propósito recebem o nome de "catecismos".

Recentemente, com a descristianização do Ocidente e o enorme crescimento das igrejas em territórios antigamente de missões, e com o conseguinte aumento no número de batismos de adultos, muitas das práticas catequéticas antigas são restauradas.

CATOLICIDADE. Uma das notas* ou dos sinais da igreja, com frequência interpretados como sinônimo de universalidade. Em tal caso, a catolicidade refere-se à vocação da igreja de estar presente em todo lugar, assim como sua continuidade através do tempo. Mas a catolicidade também pode ter a conotação de uma unidade que existe dentro de uma diversidade de perspectivas e contribuições. Em tal caso pode ser contrastada com a universalidade, que tem conotações de uniformidade.

CAUSALIDADE. A relação mediante a qual um acontecimento resulta em outro. Segundo Aristóteles, havia quatro formas de causalidade: causa material, causa formal, causa eficiente e causa final. As duas primeiras referem-se: uma à matéria da qual as coisas são feitas, e a segunda ao que lhes dá forma ou estrutura. O latão é a causa material da lata, e sua causa formal é sua forma cilíndrica, que torna o latão uma lata. A terceira, a causa eficiente, é o que hoje se entende comumente por "causa": uma coisa move a outra, ou um acontecimento leva a outro, como quando uma bola de bilhar move a próxima, ou quando o preconceito leva à guerra. Em tais casos, dizemos que um evento ou realidade causou o outro. A causa teológica ou final é o propósito ou meta que atrai as coisas e acontecimentos para o seu propósito. O acontecer não tem lugar somente por causa das causas eficientes, por assim dizer, que o "empurram", mas também porque seu propósito o "atrai". Muitos dos argumentos tradicionais, que tentam provar a existência de Deus, fundamentam-se na existência do mundo e em suas causas. Recentemente, quase todos esses argumentos se fundamentam nas causas eficientes da realidade existente. Mas em tempos mais antigos se apelava com frequência para a causa teológica de toda a criação. Logo, quando se fala de Deus como a "primeira causa" de tudo o que existe nos referimos a Deus como a causa eficiente ou primordial; e quando se fala de Deus como a "causa final" ou a "causa teológica" nos referimos a Deus como meta a qual toda a criação se dirige.

A mesma ideia de causalidade como realidade objetiva foi profundamente questionada, em tempos mais modernos, primeiro por David Hume (1711-76) e depois por Immanuel Kant (em português: Emanuel) (1724-1804). Como resultado disso, os argumentos fundamentados na causalidade são considerados convincentes somente dentro de certas pressuposições que não são indubitáveis.

CELIBATO. O estado de não ser casado, que é requerido por todas as tradições cristãs de padres e freiras; na tradição oriental dos bispos; e no rito romano da Igreja Católica Romana de todos os sacerdotes. Na Igreja Ortodoxa Oriental é permitido que os sacerdotes se casem, mas somente antes da ordenação.

O chamado ao celibato normalmente fundamenta-se em quatro considerações diferentes, mas muitas vezes entrelaçadas. Em primeiro lugar, sempre existiu dentro da igreja uma tendência forte a macular os apetites físicos, e particularmente os apetites sexuais, com a conclusão de que a atividade sexual contamina quem a pratica, e que tais pessoas contaminariam também a adoração no caso de dirigi-la. Em segundo lugar, com frequência, considera-se a questão prática de que os obreiros e missionários celibatários podem assumir riscos que não são próprios para pessoas com família, e que, portanto um clérigo celibatário é particularmente útil na missão da igreja, como tem sido demonstrado, por exemplo, no trabalho missionário dos franciscanos, dominicanos e jesuítas. Em terceiro lugar, particularmente durante a Idade Média, existia uma situação na qual a igreja possuía amplas propriedades, e se os bispos e outros dirigentes fossem casados teriam maior interesse em deixar herança para os seus filhos do que nas questões da igreja como instituição. Por último, o celibato com frequência é inspirado na expectativa escatológica, como esforço de antecipar a vida no céu, onde não se casam nem se dão em casamento. Em alguns grupos, a expectativa do retorno iminente de Jesus também tem levado ao celibato, visto que ante tal retorno iminente, todas as expectativas normais da vida devem ser deixadas de lado.

Embora haja muitos casos de pastores e bispos celibatários desde os primeiros tempos, sempre foi comum que os pastores e bispos contraíssem matrimônio. Porém, com o passar do tempo, foi crescendo a tendência a favor do celibato eclesiástico. Isso chegou a um ponto culminante durante as reformas de Leão IX (1049-54) e Gregório VII (1073-85), quando os sacerdotes casados foram obrigados a abandonar a família. A partir de então, mesmo que com exceções notáveis, o celibato clerical tornou-se norma no Ocidente. Nos tempos da Reforma, o Concílio de Trento insistiu no celibato eclesiástico, e essa tem sido a posição oficial do catolicismo romano a partir de então.

CÉU. Tanto em grego como em hebraico, assim como em castelhano, existe só um termo para o céu, tanto como pátria celestial como no sentido de firmamento. Logo, a frase "os céus" refere-se a tudo que se encontra por cima da terra, ou seja, a atmosfera, o sol, a lua e as estrelas. Da mesma forma, no Novo Testamento e na primeira leitura cristã, a frase "céu e terra" se refere a tudo o que hoje chamamos de universo. Tal é o caso da frase "Criador do céu e da terra" no Credo* dos Apóstolos. Também, visto que no judaísmo se evita referir a Deus pelo nome, às vezes a palavra "céu" é usada como substituta no lugar da palavra "Deus". Como no caso, por exemplo, no Evangelho de Mateus, onde o "Reino de Deus" de Marcos se torna o "Reino dos céus".

O pano de fundo de tal vocabulário se encontra na antiga visão do universo como uma realidade de vários níveis. Normalmente esses são três, como o céu em cima, a Terra no meio e os "lugares inferiores", o inferno*, embaixo. Nessa cosmovisão, os céus e suas esferas não são sempre lugares hospitaleiros, e, portanto, lemos, às vezes, de espíritos malignos no céu, e em muitos sistemas gnósticos as esferas celestiais são outros entre tantos obstáculos que a alma tem de atravessar em seu regresso à plenitude.

A antiga esperança original com respeito à vida futura (Escatologia*) não se centrava em ir ao céu, mas sim em "um novo céu e uma nova Terra" que seriam estabelecidos no final do século presente. Contudo, em parte como resultado do empreendimento apologético, e em parte como resultado de seu contato com outras religiões que circulavam no Mediterrâneo, por aquele tempo, a esperança cristã com frequência se reduzia à expectativa de que a alma imortal subiria ao céu, e ali viveria eternamente (Imortalidade*). Logo, o céu veio a ser a totalidade da esperança cristã, e a expectativa de uma "nova Terra" foi geralmente abandonada. Junto a esse processo, chegou-se a conceber o céu como um lugar no qual as almas incorpóreas flutuam, às vezes nas nuvens.

Em resumo, enquanto o "céu" é uma boa metáfora para a esperança cristã, é necessário recordar sempre que tal esperança inclui toda a criação, tanto física como a espiritual, e por isso a metáfora do "céu" deve ser completada com outras metáforas que reflitam o amor de Deus para com toda a criação.

CIRCUNSESSÃO. Termo de origem latina, a circunsessão equivale ao grego *perichoresis*, e se refere à união íntima entre as três pessoas* divinas da Trindade*. Visto que a *perichoresis* se assemelha a um termo que poderia ser utilizado para uma dança coreográfica; às vezes se emprega esse termo para falar da Trindade como uma coreografia na qual as três pessoas atuam juntas, mas distintamente, como se cada uma dançasse em torno das outras duas. Em todo caso, o princípio da circunsessão, *perichoresis* ou união íntima é a base para a afirmação de que em toda ação de uma pessoa da Trindade as três pessoas estão presentes — utilizando a frase latina clássica, *opera Trinitatis ad extra indivissa sunt*.

COMUNHÃO. Eucaristia*.

COMUNHÃO DOS SANTOS. Frase tomada do Credo dos Apóstolos (*communicatio sanctorum*), que parece ter sido incorporada no século V. Existe certo desacordo quanto a seu sentido original ao ser acrescentada ao Credo. Não há dúvida que nesse contexto o termo *communicatio*, todavia, tinha o sentido original de compartilhar. A ambiguidade se encontra no sentido de *sanctorum*, que pode referir-se tanto aos "santos", como normalmente se traduz, quanto às "coisas santas". No primeiro caso, refere-se à participação que acontece entre os santos ou crentes, parece que tanto vivos como mortos. No segundo, refere-se ao compartilhamento das coisas santas, e bem pode ter sido introduzida no credo como afirmação da unidade dos cristãos na Eucaristia* e em outras "coisas santas" como as ordens. Em tal caso, tudo isso era dirigido contra cismáticos como os donatistas*.

Dada sua tradução comum como a doutrina dos santos, essa frase tornou-se importante nos tempos da Reforma, quando os protestantes a entendiam como uma explicação da cláusula anterior, "a santa igreja católica". Em tal caso, o que o credo diz é que "a santa igreja católica" que os cristãos confessam não é uma instituição sujeita a uma hierarquia única, mas que é antes disso a "comunhão dos santos".

COMMUNICATIO IDIOMATUM. Literalmente, a "participação das propriedades". Trata-se de um princípio da cristologia* clássica segundo o qual o que se prega da natureza humana de Cristo também pode se pregar da divina. Por exemplo, se a humanidade de Jesus caminhou na Galileia, também se pode dizer que Deus caminhou na Galileia. Tal participação das propriedades foi uma ênfase particular dos teólogos (&) alexandrinos como modo de rechaçar a teologia disjuntiva dos antioquenos. Recebeu importância particular nos debates em torno do nestorianismo* e no Concílio de Éfeso (431), visto que era em virtude da *communicatio idiomatum* que os adversários de Nestório insistiam que é necessário afirmar que Deus nasceu do ventre de Maria, e que, portanto, Maria é (&) *Theotokos* – parideira ou mãe de Deus.

CONCILIARISMO. A posição que sustenta que um concílio que represente a igreja em sua totalidade é a suprema autoridade eclesiástica, e que, portanto é capaz de julgar e depor papas. Ainda que tivesse precedentes em controvérsias prévias, o conciliarismo alcançou proeminência até o fim da Idade Média, quando o "cativeiro babilônico" do papado em Avignon, o Grande Cisma do Ocidente — quando houve dois papas rivais — e a corrupção geral dos papas do Renascimento levaram muitos à conclusão de que o único modo para a reforma tão necessária seria mediante a convocação de um concílio. Entre os dirigentes desse movimento se encontravam eruditos como Dietrich de Niem (c. 1340-1418), e Pierre d'Ailly (1350-1420). Uma série de concílios (Pisa, 1409; Constança, 1414-18; Basileia, 1431-49; Ferrara – Florença, 1438-45) conseguiu corrigir o cisma, mas não foi capaz de eliminar os abusos e a corrupção na igreja. Posteriormente, o próprio conciliarismo se dividiu, de modo que passou a existir dois concílios e somente um papa, o que significou a rápida decadência do movimento. Ainda nos tempos da Reforma, vários dos reformadores insistiam em que o modo de resolver as questões que se debatiam era convocar um concílio geral da igreja. Quando, em princípio, reuniu-se o Concílio de Trento (1545-63), alguns protestantes assistiram à sessão porque criam que o concílio discutiria e referendaria suas opiniões — o que não aconteceu.

CONCUPISCÊNCIA. Um desejo desordenado no qual os fins ou propósitos temporais ocupam o lugar dos eternos, e no qual as faculdades inferiores — em particular os sentidos e seus apetites — não estão sob o devido controle da razão. Mesmo que comumente se refiram às questões sexuais, a concupiscência na realidade tem maior alcance, pois se refere a todo apetite desordenado. Agostinho (354-430) explica que, em parte, é por meio da concupiscência que se exerce a consequência da queda*, afirmando que Adão e seus descendentes perderam o controle sobre os desejos desordenados da carne mediante o uso da razão. Segundo a teologia escolástica medieval, a própria concupiscência não é pecado, mas é antes a consequência do pecado* original — interpretação declarada oficial pelo Concílio de Trento (1545-63). A concupiscência oferece também a oportunidade para a virtude, que se alcança quando a mente e a vontade resistem aos impulsos da concupiscência. Mas a concupiscência é também ocasião para o pecado. Na teologia protestante, o pecado não é uma ação, mas uma condição e, portanto a presença da própria concupiscência é sinal de nossa condição pecaminosa e corrupta.

CONFIRMAÇÃO. Rito que segue o batismo*, no qual a pessoa é ungida e selada na fé. No catolicismo romano é um dos sete sacramentos. Nos antigos ritos batismais, costumava-se ungir o recém-batizado, com frequência como sinal de que passava a fazer parte do sacerdócio de Deus. Com o correr do tempo, e particularmente depois da conversão de Constantino, o batismo veio a ser conferido às crianças pouco depois do seu nascimento, quase como resultado automático de haver nascido em uma sociedade cristã. Tornou-se então necessário prover uma oportunidade para que os jovens, depois de haver recebido instrução, fossem confirmados na fé. No Ocidente surgiu a tradição segundo a qual esse rito somente podia ser administrado por um bispo. O resultado de tudo isso foi que a unção que antes era praticada com o batismo tornou-se um rito à parte, que geralmente acontece vários anos depois do batismo.

A doutrina sobre a confirmação nunca foi esclarecida. Nas igrejas orientais a unção ou "crisma" acontece, todavia, imediatamente depois do batismo, é praticada pelo sacerdote que batiza, e não é um rito à parte no qual os crentes confirmam sua fé. Em muitas das igrejas protestantes que praticam o batismo infantil, a tendência é unir a confirmação com a cerimônia mediante a qual a pessoa anteriormente batizada vem a ser um membro votante da igreja.

CONFISSÃO. Uma afirmação ou declaração e, portanto, um termo que tem sentido muito diferente no discurso teológico, visto que é possível confessar tanto os pecados como a fé.

A confissão dos pecados é prática antiga na igreja, e é incluída em todos os serviços de quase todas as denominações. Ocupou um lugar central no sistema penitencial da igreja medieval e, todavia ainda o ocupa no catolicismo romano (Penitência*; Santificação*).

Uma confissão de fé é tanto a ação em que se declara a fé na igreja como o documento que pode resultar de tal ação. Por isso se diz que os mártires confessaram sua fé nas situações mais difíceis. Por isso também é dado o título de "confessor" àquele que confessou a fé mesmo que com risco da própria vida, ou sob torturas.

Quando tais ações de confessar a fé resultam em um documento escrito, esse com frequência recebe o título de "confissão". Como no caso da Confissão de Augsburgo, apresentada por um grupo de nobres como ação da confissão de fé ante Carlos V, e a partir de então é o documento central da tradição luterana. Foi pelas duas razões que a igreja que se opôs ao regime de Hitler na Alemanha recebeu o nome de "Igreja Confessante", porque produziu a Confissão de Barmen e também porque confessou a fé apesar do alto risco e custo.

Por extensão, outros documentos que expressam a fé de uma igreja ou denominação particular também são chamados confissões. Por exemplo, a Confissão de Westminster, a Primeira e Segunda Confissão Helvética, e outras. Aquelas igrejas cujas doutrinas fundamentais se encontram plasmadas em tais documentos — em particular as luteranas e as reformadas — recebem o nome de "igrejas confessionais".

CONHECIMENTO, TEORIA DO. Epistemologia*.

CONSELHOS DE PERFEIÇÃO. Segundo a teologia monástica medieval, aquelas diretrizes ou sugestões que Deus oferece a quem deseja alcançar um nível mais alto de discipulado que aqueles que simplesmente obedecem aos mandamentos. A principal referência bíblica que se empregou para estabelecer essa distinção foi a história entre Jesus e o jovem rico. Ali, uma vez que o jovem declara que tem obedecido a todos os mandamentos, Jesus lhe diz que se quer "ser perfeito" deve vender todas as suas posses e dar o dinheiro aos pobres (Mt 19.21). Isso é interpretado no sentido de que obedecer aos mandamentos basta para a salvação, mas a pobreza voluntária é um conselho para aquele que deseja ser perfeito. Da mesma forma, afirma-se que o celibato é um conselho de perfeição baseado na afirmação de Paulo, que ainda que seja bom se casar é melhor não fazê-lo (1Co 7.38).

CONSUBSTANCIAÇÃO. Termo empregado com frequência para expressar o modo pelo qual Lutero interpretava a presença de Cristo na comunhão, mas que o próprio Lutero nunca empregou. O sentido desse vocábulo se entende melhor em contraste com a doutrina católico-romana da transubstanciação. Lutero sustentava que o corpo de Cristo estava fisicamente presente em e com o pão e vinho eucarísticos. Também sustentava que o pão não deixava de ser pão, nem o vinho deixava de ser vinho. Isso contrasta com a doutrina da transubstanciação, na qual a substância do corpo de Cristo veio a ocupar a substância do pão e, portanto levou a que se descrevesse a posição de Lutero como "consubstanciação". O que mostrava a diferença entre Lutero e o catolicismo romano no que se refere à presença de Cristo na comunhão.

CONTEXTUAIS, TEOLOGIAS. Durante a segunda metade do século XX, conforme foi se ampliando o círculo das pessoas envolvidas nos estudos teológicos, ficou cada vez mais claro que o contexto social e econômico do teólogo imprime seu selo sobre a teologia de cada um. Surgiu assim toda uma série de teologias que, em lugar de negar seu caráter contextual o afirmam, declarando que isso provê com perspectivas novas e valiosas quanto ao sentido das Escrituras, do evangelho, e das doutrinas em geral. Em conjunto, essas correntes teológicas recebem o nome de "teologias contextuais" mesmo que na realidade, segundo o que essas teologias dizem, toda teologia é necessariamente contextual, e aquela que pretende ser universal e livre de seu contexto, simplesmente é uma teologia preconceituosa que não pode ver a própria contextualidade. Muitas vezes, acusam as teologias contextuais de relativizar a verdade. Mas a maioria delas afirma que o que estão fazendo é reconhecer o modo pelo qual o contexto determina a perspectiva teológica, e afirma este fato sem pretender ocultá-lo atrás de pretensões de universalidade. Além disso, as teologias que declaram a si próprias contextuais, com frequência, estabelecem paralelismos entre a própria condição e a dos autores bíblicos, e por isso afirmam ter uma visão particularmente valiosa quanto ao sentido e propósito do texto sagrado.

Mesmo que possam existir tantas teologias contextuais quanto há contextos humanos, várias delas têm impactado o diálogo teológico, promovendo diálogos entre si, assim como as formas teológicas mais tradicionais. Entre elas vale mencionar a teologia negra*, a teologia* latino-americana, a teologia feminista*, a teologia "womanista",* a teologia "mujerista",* a teologia "Minyung",* e nos Estados Unidos a teologia latina ou hispânica*.

CONTINGÊNCIA. A característica própria de todo ser, existente ou não, cuja existência não seja necessária nem impossível. Os seres impossíveis não são contingentes, pelo simples fato de que não podem existir. Um ser necessário é aquele que tem de existir, aquele cuja existência não pode ser concebida, e cuja existência não depende do outro. Portanto, entre todos os seres possíveis, somente Deus não é contingente. Outro modo pelo qual os teólogos e filósofos têm expressado isso é afirmando que Deus é o único ser cuja essência implica a existência. Tal identidade entre essência e existência encontra-se no próprio centro do argumento ontológico* de Anselmo, para demonstrar a existência de Deus, por outro lado, os diversos argumentos cosmológicos* começam com os seres contingentes, e a partir de sua existência se movem para a demonstração da existência de um primeiro ser não-contingente, mas necessário, que é a causa que faz que todos os seres contingentes possam existir (Asseidade*).

CONTRIÇÃO. A dor sincera e profunda por haver pecado. Essa dor não se baseia no temor ao castigo ao ser descoberto, mas em um arrependimento verdadeiro. Os teólogos medievais, com frequência, comparavam a contrição com a atrição*, e debatiam se a última bastava para alcançar o perdão. Geralmente, sustenta-se que a diferença entre a atrição e a contrição é que a última está baseada no amor de Deus, o que leva a um coração verdadeiramente penitente. O Concílio de Trento (1545-63) estipulou que a verdadeira contrição requer dor e ódio para com o pecado cometido e o desejo de não mais pecar.

CORRELAÇÃO, MÉTODO DE. Método teológico que se usa, com frequência, na apologética*; foi empregado com clareza e consistência particular no século XX por Paul Tillich (1886-1965). O método da correlação, segundo Tillich propunha, consiste em estudar as perguntas existenciais mais profundas que se apresentam tanto aos indivíduos como a uma sociedade, e então respondê-las em termos do evangelho. A existência humana caracteriza-se pela ruptura, pela perplexidade e pela ausência. Nossa tendência natural é negar essa condição, tanto perante nós mesmos quanto perante os demais; às vezes, pretendemos fazê-lo afirmando nossa suficiência — o que Tillich chama "autonomia*". Em outras ocasiões, buscamos a paz e a segurança fundamentando nossa existência na de outros, sejam instituições ou indivíduos — "heteronomia*". As duas opções fracassam, pois produzem uma vida não autêntica construída sobre alicerces falsos. Portanto, segundo Tillich, nossa alternativa é a "teonomia*" — ou seja, o permitir que o "fundamento de todo ser", Deus, seja também o fundamento da nossa existência. O evangelho então responde à nossa profunda e frequentemente escondida nostalgia de teonomia, de uma existência autêntica que verdadeiramente descanse sobre o fundamento de todo ser.

COSMOGONIA. Uma explicação da origem do Universo, normalmente mítica.

COSMOLOGIA. Um modo de ver o Universo, sua estrutura e funcionamento. A cosmologia da igreja cristã no seu começo era a mesma das pessoas comuns de seu tempo, segundo a qual por cima desse nível intermediário que é a Terra existe um nível superior, o céu*, e outro inferior, o inferno*. A cosmologia da época também recebeu o impacto das perspectivas platônicas e neoplatônicas, assim como do sistema ptolemaico que descrevia a relação entre os corpos celestiais diferentes. Conforme a cosmologia muda com o tempo e a cultura, a fé cristã se expressa dentro do contexto de diversas cosmologias (Cultura*).

COSMOLÓGICOS, ARGUMENTOS. Uma série de argumentos que tratam de demonstrar a existência de Deus* a partir do mundo (*cosmos*), movendo-se então da existência do mundo criado à do Criador. Isso contrasta com os argumentos que tratam de provar a existência de Deus mostrando que a própria natureza de Deus implica na existência (Ontológico*, argumento). A formulação mais simples e mais comum do argumento cosmológico é a daqueles que argumentam, por exemplo, que se alguém encontrar um relógio no meio do deserto chega à conclusão inevitável de que alguém o deixou ali, e que da mesma maneira quando se observa esse mecanismo complicado que é o Universo, é necessário concluir que alguém o criou.

Contudo, o argumento cosmológico toma também outras formas, como mostra Tomás de Aquino (c. 1225-74) em suas clássicas "cinco vias" — que na realidade são cinco maneiras diferentes de apresentar o mesmo argumento. A primeira começa com o movimento, que requer quem o inicie, e que, portanto nos leva a um primeiro "motor imóvel". O segundo baseia-se na causalidade* eficiente: se toda causalidade é criada por outra, deve existir depois dela uma primeira causa eficiente. A terceira via parte da existência dos seres contingentes (Contingência*) e dela se move a do ser necessário que se encontra atrás deles. A quarta começa com os graus de perfeição — ou seja, algumas coisas são melhores que as outras, e sempre vai haver outra melhor — atrás das quais se encontra o ser perfeito, que é a medida de toda a perfeição. Finalmente, a quinta via também começa com a causalidade, mas nesse caso a causalidade final ou teológica, argumentando que tudo se move para um fim ou propósito, sua causa final, e que, portanto deve haver uma causa final de tudo, assim como há também uma causa eficiente de tudo.

CREDOS. Fórmulas pelas quais a igreja tenta resumir seus ensinamentos, em geral diante de desafios específicos quando o credo em questão é formulado. A origem do que agora chamamos de Credo Apostólico se encontra na antiga fórmula que os eruditos chamam de "Antigo Símbolo Romano", e que geralmente se denota mediante o símbolo "R". Essa fórmula era empregada originalmente no batismo, e dali se deriva sua estrutura trinitária: "Creio em Deus Pai... e em seu Filho Jesus Cristo, nosso Senhor... e no Espírito Santo".

Quando era batizado, convidava-se o neófito a afirmar sua fé respondendo essa fórmula, que lhe era apresentada na forma de uma série de perguntas: "Crês em Deus Pai...?" Visto que no século II, quando esse credo era empregado em Roma, Marcião e outros questionavam a doutrina da criação*, da verdadeira humanidade de Jesus, e do juízo final, esses pontos se sublinhavam em R, e todavia se enfatizavam no Credo Apostólico.

Nem o Antigo Símbolo Romano (R) nem o Credo Apostólico nunca foram credos de toda a igreja. Tudo indica que em outras cidades e regiões eram utilizadas outras formas, todas trinitárias. O credo mais aceito universalmente foi o Niceno, que foi promulgado pelo Concílio de Niceia (325), e depois modificado e referendado pelo Concílio de Constantinopla (381). Esse foi o credo, comumente, mais empregado tanto no Oriente de fala grega como no Ocidente de fala latina até o século IX, quando as controvérsias em torno de *Filioque** colocaram os papas na difícil posição de precisar tomar partido cada vez que recitavam o Credo Niceno. Com a finalidade de evitar isso, reintroduziram o antigo credo romano, dizendo que provinha de tempos apostólicos, e por isso se chamava "Credo Apostólico".

Em diversos lugares e regiões utilizam-se outros credos (*Regra de fé).

CRIAÇÃO. A doutrina que constitui o fundamento da visão cristã de relação entre Deus e o mundo. Desde o início do cristianismo, seguindo nisso o judaísmo, insiste-se em que Deus é o Criador de tudo quanto existe. Isso está expresso no Credo Apostólico mediante a frase: "Criador do céu e da Terra", e no Niceno* afirmando que Deus é "Criador de todas as coisas visíveis e invisíveis".

A doutrina da criação rechaça duas opiniões que repetidamente a tem desafiado através dos séculos: o dualismo* e o monismo*. O primeiro sustenta que há dois princípios eternos: Deus e outro que em geral lhe é oposto. Tal opinião era relativamente comum no mundo antigo, e se encontra em religiões antigas como o masdeísmo, assim como em algumas correntes filosóficas gregas, no gnosticismo* e no maniqueísmo*. Às vezes, esse outro princípio, mesmo que não se oponha diretamente a Deus, tem uma existência independente. Em alguns sistemas antigos, pensava-se que existia uma matéria primordial e caótica, da qual Deus ou os deuses fizeram o mundo. No outro extremo do espectro ideológico, o monismo afirma que, visto que Deus é a fonte de todas as coisas, não há distinção ontológica alguma entre a criação e o criador. Tais opiniões eram comuns nos tempos antigos entre alguns seguidores da corrente filosófica platônica (Neoplatonismo*), que sustentavam que tudo quanto existe emana de Deus como uma série de círculos concêntricos sobre a superfície de um lago, e que, portanto tudo é divino. Através da História, esse monismo é visto nas diversas formas de panteísmo* que afirma que tudo quanto existe é divino.

Frente a tais opiniões, ao longo dos tempos, os cristãos afirmam que tudo quanto existe deve sua existência a Deus. Não há princípio independente da existência de Deus — nem o diabo, nem a matéria, nem sequer o caos. A criação inclui tudo quanto há no céu e na Terra. A igreja inicial afirmou esse princípio contra aqueles que pretendiam que Deus amava unicamente a realidade espiritual, e que a criação material, inclusive o corpo, era, portanto, má. Durante a Idade Média, quando a filosofia aristotélica fez uma nova entrada na Europa Ocidental, houve aqueles que explicaram a existência de uma matéria preexistente; contra isso a igreja insistiu na criação *ex nihilo* — ou seja, do nada.

Em tempos mais recentes, e em alguns círculos cristãos conservadores, a doutrina da criação tem sido proposta como uma hipótese científica para explicar a origem do mundo, com frequência em concorrência ou contraposição com a hipótese evolucionista (Criacionismo*) Nesse debate, a tendência é perder boa parte do sentido da doutrina da criação, visto que a ênfase recai sobre a questão de se a Bíblia deve ser interpretada literalmente ou não, e sobre qual das duas histórias da criação em Gênesis (ou talvez uma combinação de ambas, omitindo-se as diferenças irreconciliáveis entre elas) deve ser tomada como literalmente correta.

Mas a doutrina da criação é muito mais importante que a questão da infalibilidade da Bíblia, e não depende de se Deus fez a criação literalmente em seis dias, nem de que se aceite ou se rejeite alguma teoria da evolução*.

Muito além disso, a doutrina da criação indica, antes de tudo, que tudo quanto existe é resultado da vontade de Deus, e que por isso tanto o mundo físico como o espiritual ("todas as coisas visíveis e invisíveis") é bom.

Em segundo lugar, ao afirmar que o que existe é resultado da vontade divina, e não uma emanação da essência divina, essa doutrina afirma que há uma diferença ontológica entre o criador e a criatura, que o único ser necessário é Deus, e que toda a criação é contingente. É por isso que durante a controvérsia ariana os arianos insistiam em que o Verbo ou o Filho de Deus é o resultado da vontade divina e, portanto, é uma criatura, enquanto que o Credo Niceno respondia declarando que o Filho "é da mesma substância" que o Pai e não o resultado da vontade divina, como o é toda a criação, mas que é a própria essência de Deus.

Em terceiro lugar, ao afirmar a contingência* de toda a criação, e sua existência devido à vontade de Deus, essa doutrina afirma que tudo quanto existe tem um propósito na mente divina, que subsiste pela graça sustentadora de Deus (Preservação), e que se move para os propósitos divinos (Providência*; Escatologia*).

Por último, o princípio de que todo o universo é produto de uma só mente e um só propósito é o fundamento para a inteligibilidade do mundo. O universo pode ser estudado e compreendido (sempre dentro dos limites da razão humana), unicamente porque não foi criado por uma diversidade de princípios opostos, nem é, tampouco, o resultado do acaso.

CRIACIONISMO. A resposta de alguns cristãos conservadores à teoria da evolução*, que lhes parece uma ameaça à doutrina cristã da criação. O criacionismo se distingue da doutrina cristã da criação, que não é nem pretende ser científica, nem tampouco uma tentativa de descrever a origem das espécies. Segundo os criacionistas, a narração bíblica (na realidade, as narrações bíblicas) da criação é cientificamente defensível, e há uma diferença irreconciliável entre a doutrina da criação e a teoria científica da evolução em todas as suas formas, pela qual os ensinamentos da evolução nas escolas é uma prática ímpia.

Em um contexto diferente e mais tradicional, o "criacionismo" refere-se à teoria de que cada alma individual é um produto de uma ação divina de criação. Nesse sentido se opõe ao traducianismo*.

CRISTOLOGIA. O ramo da teologia que trata sobre Cristo. Seus dois temas tradicionais têm sido a pessoa de Cristo (quem ele é) e sua obra (como nos salva; Expiação*; Soteriologia*).

Desde muito cedo, os cristãos têm debatido como entender e como expressar quem é esse Jesus que significa tanto para eles. No Novo Testamento se chama Filho do Homem, Messias, Senhor, Palavra de Deus, Verdadeiro Pastor, Cordeiro de Deus etc. Também está claro que os testemunhos mais antigos que temos sobre o culto* cristão colocavam Jesus em seu centro. No começo do século II, o escritor pagão Plínio informava ao imperador que os cristãos se reuniam para "cantar hinos a Cristo como Deus".

Não obstante, o que ocorria na adoração encontraria expressão na teologia e na doutrina, e daí surgem as perguntas: "Quem é esse Jesus? É divino? É humano?"

Várias das primeiras respostas que foram dadas a essas perguntas foram rejeitadas pela igreja em geral por serem consideradas demasiadamente simplistas e por negarem algum aspecto essencial da verdade de Jesus Cristo. Depois, em um extremo do espectro, houve quem cresse que Jesus era um ser puramente celestial, um mensageiro estrangeiro e diferente que era humano somente na aparência. Tal opinião recebeu o nome de docetismo*, por causa de um verbo grego que significa "aparentar". Essa foi a postura de muitos gnósticos assim como de outros. Vemos ecos de sua rejeição em 1João 4.2, na qual a prova da ortodoxia é a afirmação de que Jesus "veio em carne". O extremo oposto, com frequência chamado de ebionismo*, sustentava que Jesus era puro homem, nascido como todos os humanos, cuja pureza foi tal que Deus lhe deu uma função e uma dignidade especial. Também isso foi rejeitado pela igreja em geral. Depois, desde cedo, ficou claro que os cristãos desejavam afirmar que Cristo é tão divino quanto humano, mas não parece haver se prestado muita atenção à questão de como expressar ou entender essa dualidade.

Também desde os primeiros tempos, em parte com base no Evangelho de João, tornou-se costume referir-se a Jesus como o Verbo de Deus feito carne, e também se referir a esse Verbo como o "Filho". Mesmo que isso fosse útil, todavia deixava uma série de temas sem resolver, particularmente como em qual sentido pode-se dizer que o Verbo de Deus é divino. No século II, Justino Mártir chamou o Verbo "segundo Deus" — uma expressão duvidosa que logo foi rechaçada. Foi no século IV que tudo isso veio à superfície no arianismo*, e o processo de refutar essa doutrina e de esclarecer em que sentido o Verbo ou Filho é divino levou ao desenvolvimento e definição da doutrina da Trindade*. Depois, perto do final do século IV, se havia chegado a um consenso segundo o qual Jesus é divino porque é o Verbo ou o Filho eterno de Deus feito carne.

A partir desse momento se tornou necessário esclarecer também como se deve entender a relação entre o verbo divino e a humanidade de Jesus. Se é certo que Jesus que é o Verbo ou o Filho eterno de Deus, é plenamente divino, será também plenamente humano? Como deve ser concebida a relação entre a divindade e a humanidade em Jesus? Sobre esse tema havia duas tendências teológicas que colidiram repetidamente. Uma delas, a alexandrina*, sublinhava a unidade da divindade e a humanidade em Cristo de tal modo que poderia se pensar que a humanidade ficava eclipsada ou sufocada pela divindade.

Se fosse necessário, os alexandrinos estavam dispostos a deixar de lado algo da humanidade de Cristo com a finalidade de afirmar a união plena do divino ao humano nele. Isso levou a posições como o apolinarismo*, que negava que Jesus tivesse uma alma* racional e humana, e que foi rechaçado pelo Concílio de Constantinopla no ano de 381.

A escola teológica oposta, a antioquena*, tinha interesse particular em salvaguardar a plena humanidade de Jesus, ainda que isso às vezes resultasse em limitar a plenitude de sua união com a divindade. Essa foi a posição dos nestorianos, que declaravam que em Jesus há duas naturezas de duas pessoas, e que a união entre ambas é "voluntária", antes que de natureza ou de pessoa. Essa posição foi rechaçada pelo Concílio de Éfeso em 431. Como parte dessa ação do Concílio, os alexandrinos sublinharam a importância da *communicatio idiomatum* para a transferência das atribuições da humanidade para a divindade — na pessoa de Jesus Cristo, de modo que tudo o que se diga a respeito dele como humano, também possa ser dito dele como divino.

No ano de 451 o Concílio de Calcedônia (geralmente chamado de Concílio Ecumênico) chegou por fim à fórmula que posteriormente foi aceita pela maioria dos cristãos: que em Cristo há "duas naturezas e uma pessoa". Mesmo que isso não resolvesse a questão, ficou bem mais claro que é necessário afirmar a plena divindade de Cristo, sua plena humanidade, e a plena união entre ambas.

Ainda que a fórmula de Calcedônia fosse aceita pela maioria dos cristãos, alguns a rechaçaram. Os antioquenos mais extremados, geralmente chamados de "nestorianos", refugiaram-se na Pérsia. Até o dia de hoje existe no Oriente Médio uma pequena igreja cuja origem remonta àquele cisma. Outros que seguiam a posição alexandrina em sua forma extrema receberam o nome de "monofisitas", ou seja, defensores da doutrina de uma só natureza em Jesus. Essa é a postura da Igreja Copta, a Igreja da Etiópia, a Igreja Jacobita Síria e outras.

Mesmo que em geral se diga que o Concílio da Calcedônia foi o ponto final desses debates, na realidade a controvérsia durou por séculos, pois surgia uma vez ou outra quando diversos teólogos — e alguns imperadores por motivos políticos — sugeriram soluções que o restante da igreja não aceitou (Monergismo*; Monotelismo*; Hipóstase*; União* hipostática; Enhipóstasis*; Diofisismo*; Dioteletismo*).

A maioria dos reformadores protestantes aceitou a fórmula cristológica da Calcedônia e as decisões do primeiro Concílio sobre essas questões, visto que lhes interessava mais a obra salvadora de Jesus que as questões de como o Salvador pode ser divino e humano, e uma só pessoa. Entre os principais reformadores, Calvino tendia a sublinhar a distância entre a divindade e a humanidade de Jesus, ao estilo dos antigos teólogos antioquenos. Lutero se inclinava no sentido contrário, destacando a união do divino e do humano — ainda que difira radicalmente dos antigos alexandrinos porque destacavam a realidade da humanidade de Jesus, e insistiam que só podemos ver a divindade de Jesus como ela se revela em sua humanidade, sua debilidade e seus sofrimentos. Recentemente, muitos teólogos deixaram esses debates de lado para centrar sua atenção na obra de Cristo antes que nas questões metafísicas de sua pessoa (Expiação*).

CULTO. Termo normalmente traduzido do grego *latreia* e *leitorgia*, ou do latim *adoratio*. Adorar significa essencialmente reconhecer, celebrar e exaltar a majestade divina, e como resultado disso significa também reconhecer o próprio pecado e incapacidade ante Deus. Logo, o culto é acima de tudo o reconhecimento da majestade e da graça divina.

Desde o começo, o culto cristão centrou-se na Eucaristia*, que normalmente era celebrada no primeiro dia da semana, visto que era o dia da ressurreição de Jesus, a Eucaristia, antes de ser um serviço lúgubre centrado na cruz, era uma celebração da vitória de Jesus através da cruz e da ressurreição, e um anúncio de seu retorno em glória no dia final. Nesse sentido também, celebrar o primeiro dia da semana era importante, visto que o primeiro dia é também o oitavo, e existia uma antiga tradição segundo a qual o dia chegaria quando o ciclo semanal fosse interrompido, e toda a criação alcançaria sua consumação. Essa seria a data da celebração da Eucaristia final e perpétua, o banquete das bodas do Cordeiro. Ainda que na igreja primitiva a Eucaristia consistisse em uma refeição completa, já no século II essa refeição havia sido afastada da Eucaristia, e duzentos anos mais tarde desapareceria por completo — talvez porque, a assistência ao culto tivesse crescido de uma maneira surpreendente, era muito difícil evitar os abusos e desordens em tais refeições.

A Eucaristia ou "serviço da mesa" era precedida pelo "serviço da Palavra", no qual se lia a Escritura, ao mesmo tempo em que se explicava e aplicava nas vidas dos crentes. Ao terminar essa primeira parte do serviço, despedia-se todas as pessoas que não estavam batizadas (com relação às antigas práticas batismais, Batismo*), e a todas aquelas pessoas que por alguma razão não podiam participar da comunhão (Excomunhão*).

Tudo indica que aqueles serviços eram bastante simples, e até espontâneos, mesmo que sempre se seguisse certa ordem. Porém, depois do tempo de Constantino, começou uma tendência crescente a ajustar o culto cristão aos protocolos e à pompa da corte imperial e de suas celebrações e, portanto o culto se tornou cada vez mais elaborado. Além disso, em parte com a finalidade de evitar desordens agora que uma multidão assistia à adoração, a ordem do culto tornou-se muito mais estruturada, o que resultou em uma série de tradições estruturadas, da qual resultou toda uma série de tradições litúrgicas típicas de cada zona geográfica, mesmo que todas elas com muito em comum. Tudo isso também levou a uma diminuição na participação ativa dos leigos na adoração, de modo que chegou o momento em que o povo simplesmente assistia ao culto, enquanto outros cantavam, dirigiam o serviço, e levavam a cabo outros atos rituais.

Os primeiros séculos da Idade Média no Ocidente, envoltos no caos e na destruição, levaram a uma preocupação excessiva com a morte e com a possível condenação, e isso por sua vez resultou em uma adoração, e particularmente uma celebração eucarística, com tons marcadamente penitenciais. A Reforma Protestante não mudou isso, visto que simplesmente continuaram as práticas litúrgicas da missa latina, e se contentou em eliminar delas aqueles elementos que se tornavam incompatíveis com a doutrina protestante ou com a Bíblia conforme os protestantes a entendiam — por exemplo, a Eucaristia como sacrifício, a prática de celebrar missas privadas, a adoração unicamente em latim etc. Portanto, apesar das mudanças introduzidas pela Reforma, a Eucaristia, continuou sendo o centro da vida cúltica da igreja, não perdeu seus tons lúgubres que pareciam mais adequados às sextas-feiras que ao domingo, à crucificação que à ressurreição. Um elemento que a Reforma reintroduziu foi a importância da pregação, que veio a ser então o equivalente moderno do antigo "serviço da Palavra".

Em todo caso, tanto antes, como durante e imediatamente após a Reforma, a maioria das igrejas continuou centrando seu culto na

Eucaristia, que normalmente se celebrava pelo menos uma vez por semana, aos domingos. Mesmo que alguns grupos protestantes se adiantassem a esse processo, foi principalmente durante os séculos XVIII e XIX, e particularmente nos nove territórios das Américas, onde os ministros ordenados eram escassos, que começou a se perder a prática da comunhão frequente. Entre os protestantes, isso foi devido, em parte, aos grandes avivamentos da época, que se centraram na pregação e despertaram a fé em muitos, mas nem sempre lhes provinha a oportunidade ou o estímulo para participar da comunhão. Logo se tornou costume entre protestantes em regiões como os Estados Unidos ver o sermão como o centro do culto, e limitar a comunhão a um serviço ocasional, celebrado talvez uma vez por mês, trimestralmente ou com menos frequência. Entre católicos romanos, particularmente nas colônias espanholas e portuguesas, a escassez de sacerdotes ordenados levou a uma ênfase sobre aqueles serviços que os leigos podiam dirigir, como o rosário, enquanto que o uso do latim na missa continuou fazendo dos crentes meros espectadores passivos dos santos mistérios.

Durante o século XX houve um movimento de "renovação litúrgica" que se espalhou por diversas denominações. Esse movimento surgiu em parte pelo descobrimento de antigos documentos que descrevem o culto na igreja antiga, em parte pela necessidade de um culto mais pertinente para a vida diária dos crentes, e em parte de um esforço para fazer do culto um meio de fortalecer e dirigir a vida dos crentes em meio a uma sociedade cada vez mais secular. O Segundo Concílio do Vaticano (1962-1965) propôs o início de uma série de mudanças na liturgia da igreja católica romana, entre elas a volta à prática antiga de celebrar a missa na linguagem do povo. A perseverança da ortodoxia russa traz mais de oito décadas de hostilidade por parte do governo e até perseguição, e o fato de que um dos elementos que a apoiaram em tal perseverança foi o seu culto, centrado em uma liturgia bastante estruturada e fixa, convenceu muitos protestantes de que há no culto, e particularmente na ordem litúrgica, um poder que vai muito além dos sermões mais eloquentes ou persuasivos. Entre os protestantes, e particularmente entre os pentecostais, houve também um sentido de que era necessário renovar o culto para dar mais liberdade ao Espírito Santo*. Mesmo que isso levasse o pentecostalismo em direções muito diferentes do restante do movimento de renovação litúrgica, em certo sentido também isso é parte do mesmo movimento, pois busca um culto que tenha maior profundidade e sentido. Logo, ainda que no começo do século XXI várias dessas tendências pareçam opostas entre si, e competindo pelo favor dos fiéis, espera-se que, conforme o tempo passe e se mostre o valor de cada um dos elementos que esses movimentos diversos oferecem, o resultado preciso seja uma renovação do culto em toda a igreja, e que essa renovação reafirme alguns dos elementos mais tradicionais que hoje querem descartar e incorpore algumas das renovações introduzidas mais recentemente.

CULTURA. Um sistema de símbolos, atitudes, comportamentos, relações, crenças e respostas ao meio ambiente de que um grupo humano participa em contraste com outros. Visto que todos os humanos vivem em tais sistemas, todos participam pelo menos de uma cultura, e às vezes de várias culturas que se misturam e, portanto, nada pode faltar em termos de perspectivas culturais. Logo o cristianismo, como qualquer religião, existe dentro de um contexto cultural e dá mostras do impacto dessa cultura em sua vida, suas doutrinas, sua interpretação dos textos sagrados etc. Por isso, a questão da relação entre o cristianismo e a cultura (ou as culturas) é crucial e deve se apresentar continuamente, segundo a mudança dos contextos culturais.

A discussão clássica desse tema é o livro de H. Richard Niebuhr *Cristo e cultura* (1951), no qual o autor desenvolve uma tipologia de cinco atitudes dos cristãos com relação à cultura. Chama-as de: "Cristo contra a cultura", "o Cristo da cultura", "o Cristo por sobre a cultura", "o Cristo e a cultura em paradoxo" e "Cristo como transformador da cultura".

Mesmo que essa tipologia tenha certa validade, a expansão numérica do cristianismo no mundo ocidental, pouco depois de Niebuhr escrever o livro, mostra até que ponto esse mesmo livro manifesta o contexto cultural em que foi escrito, visto que trata escassamente do tema além dos limites da civilização ocidental e do cristianismo dentro dela.

Não só nos tempos antigos conforme se foi abrindo caminho para o mundo helenista, e no começo do medievo foi impactado pelas culturas germânicas, mas através de toda sua história em todas as partes do mundo, o cristianismo tem lançado raízes em uma grande variedade de culturas, e todas elas têm dado forma a sua vida e as suas doutrinas. Por longo tempo o movimento missionário esteve consciente da necessidade de apresentar o evangelho em termos que fossem compreensíveis dentro de um contexto cultural particular, e tentou fazê-lo ao mesmo tempo em que permanecia fiel a suas convicções (Acomodação*; Aculturação*). A consciência crescente, durante a segunda metade do século XX, do impacto da cultura sobre o cristianismo pode ser vista no surgimento de várias teologias contextuais*. Por isso houve muita discussão missiológica sobre o tema da aculturação* — o processo mediante o qual o evangelho se encarna em uma cultura particular, e que normalmente não é tanto o resultado da adaptação e reflexão missionária como da apropriação do evangelho por pessoas da nova cultura.

D

DECÁLOGO. Os Dez Mandamentos (do grego *deka*, dez, e *logos*, palavra). A maneira como são numerados difere. Tanto a tradição judia como a maioria dos protestantes contam o mandamento contra ter outros deuses e o mandamento contra os ídolos ou imagens como dois, enquanto que o catolicismo romano e a muitos luteranos o contam como um. No último caso, os mandamentos resultam em dez dividindo a lista de proibições contra a cobiça em duas. Em muitas igrejas o decálogo é lido frequentemente no culto como resumo da lei. Seu lugar na ordem e adoração, algumas vezes antes da confissão de pecados, e outras como resposta ao evangelho, reflete ênfases diferentes sobre a função da Lei — no primeiro caso, a função principal da Lei é convencer o crente de seu pecado, e no outro, essa função é servir de guia aos crentes (Lei*, terceiro uso da).

DECRETOS ETERNOS. Os decretos — que segundo alguns são na realidade de um só — mediante os quais Deus determinou eternamente o resultado da criação, e em particular a salvação de uns e a condenação de outros. Mesmo que essa questão tenha sido discutida anteriormente pelos escolásticos (Escolasticismo*), foi tema característico da tradição reformada*, e particularmente do calvinismo* ortodoxo, no qual se discutiu muito sobre a ordem dos decretos divinos (Infralapsarianismo*; Supralapsarianismo*; Predestinação*). Recentemente alguns teólogos reformados, seguindo nisso Karl Barth (1886-1968), afirmam que o decreto eterno de Deus é aquele mediante o qual foi decidido que a salvação seria oferecida gratuitamente por meio de Jesus Cristo.

DEIFICAÇÃO. Teopoiesis*.

DEÍSMO. Movimento que surgiu na Inglaterra no final do século XVII e começo do XVIII, cuja afirmação principal era que a religião devia ser reduzida a seus elementos mais razoáveis e universalmente aceitos, e deveria basear-se na razão antes que na revelação*. Seu principal precursor foi Lord Herbert de Cherbury (1538-1648), que dizia que todas as religiões têm certos elementos em comum, como a existência de Deus, a obrigação de adorá-lo, a necessidade do arrependimento, e uma vida após a morte na qual haverá recompensas e castigos. Segundo ele, tudo isso se sabe não por revelação, mas pela razão natural. Expressões clássicas do deísmo são os livros de John Toland (1670-1722): *O cristianismo não é mistério*, e de Matthew Tindal (1655-1733): *O cristianismo é tão antigo como a criação*, cujos títulos sugerem a natureza de seus conteúdos.

Embora o deísmo tenha surgido na Inglaterra, impactou muitos dos dirigentes filosóficos e políticos de outros países, como Voltaire, Thomas Jefferson e Benjamin Franklin.

Hoje alguns usam o termo deísmo de um modo mais geral, para referirem-se à postura daqueles, que ao mesmo tempo em que afirmam a existência de Deus e possivelmente sua obra inicial na criação, rebatem a ideia que, todavia, Deus esteja ativo no mundo.

DEMÔNIOS. O termo "demônio" é de origem grega, e na literatura grega clássica não tem necessariamente conotações malignas. Assim, por exemplo, Sócrates referia-se frequentemente ao "demônio" que o inspirava. Mas na literatura cristã em língua grega é utilizado quase que universalmente para poderes malignos e sobrenaturais. É assim que se fala deles nos Evangelhos Sinóticos, em que frequentemente a enfermidade é entendida como possessão por parte dos demônios, e onde Jesus repetidamente expulsa demônios. Mais tarde, da mesma forma que aconteceu com os anjos, houve muita especulação sobre os diversos níveis de demônios, seu poder etc.

A teologia cristã tradicional frequentemente discute a origem dos demônios no contexto da origem de Satanás*, que é visto como chefe dos demônios. Mesmo que se deem outras explicações, a ortodoxia cristã insiste em que, como parte da criação, o Diabo e todos os demônios devem sua existência a Deus e, portanto são originalmente bons. O que se discute então é a questão da natureza e origem de sua maldade, que normalmente é atribuída ao mau uso da liberdade da qual foram dotados.

O empirismo* moderno, e as explicações científicas da enfermidade como resultado de micróbios, hormônios etc. têm levado muitos a repelir a ideia dos demônios como produto de um tempo passado e ignorante, em tempos mais recentes outros insistem que tais explicações modernas não resolvem o mistério do mal*, mas simplesmente o adiam, e que, portanto a própria ideia dos poderes malignos não é completamente anacrônica.

DEONTOLOGIA. Sistema ético que se fundamenta, não sobre os fins que uma ação busca, nem tampouco sobre as recompensas e os castigos, mas simplesmente no que é correto porque se ajusta à vontade de Deus.

DEPRAVAÇÃO TOTAL. Um dos princípios do calvinismo* ortodoxo, particularmente segundo a definição dos cânones de Dordretch (1618-19). Segundo essa doutrina, as consequências do pecado são tais que toda a humanidade ficou depravada e, portanto, incapaz de qualquer ação, intenção ou pensamento puramente bons, visto que o pecado ofusca e corrompe toda faculdade humana. Isso não quer dizer que não ficou nenhum bem nos seres humanos depois do pecado, visto que o Sínodo de Dortrecht afirmou que "os vestígios da luz natural, que permitem certo conhecimento de Deus, certo entendimento da realidade natural, certo sentido de diferença entre o bem e o mal", todavia permanecem no pecador.

DESMITOLOGIZAÇÃO. O procedimento, proposto principalmente por Rudolf Bultmann (1884-1976), de reinterpretar a mensagem do Novo Testamento para uma época na qual não se pensa em termos mitológicos dos antigos (Mito*), e quando o mundo já não é concebido como uma estrutura de três níveis, como se concebia antes — com a terra no meio, o céu em cima e o inferno embaixo. Segundo Bultmann, a filosofia existencialista de Martin Heidegger proporciona o marco apropriado para entender a mensagem do evangelho hoje. Contudo, é possível entender o projeto de Bultmann, não como de verdadeira desmitologização, mas como de remitologização, visto que reinterpreta o evangelho dentro do contexto dos mitos da modernidade*.

DETERMINISMO. A opinião segundo a qual todos os acontecimentos e fatos estão predeterminados. Tais opiniões podem aparecer em diversos sistemas. Os antigos estoicos criam que a História era um processo cíclico, que todos os acontecimentos se repetiam, e que, portanto estavam predeterminados. Na modernidade*, uma visão mecanicista do universo como sistema fechado de causas e efeitos tem levado muitos a abraçar o determinismo. Em alguns sistemas filosóficos e teológicos argumenta-se que Deus conhece todas as coisas, inclusive os acontecimentos futuros, isso implica no determinismo. É necessário distinguir entre o determinismo e a predestinação*, que não pretende que tudo esteja decidido com autoridade, mas somente o destino eterno dos eleitos e dos reprovados — mesmo quando por haver alguns predeterministas que em seu meio por defender sua posição têm caído no determinismo (Arbítrio*).

DEUS. A doutrina cristã de Deus surgiu da doutrina judia como se expressa nas Escrituras hebraicas. Por isso o cristianismo sempre destacou a unicidade de Deus (Monoteísmo*), assim como sua santidade e amor — que requerem resposta humana no amor e em conduta ética. Nesse contexto, ainda considerando os limites do pensamento e da linguagem humana, Deus é descrito como um ser pessoal, e a linguagem sobre Deus tende a empregar expressões tomadas das relações humanas interpessoais. Deus ama, é fiel, justo etc.

Portanto, a primeira coisa que pode ser dita sobre Deus, segundo a doutrina cristã é que Deus é uno. Mas a doutrina cristã mais característica sobre Deus é a Trindade*, que sustenta que esse Deus que é uno existe como três pessoas, e que elas são uma, ao mesmo tempo em que são distintas entre si são um só Deus. Mesmo que a doutrina da Trindade não fosse expressa em sua fórmula definitiva senão no século IV, aparece muito antes nos antigos documentos cristãos, e desde data bem antiga aparece associada ao batismo*, mediante o qual o crente se unia ao corpo de Cristo. Quando o cristianismo passou a se abrir para o mundo helenista, muitos criticavam seus ensinamentos como grosseiros ou irracionais. Visto que os cristãos falavam de um Deus que os olhos humanos não podiam ver, e rejeitavam os deuses tradicionais, eram acusados de ateus. A própria ideia de que existia um só Deus parecia estranha, particularmente em um mundo no qual as tensões interculturais eram aliviadas mediante a prática da aceitação mútua dos deuses de cada parte.

Diante de tais críticas, muitos cristãos recorreram às tradições filosóficas gregas que falavam de um Ser Supremo. Usaram particularmente a tradição eleática e platônica, com sua visão de um mundo de ideias puras por cima desse mundo dos sentidos, e uma ideia suprema do Bem e do Belo que se encontra por cima de qualquer ideia. Os cristãos lhes recordavam que sábios, como Parmênides e Platão, haviam falado bem antes disso, de um Ser Supremo, e diziam então que esse Ser Supremo não é outro senão Deus uno, santo e invisível do cristianismo.

Ainda que tais argumentos tivessem grande valor apologético, também introduziam no pensamento cristão uma série de elementos que convergiam com a linguagem mais pessoal sobre Deus que se encontrava nas Escrituras. Segundo essa forma de pensar, os atributos* de Deus eram essencialmente uma negação de todo limite — Deus é infinito, impassível, não se move — e uma projeção de elementos positivos como o poder, o conhecimento e outros em seu grau máximo — Deus é onipotente, onisciente e onipresente. Uma vez dado esse passo tornou-se comum que os teólogos preferissem a linguagem mais abstrata e aparentemente mais racional sobre Deus do que as imagens e metáforas mais antropomórficas que aparecem nas Escrituras. Aparentemente, tornava-se mais apropriado falar de Deus como faziam os filósofos que como faz a Bíblia. Esse meio-termo entre esses dois modos de entender Deus continuou através de toda a história da teologia cristã.

Em alguns momentos essa tensão levou a especulações sobre o alcance do poder e da liberdade de Deus, por exemplo, alguns teólogos até o final do Medievo se perguntavam se Deus sempre faz o que é bom, ou ao contrário qualquer coisa que Deus faça é boa. No primeiro caso, parece que a bondade está acima de Deus, pois Deus está sujeito a ela. No segundo, parece que a bondade é assunto completamente caprichoso, determinado somente pela vontade livre de Deus. Como forma de sair dessas dificuldades, alguns desses teólogos propuseram uma distinção entre o poder absoluto de Deus (*potentia Dei absoluta*), e o poder ordenado de Deus, limitado por essa decisão soberana de Deus (*potentia Dei ordinata*). Assim, mesmo que o poder de Deus determine o que é bom, Deus decide livremente limitar-se a essa determinação e, portanto é certo tanto que qualquer coisa que Deus faça é boa como Deus sempre faz o que é bom. Ao mesmo tempo em que se rechaçou boa parte da especulação medieval sobre os atributos de Deus, Lutero e muitos reformadores destacavam a soberania e o amor de Deus. Esses dois elementos hão de manter-se sempre em tensão, como se vê na afirmação de Lutero no sentido de que lhe era impossível amar o Deus soberano, que lhe parecia um juiz implacável e assustador. Conhecer Deus é conhecer o amor de Deus. Conhecer Deus é sentir-se assustado pela grandeza de Deus. Seguindo Lutero, Calvino tratou de manter esses elementos em tensão, e essa tensão é ainda uma das características da tradição reformada* — tradição que em seus melhores momentos tem insistido que o propósito da religião não é a salvação pessoal, mas o serviço e a glória de Deus.

Outro tema importante para a teologia cristã tem sido a maneira pela qual os seres humanos têm o conhecimento de Deus. Pode-se conhecer Deus mediante a razão, ou somente mediante a revelação*? Embora alguns teólogos tenham sustentado que a razão humana basta para o verdadeiro conhecimento de Deus, muitos outros sustentam que, enquanto a razão nos diz que há um Deus, não pode nos dizer de sua atitude de amor para conosco (Graça*), ou de sua vontade para as nossas vidas.

A existência de Deus pode ser provada por meios puramente racionais? Como? Os argumentos mais comuns partem da existência do mundo, e sobre essa base sustentam que o mundo requer uma causa primeira (Cosmológicos*, argumentos; Causalidade*). Outros argumentam que a natureza de Deus é tal que a própria ideia de Deus inclui a existência, de tal modo que é impossível pensar que Deus não exista (Ontológico*, argumento). Naturalmente, a preferência de cada teólogo por um ou por outro desses argumentos está ligada estreitamente a sua epistemologia. Por outro lado, alguns teólogos sustentam que, ainda que se tais argumentos fossem verdadeiramente irrefutáveis, somente provariam a existência de uma Primeira Causa ou de um Ser Necessário, mas não do Deus de amor da fé cristã.

DEUS ABSCONDITUS. Literalmente, "Deus escondido". Frase comumente usada por teólogos como Lutero e Barth como modo de enfatizar que até em sua revelação Deus continua sendo soberano, e nunca é conhecido completamente. Lutero sustentava que Deus se conhece melhor no que não parece majestoso, mas em seu ocultamento na cruz (*Theologia* crucis*).

DEUS EX MACHINA. Frase alusiva aos antigos dramas pagãos, no qual os deuses se apresentavam em momentos apropriados, frequentemente mediante o uso de aparelhos mecânicos, e que é empregada, ainda, para se referir à solução de qualquer trama por meios inverossímeis. No discurso teológico e filosófico, refere-se à prática de usar Deus como explicação ou recurso quando tudo mais fracassa.

DEUTEROCANÔNICOS. Apócrifo*.

DIABO. Satanás*.

DIALÉTICA. Termo cujo sentido tem mudado drasticamente e que, portanto, deve sempre ser entendido dentro do seu contexto. Na filosofia grega, Platão escreveu diálogos nos quais buscava encontrar a verdade mediante a conversação e, por isso os historiadores da filosofia se referem ao método de Platão como "dialético". Na Idade Média, o uso da razão na investigação teológica frequentemente era chamado de "dialética", porque a razão se move de maneira semelhante a um diálogo interno. Assim, por exemplo, Bernardo (1090-1153) criticou e até perseguiu Abelardo (1079-1142) porque se atrevia empregar a "dialética" em questões religiosas. Pouco depois, seguindo o exemplo do livro de Abelardo *Sic et non* (Sim e não) os escolásticos desenvolveram seu discurso teológico de maneira dialética, oferecendo uma série de argumentos tanto a favor como contra uma dada posição, buscando após isso uma solução para as dificuldades apresentadas. Em tempos modernos, Hegel (1770-1831) desenvolveu uma "dialética" que era toda uma filosofia da História como desenvolvimento do pensamento da mente universal. Segundo tal dialética, a História se move de maneira semelhante ao pensamento humano, a partir de uma tese que confronta uma antítese que a nega, e chega por fim a uma síntese que inclui tanto a antiga tese como sua antítese, e que por sua vez torna-se uma nova tese na continuação do processo. Mais tarde, Karl Marx (1818-83) opôs-se ao idealismo de Hegel, mas reteve muito de sua dialética, chegando assim ao que chamou de "materialismo dialético" (Marxismo*). No começo do século XX, quando a neo-ortodoxia* começava a desenvolver-se, alguns a chamaram de "teologia dialética" — ainda que não exatamente, visto que era uma teologia do paradoxo antes que uma na qual as tensões se resolviam em uma síntese superior. Essa teologia sob a direção de Karl Barth (1886-1968), Emil Brunner (1889-1965), Friedrich Gugarten (1887-1968) e outros, logo veio a chamar-se teologia neo-ortodoxa*. Ela recebeu o nome de "dialética", geralmente por aqueles que não faziam parte dela, por sua insistência em descrever a relação entre Deus e o mundo em termos frequentemente contraditórios, falando ao mesmo tempo da graça e do juízo de Deus, de seu "sim" e de seu "não".

DIOFISISMO. Termo derivado de raízes gregas, que significa "duas naturezas". É empregado principalmente no contexto da cristologia, como oposto ao monofisismo*. Segundo a ortodoxia* cristã, como foi definido pelo Concílio de Calcedônia no ano de 451, há no Salvador duas naturezas, uma divina e outra humana, e essas duas existem na pessoa* de Jesus Cristo, "sem confusão, sem mudança, sem divisão e sem separação". O que isso significa é que Jesus é plenamente humano e plenamente divino, e que sua divindade não diminui sua humanidade, nem vice-versa.

DIOTELISMO (também diotelismo). Termo derivado de raízes gregas que significam "duas vontades". Emprega-se na cristologia* como modo de combater o monotelismo*. O Sexto Concílio Ecumênico, reunido em Constantinopla no ano de 681, rechaçou o monotelismo e afirmou o diotelismo. Isso era simplesmente uma extensão do princípio segundo o qual deve ser plenamente humano e plenamente divino e, portanto, deve ter tanto uma vontade humana como uma vontade divina, mesmo quando ambas coincidem quanto ao seu conteúdo.

DISPENSAÇÃO. O nome que frequentemente se dá a cada um dos pactos que Deus estabelece com a humanidade nas Escrituras: Irineu, por exemplo, refere-se a quatro dispensações: o pacto com Adão, que vai até o dilúvio; o pacto com Noé, que vai até o Êxodo; o pacto com Moisés, que vai até a encarnação; e o pacto com Cristo, que perdurará até o fim. Mesmo que a ideia de uma série de dispensações sucessivas tenha sido relativamente comum através da história da teologia, no século XIX tal ideia deu origem a uma maneira (ou melhor, a várias maneiras semelhantes) de interpretar a História conhecida como o dispensacionalismo*. Contudo, nem toda referência às dispensações é na realidade um endosso das ideias dispensacionalistas.

DISPENSACIONALISMO. Um método de interpretação bíblica que foi criado na Grã- Bretanha por John Nelson Darby (1800-82), e popularizado nos Estados Unidos e depois em outras partes do mundo pelas notas e referências da Bíblia de Scofield, publicada pela primeira vez no ano de 1909. Embora haja várias interpretações dispensacionalistas da História, todas concordam que a História se compõe de uma série de dispensações* nas quais Deus revela algo para a humanidade, que a humanidade não consegue cumprir, e com isso surge uma nova dispensação e uma nova revelação. Tais interpretações também concordam que a Escritura, e em particular os livros de Daniel e Apocalipse, são um anúncio profético de acontecimentos por vir e que, portanto mediante uma leitura correta das profecias é possível determinar em qual estágio nos encontramos e quais acontecimentos estão por vir, assim como sua ordem. Nos esquemas de Darby e de Scofield, há um total de sete dispensações, e atualmente estamos na sexta, chamada "dispensação da igreja" que, como qualquer dispensação anterior implica em uma grande apostasia*. Tudo isso terminará com o retorno de Cristo, que marcará o início de seu reino sobre a Terra por mil anos (Milenarismo*), antes de passar para o Reino eterno de Deus.

Ao mesmo tempo em que a maioria dos estudiosos bíblicos pressupõe o dispensacionalismo como uma interpretação errônea e mal informada das Escrituras, há muitos seguidores entre as massas.

Também deve ser assinalado que, mesmo que muitos dispensacionalistas insistam que os judeus são um povo apóstata, também creem que Jesus virá quando o Estado de Israel for plenamente restaurado a suas fronteiras bíblicas. A isso se deve o fenômeno, de que muitos cristãos conservadores de tendências dispensacionalistas, que dizem que Deus não escuta as orações dos judeus, sigam, contudo, políticas a favor de Israel em questões internacionais.

DIVINIZAÇÃO. Teopoiesis*.

DOCETISMO. Termo que deriva do grego *dokeim*, parecer ou aparentar. O docetismo é a doutrina segundo a qual Jesus não teve corpo físico humano, mas só aparência dele. Tais doutrinas foram muito populares na igreja antiga, e frequentemente eram acompanhadas de posturas dualistas, segundo as quais somente o que é puramente espiritual pode ser bom, enquanto que a matéria é intrinsecamente má. Se a matéria é má, Jesus não pode ter tido um corpo humano, mas só a aparência de tal. Aparentemente, tais doutrinas circularam desde o começo, visto que em 1João 4.2 encontramos a contestação explícita, e é bem possível que as referências constantes a Jesus no ato de comer, mesmo depois da ressurreição, sejam uma tentativa de refutar tendências docéticas. Tais tendências eram comuns entre os gnósticos e Marcion também as sustentou, pois aparentemente dizia que Jesus não nasceu, mas que simplesmente apareceu como homem maduro durante o reinado de Tibério (Marcionismo*). Boa parte do Antigo Símbolo Romano, assim como sua versão posterior, o Credo Apostólico (Credos*), indica que foram formulados como barreiras contra as tendências docéticas em negar o nascimento e os sofrimentos de Jesus. Daí a afirmação que Jesus "nasceu da virgem Maria, sofreu sob o poder de Pôncio Pilatos, foi crucificado, morto e sepultado". Sempre existiram nas comunidades cristãs tendências docéticas, mesmo que o verdadeiro docetismo nunca conseguisse aceitação na igreja. Por uma extensão de significado, às vezes uma doutrina que na realidade não negue a realidade física de Jesus, mas que parece diminuir sua completa humanidade recebe a qualificação de "docética".

DOGMA. Doutrina*

DOGMÁTICA. Outra maneira de se referir à teologia, particularmente àquela que considera que sua tarefa consiste em estudar as doutrinas ou dogmas da igreja, antes que em construir sistemas especulativos pessoais. Como título, o termo é frequentemente utilizado como forma abreviada do título da obra de Karl Barth (1886-1968) *Dogmática eclesiástica*.

DONATISMO. Movimento que surgiu ao norte da África no começo do século IV, cuja posição fundamental era que as congregações conduzidas por bispos que haviam caído em tempos de perseguição não eram válidas. Em consequência, os donatistas rechaçavam a autoridade de Ceciliano, bispo de Cartago na ocasião, que havia sido consagrado por um bispo que havia caído em tempos de perseguição. Isso levou a um cisma cujos participantes receberam o nome de donatistas, porque um de seus dirigentes se chamava Donato. Quando o restante da igreja e depois as autoridades imperiais começaram a se opor a eles, alguns dos donatistas mais radicais conhecidos como "circunceliões", recorreram à violência. Mesmo que frequentemente pressionado por seus inimigos, e desacreditado por seus crimes mais violentos, o movimento persistiu até os tempos da invasão muçulmana quatro séculos mais tarde. A questão teológica exposta pelo cisma, assim como por outros semelhantes (Novacianismo*), é a da pureza da igreja e a validade dos sacramentos e ritos ministrados por pessoas indignas. Foi contra os donatistas que Agostinho e outros insistiram que a validade do sacramento não depende da dignidade do ministro, mas do próprio sacramento (*ex opere operato*). Foi também contra eles que Agostinho desenvolveu a distinção entre a igreja invisível, que a companhia de todos os predestinados, e a visível, na qual o trigo e o joio permanecem misturados (Eclesiologia*).

DONUN SUPERADDITUM. Na teologia medieval, o "dom extra" que se supunha terem Adão e Eva quando foram criados, e que perderam com a queda*. Segundo essa teoria, Adão e Eva tinham tudo quanto era necessário para abster-se do pecado — nos termos de Agostinho, *posse non peccare*. Na opinião de alguns, o *donun superadditum* incluía uma excelência nos poderes intelectuais e físicos que se perderam como consequência do pecado.

DOUTRINA. Literalmente ensinamento. O termo "doutrina" tem diversos níveis de significado segundo seu contexto. O nível inferior, simplesmente pode referir-se à opinião ou ensinamento de alguma pessoa sobre um tema qualquer e, em tal caso é sinônimo de "opinião" — por exemplo, quando se fala da "doutrina platônica da imortalidade da alma". Outras vezes é usado para se referir ao discurso teológico — como quando se fala, por exemplo, da "doutrina da salvação", referindo-se à soteriologia*, ou à "doutrina da igreja", para referir-se à eclesiologia*. Em um nível mais estrito, a "doutrina" refere-se àqueles ensinamentos que consciente e consideradamente caracterizam um grupo qualquer dentro da igreja — por exemplo, quando falamos da "doutrina reformada da predestinação* ou da "doutrina wesleyana da santificação*". Por último, no sentido estrito, uma "doutrina" é um ensinamento de tal autoridade que rechaçá-la implica ultrapassar os limites da ortodoxia. No último sentido, doutrina é sinônimo de dogma.

Ainda quando são empregados como sinônimos, "doutrina" e "dogma" têm conotações distintas. Para ser um dogma é necessário que seja promulgado por um corpo oficial e autorizado da igreja. Assim, muitas igrejas — tanto a católica romana como as ortodoxas orientais e as protestantes — aceitam as decisões doutrinais dos primeiros concílios ecumênicos (em alguns casos os primeiros quatro e em outros os primeiros sete) como matéria de dogma, enquanto que o catolicismo romano dá essa autoridade a toda uma série de doutrinas e decisões de concílios e papas posteriores. Por isso, o termo "dogma" tem conotações autoritárias que muitos protestantes modernos não gostam e, portanto preferem referir-se às "doutrinas oficiais" da igreja antes que a seus "dogmas".

Ainda que tais "doutrinas oficiais" ou "dogmas" da igreja não sejam tomadas facilmente, tampouco devem ser consideradas descrições detalhadas da verdade que se esconde atrás delas. A doutrina da Trindade*, por exemplo, não é uma descrição do ser interno de Deus. É antes, uma série de fronteiras ou bordas que ajuda os crentes a evitarem uma série de perigos ao pensar ou falar sobre Deus — perigos como o triteísmo, o subordinacionismo*, o arianismo*, o modalismo* etc.

DUALISMO. A noção de que há duas fontes do ser. Nos casos mais extremos, o dualismo vê esses dois princípios como eternamente opostos entre si. A expressão clássica de tal dualismo é o maniqueísmo*, segundo o qual a luz e as trevas têm coexistido eternamente, e nenhuma delas pode destruir a outra. Segundo tal sistema, nosso mundo presente é uma mistura desses dois princípios, e a luta pela salvação é o processo pelo qual estão sendo separados, até que cada um deles seja confinado ao próprio espaço.

Uma forma mais moderna de dualismo vê Deus como Criador do mundo, mas a partir de uma "matéria informe", o caos preexistente independentemente de Deus. Foi contra tal dualismo, proposto por alguns durante a reintrodução do aristotelismo* nos séculos XII e XIII, que a doutrina da criação* *ex nihilo* veio a ser dogma da igreja.

Uma terceira forma de dualismo, proposta por muitos gnósticos no século II, começa com um só princípio, mas afirma que então o erro ou o mal de alguma maneira entraram na equação, e que o resultado de tal erro ou mal é o presente mundo material. Isso resulta em uma visão dualista do mundo segundo a qual o espiritual é bom e o material é mau.

O cristianismo ortodoxo tem tido de tratar com cuidado esse tema, insistindo que tudo quanto existe — inclusive Satanás e todos os demônios — são criações de Deus e, portanto, originalmente bons, mas afirmando ao mesmo tempo que a luta contra tais poderes do mal é real (Satanás*; Mal*).

E

EBIONISMO. Movimento que surgiu no começo do cristianismo entre cristãos e judeus, e do qual se sabe unicamente por intermédio daqueles que escreveram contra ele. Portanto, seus ensinamentos não estão totalmente claros. O nome do movimento é derivado do termo hebraico para "os pobres", aparentemente os ebionitas levavam uma vida simples. Foram criticados, sobretudo por causa de sua cristologia*, visto que aparentemente sustentavam que Jesus foi um grande profeta — o maior de todos os profetas, porém, não era mais do que profeta — cuja fidelidade fez que Deus o adotasse como Filho (Adocionismo*). Mais tarde, o termo "ebionita" foi usado para se referir a qualquer cristologia "baixa", ou seja, que não declare que Jesus é plenamente divino.

ECLESIOLOGIA. Aquela parte da teologia que se refere à igreja e sua natureza (em alguns círculos, usa-se o mesmo termo para se referir à arte de desenhar e decorar igrejas). A palavra "eclesiologia" deriva do grego *ekklesia* e de sua transliteração latina, *ecclesia*. O termo grego originalmente se referia a qualquer assembleia que fosse convocada — por exemplo, a assembleia dos cidadãos atenienses — mas em círculos cristãos começou a ser utilizada unicamente para o corpo dos crentes.

No Novo Testamento não existe uma eclesiologia como tal. Mas se utilizam muitas imagens para descrever a igreja, e cada uma delas sublinha um ou vários aspectos da realidade eclesiástica — corpo de Cristo, esposa de Cristo, povo de Deus, arca da salvação, edifício de Deus, sacerdócio real, vinha do Senhor etc. Todas essas são referências, assim como o testemunho do Novo Testamento, que indicam que a igreja é elemento fundamental do evangelho cristão, cuja proclamação fica incompleta se não convida as pessoas a se unirem ao corpo de crentes. Durante a era patrística, as muitas controvérsias teológicas, e particularmente a necessidade de responder aos desafios do gnosticismo* e do marcionismo* levaram a uma ênfase crescente sobre a autoridade da igreja. Dali surgiu a doutrina da sucessão* apostólica, e a ênfase sobre a apostolicidade*, unidade* e catolicidade* como sinais ou marcas da igreja. Assim, no século III, Cipriano declarou que não há salvação fora da igreja, e que não é possível ter Deus por Pai sem ter a igreja por mãe — afirmações que tanto Lutero como Calvino mais tarde citaram e aprovaram. Naquela época, já havia debates entre os cristãos sobre a pureza da igreja, e esses debates se tornaram mais agressivos no século IV (Novacianismo*; Donatismo*). Como resultado deles, a santidade* também ficou definida e declarada como um dos sinais da igreja. Depois enquanto o credo original de Niceia afirmava simplesmente a fé "no Espírito Santo", ao texto que foi emendado em Constantinopla no ano de 381 acrescenta-se "e a igreja una, santa, católica e apostólica".

Um dos temas constantes na eclesiologia tem sido a relação entre a igreja como corpo de crentes em um lugar particular — como no caso da "igreja de Laodiceia" ou a "Primeira Igreja Metodista" — a igreja como corpo nacional ou internacional — como a "Igreja da Inglaterra" ou a "Igreja Presbiteriana" — e a igreja como corpo de todos os crentes — a "una, santa, católica e apostólica". Fica claro que a igreja una, santa, católica e apostólica existe na terra somente em sua encarnação em congregações locais, em organizações eclesiásticas, denominações etc. Mas somente algumas denominações mais dogmáticas e exclusivistas pretendem que elas, e somente elas, sejam a Igreja de Jesus Cristo. Como então, relacionam-se esses diversos "níveis" ou encarnações da igreja entre si e com o corpo de Cristo, que obviamente é um só?

Uma opinião que tem sido bastante comum desde os tempos de Agostinho (354-430), e que serve de resposta parcial a essa última pergunta, é a distinção entre a igreja visível e a invisível. Nessa distinção, a igreja invisível, que segundo a maioria dos teólogos somente Deus conhece, é a companhia de todos os que devem ser salvos. A igreja visível é a comunidade terrena na qual os membros da igreja invisível são convocados pelo Espírito Santo, mas na qual o trigo e o joio permanecem misturados. No caso do próprio Agostinho, essa distinção não pretendia diminuir a importância da igreja e de suas estruturas, mas ao contrário: o que se pretendia era sustentar a autoridade e importância da igreja visível ainda em meio a suas imperfeições. Mas posteriormente outros utilizaram a mesma distinção para declarar que a igreja visível tem pouca ou nenhuma importância, que é possível abandoná-la sem temor algum, visto que no final das contas eles são membros da igreja invisível.

Outro ponto de desacordo em questões eclesiológicas tem sido a relação entre a natureza da igreja e seu governo. Desde muito cedo, houve na igreja dirigentes que recebiam os títulos de bispos, presbíteros ou anciões (sacerdócio*) e diáconos. Mesmo que durante algum tempo um presbítero fosse o mesmo que um bispo, no século II já existia a hierarquia tripartida de bispos, presbíteros e diáconos. Porém, isso não que dizer que a igreja fosse uma hierarquia, mas simplesmente que tinha um sistema de governo hierárquico. Durante a Idade Média uma visão altamente hierárquica de toda a criação levou, também, a uma visão hierárquica da igreja, de tal modo que a própria igreja consistia em uma hierarquia. Como em qualquer hierarquia, os membros inferiores derivam sua autoridade e até sua existência dos superiores. Isso levou a tal ponto que era comum falar da "igreja" como o clero, e particularmente os altos níveis do mesmo, como se os leigos não fossem a igreja. No século XX, esses extremos foram moderados pelo Segundo Concílio Vaticano ao se referir à igreja como o povo peregrino de Deus e ao afirmar o sacerdócio* de todos os crentes. Em contraste com tal visão hierárquica da igreja, outros afirmaram que a igreja é o corpo dos crentes, e que é nele que a autoridade reside. Tal foi a postura do conciliarismo* do final do medievo, e tem sido a posição que prevalece em muitas igrejas protestantes, onde se afirma que em última instância, a autoridade reside nos crentes. No século XVI, os reformadores — particularmente Lutero e Calvino — insistiram que o que constitui a igreja não é nem a sua hierarquia nem seus membros, mas a Palavra* de Deus, com isso queriam dizer a palavra pregada do púlpito e demonstrada nos sacramentos*. Por isso a afirmação de Calvino que "em toda parte vemos a Palavra puramente pregada e ouvida, e os sacramentos administrados segundo a instituição de Cristo, ali, sem dúvida alguma, existe uma igreja de Deus".

ECUMENISMO: Termo que se deriva do grego *oikoumene*, "toda terra habitada". Logo, originalmente o "ecumenismo" era simplesmente o "universal". É nesse sentido que se fala dos grandes concílios da igreja durante os primeiros séculos, como o de Niceia no ano de 325, como "concílios ecumênicos".

Há um desacordo entre as igrejas orientais e a de Roma em torno de quantos concílios foram verdadeiramente ecumênicos: o Oriente aceita unicamente os sete primeiros, terminando com o segundo Concílio de Niceia no ano de 787, e a Igreja Católica Romana aceita vinte, até chegar ao Segundo Concílio do Vaticano.

Contudo, recentemente os termos "ecumenismo" e "ecumênico" têm sido associados mais diretamente com a tentativa de estabelecer relações mais estreitas, e talvez até a unidade, entre as diversas igrejas em todo o mundo. Esse movimento ecumênico moderno tem várias raízes; uma delas encontra-se no que antes foi chamado de "campo missionário", onde os missionários logo descobriram que as diferenças, divisões e competição entre as diversas denominações eram um obstáculo à evangelização do mundo. Por isso, no começo de século XIX, Guilherme Carey propunha que acontecesse uma grande conferência missionária internacional que deveria reunir-se em Capetown em 1810, com a finalidade de colaboração entre as diversas empresas missionárias protestantes.

Outras raízes do movimento ecumênico moderno são: o estudo renovado da Bíblia, que criou pontes entre os estudiosos procedentes das diversas tradições; a necessidade de responder a desafios como o totalitarismo, o secularismo e a fome mundial; e as comunicações mais rápidas, a partir do século XX, que facilitaram o contato e o diálogo entre as pessoas em partes diferentes do mundo.

Esse movimento ecumênico moderno, que se originou entre protestantes e logo envolveu várias igrejas orientais, desenvolveu-se originalmente seguindo três linhas de interesse: "fé e ordem", "vida e obra" e o empreendimento missionário. O primeiro desses movimentos buscava aproximar as igrejas entre si naquelas questões que têm a ver com a doutrina e a forma de governo. O segundo fomentava a colaboração em assuntos práticos, projetos de caridade, e outras coisas semelhantes. Esses dois movimentos posteriormente cristalizaram no Conselho Mundial de Igrejas, que se organizou em uma assembleia mundial em Amsterdã em 1948. Os interesses missionários levaram à Conferência Missionária Mundial, que se reuniu em Edimburgo em 1910 — exatamente cem anos depois da conferência que Carey havia projetado — e cristalizaram no Conselho

Internacional Missionário, organizado em 1921. O último organismo se uniu ao Conselho Mundial de Igrejas na assembleia de Nova Deli, em 1961, e veio a ser então a Comissão de Missão Mundial e o Evangelismo do Conselho Mundial.

Entre os protestantes de tendências mais conservadoras, houve muitos que questionaram as decisões, estruturas e teologia do Conselho Mundial de Igrejas e dos corpos que se relacionavam com ele. Para muitos o próprio termo "ecumênico" tornou-se anátema, pois era visto como a disposição a abandonar alguns pontos fundamentais de doutrina a favor da unidade. Contudo, mesmo entre esses grupos, houve uma tendência a uma maior unidade e colaboração. O resultado disso foi o "Movimento de Lausane" — o Comitê de Lausane para a Evangelização Mundial" — que se iniciou em 1974, no Congresso sobre a Evangelização Mundial.

Nesse meio tempo, em 1962-65, o Segundo Concílio do Vaticano da Igreja Católica Romana reuniu-se. Ao convocar esse concílio, o papa João XXIII declarou que seria ecumênico". Conforme o projeto foi evoluindo, ficou evidente que se esperava que esse concílio tivesse dimensões ecumênicas tanto no sentido tradicional como no mais moderno. No sentido tradicional, seria o vigésimo na série de concílios que a Igreja de Roma considerava ecumênico ou universal. No sentido moderno, o concílio incluía a presença de representantes das igrejas orientais e protestantes, mesmo que somente como observadores, e não como participantes. Ao mesmo tempo, em parte, graças a abertura de João XXIII, a Igreja Católica Romana envolveu-se mais no movimento ecumênico moderno, e desenvolveu colaboração e vínculos mais estreitos com o Conselho Mundial de Igrejas e vários corpos semelhantes, em diversas partes do mundo.

Por último, conforme o diálogo inter-religioso se tornou cada vez mais ativo até o final do século XX e começo do XXI, alguns começaram a se referir a esse diálogo como uma nova forma de "ecumenismo". Contudo, isso não deve ser confundido com o movimento ecumênico moderno.

ELEIÇÃO. A ação ou decreto pelo qual Deus predestina alguns para a salvação. (Predestinação*).

EMANAÇÃO. Um modo particular de entender a relação entre o Uno (Deus) e "os muitos" — o mundo. Segundo essa ideia, sustentada por muitos gnósticos e neoplatônicos, o Uno irradia sua própria substância, de maneira semelhante a uma série de círculos concêntricos em um reservatório, ou da mesma forma que o fogo irradia o calor. Quanto mais próximo algum ser se encontre do Uno, melhor será. Assim, por exemplo, o intelecto é melhor do que a matéria, e a matéria formada é melhor que a diversidade caótica. A maioria dos teólogos cristãos rechaça essa opinião, insistindo que há uma diferença ontológica entre Deus e a criação, e que a última não é simplesmente um nível inferior do divino. Um modo de expressar isso é dizer que segundo a teoria da emanação o mundo é produto da essência de Deus, da qual participa; enquanto que na doutrina da criação* o mundo é resultado da vontade de Deus.

Mesmo que a teoria da emanação tenha, geralmente, sido rechaçada pelos teólogos cristãos, causou impacto em boa parte da teologia medieval que tendia a ver toda a criação como uma ordem hierárquica (Hierarquia*), segundo cada ser estivesse mais próximo ou mais distante do divino. Essa visão ajudou, também, Agostinho (354-430) a desenvolver sua teoria do mal*, que segundo ele não é uma substância, senão um afastar-se do Uno e se mover para a multiplicidade.

EMPIRISMO. Teoria do conhecimento (Epistemologia*) que sustenta que todo conhecimento é derivado da experiência, seja da experiência dos sentidos, ou da experiência interior, e que, portanto se opõe ao idealismo.

O empirismo floresceu principalmente na Grã-Bretanha nos séculos XVII e XVIII, sob o impulso filosófico de John Locke (1632-1704). Encontrou expressão teológica no deísmo*, e finalmente chegou a um beco sem saída com a obra de David Hume (1711-1776), que arguia que ideias tão fundamentais como a da causalidade* e da substância* nunca são experimentadas e não podem ser provadas mediante a experiência. Em sentido mais popular, fala-se do "empirismo" como a atitude daqueles que dizem que somente creem no que pode ser visto ou demonstrado mediante a experimentação.

ENCARNAÇÃO. Ação de Deus de "tornar-se carne" (encarnar-se) em Jesus Cristo. A encarnação é o centro da fé cristã, e um dos pontos que a distingue das outras religiões monoteístas.

Desde muito cedo os cristãos estavam convencidos da presença especial de Deus em Jesus. Paulo refere-se a ele como o "Senhor", o termo que era utilizado na Septuaginta, a versão grega da Bíblia hebraica que Paulo cita em suas cartas, para se referir a Deus. Em Mateus, ele fala em um monte, onde estabelece os princípios de conduta de seus seguidores, da mesma maneira que Deus falou a Moisés e aos filhos de Israel no monte Sinai. João o mostra reclamando para si uma unidade única com o Pai. No começo do século II, Inácio de Antioquia refere-se à paixão de Cristo como os "sofrimentos de meu Deus". Logo, mesmo que houvesse debates com respeito ao sentido e modo da encarnação, que continuaram até hoje, a presença única de Deus em Cristo era questão, geralmente, aceita desde os primeiros tempos.

Por outro lado, o que não estava claro era o modo preciso pelo qual essa presença devia ser descrita. Em um extremo do espectro teológico havia aqueles que criam que Jesus era um profeta único, mas não mais que um ser humano a quem Deus havia inspirado como inspirou antes aos profetas, ou a quem Deus havia adotado como filho em algum momento durante sua vida — segundo alguns, no batismo, quando Deus o declarou seu Filho amado" (Ebionismo*; Adocionismo*). No outro extremo do espectro, houve quem dissesse que Jesus não era verdadeiramente humano, mas que na realidade, era um ser celestial que aparentava ter corpo (Docetismo*; Gnosticismo*; Marcionismo*). Os dois extremos foram logo rechaçados pela maioria das igrejas; dos dois, o segundo foi o mais atraente para alguns crentes e, portanto, foi uma ameaça para o cristianismo ortodoxo por mais tempo.

Entre esses dois extremos, havia toda uma variedade de opiniões quanto à presença de Deus em Jesus Cristo, todas elas concordando que Jesus é divino e humano, mas diferindo quanto a como interpretar ou se referir a esse fato. No Ocidente, Tertuliano utilizou a linguagem legal para esclarecer que em Jesus há "duas substâncias", a divina e a humana, em uma pessoa. Pelo jeito esse contexto entendia os termos "substância" e "pessoa" como era entendido pela lei romana. Nessa lei, a substância é a propriedade ou ofício que determina o caráter ou *status* de um indivíduo, e a pessoa é quem tem tal propriedade ou ofício. Mesmo que os escritos de Tertuliano sobre esse tema não fossem, geralmente, empregados no curso das controvérsias durante os séculos seguintes, é interessante notar que posteriormente a ortodoxia cristã se definiu em termos semelhantes aos de Tertuliano, afirmando que há duas "naturezas", a divina e a humana, em uma pessoa.

No Oriente, de fala grega, havia duas escolas de pensamento. Uma delas, a escola Alexandrina*, tendia a destacar a unidade entre o divino e o humano, às vezes a tal ponto que parecia que a humanidade de Jesus ficava absorvida ou oculta pela divindade. A outra, a tendência antioquena*, tomava o caminho oposto, insistindo na necessidade de afirmar a plena humanidade de Jesus, mesmo que isso precisasse limitar sua divindade, ou limitar a união entre as duas naturezas, para assegurar-se de que a divindade não ocultaria a plena humanidade de Jesus. Os historiadores referem-se frequentemente a essas duas tendências como uma cristologia* "unitiva", e a segunda como "disjuntiva".

A cristologia unitiva dos alexandrinos desde cedo encontrou expressão no que os historiadores chamam de cristologia do "logos-sarx" (ou seja, logos carne), que afirma que o que Deus assumiu em Jesus, antes de ser um corpo humano completo, foi o corpo ou carne humana. Essa foi a postura dos apolinaristas, que sustentavam que Jesus o Logos* ou Palavra de Deus tomou um corpo humano, de tal modo que em Jesus não "há alma racional" humana, visto que o lugar de tal alma é ocupado pelo Logos. Essa postura logo foi declarada inaceitável, porque negava a plena humanidade de Jesus.

A teologia disjuntiva dos antioquenos veio a ser o centro do debate quando Nestório (Nestorianismo*) propôs referir-se a Jesus como "duas naturezas" em "duas pessoas", ambas unidas no que ele chamava de "uma união moral", de tal modo que fosse possível falar de algumas coisas que Jesus fez como humano, e outras que fez como Deus. Assim, por exemplo, Jesus nasceu de Maria, mas Deus não. É por isso que o termo *Theotokos** tornou-se o centro da controvérsia. Essa posição foi rechaçada pela Igreja no Concílio de Éfeso em 431.

Frente a Nestório, Cirilo de Alexandria († 444) insistia na necessidade de entender a união de tal maneira que tudo o que se diga de Jesus se diga tanto de sua humanidade como de sua divindade, visto que o sujeito de toda pregação não é a divindade nem a humanidade, mas a pessoa única do Deus encarnado (*communicatio * idiomatum*). Por isso Cirilo falava sobre uma "união hipostática", com a qual queria dizer que em Jesus as duas naturezas, divina e humana, existem em uma só hipóstase*, uma pessoa, a segunda pessoa da Trindade*. Outros teólogos da escola alexandrina iam mais longe, declarando que uma vez que a união tem lugar já não é possível falar de uma natureza humana de Cristo, mas somente da natureza divina que tem absorvido a humanidade. Eles receberam o nome de monofisistas, ou seja, sustentadores de uma natureza, e seus ensinamentos foram rechaçados pela igreja, dessa vez no Concílio de Calcedônia, que no ano 451 declarou que em Cristo há duas naturezas em uma só pessoa ou hipóstase.

Como resultado dessas controvérsias surgiram as primeiras divisões permanentes na igreja, de tal modo que até o dia de hoje há alguns cristãos, principalmente nos antigos territórios do antigo Império Persa, que se declararam seguidores das doutrinas de Nestório, e outros, no Egito, Etiópia, Síria e até na Índia que se dizem "monofisistas" — mesmo que muitos sustentem que a diferença se tornou puramente verbal e tradicional.

Ainda, então, a controvérsia não terminou. Frequentemente complicada por considerações de índole política, continuou em torno a novas formulações como o monergismo* e o monotelismo*. De fato, através de toda a História os teólogos que aceitam as decisões de Calcedônia tendem a diferir inclinando-se em uma direção ou outra. Assim se diz, por exemplo, que no tempo de Lutero se inclinava mais para uma cristologia unitiva. Calvino tende a uma teologia disjuntiva.

Recentemente, o liberalismo* ressuscitou a ideia de que Jesus foi um mestre excepcional, homem santo, ou profeta, mas não Deus encarnado. Mesmo que tal opinião sobre Jesus tenha se tornado comum na sociedade secular, vale a pena considerar o comentário de Bonhoeffer (1906-45) no sentido de que tais opiniões, mesmo que pareçam mais razoáveis que a doutrina tradicional da encarnação, na realidade fazem de Jesus uma espécie de fenômeno sobre-humano e, portanto não são mais críveis que o antigo docetismo.

As diversas opiniões sobre o modo da encarnação se relacionam estreitamente com diversas opiniões a respeito de seu propósito. Em geral, todos afirmam que o propósito da encarnação foi nossa salvação; mas ainda com respeito a isso há diversas opiniões (Expiação*). No Ocidente, a interpretação mais comum da expiação é que Jesus veio pagar pelos pecados humanos na cruz. Em seu ensaio clássico sobre esse tema, Anselmo de Canterbury (1033-1109) sustenta que isso requer que Jesus seja humano, visto que era a humanidade que havia pecado, e que seja divino, visto que o que se requer é um pagamento infinito. Essas opiniões veem menos importância salvífica na própria encarnação, que ficou quase reduzida a um modo de chegar à cruz. Se, por outro lado, o que os humanos necessitam não é alguém que pague por seu pecado, mas alguém que mostre o caminho até Deus, então a humanidade de Jesus se torna um mero instrumento mediante o qual a divindade nos fala, e isso é perfeitamente compatível com a cristologia do tipo alexandrino. Se o propósito da intervenção é abrir o caminho para que os cristãos possam unir-se a Deus (Teopoiesis*), elevar a humanidade à comunhão com Deus, então se torna de suprema importância que Jesus seja plenamente humano, como insistiam os antioquenos, e a própria encarnação se torna um ato redentor do qual a cruz é somente um aspecto.

Além disso, através dos séculos houve teólogos (entre eles Irineu, no século II, Alexandre de Hales no XIII e Teilhard de Chardin, no século XX) que viram a encarnação, não, principalmente, como a resposta e resolução de Deus ao pecado humano, mas como o próprio propósito de Deus ao criar a humanidade. Nesse caso a cristologia não começa, como faz a maior parte da cristologia tradicional, com o contraste ou distância entre a humanidade e a divindade, mas como uma compatibilidade entre ambas.

ENCULTURAÇÃO. Termo que se tornou comum na teoria missiológica durante a segunda metade do século XX, para referir-se aos processos mediante os quais o cristão lança raízes em uma nova cultura*. Frequentemente contrastado com a aculturação* e com a acomodação*, é o método segundo o qual os missionários adaptam sua pregação, ensinamentos e práticas a diversas culturas; porque a enculturação mais que um método missionário é o resultado da prática atual da vida cristã dentro de uma cultura. Em outras palavras, os agentes da enculturação não são missionários ou outras pessoas fora da cultura em busca de "pontos de contato" com essa cultura, mas sim cristãos dentro da própria cultura que, muitas vezes inconscientemente, interpretam e vivem o evangelho segundo as tradições e padrões da própria cultura. Quanto ao conteúdo, a enculturação é muito mais ampla que a aculturação, visto que a última se refere à cultura receptora somente em relação àqueles pontos nos quais é possível construir uma ponte, enquanto que na enculturação aqueles que são partes da nova cultura devem tratar com ela toda conforme ela se relaciona com o cristianismo. Alguns missiólogos usam o modelo da encarnação* como paradigma para a enculturação, sustentando que o único modo de conhecer a fé cristã é por meio de sua encarnação em uma cultura e, que toda tentativa de separar as doutrinas eternas e imutáveis da cultura na qual existem fracassará — da mesma forma que a ortodoxia cristológica sempre sustentou que a divindade de Cristo não pode ser separada de sua humanidade. Na enculturação, não só se cristaliza a cultura, mas também se "culturaliza" o evangelho — interpretado e vivido de uma maneira específica nessa cultura particular. Isso quer dizer que o processo missionário, além de uma expansão geográfica, é a constante reinvenção do cristianismo.

ENHIPÓSTASIS. A teoria cristológica* proposta por Leôncio de Bizâncio (século VI) para defender a postura ortodoxa, segundo a qual é possível que duas naturezas se unam em uma só hipóstase* e continue sendo diferente. Assim, por exemplo, a alma e o corpo se unem na *hipóstasis* de um só ser humano, mas cada um deles pode existir separadamente. Quando estão unidos, subsistem em uma só hipóstasis, a do ser humano. Quando separados cada qual tem a própria *hipóstasis*. No caso do Salvador, sua natureza humana subsiste na *hipóstasis* da divina, mesmo que normalmente uma natureza humana possa subsistir por si própria, em sua própria *hipóstasis*. É por isso que esse modo de entender a união de Jesus se chama "união enhipostática".

ENTUSIASMO. Termo que originalmente significava ser possuído por Deus ou pelos deuses, e que, de modo geral, teve conotações positivas na teologia cristã até o século XVII, quando foi empregado para referir-se a quem pretendia ter uma comunicação privada com Deus, e com base em tal comunicação diziam haver recebido instruções especiais para si ou para os outros. João Wesley (1703-91) foi acusado repetidamente de "entusiasta" — acusação que rechaçou constante e repetidamente.

EPICLESE. A oração eucarística na qual a presença do Espírito Santo é invocada, geralmente para consagrar o pão e o vinho, mas também em certas ocasiões sobre todo o povo, de modo que possa receber o Espírito da mesma maneira que recebem os elementos. A epiclese sempre foi um elemento importante em todas as liturgias orientais. No Ocidente, caiu em desuso durante a Idade Média, mas foi introduzida recentemente tanto por protestantes como por católicos romanos. Tradicionalmente, tem havido um desacordo entre as igrejas orientais e o catolicismo romano, visto que o último considera que a consagração dos elementos eucarísticos acontece quando o sacerdote pronuncia as palavras de instituição, as igrejas orientais sustentam que a consagração acontece com a vinda do Espírito Santo na epiclese.

EPISCOPAL. O que se refere ao bispo — em latim *episcopus* — ou os bispos. É também parte do nome oficial da igreja que representa a Comunhão Anglicana nos Estados Unidos e em outros países, chamada Igreja Episcopal.

EPISTEMOLOGIA. O ramo da filosofia que se ocupa da teoria do conhecimento. Desde os tempos antigos, já havia desacordos entre os filósofos gregos quanto a como é que a mente humana adquire conhecimento. Platão (Platonismo*) sustentava que, visto que tudo quanto os sentidos percebem é passageiro e que, portanto, não é real no sentido último, os sentidos não podem ser a fonte do verdadeiro conhecimento. Por isso sugeriu a preexistência das almas, sustentando que foi nessa existência prévia que as almas tiveram oportunidade de conhecer as ideias eternas, e que todo conhecimento verdadeiro na existência presente é recordação desse conhecimento passado. Isso implica que a função do mestre não é plantar novos conhecimentos na mente do estudante, mas sim fazer surgir o conhecimento que já se encontra ali, de maneira semelhante a como uma parteira ajuda uma mãe a ter seu filho. Frente a Platão, seu discípulo, Aristóteles propunha uma teoria segundo a qual o conhecimento começa com os dados dos sentidos, dos quais então a mente destila a essência comum que se encontra atrás dos seres da mesma espécie.

Na teologia cristã inicial, essas duas opiniões lutaram pela supremacia. Em geral, a escola alexandrina* preferia a opção de Platão, e a antioquena* se inclinava para Aristóteles. Mais tarde, contudo, o platonisma saiu vencedor, e durante séculos a maioria dos teólogos cristãos era platônico no que se referia às questões epistemológicas.

Isso requereu certos ajustes, visto que desde o começo os teólogos cristãos rechaçaram a noção de preexistência das almas. Assim surgiu a teoria da iluminação*, proposta por Agostinho e outros, segundo a qual, visto que os sentidos não podem ser a origem do verdadeiro conhecimento, esse conhecimento chega ao intelecto mediante uma iluminação direta por parte do Verbo ou Logos* eterno de Deus.

Não foi senão no século XIII, com a reintrodução da filosofia aristotélica na Europa Ocidental, que os teólogos medievais começaram a considerar novamente a possibilidade de que os sentidos tivessem uma função básica no conhecimento da verdade. Essa foi uma das principais contribuições de Tomás de Aquino (Tomismo*) e em certo modo se encontra na raiz da ciência, a experimentação e a tecnologia ocidental.

Essa ênfase nos sentidos e sua experiência chegou a seu ponto culminante no empirismo britânico dos séculos XVII e XVIII, segundo o qual todo conhecimento vem dos sentidos — seja dos cinco sentidos externos, ou do sentido da experiência interna — e mais tarde levou ao deísmo*. Nesse meio tempo, no continente europeu, Descartes (1596-1650) e seus seguidores (Cartesianismo*) propunham um regresso a uma epistemologia que não se fundamentasse na percepção sensorial. Posteriormente, primeiro na obra de David Hume (1711-76), definitivamente na filosofia de Immanuel Kant (1724-1804), tanto o empirismo britânico como o idealismo* cartesiano foram substituídos pela consciência de que as estruturas da mente têm um lugar importante no que nos é possível conhecer e como podemos conhecê-lo, visto que o conhecimento não é um mero processo de introduzir ideias na mente, mas é um processo ativo no qual os dados que os sentidos nos dão se organizam segundo a capacidade e estruturas da mente.

ERASTIANISMO. Doutrina tradicionalmente atribuída a Tomás Erasto (1524-83), professor de medicina de origem suíça que ensinou na Universidade de Heidelberg, e defendeu o poder da autoridade civil em assuntos eclesiásticos. Em um tratado sobre a excomunhão publicado postumamente, Erasto argumentava que a igreja não tem poder de excomunhão, e que o castigo dos pecadores deveria ficar nas mãos do Estado. Com base nesse tratado, toda opinião segundo a qual o Estado se encontra acima da igreja, mesmo que em assuntos de disciplina e ordem eclesiásticas, recebe o nome de "erastianismo".

ESCATOLOGIA. A doutrina das "últimas coisas" — do grego *eschata*, últimas coisas, e *logos*, tratado, doutrina ou palavra. Frequentemente a escatologia se ocupa de temas como a parúsia de Jesus, o juízo* final, a vida eterna*, o milênio, arrebatamento, a ressurreição* dos mortos etc. Visto que muitas especulações vãs têm sido dedicadas à tarefa de determinar a ordem de tais acontecimentos (Dispensacionalismo*, Milenarismo*), e tudo isso tem sido empregado como meio de atemorizar as pessoas para que aceitem a fé, a escatologia tem sido frequentemente postergada por teólogos que pensam que tais assuntos devem ficar nas mãos de Deus. Alguns chegaram à conclusão de que a escatologia não é senão uma metáfora para se referir ao encontro do indivíduo com Deus, seja nesta vida ou na vindoura.

Contudo, há outro sentido no qual a escatologia é de importância fundamental para a teologia cristã. Nesse sentido, a escatologia, em lugar de ser questão de medo, é o fundamento da esperança e o gozo dos cristãos. A escatologia é a expectativa e a segurança de que posteriormente Deus e o amor de Deus prevalecerão. Nesse sentido, a escatologia, em lugar de ser um apêndice ao restante da teologia, torna-se um dos pilares sobre os quais há de se construir a teologia (Esperança*, teologia da). Sem uma expectativa do fim, toda a História e toda a vida parecem perder o sentido e a esperança.

Por outro lado, muitas das especulações tradicionais sobre o fim dos tempos se esquecem de que segundo o testemunho do Novo Testamento em certo sentido o fim já chegou. Na encarnação e ressurreição de Jesus Cristo, o fim da História já foi introduzido nela. Repetidamente, o Novo Testamento se refere aos acontecimentos da vida, morte e ressurreição de Jesus, e a dádiva do Espírito em Pentecostes como "os últimos dias". Por isso muitos teólogos sugerem que se deva falar sobre a escatologia cristã em termos paradoxais afirmando tanto o "já" como o "ainda não". Jesus veio; contudo, Jesus há de voltar. O Reino de Deus já está entre nós e, contudo, oramos diariamente por sua vinda.

Por último, é importante assinalar que a expectativa escatológica genuína tem consequências para a vida presente, que verdadeiramente espera certo resultado no final de suas vidas e da História que há de vir segundo essa esperança. Aquele que verdadeiramente espera que sua oração seja respondida, "Venha a nós o teu reino", viverá como quem verdadeiramente espera a vinda do Reino. Portanto, a expectativa escatológica tem uma dimensão ética importante que com frequência é esquecida.

ESCOLASTICISMO. O método e tradição teológica que surgiu nas escolas medievais, particularmente nas universidades, a partir do século XII, mas alcançou seu ponto culminante nos séculos XIII e XIV. O próprio nome "escolasticismo" foi dado posteriormente por humanistas que pensavam que essa classe de teologia era pura teologia sem pertinência alguma, que devia ser relegado às escolas — da mesma forma que pensavam que todo período entre a antiguidade e eles não tinha importância, e por isso lhe deram o nome de "Idade Média".

O escolasticismo surgiu em um momento em que as cidades começavam a crescer, após um longo declive durante os primeiros séculos da Idade Média. Como resultado disso, as antigas escolas monásticas foram ocultadas pelas escolas catedráticas, e posteriormente pelas universidades que surgiram delas. Por isso, os dois principais precursores do escolasticismo, Pedro Abelardo (1079-1142) e Pedro Lombardo (-1160), ensinaram em relação à Catedral de Paris, enquanto que Tomás de Aquino (c. 1225-1274), que é considerado o ponto máximo do escolasticismo, ensinou na Universidade de Paris.

Como a maioria da teologia anterior, o escolasticismo fundamentava seu trabalho sobre a autoridade dos textos escritos, aos quais se aplicava então a razão*, particularmente a lógica aristotélica. Esses textos escritos eram antes de tudo a Bíblia, mas também os escritos dos "Pais" da igreja (Patrística*), e os filósofos — especialmente, após sua re introdução na Europa Ocidental, Aristóteles. O livro de textos fundamental para os teólogos eclesiásticos foi as *Sentencias* de Pedro Lombardo, que era uma recompilação ordenada de textos sobre cada um dos principais temas da teologia.

Contudo, tais textos nem sempre estavam de acordo. Pedro Abelardo havia mostrado isso em seu livro *Sic et non* (Sim e não) no qual apresentava 158 perguntas e depois uma série de citações de diversas autoridades que pareciam responder contradizendo-se mutuamente. Tudo indica que o propósito de Abelardo não era questionar a autoridade de tais textos, mas assinalar a necessidade de interpretá-los cuidadosamente. Em todo caso não foi bem recebido, e foi uma das principais razões daquilo que Abelardo chamou de suas "calamidades".

Os escolásticos aceitaram o desafio de Abelardo. Isso se converteu no método típico do escolasticismo, que consiste em apresentar uma pergunta, depois apresentar uma série de argumentos e citações que parecem inclinar-se em um sentido, e outra série no sentido oposto, então oferece uma série de respostas ou soluções, e tudo termina respondendo as objeções que aparecem nos argumentos e citações que parecem provar a solução contrária. Isso era feito frequentemente no exercício chamado *quaestiones disputatae*, nas quais geralmente o mestre apresentava uma questão, os alunos mais adiantados ofereciam argumentos nas duas direções, e depois o mestre apresentava sua solução e sua resposta ao que pareciam objeções. Frequentemente tais exercícios eram seguidos pelas *Sentencias* de Pedro Lombardo, e, portanto, a lista de obras da maioria dos mestres escolásticos inclui um *Comentário a las sentencias*. Ou em outros casos o mestre desenvolvia sua própria perspectiva teológica, também seguindo o método escolástico. O resultado disso foi as grandes "sumas" da Idade Média, das quais a mais famosa e influente é a *Suma teológica* de Tomás de Aquino.

No século XIV, ainda mais no XV, o escolasticismo moveu-se para a discussão de distinções cada vez mais sutis, com o que se separou da vida dos crentes, e ganhou a zombaria dos humanistas que vieram depois e lhes deram nome.

No século XVII, surgiu entre os protestantes uma teologia que, por suas tentativas de classificar tudo e discutir tudo em uma ordem completamente lógica e com atenção minuciosa aos detalhes, assim como sua relação com as universidades e por seu uso da filosofia clássica ganhou o nome relativamente depreciativo de "escolasticismo protestante" (Ortodoxia*).

ESCRITURAS. Muitas das grandes religiões do mundo têm escritos sagrados que lhes ajudam a se definirem e a manter sua comunidade através dos séculos. Em alguns casos se pretende que tais escritos tenham vindo diretamente dos céus, ou tenham sido ditados por Deus ou por um anjo. Em outros, esses escritos normativos são simplesmente os ditos e histórias dos antigos sábios da fé.

As Escrituras cristãs incluem tanto os escritos sagrados dos hebreus, que os cristãos denominam de Antigo Testamento, como os especificamente cristãos, o Novo Testamento. Ao mesmo tempo em que tem havido um consenso geral entre os cristãos acerca de quais livros devem ser considerados escriturários, sempre houve diferenças em alguns pontos específicos.

Com respeito ao Antigo Testamento, os cristãos em geral aceitam a autoridade do cânon* judeu, com suas três divisões principais da lei, profetas e escritos. Contudo, visto que esse cânon foi estabelecido oficialmente no ano 90, depois que o cristianismo havia aparecido, não inclui alguns livros que alguns judeus haviam considerado antes como Escrituras, e que os cristãos também usavam como tais. Daí surge a diferença entre o cânon protestante do Antigo Testamento, que coincide com o cânon judeu, e o católico romano, que inclui esses livros "deuterocanônicos*", também conhecidos como apócrifos do Antigo Testamento. A Igreja Católica Romana definiu seu cânon, que já estava havia um longo tempo em uso, no ano de 1546, no Concílio de Trento (Tridentino*). As igrejas orientais em geral seguem as decisões do Sínodo de Jerusalém de 1672, que incluem no cânon do Antigo Testamento dos livros judaicos, quatro dos deuterocanônicos: Judite, Tobias, Sabedoria e Eclesiástico.

Quanto ao cânon do Novo Testamento, não há diferença entre os principais corpos cristãos. Desde muito cedo, lia-se nos cultos da igreja os evangelhos sinópticos* assim como Atos e as epístolas de Paulo. Mesmo que tenha havido alguma resistência em alguns setores até quase o final do século II, a maioria das igrejas também lia o evangelho de João. A parte posterior do cânon neotestamentário continuou sendo relativamente fluida por algum tempo, pois há listas antigas que excluem algumas das epístolas universais, e outras que incluem escritos como o *Pastor de Hermas*. Mesmo que diversos grupos heréticos tenham cada qual o próprio evangelho, nenhum deles jamais foi considerado além dos limites da heresia ou grupo em que se originou. Por algum tempo, uma porção importante da igreja na Síria utilizava o *Diatessaron*, uma compilação dos quatro evangelhos produzida no século II por Taciano.

Nos tempos da Reforma houve um grande debate sobre a autoridade da Escritura em comparação com a tradição*. Em geral os protestantes afirmavam que a igreja e suas doutrinas foram corrompidas por uma falsa tradição que havia surgido através dos séculos e que era necessário regressar à Bíblia como fonte pura da qual se extraem a doutrina e a prática corretas. Ao mesmo tempo em que havia certo acordo geral sobre esse ponto entre os protestantes, havia também uma grande diversidade de posições com respeito a quanto da tradição devia ser conservado e quando rejeitado. Alguns estavam dispostos a reter todas as práticas tradicionais que não contradissessem as Escrituras, enquanto que outros insistiam em que tudo o que não se encontra diretamente na Bíblia devia ser rejeitado. Diante de tais posturas, os católicos romanos argumentavam que, visto que foi a igreja que determinou o cânon da Escritura, a igreja e sua tradição têm autoridade acima da Bíblia e, portanto qualquer interpretação da Escritura que contradiga a tradição e sua autoridade é errônea. Com o passar do tempo, as duas posturas foram se suavizando, visto que os católicos romanos reconhecem que os séculos de tradição necessitam ser corrigidos e purificados mediante o estudo das Escrituras, e os protestantes reconhecem que as Escrituras têm sido conservadas e transmitidas através da tradição.

Quanto à autoridade das Escrituras e como essa autoridade funciona, há uma grande diversidade de opiniões. Alguns sustentam que o verdadeiro autor da Bíblia é o Espírito* Santo, que ditou ou inspirou os escritores naquilo que deveriam escrever e que, portanto, a Bíblia é infalível (Inerrância*). Outros sustentam que as Escrituras dão testemunho de uma "revelação progressiva" de Deus e que, portanto, os textos mais antigos devem ser lidos sob a correção dos mais recentes — e, na opinião de alguns, ainda sob a correção da revelação continuada de Deus após o fim do Novo Testamento. Outros sustentam que a Bíblia é o testemunho das grandes ações de Deus na salvação, e que a revelação não se encontra nas palavras das Escrituras, mas nos acontecimentos a que se referem. Outros assinalam que, segundo a própria Bíblia, Jesus Cristo é a Palavra ou Verbo de Deus e que, portanto a Bíblia é a Palavra de Deus no sentido derivado, visto que assinala a Palavra eterna, a Segunda Pessoa da Trindade.

Por último, é necessário recordar que a própria ação de ler as Escrituras é um ato de interpretação. Nenhum texto nos chega em toda sua pureza, como se fôssemos leitores passivos do que o texto disse. Lemos os textos a partir de nossa posição, dentro de nossas experiências, tradições e perspectivas. Isso faz que a disciplina hermenêutica* seja particularmente importante e, por isso boa parte dos estudos bíblicos contemporâneos se centra, não sobre debates sobre a "autoridade" da Bíblia em si, mas sobre as questões hermenêuticas.

ESPERANÇA. TEOLOGIA DA. Escola teológica relacionada estreitamente com o teólogo alemão Jurgen Moltmann (1926-) que publicou no ano de 1964 o livro *Teologia da esperança*. Teologicamente, Moltmann foi profundamente impactado por

Barth e todo o despertar da teologia neo-ortodoxa. Filosoficamente, recebeu o influxo do filósofo marxista Ernst Bloch, cujo livro *O princípio da esperança* levou Moltmann a considerar o grau em que a teologia cristã tem abandonado um tema que deveria estar em seu centro. Isso o levou a um redescobrimento da escatologia* como tema central da fé cristã, mas não da escatologia como simplesmente a "doutrina das últimas coisas", mas antes como a esperança pela qual a igreja vive. A esperança cristã é a certeza do futuro de Deus para a criação, e, portanto livra os crentes da necessidade de buscar a própria redenção e torna possível a própria entrega. Contudo, essa entrega não é o misticismo* ou o ascetismo* tradicional, pois tem dimensões políticas claras, visto que a promessa do reino se encontra no próprio coração da esperança cristã, a política e a participação nela são partes necessárias de uma fé verdadeiramente escatológica. Em um livro posterior, *O Deus crucificado*, Moltmann deixou bem claro que não se trata do triunfalismo político das cruzadas, nem da contemplação sentimentalista da cruz, de boa parte da religiosidade tradicional, mas de um verdadeiro envolvimento no mundo em que há injustiça, é nele que a morte de Jesus é resultado e sinal do poder do pecado político. A cruz indica que a participação cristã na política deve encontrar Deus naqueles lugares da História que levam ao sinal da cruz, ou seja, nos oprimidos, nos carentes e nos aflitos.

Dado sua rejeição a várias formas de opressão, baseadas em questões de gênero, raça, classe etc., a teologia da esperança influenciou muitas teologias contextuais* e de libertação*. Isso é particularmente certo da teologia latino* americana, onde o livro de Rubem Alves *Teologia da esperança humana* (1969) tem exercido importante influência.

ESPÍRITO HUMANO. Alma*.

ESPÍRITO SANTO. A Terceira Pessoa da Trindade*. No Antigo Testamento, o Espírito de Deus encontra-se presente no próprio ato da criação, também lhe é atribuído fortalecer os guerreiros, inspirar os profetas e guiar os governantes. No Novo Testamento se vê a atividade do Espírito na concepção, batismo, tentação e os milagres de Jesus. O quarto evangelho refere-se ao Espírito como o "outro Consolador, ou o Paracleto" — termo que deriva da palavra grega que se emprega aqui. Jesus promete a seus discípulos que receberiam o Espírito depois de sua partida, e isso acontece no Pentecostes. Ali, a presença do Espírito manifesta-se em línguas de fogo sobre todos os presentes e na comunicação através das barreiras do idioma. No caso de Ananias e Safira, o mentir à igreja é equivalente ao mentir ao Espírito. Um dos critérios para a eleição dos sete que administrariam a distribuição dos recursos na igreja foi a de serem "cheios do Espírito Santo e de sabedoria". Na igreja primitiva, os dons do Espírito manifestavam-se de modos diversos: falar em línguas (Glossolalia*), presidir, profetizar, ensinar, curar etc. Tudo indica que tal diversidade de dons deu ocasião a ciúmes e divisões, é para se sobrepor a tais questões que Paulo insiste em que o principal de todos os dons é o amor (1Co 13).

Apesar dessa longa tradição, os primeiros teólogos cristãos não pretenderam dizer muito sobre o Espírito. Foi na segunda metade do século IV, em meio à controvérsia ariana, que a natureza do Espírito veio a ser tema de discussão e de divisão. Os macedônios* ou pneumatomacos estavam dispostos a afirmar que o Pai e o Filho são da mesma substância, mas não a dizer o mesmo sobre o Espírito Santo. Isso produziu uma série de escritos sobre o Espírito Santo, dos quais os mais influentes foram os de Basílio de Cesarea e Ambrósio. No ano de 381, o Concílio de Constantinopla (Terceiro Concílio Ecumênico), afirmou a plena divindade do Espírito, junto ao Pai e ao Filho.

A partir de então, a próxima grande controvérsia sobre o Espírito Santo, que posteriormente levou ao cisma definitivo entre o Oriente de fala grega e o Ocidente de fala latina, estava relacionada à inserção da palavra *Filioque** no Credo Niceno. Esse acréscimo, que afirma que o Espírito procede do Pai *e do Filho,* foi rechaçado pelo Oriente, onde se sustentava que o Espírito procede do Pai *através do Filho.*

A doutrina agostiniana da graça*, que a fazia aparecer como um poder que Deus infunde ao crente, tornava difícil a distinção entre tal poder e o Espírito Santo, e o resultado disso foi que um dos temas debatidos durante a Idade Média era: se a graça é criada ou não. No caso de ser criada, a graça é divina, e isso parece querer dizer, então, que a graça não é senão outro nome para o Espírito Santo.

Nos tempos da Reforma, alguns grupos mais radicais pretendiam que, por ter o Espírito Santo, não tinham necessidade de se submeterem a nenhuma autoridade. Na maioria dos casos, isso queria dizer que eles se consideravam livres das autoridades civis e eclesiásticas, mas em outros casos implicava também que a autoridade do Espírito subverte a autoridade das Escrituras, que já não são necessárias. A insistência de João Wesley (1703-91) em que o Espírito Santo estava fazendo "uma grande obra" através de seu movimento, levou muitos de seus contemporâneos a acusá-lo de "entusiasmo*" — acusação que o próprio Wesley rebateu fervorosamente, mas que nunca pôde deixar para trás. Em todo caso, foi no começo do século XX, principalmente de raízes wesleyanas, que surgiu o pentecostalismo moderno, primeiro nos Estados Unidos e depois em todo o mundo. O enorme crescimento desse movimento tem levado a um novo interesse na doutrina do Espírito Santo, não somente por parte dos pentecostais, mas de toda a igreja.

ESSÊNCIA. O que faz que algo seja o que é, frequentemente em contraste ou em justaposição com o que faz ser uma entidade particular, sua existência (Existência*). Depois poderia dizer-se que a essência se refere ao que algo é, enquanto isso a existência se refere ao fato de que é. Acidente*; substância*; hipóstase*.

ESTADO. Nos tempos antigos, era inconcebível que um Estado não tivesse um fundamento religioso. Em alguns casos era permitido aos povos conquistados manter seus deuses, acreditando serem os mesmos deuses dos conquistadores. Em outros casos simplesmente se acrescentavam os novos deuses aos dos vencedores. Esse foi o caso do Império Romano, que geralmente tolerava e absorvia as religiões da maioria dos povos que conquistava, e então buscava promover a unidade do império estabelecendo identidade entre deuses diferentes e outros (Sincretismo*), e também mediante o culto ao imperador de Roma.

No Novo Testamento, repetidamente se considera o governo e seu poder — tanto o governo romano como seu governo títere em Jerusalém. Às vezes, implica que Deus usa tais governos para seus próprios fins, como no caso do censo promulgado por Augusto César, que levou a sagrada família a Belém. Outras vezes se recomenda a obediência e a sujeição ao governo e suas autoridades, como o faz Paulo em Romanos 13. Em outros casos, como acontece em Apocalipse, estimula-se os crentes a resistirem ao governo. Tal ambivalência é entendida se recordarmos que o Império Romano provia certa medida de ordem e segurança, e que isso era um valor positivo, mas que ao mesmo tempo esse império fazia requerimentos sobre os cristãos que eram contrários a sua fé. A ambivalência continuou através de todo o período das perseguições, visto que a maioria dos cristãos insistia na necessidade de resistir às demandas ilícitas do Estado e, contudo, continuava orando pelos imperadores e outras autoridades imperiais.

Uma vez que Constantino e a maioria de seus sucessores se declararam cristãos, e dada a tradição de que todo Estado devia ter um fundamento religioso, tornou-se inevitável que o cristianismo se tornasse a religião oficial do império. Mesmo que isso tenha levado várias décadas, já no final do século IV o cristianismo era a religião oficial, e, no melhor dos casos, qualquer que fosse a outra religião — particularmente o judaísmo — somente era tolerada.

O rápido declive do poder imperial no Ocidente, em grande medida devido às invasões germânicas, produziu um vazio de poder que foi preenchido pela hierarquia* da igreja e particularmente pelos bispos de Roma e pelos papas. Quando o império ocidental foi restaurado na pessoa de Carlo Magno, foi a igreja que o restaurou, e o papa quem coroou o imperador (800). Logo, a igreja ocidental desenvolveu uma existência e uma hierarquia independentes do governo secular, com o qual com frequência se chocou. Papas poderosos como Gregório VII (c. 1020-85) chocaram-se com imperadores sobre a questão da nomeação e investimento dos bispos; alguns imperadores intervieram nas eleições pontifícias; houve papas que declararam depostos reis e imperadores. Posteriormente surgiu a teoria segundo a qual há "duas espadas" a civil e a eclesiástica. Deus teria dado uma ao papa e a outra ao imperador. E no cume do poder papal, no século XIII, chegou a dizer-se que Deus havia proposto a igreja e o Estado como duas luzes para iluminar no céu: o Estado para iluminar os corpos como a lua na noite, e a igreja para iluminar as almas como o sol durante o dia. Contudo, assim como a lua deriva a sua luz do sol, assim também em última instância a autoridade do Estado se deriva da igreja. Até o final da Idade Média, quando muitos buscavam reformar a igreja e o papado resistia a tais reformas, houve fortes críticas contra o papado e essas ideias excessivas de sua autoridade, a ponto de que alguns teólogos chegassem a dizer que a ordem devia ser invertida, de tal modo que a "espada secular" estivesse sobre a religiosa.

Nesse meio tempo, no Oriente, o Império Bizantino durou mil anos a mais que o ocidental e, portanto, a hierarquia eclesiástica ficou quase sempre sob o controle da autoridade imperial.

A Reforma não pôs fim imediato a essa classe de relação entre a igreja e o Estado, que existia por mais de mil anos. Alguns dos reformadores mais radicais propuseram a separação entre a igreja e o Estado. Mas muitos, quando tiveram a oportunidade, criaram as próprias teocracias efêmeras. Entre os principais reformadores, Lutero cria que Deus havia estabelecido "dois reinos", a ordem civil e a eclesiástica, e relacionava esses dois reinos com a Lei* e o Evangelho*. Assim como a lei é válida para todos, assim também todos estão sujeitos ao reino terreno. Os crentes, que têm sido justificados pela graça, são súditos do reino espiritual. Visto que com tudo isso, ainda continuam sendo pecadores (*Simul justus et peccator*), isso não os exime de suas obrigações civis. Por sua parte, Calvino desenvolveu suas opiniões sobre o Estado no contexto de suas relações com o Conselho da cidade de Genebra. Tais relações nem sempre foram cordiais e, portanto, não é correto dizer que Calvino estabeleceu uma teocracia. O que Calvino cria é que o Estado é necessário, não só para deter o mal ou para limitar as consequências do pecado, mas como instituição criada e desejada por Deus. Em si mesma, a existência do Estado e do governo é boa. Mas isso também coloca o governo sob a obrigação de se submeter à Lei* de Deus — e foi por isso que Calvino chocou-se repetidamente com o governo de Genebra. Levado por tais princípios, os calvinistas posteriores frequentemente se sentiam no direito e na obrigação de requerer justiça e retidão por parte de seus governos, e por isso não há de surpreender-nos que o calvinismo* tenha resultado em várias rebeliões e revoluções — por exemplo, a dos holandeses contra os espanhóis, a dos presbiterianos da Escócia, a dos puritanos da Inglaterra contra a coroa, e a dos colonos norte-americanos contra a Inglaterra. O impacto do calvinismo também pode ser visto na constituição norte-americana, cujo sistema no qual cada ramo do governo limita os poderes dos demais se baseia sobre a noção calvinista de que todos foram corrompidos pelo pecado (Depravação* total), e que, portanto, qualquer ramo do governo que tenha poder demais necessariamente fará mau uso dele.

A atual presença de grandes minorias cristãs em países tradicionalmente não-cristãos, assim como o crescente secularismo nos países tradicionalmente cristãos, estão levando muitos teólogos e estudiosos da ética a voltar a apresentar a questão do papel do Estado e o modo pelo qual os cristãos devem relacionar-se com ele.

ESTOICISMO. Escola filosófica de forte impacto sobre o mundo greco-romano durante os primeiros séculos da era cristã e, portanto, também sobre o próprio cristianismo. Os estoicos sustentavam que em última instância o universo é racional. Essa razão que se encontra subjacente a todas as coisas é o *logos** e, portanto as doutrinas estoicas sobre o *logos* influenciaram a cristologia*, quando os cristãos tentaram interpretar a pessoa do Salvador em termos da encarnação do Logos ou Verbo divino em Jesus.

Visto que essa racionalidade última permeia toda a realidade, para os estoicos a moral consistia em ajustar-se à ordem natural e racional das coisas. Toda a natureza se encontra submetida a essa razão, pela qual os sábios também descobrem dentro de si próprios. Essa lei* natural, fundamento da vida sábia, foi para muitos cristãos também a base sobre a qual construir ética cristã racional. Assim, por exemplo, Tomás de Aquino (c. 1225-1274) defendia a monogamia sobre a base da lei natural.

Por último os estoicos também sustentavam que a verdadeira sabedoria se manifesta na *apatheia* — apatia. Visto que toda a realidade é governada por uma razão ordenada, a sabedoria consiste na moderação e em aceitar essa ordem da realidade, mesmo quando se torne dolorosa. Um espírito de rebeldia ou de doer-se ante o sofrimento é sinal de falta de sabedoria. Como resultado de tais opiniões, muita literatura cristã ascética e mística promovia a *apatheia*, e chegava-se a considerar que a paixão e o sentimento se opõem à vida cristã. Por outro lado, a ênfase dos estoicos sobre a moderação racional serviu para moderar as tendências radicais de algumas práticas ascéticas, o que deu ao monaquismo (Monasticismo*) um tom mais moderado.

ETERNIDADE. Termo relativamente ambíguo, que normalmente se refere ao que não tem limites no tempo. Agostinho (354-430) sustentava que, no sentido estrito, somente Deus é eterno, visto que Deus criou o tempo, e tudo mais foi colocado dentro do marco do tempo. Em um sentido menos restritivo, se diz que é "eterno" tudo o que não tem fim, como na frase "vida eterna". A fim de se distinguir entre esses dois sentidos, às vezes, os teólogos medievais se referem ao primeiro como "eternidade" e ao segundo como "sempiternidade*". Dentro dos termos de tal distinção, Deus é eterno, enquanto que a vida do crente é sempiterna. Em alguns casos, dá-se o título de "eterno" ao que não é efetuado pelo tempo. Assim acontece quando se fala de "verdades eternas" como as verdades matemáticas e, na opinião de alguns teólogos, as verdades teológicas. Mas no sentido estrito sempre fica a pergunta sobre se tais verdades são realmente eternas ou se são partes da ordem criada por Deus (*potentia Dei Absoluta*).

Por último, também existe a questão sobre se é possível conceber a eternidade. Se, como disse Kant (1724-1804), o próprio tempo é parte da estrutura da mente, a mente não pode conceber coisa alguma fora dessa estrutura.

ÉTICA. Às vezes, esse termo se refere a um código moral ou série de práticas que se consideram moralmente aceitáveis — por exemplo, a frase "ética profissional". Com maior frequência, no contexto teológico, trata-se do estudo dos princípios, regras etc., mediante os quais a conduta cristã deve ser guiada, e sua aplicação em casos específicos. Frequentemente, trata-se do estudo de princípios e sua aplicação em campos específicos da vida — como a "ética social", a "ética sexual" etc.

Os diversos sistemas éticos podem ser classificados segundo o caráter de seus princípios fundamentais. Assim, uma ética ortodoxa fundamenta suas decisões em um sistema de valores (Axiologia*); um sistema deontológico (Deontologia*) fundamenta-as sobre a vontade de Deus — que por sua vez pode ser vista como uma série de níveis, que levam ao legalismo, ou como o princípio de amor, em cujo caso a ética deontológica se torna ética contextual; e em um sistema teológico (Teologia*) essa conduta baseia-se nos fins para os quais fomos criados. Apesar de tais classificações, poucas vezes se encontra um sistema ético que seja exemplo puro de um desses tipos. Assim, por exemplo, ao mesmo tempo em que Tomás de Aquino (c. 1225-74) baseia sua ética no propósito da vida humana, que é a visão beatífica, também oferece uma série de princípios de conduta não derivados dessa perspectiva teológica, mas de seu conceito da lei* natural. A ética de Lutero fundamenta-se na relação dialética entre a Lei* e o evangelho*, mas também tem dimensões teológicas e axiológicas. Os propositores da ética contextual insistem que as leis e os princípios morais são empregados com muita frequência com a finalidade de evadir a responsabilidade moral e a carga de tomar decisões, e, no entanto, em muitos casos sua aplicação do princípio do amor se aproxima da casuística*.

Também podem ser classificados os sistemas éticos segundo sua principal preocupação. Por longo tempo, a ética sexual tem ocupado um lugar preponderante nas discussões éticas — e volta a ocupá-lo ao surgir discussões sobre temas como a homossexualidade, o controle da natalidade etc. A ética social sempre foi a preocupação de muitos cristãos, e centrou-se principalmente sobre questões políticas (por exemplo, se o tiranicídio é justificável) e econômicas (por exemplo, o que se deve fazer sobre o desemprego, a pobreza etc.). Recentemente, o surgimento de novas possibilidades médicas como o transplante de órgãos, a prolongação artificial da vida, a clonagem e outros procedimentos tem feito que a ética biomédica exija grande urgência.

Em todos esses casos, fica claro que a ética nunca existe por si só. A ética sexual tradicional do catolicismo romano baseia-se em certas opiniões sobre sexo* e sua função (Sexualidade). Quando essas opiniões mudam, o próprio sistema se torna insustentável. Da mesma forma, a ética social contemporânea leva o selo profundo dos novos métodos de análise social, política e econômica, assim como de novos sistemas políticos como a democracia secular, e, portanto se relaciona estreitamente com as posturas teológicas que se encontram atrás delas — como no caso, por exemplo, das teologias da libertação.

EUCARISTIA. O nome que geralmente é dado à comida que tradicionalmente está no centro da adoração cristã. Também é conhecida como Comunhão, Ceia do Senhor, Santa Ceia, ou Missa. O termo "eucaristia" é derivado da palavra grega que significa graças, e surge dos testemunhos do Novo Testamento sobre a instituição desse rito ou sacramento*, em que nos foi dito que Jesus "deu graças" sobre o pão. Sua origem na ceia final de Jesus com seus discípulos antes da crucificação é contada em três evangelhos sinópticos*, assim como na Primeira Epístola de Paulo aos Coríntios. Mesmo que o quarto evangelho não fale de sua instituição, inclui várias referências eucarísticas. Também o livro de Atos nos diz que uma das atividades regulares da primeira igreja era reunir-se para compartilhar o pão. O mesmo vemos em outros documentos cristãos antigos, como a *Didaquê*, as epístolas de Ignácio de Antioquia e a primeira *Apologia* de Justino.

A partir de todos esses documentos e outros semelhantes, tudo indica que se pode afirmar que a prática primitiva da eucaristia cristã incluía uma ceia toda, mas que desde o princípio o pão e o vinho encontravam-se no centro do próprio rito. Mas logo a ceia se reduziu ao pão e ao vinho, e esses em quantidades tão pequenas que já não eram uma ceia completa, mas sim um símbolo ou recordação de uma ceia. Essa celebração era o ponto central da adoração semanal, e acontecia normalmente bem cedo no domingo pela manhã, em celebração da ressurreição de Jesus. O próprio culto claramente se dividia em duas partes, o serviço da Palavra e o serviço da Mesa. Durante o primeiro período, estando presentes todos os crentes, tanto os batizados quanto os não batizados, lia-se e explicava-se as Escrituras e, também, ensinava-se sobre sua aplicação à vida da igreja e dos crentes. Então, os que não podiam participar da eucaristia — por não serem batizados ou porque seus pecados fizeram que fossem excluídos da ceia — eram dispensados e passava-se à celebração eucarística.

Como o próprio nome indica, a eucaristia era um serviço gozoso. É por isso que ainda se fala de "celebrar a eucaristia". Esse serviço celebrava a vitória do Senhor ressuscitado, e era também a antecipação do banquete final no Reino.

Visto que a eucaristia era o centro do culto cristão, não nos surpreende que tivessem por ela alta estima. Paulo declara que quem come e bebe indignamente, não discernindo o corpo de Cristo, come e bebe juízo para si. Se isso se refere a não discernir que o corpo de Cristo está no pão, ou a não discernir que a comunidade é o corpo de Cristo, fica sujeito a diversas interpretações. No começo do século II, Inácio de Antioquia refere-se à eucaristia como a "carne de Cristo" e como "o remédio de imortalidade e antídoto contra a morte" e declara que quem se afasta da eucaristia se afasta de Cristo.

Apesar de tais asseverações, não há unanimidade entre os primeiros escritores cristãos sobre como é que Cristo está presente na comunhão, ou sobre o papel do pão e do vinho nessa presença. Há muitas passagens que centram a atenção sobre o pão e o vinho e que pareciam indicar que se pensava que esses na realidade eram o corpo e o sangue de Jesus. Mas há também muitas outras passagens que centram a atenção sobre a comunidade reunida, e que pareciam indicar que, ainda que o pão e o vinho sejam parte central do rito, a presença de Cristo está na própria comunidade que se reúne, na qual o pão e o vinho continuam sendo pão e vinho. Do mesmo modo, há passagens que se referem ao pão como o "corpo de Cristo", enquanto outras se referem ao pão como símbolo desse corpo.

Após a conversão de Constantino, os serviços foram se tornando cada vez mais elaborados, em imitação à pompa da corte imperial. Como era esperado, em meio a tais cerimônias o pão e o vinho tornaram-se objetos de grande veneração e até superstição (Ambrosio declarou que seu irmão, Sátiro, salvou-se de se afogar quando naufragou porque levava atado ao corpo um pedaço do pão consagrado). Com tudo isso, as novas liturgias continuavam sendo atos de celebração, centrados na ressurreição de Jesus e na ressurreição final dos crentes no dia do Grande Banquete.

Foi no começo da Idade Média, quando a ordem civil começou a desabar e a morte se tornou companheira constante, que a eucaristia começou a adquirir os tons fúnebres que reteve pelo menos até o século XX. O que se recordava não era a ressurreição de Jesus, nem o dia da ressurreição dos crentes, mas a sexta-feira e a cruz. Mesmo que em tempos patrísticos houvesse quem se referisse à eucaristia como sacrifício, tornou-se comum pensar que a eucaristia era uma repetição do sacrifício de Cristo na cruz, e que como tal ganhava méritos para aqueles que participavam dela, e até para aqueles que sem estar presentes se recordavam dela (segundo Gregório, o Grande, depois que foram celebradas missas por um monge morto durante trinta dias, um dos irmãos teve uma visão na qual o morto dizia que havia ficado livre do purgatório*).

No século IX surgem as primeiras controvérsias sobre se o Corpo de Cristo presente na eucaristia é o mesmo corpo que está no céu, à direita do Pai, ou se o pão somente o representa. Outras comparações semelhantes aconteceram no século XI. Por último, no Quarto Concílio Laterano, em 1215, a transubstanciação* foi proclamada doutrina oficial da igreja.

Tornou-se cada vez mais comum a prática de não dar o cálice de vinho aos leigos, que recebiam somente o pão. Devolver o cálice aos leigos foi uma das principais reformas propostas por João Huss no século XV. Aqueles que sustentaram que o cálice deveria ser devolvido aos leigos receberam o nome de "utraquistas*".

A Reforma voltou a abrir o debate, não somente com relação a se a comunhão deve ser dada a todos com os dois elementos, mas também acerca da presença de Cristo na eucaristia. Todos os principais reformadores concordavam que o cálice devia ser restaurado aos leigos, enquanto que o catolicismo romano continuou resistindo a tal reforma até o século XX. Foi, contudo, com respeito à questão da presença de Cristo na eucaristia que os principais reformadores divergiram uns dos outros. Lutero insistia na presença real do corpo ressuscitado de Cristo no pão (Ubiquidade*), mesmo que não concordando com a doutrina romana da transubstanciação, e declarou que, ainda que o corpo de Cristo estivesse fisicamente presente nele, o pão continuava sendo pão (consubstanciação*). Segundo Zwinglio, o pão e o vinho são meros símbolos do corpo e sangue de Cristo. Calvino cria na presença de Cristo na eucaristia, mas sustentava que essa presença é espiritual, que o corpo físico de Cristo está no céu e não pode estar presente em várias igrejas ao mesmo tempo. Também declarou que na eucaristia, em virtude da presença do Espírito (Virtualismo*), os crentes são transportados para a presença de Cristo no céu.

Uma consequência inesperada e não intencional da Reforma Protestante foi a escassa frequência de comunhão em muitas tradições protestantes. Todos os principais reformadores criam que a comunhão era a ação suprema da adoração cristã, e devia ser celebrada pelo menos todo domingo (na Genebra de Calvino interrompeu-se a comunhão semanal, mas isso foi decisão do governo contra os desejos de Calvino). Porém, a ênfase dos reformadores sobre a importância da pregação, e sua luta por restaurá-la a seu justo lugar, posteriormente levaram outros protestantes a considerar a pregação como o centro do culto e a relegar a comunhão a uma celebração não frequente.

No século XX, como parte da renovação litúrgica*, recuperou-se o antigo caráter celebratório da eucaristia, e voltou-se a centrá-la na ressurreição antes que sobre a cruz. Também como resultado da mesma renovação, muitas igrejas protestantes começaram a recobrar a prática da comunhão frequente.

EVANGELHO. Palavra que deriva do grego *evangelion*, boas-novas. Refere-se tanto aos livros que contam a história de Jesus (O Evangelho segundo Mateus, o Evangelho segundo Marcos etc.) como às boas-novas do próprio Jesus. Aparentemente foi usado desde os primeiros tempos para descrever a mensagem de Jesus, visto que Paulo o emprega frequentemente, e Marcos (que segundo quase todos os eruditos é o primeiro dos quatro evangelhos) começa o livro dizendo que se trata do "princípio do Evangelho de Jesus". Mateus emprega o termo da mesma maneira que Marcos usa. Lucas utiliza várias palavras derivadas dele, mesmo que com menos frequência. João não o usa de todo.

Quando Marcos escreveu seu livro, estava empregando o termo "evangelho", não no sentido de um livro, mas também se referindo às boas-novas de Jesus. Contudo, Marcos estava criando um novo gênero literário e, visto que a palavra "evangelho" aparecia no próprio começo de seu livro, todos os livros do mesmo gênero, escritos posteriormente, recebem também o nome de "evangelhos". Isso inclui os quatro evangelhos do cânon* do Novo Testamento assim como um número de outros livros (a maioria deles muito mais tardios) que também dizem contar a história de Jesus — livros como *O evangelho de Tomás, O evangelho da verdade, e O evangelho segundo os hebreus,* entre muitos outros. Os três primeiros evangelhos canônicos, Mateus, Marcos e Lucas recebem o nome de sinópticos*.

Mas em seu sentido literal, o evangelho é a mensagem de Jesus.

Em Mateus e Marcos, Jesus, repetidamente se refere a sua própria mensagem como o evangelho, as boas-novas — em Mateus, a frase mais comum é "o evangelho do reino". Tradicionalmente, a teologia cristã tem entendido o "evangelho" como a mensagem de Jesus, não só no sentido de que é a mensagem que Jesus proclamou, como também no sentido de que é a mensagem sobre Jesus. Jesus não é só o mensageiro, mas também o conteúdo da mensagem. Isso foi colocado em dúvida desde o tempo do Renascimento por aqueles que afirmam que a mensagem original de Jesus não era a respeito dele mesmo, e que foi só posteriormente que a igreja centrou sua atenção no próprio Jesus como conteúdo das boas-novas. Mesmo que ainda haja muitos que sustentem que o Jesus* histórico não considerava a si mesmo como parte da mensagem, também há muitos que insistem que Jesus e sua obra são o coração do próprio evangelho — que as boas-novas que Jesus proclamou eram as novas de que em sua pessoa o reino de Deus havia se aproximado. Particularmente depois da obra de Karl Barth (1886-1968) e seu movimento neo-ortodoxo, os teólogos cristãos têm insistido que o evangelho é as boas-novas, não só de Jesus como mensageiro, mas também de Jesus como a própria mensagem.

EVANGELICALISMO. Termo de origem norte-americana que se refere a um movimento não claramente definido que aparece em todas as denominações protestantes, sublinhando a autoridade das Escrituras*, uma experiência pessoal de regeneração* o segundo nascimento, a obra de Cristo como a expiação* na cruz pelos pecados da humanidade, a necessidade em pregar o evangelho aos não-crentes, particularmente em missões internacionais, e valores morais tradicionais, especialmente no que se refere à sexualidade. Quanto à autoridade das Escrituras, muitos dos seguidores desse movimento sustentam sua infalibilidade, e todos insistem que a Bíblia foi inspirada por Deus de maneira única. Sublinha-se a doutrina da salvação mediante a graça* de Deus e não mediante os méritos* ou as obras*. Apesar de haver uma forte influência calvinista sobre o movimento, poucos de seus seguidores são calvinistas ortodoxos, pois muitos se inclinam para o arminianismo*, rejeitando as posturas tradicionais calvinistas com respeito à expiação limitada, à predestinação* e à graça irresistível. Mesmo que o movimento às vezes se confunda com o fundamentalismo*, há certas diferenças de ênfase entre ambos. O fundamentalismo se preocupa com a letra da Escritura e com a ortodoxia doutrinal, enquanto que o evangelicalismo, ao mesmo tempo em que afirma esses mesmos pontos, tende a sublinhar a experiência da obra do Espírito no crente por meio do novo nascimento, e a necessidade de comunicar a outros o gozo do evangelho.

No que se refere às questões sociais e políticas, há posições diversas dentro do movimento. Tradicionalmente a maioria de seus seguidores ocupa-se, principalmente, de questões de fé moral e pessoal, mas recentemente muitos deles insistem em que a fé bíblica requer que se envolvam em processos políticos e econômicos da sociedade, para ali trabalharem em prol da justiça e da paz.

EVOLUÇÃO. Em seu sentido mais comum, é o nome que se dá à teoria de Charles Darwin (1809-82), segundo a qual as espécies têm evoluído por meio de um longo processo no qual as mutações e a sobrevivência dos que melhor se adaptam ao ambiente têm levado ao surgimento de novas espécies. Mesmo que o próprio Darwin fosse cristão, e tenha contribuído significativamente com seus recursos econômicos para o trabalho missionário, sua teoria foi vista por muitos como uma contradição do que a Bíblia diz sobre a criação*. Por essa razão, ao surgir o fundamentalismo* protestante, a criação em sete dias tornou-se o ponto essencial de seus ensinamentos. Por diversas razões, mesmo que o século XXI já esteja avançado, há quem contraponha a evolução ao criacionismo*. Há, contudo, teólogos que propuseram as próprias versões da evolução. O mais notável entre eles é Pierre Teilhard de Chardin (1881-1955), famoso paleontólogo que aceitou a ideia da evolução como o processo mediante o qual Deus cria, mas insistindo sempre em que o princípio que guia a evolução não é a sobrevivência do mais forte, mas também o que ele chama de "lei de complexidade e consciência", segundo a qual toda a realidade está evoluindo até uma complexidade e consciência cada vez maior, e assim se move até Deus.

EX NIHILO. Frase latina que quer dizer "do nada". A criação* *ex nihilo* significa então criação do nada.

EX OPERE OPERATO. Frase que expressa o modo pelo qual os sacramentos são eficazes em e por si mesmos, completamente à parte das atitudes ou pensamentos de quem os administram. Segundo a doutrina católica romana reafirmada pelo Concílio de Trento (1545-63), os sacramentos conferem graça *ex opere operato*. Isso quer dizer, por exemplo, que uma eucaristia e/ou um matrimônio celebrado por um sacerdote indigno ainda são válidos. Mesmo que a própria frase não apareça senão bem mais tarde na Idade Média, na antiguidade os teólogos haviam argumentado que a validade do sacramento não pode depender da disposição de quem o celebra, visto que em tal caso os crentes ficam em dúvida constante sobre os sacramentos recebidos.

EXCOMUNHÃO. A ação oficial de proibir a um crente que participe na comunhão. Em prática católica romana tradicional, a "excomunhão maior" implica, não só na exclusão da comunhão, mas também em qualquer contato com os fiéis, e até assistir a qualquer forma de adoração, enquanto que a "excomunhão menor" simplesmente exclui o crente da Eucaristia". Ainda que, às vezes, receba outro nome, existem práticas semelhantes em diversas tradições protestantes, especialmente entre alguns grupos de anabatistas e pentecostais.

EXEGESE. A interpretação de um texto, analisando-o a fim de aclarar seu sentido. Dada a importância das Escrituras para a fé cristã, a tarefa exegética sempre foi de importância primordial na teologia. Em algumas ocasiões a palavra "exegese" é usada como sinônimo de interpretação e, portanto fala-se às vezes da "exegese alegórica" ou da "exegese tipológica". O uso comum nos dias de hoje, contudo, tende a limitar a "exegese" a tarefas como a análise gramatical, lexicográfica e estrutural, e a falar dos passos posteriores no processo de entender um texto e sua pertinência como "interpretação*" ou hermenêutica*".

EXISTÊNCIA. Na teologia antiga e medieval, a atualização (ato*) de uma essência. A existência contrasta-se ou se compara com a essência, de tal modo que enquanto a última se refira ao que faz que algo seja o que é — no caso de uma maçã, sua "maçanidade" — a existência refere-se ao fato de que é. Em outras palavras, enquanto a essência tem a ver com o que de uma realidade, a existência tem a ver com o fato de que é. Na maior parte da filosofia e teologia tradicionais, considera-se que a essência é anterior à existência, visto que em última instância todas as essências se encontram eternamente na mente de Deus. O argumento ontológico* de Anselmo para provar a existência de Deus se fundamenta na pressuposição de que em Deus a essência e a existência coincidem, de tal modo que a própria essência de Deus inclui a existência — o que não é certo de nenhum ser contingente.

Mais recentemente, particularmente no existencialismo*, a existência veio a significar a vida humana como luta e projeto — como na frase "minha existência". É sobre essa base que os existencialistas frequentemente afirmam, opondo-se à filosofia clássica, que a existência é anterior à essência.

EXISTENCIALISMO. Movimento filosófico iniciado por Soren Kierkegaard (1813-55) no século XIX, porém só reconhecido a partir do século XX. O existencialismo sublinha a primazia da existência* humana sobre as essências* abstratas. Nos tempos em que a filosofia de Hegel era aceita entusiasticamente, e já se buscava a maneira em que tudo, inclusive a teologia, se encaixasse dentro desse sistema, Kierkegaard protestou que o sistema hegeliano (de fato, qualquer sistema) não explicava a realidade, mas a ofuscava, porque se desentende da primazia da existência, a realidade subjetiva na qual toda outra realidade ou pensamento supostamente objetivo tem lugar. Além disso, Kierkegaard estava convencido que a tentativa hegeliana de construir um sistema que o explicasse todo era uma usurpação à soberania de Deus e, portanto, era um erro, não somente filosófico, mas também teológico. Insistia em que o propósito da existência humana não é conhecer toda a verdade, mas também lutar constantemente em busca da verdade. Isso marcou a pauta para boa parte do existencialismo posterior, que insiste que a existência nunca é algo dado, mas é antes uma luta constante em prol da verdade e da autenticidade.

Como postura filosófica, o existencialismo teve muitos seguidores no século XX. Muitos deles eram filósofos seculares, como Jean Paul Sartre e Martin Heidegger. O existencialista judeu mais distinto foi Martin Buber (1878-1965). Entre os filósofos cristãos, Nicolay Berdyayev (1874-1948), Karl Jaspers (1883-1969), e Gabriel Marcel (1889-1973) foram os de maior impacto. Entre os teólogos, a marca do existencialismo foi quase universal. Karl Barth (1886-1968), que posteriormente o rechaçou, começou a desenvolver sua teologia como dogmática* existencialista. Rudolph Bultmann (1884-1976) usou a filosofia de Heidegger em sua tentativa de desmitologizar o Novo Testamento. Também pode se ver o selo do existencialismo em Paul Tillich (1886-1965) e no teólogo católico romano Karl Rahner (1904-84).

EXPIAÇÃO. O pagamento por uma ofensa contra Deus ou contra os outros mediante um sacrifício, castigo ou alguma ação semelhante. A ideia de expiação é o elemento central na teoria "substitutiva" ou "jurídica" da redenção*, que vê Jesus como quem faz expiação pelos pecados de todo o mundo. Também é um elemento importante no sistema penitencial da Igreja Católica Romana medieval e moderna (Penitência*, Satisfação*).

ÊXTASE. Experiência dos profetas e místicos, na qual, pelo que tudo indica, a pessoa se encontra fora do corpo, cujas funções físicas são suspensas. É disso que deriva a própria palavra "êxtase", que quer dizer estar fora. Tal experiência varia segundo os indivíduos e as tradições. Entre os místicos cristãos, alguns sustentam que a visão extática é o objetivo da vida, que se alcança somente na vida futura, enquanto outros dizem que tiveram várias experiências extáticas. Frequentemente a pessoa que sai do êxtase recorda visões, instruções ou palavras de consolo que recebeu durante essa experiência. Em outras ocasiões, diz-se que o que foi visto é tal que é impossível expressá-lo em palavras. Segundo alguns teólogos, o estado final da alma na presença divina é semelhante a um êxtase permanente (*Visão beatífica).

EXTRA CALVINISTICUM. A afirmação, comum na teologia tradicional, de que em sua encarnação a Segunda Pessoa da Trindade, o Filho ou Verbo de Deus*, não ficou confinada à humanidade de Jesus. Certamente, o Verbo se fez carne, mas o Verbo continuou sendo Senhor soberano de todas as coisas, e estando presente em todos os lugares. Tal especulação, relativamente comum durante a Idade Média, veio outra vez à tona nos debates entre luteranos e calvinistas sobre a presença de Jesus na Eucaristia*. Enquanto que os luteranos insistiam na ubiquidade* do corpo de Jesus como resultado da encarnação, seus adversários declaravam que ainda na encarnação o Verbo continuou tendo essa ubiquidade, enquanto que o corpo de Jesus não a teve. Os luteranos deram a essa opinião dos calvinistas, segundo a qual a humanidade de Jesus nunca circunscreveu sua divindade, o nome de *extra calvinisticum*. Posteriormente, os próprios calvinistas a aceitaram.

F

FÉ. O termo fé tem diversos significados, inclusive no contexto religioso e teológico. Algumas vezes se refere ao corpo de crenças, como quando se diz "a fé cristã sustenta que..." ou "a fé reformada", "a fé católica" etc. Com maior frequência se refere a uma atitude por parte do crente, como quando se diz "se tens fé" ou "minha fé é firme". Mas ainda no último sentido há grande divergência quanto ao significado da palavra.

Uma antiga e frequente tradição esquecida dos escolásticos pode ajudar-nos nisso. Os escolásticos falavam da fé, *fides*, em dois sentidos. O primeiro é a fé como ação de crer: *fides qua creditur*. O segundo, o que se crê, *fidea quae creditur*. No primeiro desses sentidos, o que é importante é a confiança, o entregar-se àquele em quem alguém crê (*Fidúcia**). No segundo sentido, a fé envolve a aceitação do que se crê. Certamente, esses dois sentidos andam juntos, visto que a confiança requer um objeto, e o que se crê determina o caráter da confiança que se tem. Mas em diversos lugares e momentos a ênfase tem recaído sobre uma ou outra das duas dimensões da fé.

Na teologia patrística, a fé comumente era contada entre as três virtudes* teológicas: fé, esperança e amor. Quando é considerada assim, a fé é somente um elemento da vida cristã, e deve levar tanto à esperança quanto ao amor. Em tal caso a ênfase cai sobre a fé e como sentimento ou aceitação de certas doutrinas ou crenças — o que não quer dizer que seja um mero sentimento intelectual, porque a vontade tem um lugar na fé, e essa não pode existir sem levar à esperança e ao amor.

A maioria dos teólogos medievais seguiu o mesmo caminho, referindo-se à fé como assentimento. Visto que todos os crentes conhecem todas as doutrinas da igreja, a teologia escolástica estabeleceu uma distinção entre fé explícita e implícita. A primeira existe quando o crente conhece e afirma o que a igreja ensina. A segunda é a fé de quem, ainda sem conhecer todos os pontos de doutrina, está disposto a aceitar o que a igreja ensina.

A experiência de Lutero, e sua defesa da justificação* pela fé, levaram-no a sublinhar a fé como confiança (*fidúcia**), e a insistir em que o único objeto próprio da fé é Deus. A fé não é assentimento a uma doutrina ou sistema de doutrinas. Não é aceitar os ensinamentos da igreja ou de alguma autoridade, nem sequer os ensinamentos da Bíblia. A fé é confiança em Deus, e somente em Deus. Calvino concordava, e via a fé como "um conhecimento firme e certo" do amor de Deus, mas o próprio uso da palavra "conhecimento" nesse contexto mostra que a fé não é somente questão do coração ou da vontade. A fé envolve toda a pessoa e, portanto inclui os elementos cognitivos, o conhecer quem é esse Deus em quem se crê, e os afetivos, nos quais a fé se manifesta na piedade. Sobre tudo isso, houve acordo geral entre os reformadores.

Os escolásticos protestantes do século XVII tendiam a regressar para a visão da fé como assentimento e, portanto, destacavam a fé como a ação de aceitar certas verdades, antes que como confiança em Deus, e somente em Deus — mesmo que em última instância a razão pela qual se devia aceitar tais verdades era o fato de terem sido reveladas pelo Deus em quem se confia. Esse modo de ver a fé continuou existindo até o século XXI entre alguns protestantes para quem a fé é aceitar princípios como a infalibilidade* das Escrituras; a criação em sete dias etc.

No século XVIII, com o auge do racionalismo* e do deísmo*, muitos pensavam que a fé não era senão a aceitação cega do que a razão* não podia provar, ou do que contradizia a razão. Nesse contexto, o termo "fé" era com frequência usado como sinônimo de fideísmo*, com as conotações depreciativas do último termo.

Em reação, tanto contra o escolasticismo protestante como contra o racionalismo dos deístas, o pietismo* buscou recuperar as dimensões afetivas da fé e, por isso, com frequência entendia a fé como a experiência da presença e do amor de Deus. Nisso foi seguido por boa parte da teologia liberal do século XIX (Liberalismo*), cujos porta-vozes principais se referiam à fé como "um sentimento de dependência absoluta" (Schleiermacher) ou como o fundamento da vida moral (Ritschl) e, ainda mais tarde, em boa parte da teologia existencialista que tende a falar da fé como "encontro", como a "presença do Outro" etc.

No século XX, a neo-ortodoxia regressou à ênfase dos reformadores na fé como confiança em Deus, mas continuou insistindo, como Calvino, nos elementos cognitivos dessa confiança.

FÉ E RAZÃO. Razão e fé.

FEBRONIANISMO. Doutrina da eclesiologia* que tem seu nome derivado de Justino Febrônio (1701-90). Segundo Febrônio, o papa deriva sua autoridade da igreja, e não vice-versa. Além disso, a jurisdição do papa não se estende além da própria diocese, Roma, e o único privilégio que deve gozar sobre os demais bispos lhe vem por razão de sua função como guardião dos cânones da igreja, os quais há de executar como representante de todo o episcopado. Por último, o papa não tem autoridade alguma sobre os governantes seculares. Naturalmente, isso deu ao febronianismo grande popularidade entre os novos governos seculares.

FEDERAL, TEOLOGIA. Também chamada de "teologia do pacto". Ainda que a noção de pacto ou aliança se encontre no próprio centro da mensagem bíblica e os primeiros reformadores se refiram a ela repetidamente, foi Heinrich Bullinger (1504-75), o sucessor de Zwinglio em Zurique, quem desenvolveu esse tema até chegar a fazer dele um esquema de toda a história da salvação. Segundo Bullinger, a relação entre Deus e a humanidade é uma relação de pacto*. Desde o princípio, Deus fez com a humanidade um pacto de salvação mediante a graça. Mas tal pacto não deve ser entendido como se Deus e a humanidade tivessem feito um acordo de duas partes. A iniciativa foi e continua sendo da parte de Deus, que é o feitor e a garantia do pacto. Nessa mesma época, Ursino (1534-83) propôs um esquema que contava com dois pactos, um das obras e outro da graça. Depois, as ideias de Bullinger e de Ursino combinaram-se para produzir uma história da salvação como história do pacto. Segundo esse esquema, Adão era a cabeça "federal" da humanidade — do qual deriva o nome de "teologia federal". O fato de Adão não ter cumprido o pacto das obras* requereu um novo pacto, o da graça*, no qual a cabeça federal da nova humanidade é Cristo (Recapitulação*). Esse novo pacto não aboliu o antigo pacto das obras, mas o suplementou e, portanto, os crentes e as sociedades cristãs ficam ainda sujeitos à obediência do primeiro pacto, mesmo que a salvação seja mediante o pacto da graça e mediante a união com Cristo como a nova cabeça (Lei*, terceiro uso da).

O impacto da teologia federal pode ser visto tanto no governo de muitas igrejas reformadas como nas estruturas políticas de sociedades e governos profundamente influenciados pela tradição reformada.

FEMINISTA, TEOLOGIA. O nome que se dá a toda uma variedade de teologias que floresceram a partir da segunda metade do século XX, e cuja característica comum é a reflexão teológica que considera a experiência das mulheres — em particular, sua experiência de opressão em sociedades e igrejas dominadas por homens. Logo, as teologias feministas são contadas entre as teologias contextuais* que surgiram na mesma época. Tem aparecido em diversas partes do mundo como expressão do movimento feminista dos séculos XX e XXI. Ao mesmo tempo em que centram sua atenção sobre as experiências das mulheres, a maioria das teólogas feministas busca a liberação, não só das mulheres, mas de todos os oprimidos — em certo sentido também de seus opressores. Insistem, particularmente em liberar a teologia do domínio dos homens e da perspectiva masculina que a tem tido atada por séculos. Todas as teólogas feministas concordam que sua experiência como mulheres em uma igreja ou sociedade dominada por homens é importante. Como outros teólogos contextuais, seu método normalmente inclui um compromisso com a ação libertadora (*Práxis**), assim como a reflexão sobre essa ação e sua relação com os temas e práticas principais da igreja e da sociedade. Por um lado, as teólogas feministas cristãs também pertencem a confissões e tradições cristãs diferentes, e isso pode ser visto refletido em seu trabalho. Assim, por exemplo, as teólogas feministas protestantes tendem a se ocupar principalmente da reinterpretação e recuperação das Escrituras (mesmo quando declaram que alguns textos são irremediavelmente machistas), enquanto que há outras teólogas feministas católicas romanas para as quais as Escrituras não têm o mesmo lugar de importância e há até algumas para as quais o problema não está unicamente na interpretação bíblica, mas na própria Bíblia.

Por outro lado, essas teólogas também pertencem a outros subgrupos dentro da sociedade, e isso levou algumas à conclusão de que a maior parte da teologia feminista tem se deixado dominar demais por mulheres da raça branca e classe média, com as quais não podem estar.

Isso é certo, por exemplo, de algumas teólogas negras (*Womanista**) e de algumas latinas nos Estados Unidos (*Mujerista**).

FENOMENOLOGIA. A escola filosófica fundada por Edmund Husserl (1859-1938), que buscava um método de pesquisa que pudesse ser completamente objetivo e livre de todo influxo por parte do próprio pesquisador ou de seus preconceitos. Para fazer isso, segundo Husserl, o pesquisador deve centrar a atenção sobre os fenômenos, ou seja, sobre os fatos tais como nos chegam, sem nenhuma interpretação. Como resultado desse método, deve ser possível chegar à essência do assunto, sem se deixar levar por prejuízos ou juízos de valores. O método fenomenológico foi muito influente sobre a filosofia* da religião durante a primeira metade do século XX, quando os estudiosos dos sistemas religiosos buscavam abalizá-los como fenômenos que aparecem na sociedade humana, sem pretender avaliá-los nem decidir sobre a verdade ou falsidade de suas doutrinas, opiniões ou práticas. Recentemente, com a crítica pós-moderna de toda pretensão de objetividade e universalidade, o método de Husserl tem sido fortemente criticado, pois se diz que o próprio método se fundamenta em um preconceito semelhante ao que o pesquisador diz evitar.

FIDEÍSMO. Do latim *fides*, fé. Termo usualmente depreciativo, que se refere à atitude de quem sustenta que o verdadeiro cristão aceita as doutrinas por fé, sem questionar sua origem, importância ou racionalidade. Razão e fé*.

FIDÚCIA. Confiança. No contexto teológico, confiança em Deus. Para Martinho Lutero e a maioria dos reformadores, a *fidúcia* é a própria essência da fé*, que consiste em confiar em Deus e em suas promessas.

FILIAÇÃO. Literalmente, o fato de ser filho. O termo é empregado na teologia trinitária clássica (particularmente depois de uma série de esclarecimentos, no século IV, por parte dos capadócios Basílio de Cesarea, Gregório de Nissa e Gregório de Nacianzo) para se referir à relação eterna entre a Primeira e a Segunda Pessoa da Trindade*. Isso é o que significa afirmar que o Filho é "eternamente gerado" — diferentemente de seu nascimento da virgem Maria. Visto que o Filho é "eternamente gerado" a fonte do Filho é o Pai e, contudo o Filho não tem começo. Os capadócios, também, insistiam que, enquanto a criação é uma ação da vontade de Deus e, portanto, torna-se uma realidade que não é Deus, a filiação é a própria essência de Deus e, portanto, o Filho é Deus.

FILIOQUE. Literalmente, "e do filho". Termo que foi acrescentado no Ocidente ao Credo Niceno no século VIII. Quando o Oriente de fala grega protestou contra o acréscimo ao credo, surgiu uma longa controvérsia. O que na realidade estava em jogo era antes de tudo a autoridade dos antigos concílios e, em segundo lugar se o próprio acréscimo era ortodoxo ou não. Sobre o último ponto *Filioque* expressava uma diferença sutil, mas antiga entre o modo pelo qual os ocidentais entendiam a Trindade* e a visão dos orientais. No Oriente, a tradição insistia em que há uma só fonte de toda a divindade e, que essa fonte é o Pai. Por isso, os gregos estavam dispostos a afirmar que o Espírito "procede do Pai, *através* do Filho". No Ocidente, por outro lado, desde os tempos de Agostinho havia se acostumado a se referir ao Espírito como o vínculo de amor entre o Pai e o Filho e, portanto, dizer que o Espírito procede do Pai "e do Filho" — *Filioque*. Cada um dos ramos da igreja insistia em sua posição, e o desacordo acerca da *Filioque* foi uma das razões para a ruptura entre o Oriente e o Ocidente no ano de 1054.

FILOSOFIA DA RELIGIÃO. Disciplina que surgiu no século XVIII com o propósito de se aplicar os métodos filosóficos ao estudo da religião. Por isso, há praticamente tantas filosofias da religião como há sistemas filosóficos. Alguns entendem a filosofia da religião como a disciplina que estuda as experiências, doutrinas e fenômenos, enquanto outros pensam que o propósito dessa disciplina é propor um modo de se referir a Deus e ao mundo sobre bases puramente filosóficas. No primeiro dos casos, durante a primeira metade do século XX, a filosofia da religião era predominantemente a fenomenologia*, e pouco depois a análise lógica e linguística, que se concentrava no estudo de categorias como o mito* e a metáfora*. Dentro desse modo de entender a disciplina, foram produzidos vários estudos do misticismo* tal como aparece em diversas tradições religiosas, com o propósito de esclarecer as características comuns do misticismo, não importa seu contexto cultural, religioso ou doutrinal. No segundo sentido, a filosofia da religião interessou-se em confirmar algumas perspectivas religiosas que tradicionalmente dizia se basearem na revelação*.

Assim, durante os séculos XVIII e XIX, a filosofia da religião ocupou-se principalmente de tentativas de fundamentar a religião no imperativo categórico de Kant sobre a filosofia de Hegel, e no século XX a ênfase mudou para a lógica analítica, o existencialismo*, e a filosofia do processo.

FORMA E MATÉRIA. Distinção que remonta aos tempos de Aristóteles, que afirmou que as coisas consistem de dois elementos: aquilo do que estão feitas (matéria), e o que as torna o que são (forma). Isso implica que a forma é o princípio individual da matéria. O que faz que a matéria seja, não somente certa classe de coisa, mas uma coisa em particular, é a forma. Há, contudo, uma hierarquia de formas, como pode ser visto no exemplo clássico do ladrilho, cuja matéria é o barro do qual foi "formado" para chegar à matéria organizada para ser um ladrilho; mas os próprios ladrilhos tornam-se então a matéria organizada pela forma "casa"; as casas podem ser a matéria que ao receberem uma forma se tornam uma cidade. E assim sucessivamente. Na filosofia aristotélica, é esse impulso teológico o que faz que o que está em potência se mova para o ato* — ou seja, que passe da possibilidade para a realidade.

Durante o despertar da filosofia aristotélica no século XIII, um dos pontos que se debatiam era a teoria averroísta sobre a preexistência de uma matéria absolutamente informe, da qual Deus criou o mundo, dando-lhe formas. Foi contra essas opiniões que os teólogos do século XIII enfatizaram a doutrina tradicional da criação* ex* nihilo.

Outro tema de debate teológico, particularmente no século II, foram os seres racionais, (por exemplo, os anjos e as almas) também se compõem de matéria e forma. Isso é o que se chama tecnicamente a composição "hilomórfica" (do grego *hyle*, matéria e *morfe*, forma) dos seres. Em termos gerais a escola agostiniana afirmou tal composição hilomórfica de todas as criaturas, ao mesmo tempo em que insistia na distinção entre a matéria no sentido filosófico e o corpo, com a finalidade de poder dizer, então, que a alma é uma realidade incorpórea. Frente a eles os tomistas rechaçavam tal composição hilomórfica dos seres intelectuais.

FORMAS, CRÍTICA DAS. (Em alemão, *Formgeschichte*). Método empregado no estudo de documentos, e em particular no estudo da Bíblia e das tradições que se encontram por trás de seu texto. Fundamenta-se sobre a ideia de que as tradições populares se conservam e se transmitem seguindo certos padrões ou "formas". Esses padrões normalmente estão relacionados com a função das histórias na comunidade. Conforme quem defende esse método, essas formas ainda podem ser discernidas nos documentos dos quais chegaram a formar parte. Mediante o estudo de tais formas, o erudito pode então determinar que classe de tradição se encontra atrás de um texto, e a função dessa tradição particular no meio da comunidade que a transmitiu e posteriormente a incorporou ao texto.

FUNDAMENTALISMO. No sentido estrito, o fundamentalismo é um movimento que surgiu dentro do protestantismo norte-americano, e seu nome é derivado dos cinco pontos "fundamentais" que os fundadores do movimento promulgaram em uma conferência que aconteceu na Nicarágua em 1895. Esses cinco pontos eram a infalibilidade* das Escrituras; o nascimento virginal de Jesus, sua morte em substituição e pagamento pelos pecados humanos, sua ressurreição física e seu breve retorno. Por extensão, chega-se a chamar de "fundamentalismo" qualquer posição que insista na infalibilidade das Escrituras e rejeite os resultados da investigação moderna sobre a história e o desenvolvimento da Bíblia. Por uma extensão ainda maior, o próprio termo é aplicado a muitos extremistas em qualquer religião — como quando se fala, por exemplo, do "fundamentalismo islâmico".

G

GALICANISMO. A posição de quem, particularmente na França, se opunha à autoridade papal absoluta e às reivindicações dos ultramontanos. Desde os tempos do papado em Avignon, os papas haviam feito um número de concessões à igreja francesa, seus bispos e seus reis. Aquelas concessões, às quais se acrescentaram depois outros privilégios, foram chamadas de "liberdades galicanas" da igreja. É por isso que recebe o nome de "galicanismo" o movimento que insistia em conservar esses direitos. Depois do Concílio de Trento, no século XVI, tanto o rei da França como os bispos franceses negaram-se a promulgar seus decretos no território francês, porque as tendências centralizantes de Trento se opunham às "liberdades galicanas". A partir de então, a coroa francesa fez uso do galicanismo para assegurar sua autoridade sobre a igreja, o que deu ao movimento um tom cada vez mais secular.

GERAÇÃO. Filiação*.

GESCHICHTE. Historie*.

GLORIA PATRI. As primeiras palavras e, portanto, também o título, do antigo hino doxológico "Glória seja ao Pai"... Embora esse hino existisse com algumas variantes anteriormente, sua forma atual apareceu no século IV, quando foi utilizado como proteção contra o arianismo*. O que o hino afirma é que a glória, que pertence somente a Deus, pertenceu ao Pai sempre, ao Filho e ao Espírito Santo. É, por isso que termina dizendo "como (a glória) era ao princípio, é hoje e para sempre".

GLOSSOLALIA. Nome que se dá desde o século XIX à prática de falar em línguas. Aparece no Novo Testamento no que parece em duas formas. No relato de Pentecostes, em Atos, os discípulos falavam nas línguas das pessoas que estavam presentes. Nas epístolas paulinas, o dom de línguas é certamente dom do Espírito, mas aqui parece suceder dentro das comunidades de crentes, mesmo quando nada se entende do que está sendo dito, e serve para a edificação de quem fala em línguas, antes que de outros ou da comunidade (1Co 14.4). Em tais casos, Paulo prefere a "profecia", ou seja, a pregação e sugere que qualquer discurso em línguas deve ser traduzido para que a igreja seja edificada. As duas dimensões da glossolalia têm aparecido em momentos diferentes na vida da igreja. Durante o século II, a glossolalia parece ter sido bem comum, não somente entre os montanistas, mas também em toda a igreja. Mesmo que tendesse a desaparecer na igreja ocidental, reapareceu esporadicamente na igreja oriental, particularmente em comunidades monásticas. Diz-se que no século XVI, quando Francisco Xavier pregava na Ásia, ele podia falar em diversos idiomas que encontrasse. Entre protestantes havia poucos casos de glossolalia antes que se tornasse comum o movimento pentecostal, no começo do século XX, e dali se expandisse até outras comunidades cristãs.

Um dos pontos que se discutem com respeito à glossolalia é que, mesmo que todos concordem que é um dom do Espírito, uns dizem que é sinal necessário para o "batismo do Espírito Santo", enquanto outros afirmam que é somente um dos muitos sinais possíveis. Sobre esse ponto há desacordo entre diversos grupos pentecostais.

GNOSTICISMO. O nome que é dado a toda uma variedade de sistemas religiosos que floresceram no século II, e cujo denominador comum era a presença da salvação mediante um conhecimento secreto ou *gnosis*. Ainda que os eruditos não concordem quanto às origens exatas do gnosticismo, parece o resultado da confluência de muitas religiões e tradições filosóficas que se misturaram no mundo mediterrâneo no começo da era cristã: o dualismo* persa e grego, a astrologia babilônica, várias religiões de mistério* etc. Visto que o gnosticismo era sincretista, muitos de seus sistemas incorporavam elementos do cristianismo e, em particular das histórias sobre Jesus. Isso deu origem ao gnosticismo cristão, que por algum tempo competiu seriamente com a igreja. A maioria dos sistemas gnósticos explicava a existência do mundo e a condição humana por meio de uma cosmologia* elaborada que normalmente incluía uma série de seres puramente espirituais ou "eons", até que um desses, talvez por erro ou por má vontade, criou o mundo físico. As almas* humanas são parte daquele mundo espiritual que de alguma maneira ficaram agarradas a esse mundo físico, e sua salvação consiste em ascender mais uma vez ao mundo puramente espiritual, que normalmente se chama "plenitude" ou *pleroma*. Nessa ascensão, a alma tem de passar através das esferas celestiais, e em alguns sistemas gnósticos o conhecimento secreto dos iniciados consistia precisamente nas palavras secretas que permitiriam à alma atravessar cada uma das esferas.

Devido à sua visão da matéria física e do corpo como resultado de um erro ou do mal, o gnosticismo cristão rechaçava as doutrinas cristãs da criação*, encarnação* e a ressurreição do corpo. Particularmente com relação à encarnação, os gnósticos com frequência sustentavam posturas docéticas, declarando que o corpo de Jesus não era real, ou que era feito de uma substância puramente espiritual. Mesmo que a igreja de forma geral o tenha rechaçado, o gnosticismo mostrava seu atrativo cada vez que, por uma razão ou outra, as pessoas sentiam-se inclinadas para o esoterismo e o misterioso. Durante o século XIX, o surgimento do transcendentalismo e da "Ciência Cristã" foi exemplo disso. Da mesma forma, durante os últimos anos do século XX e começo do XXI, vê-se um renascer do gnosticismo, que às vezes pretende se basear em conhecimentos ocultos da antiguidade.

GOVERNO. Estado*.

GRAÇA. O imerecido amor de Deus pelo qual perdoa e transforma o pecador. Bem podia ser dito que as boas-novas do evangelho não são outras que a mensagem da graça de Deus. Ainda que a própria palavra apareça com mais frequência nos escritos de Paulo, o tema é fio condutor por toda a Escritura. O primeiro grande debate sobre a graça aconteceu no século V entre Agostinho e Pelágio (Pelagianismo*). O último era um monge britânico que se escandalizou ao encontrar nas *Confissões* de Agostinho a petição a Deus: "Dê o que mandes, e mande o que desejas". Ao ler essas palavras, Pelágio viu nelas uma espécie de quietismo*, que não pedia nada do crente, mas só aguardar a graça de Deus. Conforme foi aprendendo mais sobre os ensinamentos de Agostinho, chegou a temer que destruíssem o sentido de responsabilidade e o desejo de uma vida justa nos pecadores. Portanto, Pelágio insistia em que todos os seres humanos, mesmo depois da queda, não haviam perdido a liberdade para evitar o pecado — *posse non peccare* (Livre-arbítrio*). Os indivíduos pecam, não por causa da queda, mas pela própria liberdade. Pelágio estava de acordo com Agostinho e com todo o restante da tradição cristã em que para a salvação é necessário a graça. Mas o que Pelágio entendia por isso era uma "graça original" ou "graça da criação" que Deus deu a todos, e que torna possível aos pecadores, por sua própria e livre vontade, arrepender-se e buscar desfazer o mal que têm feito. Aqueles que seguem esse caminho, Deus dá a "graça do perdão", mediante a qual são salvos.

Agostinho discordava totalmente. Estava convencido de que os pecadores são incapazes de tomar a decisão de aceitar a graça de Deus. A única liberdade que os pecadores têm ainda é a liberdade de pecar ou, como diria Agostinho, *posse peccare*. Para passar da condição de pecador não redimido para a próxima etapa, quando se restaura a liberdade para não pecar, *posse non peccare,* requer-se uma intervenção da graça divina que não é devida de modo algum à vontade ou decisão do pecador. O pecador que se converte não pode reclamar que o tem feito por causa de alguma virtude, ato, por decisão especial que o tornou merecedor da graça. A graça sempre é dada gratuitamente — *gratia gratis data.* Depois, Agostinho diria que antes de crermos a graça opera em nós para que creiamos, e que uma vez que temos crido a graça coopera conosco para que façamos boas obras. Daqui surge a distinção, que logo se tornou comum, entre a "graça operante" e a "graça cooperante". Além disso, a vontade humana, que não pode aceitar a graça por si própria, tampouco pode rechaçá-la, o que implicaria em uma virtude particular em quem a aceita, virtude superior à daqueles que não a aceitam. Portanto, a graça é irresistível e é dada unicamente aos eleitos, a quem Deus predestinou para a salvação.

Posteriormente a igreja rechaçou oficialmente as doutrinas de Pelágio e tomou o partido de Agostinho, mas com tudo isso sempre continua existindo uma forma mitigada de pelagianismo tanto na teologia como na religiosidade cristã (Semipelagianismo*). Logo se impôs a ideia de que há uma "graça preveniente" que é dada a todos e, portanto, é muito semelhante à "graça da criação" de Pelágio. É por isso que mais tarde Lutero declarou que praticamente todos os teólogos medievais haviam sido pelagianos.

É importante notar que a própria controvérsia entre Agostinho e Pelágio levou a uma mudança sutil, mas importante no modo como se entendia a graça. Mesmo que Agostinho e Pelágio estivessem em profundo desacordo, tacitamente concordavam em que a graça é um poder que Deus dá aos seres humanos. A graça, antes que um modo de se referir ao amor constante e imerecido de Deus, veio a ser então uma substância ou um poder que Deus dá aos seres humanos. Esse entendimento da graça se conhece como "graça infusa". Por causa dessa visão, os teólogos medievais começaram a discutir a diferença entre a "graça não criada", que não é senão o próprio Deus, e a "graça criada" que é esse poder que Deus dá aos crentes.

Conforme Lutero foi desenvolvendo as implicações teológicas de sua doutrina da justificação* pela fé, chegou à conclusão que a graça não é "algo" que Deus infunde ao pecador, mas é antes a atitude de Deus de amor e de perdão. Tanto ele como os primeiros reformadores rechaçaram a ideia de uma "graça infusa". Para Lutero e Calvino, a graça não é outra coisa senão Deus agindo para o nosso bem.

Com o desenvolvimento do escolasticismo protestante, no século XVII, houve a tendência de voltar ao entendimento da graça como poder infundido por Deus. Por isso, ao ler os documentos do Sínodo de Dordrecht (1618-19), que definiu o calvinismo* ortodoxo, ficou claro que para as duas partes do debate, a graça havia se tornado um poder que Deus dá ao crente. Tanto a proposta arminiana de uma "graça preveniente" universal, como o argumento em prol da "graça irresistível" de seus opositores, implicam que a graça não é o próprio Deus, mas algo que Deus dá.

No século XX, o despertar da teologia reformada na neo-ortodoxia*, e da luterana na escola lundense*, levaram a um regresso da visão da graça como o próprio Deus agindo em amor, não como uma substância ou poder que Deus introduz na alma.

Mais tarde, nesse mesmo século, a relação entre a natureza e a graça foi tema da discussão entre os teólogos protestantes. Barth insistia em que qualquer sentido de continuidade entre a natureza e a graça não era verdadeiramente protestante, visto que a diferença entre o protestantismo e o catolicismo romano se encontra em que o último afirma, e o primeiro nega, que "a graça não destrói a natureza, mas que a aperfeiçoa". Nesse ponto, Brunner e outros se afastaram de Barth, afirmando que sempre há um "ponto de contato" para a graça, e que propor uma descontinuidade radical entre a natureza e a graça equivale a negar a bondade da criação*. Tillich foi mais longe, declarando que a "graça da criação" é o que mantém todas as coisas em existência.

GUERRA. Ainda que no Antigo Testamento se fale de várias guerras ordenadas por Deus, os primeiros cristãos abstinham-se de participar na guerra por causa da pregação de Jesus sobre o perdão e o amor para com os inimigos, e também por sua rejeição à violência como resposta à violência. Enquanto que o cristianismo se limitou a uma proporção ínfima da população, na qual, em todo caso, o Estado não confiava e até perseguia, essa postura pacífica foi sustentável.

No século II, o pagão Celso criticava os cristãos dizendo que se toda a população do império se tornasse cristã logo o império cairia nas mãos dos bárbaros. A isso respondeu Orígenes dizendo simplesmente que se toda a população fosse cristã também os bárbaros o seriam, e não seria necessário se defender contra eles. Porém, mais tarde nesse mesmo século, ainda apesar dos desejos de muitos dos dirigentes cristãos, já havia soldados no exército. Provavelmente os primeiros deles foram soldados que se converteram e que tinham de cumprir seu serviço militar.

Depois de Constantino, conforme uma proporção cada vez maior da população se tornou cristã, o pacifismo* original se modificou. Alguns se uniam ao exército e adiavam o batismo* até depois de cumprir o serviço militar, para o caso de que tivessem de matar alguém. Posteriormente, a posição pacifista foi geralmente abandonada. Durante esse processo, Agostinho (354-430) produziu a teoria da "guerra justa", e os princípios para determiná-la. Ao mesmo tempo em que preferia a não violência, e deplorava a necessidade de ter de comparecer a guerra, Agostinho oferecia uma série de critérios que são necessários para que uma guerra seja justa. Quanto a seu propósito, uma guerra é justa quando sua meta é promover a justiça e restaurar a paz. Quanto a quem a dirige, uma guerra é justa quando é ordenada pela autoridade devida (princípio esse que depois seria usado contra diversos grupos revolucionários). Quanto a sua conduta, uma guerra justa deve ser conduzida sem crueldade e sem ódio para com o inimigo, sem fazer violência aos que não combatem, sem saques e sem destruição em massa.

Mesmo que o propósito de Agostinho não visasse que esses princípios fossem empregados para a justificação fácil da guerra e da violência, não foi isso que aconteceu. Agostinho morreu, precisamente, quando os povos germânicos invadiam o antigo

Império Romano. Tratava-se de sociedades belicosas, com uma grande tradição de violência e de guerras por vingança. O resultado foi que os princípios de Agostinho, cujo propósito era tornar a guerra uma opção excepcional e de último recurso, tornaram a justificação de guerras constantes. Até o final do século XI esse processo levou às cruzadas. Naquele momento, os princípios de Agostinho quanto a estabelecer a paz, e os limites que Agostinho havia proposto quanto às atividades dos sacerdotes, eram, geralmente, descontados. O inimigo foi demonizado, e chegou a se pensar que a crueldade e as matanças eram ações de valor e até de virtude. Ainda que, originalmente se pretendesse que as cruzadas fossem dirigidas contra os muçulmanos na Terra Santa, posteriormente os princípios das cruzadas foram aplicados a outras guerras contra os albigenses* no sul da França, e mais tarde contra os nativos do hemisfério ocidental, quando foram conquistados por potências europeias. Atitudes semelhantes de crueldade e de demonização do inimigo existiram na Europa durante as guerras religiosas no século XVII.

Em resposta a tudo isso, vários grupos voltaram-se ao pacifismo como a alternativa cristã. Esse é o caso, por exemplo, dos menonitas* e dos quacres*. Depois de sofrer perseguições nas mãos dos Estados que temiam que tais ensinamentos debilitassem sua capacidade de defesa, esses cristãos pacifistas alcançaram certo reconhecimento em vários países. Porém, ainda, a maior parte dos cristãos, particularmente daqueles que vivem em nações tradicionalmente cristãs, aceita alguma versão da teoria da guerra justa, ou estão tão comprometidos com o nacionalismo que nem sequer se perguntam se a guerra é justa. Um fator que complica a aplicação dos princípios da guerra supostamente justa é que as armas modernas tornam quase impossível excluir de entre as baixas aqueles que não combatem.

H

HÁBITO. Na teologia escolástica tradicional, e a partir de então em boa parte da teologia moral* do catolicismo romano, um hábito é a inclinação de uma faculdade da mente de agir de certo modo. Isso inclui tanto hábitos da vontade como hábitos do intelecto, quando tendemos a agir ou a pensar de certa maneira. Como inclinações, os hábitos não destroem o livre-arbítrio, mas simplesmente o guiam em uma direção particular. Logo, a ideia teológica do "hábito" inclui boa parte do que se entende por essa palavra no uso comum, e os hábitos podem ser bons ou maus, conforme a inclinação da alma para o próprio fim (as virtudes), ou o afastamento dele — em tal caso o hábito se torna um vício. Tais hábitos são tecnicamente conhecidos como "hábitos adquiridos", em contraste com outra espécie criada pela ação da graça. Os últimos também são inclinações a agir de certo modo, mas não são produzidos pela simples prática e repetição, mas requerem a intervenção sobrenatural da graça. Quando são desenvolvidos adequadamente, os hábitos são o fundamento da vida moral, visto que os bons hábitos adquiridos levam à prática das virtudes cardeais, e o hábito sobrenatural ou infuso leva às virtudes teologais (Virtudes*).

HADES. Termo grego que se refere originalmente ao deus dos lugares inferiores. Posteriormente veio a ser o termo utilizado para esse lugar e, portanto, foi empregado nas antigas traduções gregas das Escrituras hebraicas para se referir ao lugar dos mortos. Mesmo que originalmente o Hades não implicasse necessariamente em lugar de castigo, pouco a pouco se tornou o lugar onde as almas estão prisioneiras esperando sua redenção, ou o lugar de castigo eterno. A maioria dos teólogos cristãos entende o Hades (ou inferno) como lugar de tormento eterno, em geral tanto físico como espiritual — mesmo que alguns, como Calvino (1509-64), sustentassem que esse tormento é puramente espiritual.

Outros como Orígenes (c. 185-c. 254), e mais recentemente Berkhof (1873-1957), pensaram que se tratava de um lugar onde se purgam os pecados. Há também aqueles, como Berdyayev (1874-1948), que pensam que não há um lugar de castigo, e que o inferno é uma invenção pia por parte de quem se acha justo.

HEGELIANISMO. O sistema filosófico de Georg W. F. Hegel (1770-1831). Segundo Hegel, toda a História é o desenvolvimento do pensamento da Mente Universal ou Espírito Absoluto. Esse pensamento move-se dialeticamente, de tal modo que primeiro se expõe uma tese, a qual se contrapõe uma antítese, e as duas se resolvem em uma síntese. Essa síntese torna-se por sua vez uma nova tese, à qual se opõe uma nova antítese e assim continua o processo. O próprio Hegel se aplicou essa estrutura de pensamento, e, portanto conforme o pensamento dele da realidade na sua maneira de entender vários processos históricos. Em particular, afirmava que o cristianismo era a religião mais elevada, porque a encarnação* une dois polos aparentemente opostos, o divino e o humano. De forma semelhante, a doutrina da Trindade* mostra que o processo dialético existe no próprio coração do Absoluto. O impacto de Hegel foi enorme. Muitos personagens menores se dedicaram a preencher os espaços vazios em sua interpretação da História. Outros tentaram interpretar diversas doutrinas e seu desenvolvimento em termos da dialética hegeliana. Kierkegaard (1813-55) zombava do hegelianismo dizendo que "agora que o sistema está completo, ou se não, ele estará no próximo domingo..." Karl Marx (1818-83) sintetizou a dialética hegeliana dentro de um marco materialista chegando assim ao que chamou de "materialismo dialético" (Marxismo*). No campo dos estudos do Novo Testamento, a escola de Tubinga desenvolveu um sistema segundo o qual a teologia de Paulo era a antítese da tese judaizante de Tiago e de outros de Jerusalém, e da síntese das duas resultou aquela porção do Novo Testamento que não é paulina. Mesmo que em todos esses casos a importância de Hegel tenha decaído, um ponto no qual se sente sua influência ainda no século XXI é sua ênfase na História como o campo no qual a verdade se conhece e se vive. (História*; Historie*; *Heilsgeschichte**). Além disso, essa noção da História e do mundo que se desenrola e desenvolve segundo o processo de um pensamento motor se encontra por trás de boa parte da cosmologia* moderna, assim como por trás da teoria darwiniana da evolução*.

HEILSGESCHICHTE. Palavra alemã que significa "história da salvação", e que com frequência se contrasta com a *Weltgeschiochte* ou "história do mundo". Começando no século XIX, mas particularmente no XX, muitos dos teólogos e eruditos bíblicos estabeleceram essa distinção entre duas classes de história. Nelas refletiam práticas educativas antigas, visto que em muitas escolas se costumava dar cursos sobre a "história da salvação"; além dos cursos de "história universal". Segundo os proponentes da *Heilsgeschichte*, a Bíblia deve ser lida como o registro das "grandes ações" de Deus para a salvação da humanidade, primeiro em Israel, depois em Jesus, e por último na igreja. Essa história da salvação corre, então, como um fio discernível através de todo o restante da História, a qual dá sentido. Logo, o propósito do estudo da *Heilsgeschichte* era desenvolver uma teologia bíblica capaz de interpretar tanto a Bíblia como a própria História.

Recentemente, os estudiosos da Bíblia questionaram se na realidade as perspectivas históricas que aparecem na Bíblia são tão diferentes de outras perspectivas históricas como supunham os proponentes da *Heilsgeschichte*. Além disso, entre os teólogos da libertação* vários têm argumentado que essa distinção entre a história da salvação e a história do mundo deve ser rechaçada, visto que implica que a própria História tem importância somente enquanto leva à salvação, e com isso reduz a importância da libertação histórica.

HENOTEÍSMO. Termo criado no século XIX para se referir àquelas religiões que, ao mesmo tempo em que reconhecem uma variedade de deuses, somente servem e adoram um em particular. Esse é o caso, por exemplo, de algumas sociedades nas quais cada clã tem a própria deidade. Alguns eruditos pensam que em seu começo Israel era henoteísta, de modo que Yahweh era o Deus de Israel, mas não o único Deus existente.

HERESIA. Palavra que originalmente significava simplesmente "partido" ou "seita", mas que já tinha conotação depreciativa. Depois chegou a significar qualquer doutrina contrária aos ensinamentos centrais da fé cristã — ou, mais exatamente, qualquer doutrina que se chame cristã, mas que rejeite ou deturpe algum aspecto fundamental do cristianismo. Logo, as heresias cristãs tradicionais incluem o gnosticismo* cristão, o arianismo* etc. A maioria dos teólogos protestantes tem restrito o uso desse termo para aquelas opiniões que contradizem assuntos tão fundamentais como as doutrinas da criação*, a encarnação*, a Trindade* etc. Em contraste, dentro da teologia católica romana, qualquer rejeição ao dogma* definido pela igreja merece o nome de heresia. Se a pessoa que sustenta essas posições não sabe que contradizem a doutrina oficial da igreja, trata-se de uma "heresia material, que pode ser corrigida mediante os ensinamentos corretos. Se, ao contrário, a pessoa rejeita um dogma conscientemente, trata-se de uma "heresia formal", que pode ser castigada com a excomunhão*. Até o final do século XVII o escolasticismo* protestante e, nos séculos XIX e XX, vários grupos protestantes e fundamentalistas chegaram a aceitar o modo católico romano tradicional de entender a heresia e, portanto, qualquer um, entre seus membros, que não estivesse de acordo com todos os detalhes da doutrina podia ser considerado herege, e condenado como tal.

HERMENÊUTICA. A disciplina que estuda as regras de interpretação de um texto e, portanto, no contexto teológico, a disciplina que se preocupa sobre tudo da interpretação bíblica. Os primeiros teólogos cristãos herdaram os métodos hermenêuticos empregados pelos hebreus e pelos gregos. Por isso, às vezes, interpretavam os textos literalmente, outras vezes alegoricamente, da mesma maneira que intérpretes pagãos interpretavam Homero e outros poetas antigos e, às vezes, como profecia, como se fazia em alguns círculos judeus. A isso os cristãos com frequência acrescentavam um método cristocêntrico de interpretação, a tipologia*, que via, nem tanto as palavras da Escritura, como os acontecimentos que se narram como sinais que apontam até seu cumprimento em Jesus Cristo. Alguns propuseram certos princípios hermenêuticos. Assim, por exemplo, Clemente de Alexandria (c.150-c. 215) insistia em que nenhum texto bíblico deve ser interpretado de tal modo que pareça dizer algo indigno de Deus. O que Clemente queria dizer com isso era que toda linguagem antropomórfica sobre Deus devia ser interpretada em termos filosóficos. Orígenes (c. 185-c. 254) e outros afirmavam que cada texto tem várias camadas de sentido, que levam do literal ao espiritual. Em geral, os alexandrinos preferiam a interpretação alegórica, enquanto que os antioquenos se inclinavam para interpretações mais literais ou tipológicas.

Durante a Idade Média, tornou-se costume interpretar toda a Bíblia cristologicamente. Essa tendência se fortaleceu devido ao costume de ler os textos do Antigo Testamento com base na sua relação com as diversas festas e estações do ano litúrgico, cuja estrutura é, essencialmente, cristocêntrica, pois celebra os principais acontecimentos na vida de Jesus. Além disso, nos monastérios recitavam-se regularmente os Salmos, sempre em contextos cristológicos. A consequência disso pode ser vista no próprio Lutero, cuja experiência monástica levou a ler os Salmos como passagens referentes a Jesus e suas relações com os crentes e com a igreja.

Conforme o escolasticismo* se tornou dominante, seu método de citar autoridades, tanto a favor como contra uma postura particular, e de citá-las com frequência fora de seu contexto, resultou em uma interpretação literal dos textos citados, sem ao menos considerar seu contexto literário ou histórico.

A concentração de Lutero na justificação* pela fé como ferramenta hermenêutica fundamental levou a questionar o valor da Epístola de Tiago. Sua oposição ao papado é, com frequência, vista em sua interpretação de muitas das passagens mais negativas de Apocalipse. Ao insistir na autoridade das Escrituras, tanto ele como os demais reformadores abriram o caminho para novas discussões sobre os princípios e a prática da hermenêutica. Ao mesmo tempo em que declarava que a tradição não tem autoridade sobre a Bíblia, Calvino insistia na interpretação tradicional de Cântico dos Cânticos como uma canção de amor entre Deus e a alma, e considerou Sebastião Castello (1515-63) herege, por declarar que se tratava de uma canção erótica. Tanto Lutero como Calvino entendiam que as Escrituras proporcionam um caminho infalível e seguro até o conhecimento de Deus, mesmo que isso não queira dizer que a Bíblia seja infalível em todo detalhe.

O escolasticismo protestante e também o catolicismo tridentino* voltaram à prática de citar textos fora de seu contexto, e de unir textos desconectados com a finalidade de provar suas posturas. Foi isso que requereu a infalibilidade literal das Escrituras, visto que um argumento apoiado por tal uso de textos só é válido se os mesmos textos forem infalíveis, mesmo quando são considerados fora de seu contexto.

A contrapartida de tal uso da Bíblia foi o desenvolvimento dos métodos históricos e críticos da investigação moderna. Dentro desse movimento, a atenção se centrou sobre questões como quando um livro foi escrito, quais foram suas fontes, quem é seu autor etc. Os resultados dessa investigação com frequência contradiziam o que antes era dado certo. Ocasionalmente, tais temas atraíam a atenção de estudiosos da Bíblia, a ponto de se discutir pouco sobre o que os próprios textos diziam ou significavam.

Tal situação começou a mudar no começo do século XX, quando a neo-ortodoxia e outros movimentos teológicos começaram a regressar para a questão sobre o que a Bíblia diz, mesmo que agora considerem os resultados da crítica histórica e literária. Durante todo esse século houve um crescente interesse na interpretação dos textos e em sua pertinência para a vida da igreja e do crente.

Mas isso não podia ser uma leitura inocente do texto, não só porque tal leitura contradiria o que os eruditos haviam descoberto, mas também porque, conforme o século XX foi avançando, tornou-se cada vez mais óbvio que a interpretação é sempre um diálogo entre o intérprete e o texto, e que enfocar em um texto questões a partir de uma perspectiva diferente pode levar a respostas inesperadas. As diversas teologias contextuais* insistem sobre esse ponto, e o provam com inúmeros exemplos. Além disso, conforme a pós-modernidade avança, essa questão da importância da perspectiva do leitor se tornou uma das principais preocupações da teoria hermenêutica, na qual se debatia como um texto do passado, e de uma cultura* diferente, podia ser entendido e interpretado por leitores do século XXI. Teriam os textos uma autoridade que o intérprete não pode violar? O que acontece quando diversas circunstâncias levam a ver essa autoridade de modos diferentes? Seria verdadeiramente possível ouvir o que o leitor quis dizer? Seria possível aproximar-se a ele? Como saberemos se o temos feito? O significado de um texto depende da resposta do leitor. Essas e muitas outras questões semelhantes têm dominado a discussão hermenêutica no final do século XX e começo do XXI.

HESICASMO. Uma prática mística e ascética comum no cristianismo oriental a partir do século XI. Seu nome é derivado das raízes gregas que significam "em silêncio". Visto que os hesicastas diziam que podiam alcançar o êxtase* estando sentados em silêncio, deixando o queixo descansar sobre o peito, contemplando o umbigo, e repetindo constantemente: "Senhor Jesus, tem misericórdia de mim". Em seu êxtase, diziam também terem visto a "luz não-criada" de Deus. Isso atraiu as críticas por parte dos outros teólogos orientais, pois visto muitos desses críticos também estavam buscando uma reconciliação com o Ocidente. O debate logo se complicou com outras questões paralelas. Por último, no ano de 1351, a igreja bizantina aceitou oficialmente o hesicasmo, e um de seus principais proponentes, Gregório Palamas (1296-1359), foi declarado santo.

HETERONOMIA. Termo derivado do grego, *heteros*, outro e *nomos*, lei ou princípio e que, portanto quer dizer a sujeição às leis ou princípios fora da própria pessoa. Foi usado particularmente por Kant (1724-1804) no campo da ética filosófica, e por Paul Tillich (1886-1965) no campo da teologia. Segundo Kant, a heteronomia faz que a pessoa seja governada pelas paixões e pelos desejos, ou por leis impostas exteriormente. Sobre elas propõe a autonomia*, o governo da razão interna. Tillich sustentava que tanto a heteronomia como a autonomia devem deixar passagem para a teonomia*, na qual a razão autônoma já não se baseia meramente em si própria, mas no fundamento de todo ser, Deus, e leva, portanto, a uma existência autêntica — mesmo que essa meta nunca seja alcançada plenamente dentro dos limites da existência histórica.

HIERARQUIA. Uma ordem escalonada na qual os níveis inferiores se comunicam com os mais altos por meio dos intermediários. Na linguagem comum da igreja a "hierarquia" refere-se, em geral, à ordem do clero e, particularmente, aos seus níveis mais elevados. Durante a Idade Média, graças ao impacto do neoplatonismo*, concebia-se a realidade toda como hierárquica. Isso foi devido, particularmente, a um autor desconhecido, que no século VI, usando o pseudônimo de Dionísio, o Areopagita, e, portanto, passando por discípulo direto de Paulo, escreveu uma série de obras nas quais propunha uma concepção hierárquica da realidade.

Para o pseudo-Dionísio, e em geral para os neoplatônicos, toda a criação está organizada como uma grande pirâmide hierárquica, na qual os seres que estão mais próximos de Deus são superiores e, os que estão mais distantes são inferiores. Em particular, o pseudo-Dionísio desenvolveu um sistema elaborado no qual descrevia tanto a hierarquia eclesiástica como a celestial. Na hierarquia celestial, há três níveis de seres angélicos, cada um deles com três graus, de modo que resultam em nove coros celestiais: no nível mais alto, os serafins, querubins e soberanos; no nível intermediário, os domínios, virtudes e poderes; por último, no nível mais baixo, os principados, arcanjos e anjos. A hierarquia eclesiástica tem dois níveis, cada um deles com três graus. Em primeiro lugar, temos o nível sacerdotal, com a hierarquia tripartida de bispos, sacerdotes e diáconos. Então seguem os leigos, que também se dividem em três grupos: os monásticos, os fiéis em geral e aqueles crentes que estão excluídos da comunhão (catecúmenos, penitentes e energúmenos, como eram chamados então aqueles que criam estar possuídos por demônios e por cuja libertação a igreja orava).

Mesmo que o esquema proposto pelo pseudo-Dionísio perdesse credibilidade quando se viu que na realidade ele não era discípulo do apóstolo Paulo, a visão hierárquica da igreja continuou vigente pelo menos até o Segundo Concílio Vaticano (1902-65), que começou a falar da igreja como povo peregrino de Deus. Ao mesmo tempo, contudo, vários grupos protestantes fundamentalistas propunham os próprios esquemas para ordenar os diversos níveis de anjos e outros seres celestiais.

HIPÓSTASE. Literalmente, substância que subjaz ao ser. Termo que teve um papel importante tanto nos debates trinitários como nos cristológicos. Nas controvérsias trinitárias, foi usado em princípio como sinônimo de *usia*. Assim, por exemplo, nos anátemas* que foram acrescentados ao credo de Niceia, rechaçava-se toda opinião segundo a qual o Pai e o Filho são diferentes "em *usia* ou em *hipóstasis*". Isso causou muita confusão, particularmente porque no Ocidente o vocabulário era distinto. No Ocidente, desde os tempos de Tertuliano, costumava-se afirmar que Deus é "três pessoas em uma substância". Quando os teólogos de fala grega traduziram isso, a tradução literal era "três *prosopa* em uma hipóstase". Em grego *prosopon* (plural: *prosopa*) podia ser entendido como "pessoa"; mas podia significar uma máscara ou um personagem em um drama. Isso levou muitos gregos a pensar que os teólogos de fala latina estavam se referindo a Deus como uma só substância que se apresenta com três faces ou que preenche três papéis consecutivos, o qual os gregos consideravam de sabelianismo*. Por outro lado, quando os teólogos latinos escutavam os gregos se referirem a três hipóstases, entendiam no sentido de três substâncias e, portanto, três deuses. Não foi senão depois de uma geração, e da obra dos capadócios, de Atanásio e outros, que se pôde construir a ponte entre os dois ramos da igreja, de modo que se chegasse à conclusão de que a fórmula latina "três pessoas em uma substância", era equivalente à grega "três *hipóstases* em uma *usia**".

Por outro lado, a ideia de *hipóstase* também teve um papel nas controvérsias cristológicas, particularmente no século V, e nos debates em torno dos concílios de Éfeso (431) e Calcedônia (451), cujo resultado final foi definir a ortodoxia cristológica em termos de uma "união hipostática".

HIPOSTÁTICA, UNIÃO. União hipostática*.

HISPÂNICA, TEOLOGIA (nos EUA). A teologia contextual desenvolvida nos Estados Unidos por pessoas de cultura hispânica ou latino-americana. Tende diferir da teologia *latino-americana porque seu contexto inclui o fato de vir de um contexto cultural minoritário e com frequência marginalizado. Nesse sentido é, às vezes, paralela àqueles elementos da teologia latino-americana que se referem à condição dos povos e culturas originais do continente em países nos quais o espanhol e o português são dominantes.

Um dos temas comuns da teologia hispânica é a mestiçagem, que antes teve um papel importante nas discussões sobre a identidade mexicana, e que o teólogo mexicano-americano Virgilio Elizondo (1935-) relacionou com a condição dos mexicanos nos Estados Unidos, assim como com a dos galileus no judaísmo antigo. O mestiço é uma pessoa que se encontra entre duas culturas, de tal maneira que é alheio às duas e, no entanto, está criando uma nova cultura que pode ser a vanguarda do futuro. Os teólogos latinos nos Estados Unidos têm desenvolvido esse tema como paradigma para entender sua situação, na qual já não pertencem à cultura de suas terras nativas, mas também não pertencem plenamente à dos Estados Unidos.

Outros temas de interesse para os teólogos hispânicos nos Estados Unidos são o paradigma do exílio, os conflitos e tensões intergerações e interculturais, sua relação com a América Latina, a relação entre idioma, cultura e identidade e o modo de ler tanto as Escrituras como toda a teologia e a história a partir da própria cultura e contexto social. Algumas teólogas latinas, nos Estados Unidos, preocupadas porque a teologia de seus companheiros homens não considera suficientemente suas experiências e contribuições e, ao mesmo tempo a teologia feminista normativa tende a ocupar-se da cultura dominante, têm desenvolvido dentro do contexto da teologia hispânica, e como uma de suas expressões, a teologia feminista*.

HISTÓRIA. Além de seu uso comum como o estudo dos acontecimentos passados, em seu uso teológico a "História" com frequência se refere a toda a esfera da existência terrena e temporal que a vida humana ocupa e na que Deus se relaciona com a humanidade. Nesse caso inclui tanto o passado como o presente e o futuro. Em boa parte da teologia contemporânea se vê a História como o único lugar onde é possível conhecer e experimentar a eternidade nessa vida. Logo, quando se diz, por exemplo, que a encarnação* é um acontecimento histórico, isso não quer dizer que se possa comprovar objetivamente pelos métodos da investigação histórica, mas sim que aconteceu em certo tempo e lugar, que se relaciona com todas as ações de Deus na História, e que é conhecida por nós graças a uma cadeia de testemunhos históricos que unidos uns aos outros formam uma tradição — tradição que certamente se fundamenta e se percebe no Novo Testamento, mas que inclui também na cadeia de testemunhos que nos conectam com o Novo Testamento. Nesse sentido, uma das características da teologia nos séculos XX e XXI tem sido o redescobrimento da centralidade da História para a fé cristã. Isso pode ser visto, em parte, como resultado do hegelianismo* — o qual, mesmo que posteriormente tenha sido de forma geral rechaçado, deixou uma herança de interesse no desenvolvimento histórico — assim como a disponibilidade de novos métodos de investigação teológica e, em campo específico da teologia, o impacto da neo-ortodoxia*, da escola lundense*, da teologia da esperança*, das teologias contextuais* e de libertação*, e de muitas outras que sublinham a importância da História como campo de atividade divina.

Quanto à disciplina da História eclesiástica, essa também tem sido impactada pelo historicismo* das últimas décadas, de modo que no presente o fato de que a própria História tem sua história é ponto conhecido. A *história eclesiástica* de Eusébio de Cesarea (século IV) não é somente uma compilação de dados, mas uma compilação que tem sido selecionada e organizada com certos propósitos. No século XVI, um grupo de protestantes, os "centuriadores" de Madegeburgo, empreenderam a tarefa de escrever toda uma história da igreja a partir de uma perspectiva cristã e, o cardeal Barônio (1538-1607) respondeu com seus volumosos *Anais eclesiásticos*. Até o final do século XX, tornou-se, também, claro que o cristianismo havia se tornado muito mais que uma religião ocidental e, essa realidade, junto ao movimento ecumênico levou a novas tentativas de escrever a história da igreja a partir de novas perspectivas que considerassem diversos fundos culturais e tradições teológicas.

HISTORICISMO. Termo com sentidos diferentes. Algumas vezes se refere à posição reducionista que sustenta que toda a verdade pode ser explicada em termos de uma sequência de circunstâncias e acontecimentos históricos. Nesse sentido, tem, com frequência, conotações preconceituosas. Mais recentemente, o termo "historicismo" é empregado para assinalar o condicionamento histórico de toda ideia ou pensamento, que, portanto, reflete as condições de onde surge. Esse é o caso, por exemplo, da sociologia do conhecimento, que explora o modo como as circunstâncias históricas afetam o conhecimento e interpretação da realidade. No campo da teologia, o historicismo, nesse sentido, implica que as "verdades eternas" nunca são conhecidas por nós como tais, mas somente em seus contextos históricos concretos (Contextuais*, teologias).

HISTORIE. Um dos termos, geralmente, empregados em alemão para se referir à História*. O outro é *Geschichte*. Esses dois termos, e a diferença entre eles, são utilizados por teólogos na Alemanha, como em outros lugares, para distinguir a história como uma série de acontecimentos comprováveis (*historie*) da História como narrativa com sentido (*egeschichte*) — sentido que não deriva dos próprios acontecimentos e, portanto, não está sujeito à verificação histórica que a *historie* requer. Essa distinção perdeu a importância conforme a pós-modernidade leva ao convencimento crescente de que ainda os acontecimentos supostamente objetivos da História são vistos e interpretados através da subjetividade do observador.

HOMOIUSION. (Do grego *homoios*, semelhante, e *usia*, substância. Também, em outros contextos gramaticais, *homoiusios*). Fórmula proposta durante a segunda metade do século IV por alguns que, sem aceitar o arianismo*, temiam que as decisões de Niceia (Credo), resumidas na frase *homousion to Patri* — da mesma substância do Pai — podia ser interpretada em termos semelhantes. Sua alternativa, *homoiusion to Patri* — de substância semelhante à do Pai — buscava preservar a divindade do Filho, e ao mesmo tempo afirmar a distinção entre o Pai e o Filho. Por essa razão, às vezes aqueles que sustentam essa postura são chamados de "semiarianos", mesmo que na realidade esse título não seja exato. Mais tarde no mesmo século, em parte graças à obra dos capadócios e de Atanásio, a maioria dos homoiusianos aceitou a fórmula nicena *homousios*.

HOMMOUSION (do grego *homos*, o mesmo ou a mesma, e *usia*, substância. Também, em outros contextos gramaticais, *homousios*). Fórmula incluída no Credo Niceno* como declaração clara da divindade plena do Filho. A frase completa no Credo é *homousion to Patri* — da mesma substância do Pai. Essa é uma das muitas frases nesse credo cujo propósito é rechaçar o arianismo*: "da substância do Pai... Deus de Deus, luz de luz, Deus verdadeiro de Deus verdadeiro, gerado, não feito". Mas logo se tornou a pedra de tropeço das controvérsias subsequentes, porque ao declarar que o Pai e o Filho são da mesma substância, parecia deixar o caminho aberto para o sabelianismo*. Um dos pontos debatidos durante a controvérsia que continuou era se a Segunda Pessoa da Trindade — o Filho — é o resultado da vontade de Deus, como são as criaturas, ou é a mesma substância de Deus — e nesse caso plenamente divino. Depois, o termo *homousion* resumia todos os temas debatidos.

HUMANISMO. Movimento que surgiu durante o Renascimento na Itália e depois no norte da Europa. Os humanistas mostravam-se extremamente desconfiados a respeito do escolasticismo* medieval, assim como dos métodos educativos da Idade Média e, portanto, propunham currículos que sublinhassem as linguagens e literatura da antiguidade, assim como a capacidade do intelecto humano para encontrar a verdade e a beleza. Conscientes de que a tradição medieval havia impactado a interpretação da antiguidade tanto clássica como cristã, os humanistas buscavam retornar às fontes da antiguidade — com isso diziam, ir, *ad fontes*, às fontes. Por essa razão dedicaram grande esforço à tarefa de restaurar os antigos textos eliminando os acréscimos e variantes que haviam sido adicionados durante os séculos com o copiar e recopiar dos manuscritos. Entre os eruditos cristãos, o resultado foi a aparição de várias edições críticas das Escrituras assim como antigos escritores cristãos. Erasmo (1466-1536) foi uma figura central em todo esse empreendimento, cuja edição do Novo Testamento em grego foi um dos textos principais da Reforma. Na Espanha, o cardeal Francisco Jiménez de Cisneros (1436-1517) produziu uma obra mais ambiciosa, a *Poliglota Complutense*. Vários dos dirigentes da Reforma, entre eles Zwinglio, Melanchthon e até certo ponto Calvino, foram humanistas. Mesmo que o próprio Lutero fosse humanista, sua insistência na necessidade de regressar à fé cristã era paralela ao *ad fontes* dos humanistas, e refletia essa postura.

Recentemente, particularmente até o final do século XX, o termo "humanismo" foi utilizado em um sentido muito diferente, para se referir a qualquer sistema de pensamento que coloque a humanidade, seus ganhos e potencialidades, no centro da filosofia, da ética, ou da política. Em tais contextos, com frequência, era um termo depreciativo usado pelos cristãos mais conservadores.

Pela mesma época, os tomistas o usavam para argumentar que havia dimensões humanistas no pensamento de Tomás de Aquino (c. 1225-74), porque Tomás vê um papel positivo para a razão na busca do conhecimento, assim como para a lei natural através da qual os homens têm certa ideia da vontade de Deus.

HUSSITAS. Os seguidores de João Huss (1369-1415). Depois da morte de Huss, seus seguidores se dividiram em vários grupos. Alguns recorreram às armas para se defenderem quando foi promulgada contra eles uma cruzada e, mesmo que fossem milhares os que morreram sua resistência foi tal que posteriormente conseguiram que a Igreja Católica lhes fizesse várias concessões. Outros continuaram resistindo ao catolicismo romano e se reorganizaram na *Unitas Fatrum* — Unidade dos irmãos. Graças ao impacto do pietismo* entre os morávios, particularmente por meio da obra do conde Zinzendorf (1700-60), tornaram-se um forte movimento missionário e se espalharam por todo o mundo.

HYBRIS. (Também "hubris"). O orgulho desmedido que leva além dos devidos limites, pretendendo alcançar o inalcançável. Segundo alguns teólogos, nisso consiste a própria essência do pecado.

I

ICONOCLASMO. Movimento que apareceu na igreja oriental no século VIII, oposto ao uso das imagens nos cultos. Suas causas eram muitas: o desejo de responder às acusações por parte dos muçulmanos e dos judeus que diziam que os cristãos praticavam a idolatria, o desejo de alguns oficiais do governo de limitar o poder da igreja, as proibições bíblicas com relação ao uso de imagens etc. Por extensão, às vezes são chamados de "iconoclastas" qualquer um que aparente se alegrar em destruir opiniões geralmente aceitas. A controvérsia iconoclasta começou no ano de 721, quando o imperador bizantino Leão III, o Isáurico, ordenou a destruição de uma imagem de Cristo que supostamente tinha poderes milagrosos. A isso seguiu uma série de éditos imperiais contra o uso das imagens (os ícones) no culto. O patriarca de Constantinopla, oposto à política imperial, foi deposto pelas autoridades, e isso levou a uma ruptura entre Constantinopla e Roma. Toda uma grande série de imperadores bizantinos continuou as políticas iconoclastas de Leão, e aqueles que se opuseram receberam o nome de "iconodulos",* ou seja, servos das imagens. O partido iconodulo, mesmo que não tivesse poder político, tinha o firme apoio da maioria leiga, que estava acostumada a utilizar imagens no culto e até venerá-las, e cuja oposição à política imperial foi alentada por muitos monges, assim como por vários dirigentes eclesiásticos que tiveram de partir para o exílio. Por último, a imperatriz Irene, quando servia de regente para seu filho Leão IV, aboliu a política imperial, e junto ao papa Adriano I, convocou um concílio ecumênico que se reuniu em Niceia no ano 787 e declarou a restauração das imagens ou ícones (Sétimo Concílio Ecumênico). Em sua justificação para o uso de imagens, o concílio fez uso de argumentos utilizados anteriormente pelo patriarca Germano de Constantinopla, que havia declarado que a adoração no sentido estrito, *latreia*, só é devida a Deus, mas que outros objetos, como as imagens, são dignos de veneração e serviço, *duleia*, precisamente por sua relação estreita com Deus e porque apontam para Deus. Mesmo que isso parecesse finalizar a questão, no começo do século IX, o imperador Leão V voltou às políticas iconoclastas de seus predecessores e, portanto, a controvérsia continuou até a restauração final das imagens por outra regente, a imperatriz Teodora, em 11 de março de 842. Até o dia de hoje a ortodoxia oriental celebra essa data como a "Festa da Ortodoxia".

No campo da teologia, João de Damasco (c. 570-749) foi o principal defensor das imagens, e pôde fazê-lo porque vivia em territórios muçulmanos e, portanto, estava isento das pressões imperiais. Sua *Exposição da fé ortodoxa* incluía uma forte defesa das imagens. Segundo João de Damasco, devem ser empregadas, antes de tudo, porque Deus fez a humanidade segundo sua própria imagem e, portanto, o primeiro em construir uma imagem e mostrar que é capaz de refletir Deus foi o próprio Deus. Em segundo lugar, porque na encarnação* Deus tomou a forma humana e, portanto, fez que a divindade se tornasse acessível à humanidade em formas e imagens humanas. Finalmente, as imagens são os livros dos iletrados, que aprendem sobre Deus e a vida cristã por meio delas.

ICONODULOS. Iconoclasmo*.

IDEALISMO. Além de seu uso comum, no sentido de se deixar levar por ideais, no discurso filosófico o "idealismo" refere-se a qualquer teoria ou cosmovisão que entenda que a realidade consiste antes de tudo em ideias ou processos intelectuais. Logo, o termo inclui uma ampla variedade de sistemas filosóficos, como o platonismo,* o cartesianismo",* e o hegelianismo*.

IDEOLOGIA. Muitas teologias contextuais* e de libertação empregam o termo "ideologia", não no seu sentido mais comum, como um sistema de ideias, mas antes no sentido marxista de um sistema de ideias com propósito social, econômico ou de classe. Nesse uso, a ideologia, com frequência é vista como um erro opressivo que deve ser desmascarado.

IGREJA. Termo que deriva do grego *ekklesia* através do latim *ecclesia*. A disciplina teológica que estuda a igreja se chama eclesiologia.

Mesmo que sempre se refira à comunidade dos fiéis, o termo "igreja" tem diversos significados segundo seu contexto. Algumas vezes se refere à congregação local, como no caso da "igreja de Éfeso" ou "a igreja se reunirá esta noite". Outras vezes inclui todos os crentes em todas as partes, como em Efésios 3.10. Também é utilizado como nome de uma denominação ou comunidade de fé particular, como quando se fala da Igreja Presbiteriana ou da Igreja Anglicana. Às vezes se refere aos dirigentes autorizados de uma comunhão particular, como, quando entre os católicos romanos se diz que "a igreja ensina que..." Mesmo que todos esses sentidos sejam diferentes, há uma relação entre todos eles — e em parte é ao estudo dessa relação que se refere à eclesiologia*.

ILUMINAÇÃO. Princípio da epistemologia* de Agostinho, segundo o qual todo o conhecimento se baseia na atividade de Deus, que ilumina a mente. Como seguidor da tradição platônica, Agostinho (354-430) não cria que o conhecimento das verdades eternas — que é o único que merece o nome de conhecimento — possa ser resultado da atividade dos sentidos, que são mutáveis e contingentes, nem tampouco da mente humana, que igualmente é mutável e contingente. Por outro lado, não podia aceitar a teoria platônica da preexistência das almas (mesmo que em seus primeiros escritos andassem perto disso) como fundamento para o conhecimento das ideias eternas. Foi assim que recorreu à teoria da iluminação, segundo a qual todo conhecimento verdadeiro é resultado da luz divina sobre a mente. Mesmo que, em certas ocasiões, Agostinho parecesse dizer que Deus ilumina a verdade de tal modo que a mente pode percebê-la, a ênfase de seu pensamento recai sobre a ação do Logos* ou Verbo de Deus que coloca o conhecimento na mente humana. Essa teoria do conhecimento predominou em toda a Idade Média ocidental até que a introdução de Aristóteles" resultasse na alternativa tomista. A partir daí, a teoria da iluminação veio a ser postura característica da tradição agostiniana, em particular no pensamento de autores franciscanos como Boa Ventura (1221-74).

IMACULADA CONCEPÇÃO. A doutrina oficial da Igreja Católica Romana, segundo a qual a virgem Maria*, mediante uma dispensação especial da graça de Deus, foi conservada sem pecado* original desde a própria concepção. Mesmo que isso fosse crença popular durante boa parte da Idade Média, a imaculada concepção foi negada por vários teólogos distintos, inclusive Tomás de Aquino (c. 1225-74), que sustentou que essa doutrina diminuía o poder salvador universal de Jesus. Outros a defenderam tenazmente. Isso foi, particularmente, o caso dos teólogos franciscanos como João Escoto (c. 1265-1308). Foi declarada dogma* da Igreja Católica Romana no ano de 1854 pelo papa Pio IX, em sua bula *Ineffabilis*. Esse foi o primeiro dogma da igreja, nunca antes definido por um papa com base na própria autoridade, sem a concorrência de um concílio ecumênico.

IMAGEM DE DEUS (em latim, *imago Dei*). Segundo Gênesis 1.26, o primeiro princípio ou padrão segundo o qual Deus criou a humanidade. Isso tem sido interpretado de diversas maneiras ou padrão segundo o qual Deus criou a humanidade. Alguns têm entendido que diz que os seres humanos são fisicamente semelhantes a Deus, e que é por essa razão que a linguagem antropomórfica a respeito de Deus é aceitável. Outros sustentam que a imagem se reflite no ser humano em termos de domínio, visto que assim como Deus governa tudo, assim também deu ao ser humano o domínio sobre o restante da criação. Alguns sustentam que a imagem de Deus se encontra na liberdade, na responsabilidade ética, ou no dom intelectual de poder conceber o que ainda não existe e trazê-lo à existência. Um tema comum na teologia patrística é que Deus tem feito os seres humanos "segundo", ou seguindo o modelo do verbo encarnado, Jesus Cristo, a "imagem do invisível" (Cl 1.15). Segundo essa opinião, a encarnação* sempre foi à parte do plano de Deus para a humanidade, e por isso Deus criou os homens segundo o modelo do Deus encarnado. Algo parecido foi proposto por Teilhard de Chardin (1881-1955), que se referia a Cristo como o *homo futurus* em direção a quem toda a História se move. Outro tema comum na teologia patrística, particularmente depois de Agostinho, é que a imagem de Deus nos seres humanos se encontra nos "vestígios da Trindade*" — *vestigia Trinitatis* — que podem ser vistos nos seres humanos, nos quais o intelecto, a vontade e a memória, ao mesmo tempo em que são diferentes, constituem uma só mente. Por último, baseando também suas opiniões na doutrina da Trindade, alguns sustentam que a imagem de Deus nos seres humanos está no fato de serem por natureza sociais, chamados a uma comunidade segundo o padrão da comunidade entre o Pai, o Filho e o Espírito Santo.

Outro ponto que tem sido debatido em torno da imagem de Deus no ser humano, particularmente nos tempos patrísticos e medievais, é se a "imagem" e a "semelhança" de Gênesis 1.26 são duas maneiras de se referir a mesma realidade, ou são duas dimensões distintas da relação dos homens com Deus. Segundo alguns, a semelhança perdeu-se com a queda*, mas a imagem permanece.

IMAGENS. Iconoclasmo*.

IMAGO DEI. *Imagem de Deus.

IMANÊNCIA. Um dos atributos tradicionais de Deus*, que com frequência é contrastado e mantido em tensão com a transcendência*. Indica a presença de Deus na criação, permeando e sustentando tudo quanto existe. Uma doutrina extrema da imanência, sem equilíbrio sobre a transcendência, levaria ao panteísmo*, enquanto que o contrário, negar ou diminuir a imanência divina foi a postura característica do deísmo*.

IMENSIDADE. Literalmente, impossibilidade de ser medido. Afirma-se tradicionalmente de Deus, ao qual não se pode aplicar outra medida que não seja a do próprio Deus. Visto que implica que Deus não se encontra atado ao tempo ou ao espaço, também é usada para indicar que é todo Deus e, não somente parte de Deus, que está presente em todos os lugares e em todo o tempo (Onipresença*).

IMERSÃO. O modo de batismo no qual o candidato entra na água e, ou submerge nela ou se ajoelha, enquanto se joga água por sobre sua cabeça (infusão*). Esse é o método mais antigo de batismo cristão, mesmo que haja indícios de que desde muito cedo outros modos de batismo eram permitidos em circunstâncias especiais. Foi abandonado progressivamente no Ocidente depois do século XII, e mais tarde reinstaurado pelos anabatistas e outros. Continua sendo o modo normal de batismo nas igrejas orientais e, cada vez mais se prática no catolicismo romano e em outras tradições ocidentais.

IMORTALIDADE. A capacidade de não morrer. Isso é dito de Deus com frequência como um de seus atributos. Também se afirma sobre a alma*. Muitos dos povos antigos do Mediterrâneo criam na imortalidade da alma. Logo, quando o cristianismo entrou no mundo gentio, pregando a vida após a morte, encontrou terra fértil para a sua pregação, especialmente quando tendia a equiparar suas doutrinas com as de filósofos respeitados como Platão. O resultado foi que rapidamente a maioria dos cristãos começou a entender a doutrina cristã da vida* eterna e, da vida após a morte, em termos da imortalidade da alma. Contudo, muitos assinalaram duas diferenças importantes entre a doutrina cristã e a ideia comum da imortalidade da alma. Em primeiro lugar, segundo a doutrina cristã a alma é mortal. Se vive, isso é devido somente ao fato de que Deus lhe concede vida continuada, não a alguma característica inerente à própria alma. Em segundo lugar os cristãos sustentam que a alma sem o corpo não é um ser humano completo e, portanto, insistem na ressurreição* do corpo — corpo "espiritual", mas em todo caso corpo.

IMPASSIBILIDADE. Um dos atributos de Deus, resultado da ideia filosófica segundo a qual o ser transformado por outro, ou o ser capaz de tal mudança, é imperfeito. Não quer dizer estritamente que Deus não possa sentir paixão ou compaixão, mas sim que Deus nunca é objeto passivo da ação de outro. Certamente, o Deus das Escrituras sofre com a dor da criação e, portanto, muitos teólogos declararam que a impassibilidade não é, verdadeiramente, um atributo divino. Outros respondem que Deus sofre as dores e compartilha os gozos, da criação, não porque as criaturas tenham o poder intrínseco de afetar Deus, mas, porque Deus está determinado a participar dessas dores e desses gozos. Logo, ao mesmo tempo em que Deus é compassivo para com a criação, não se torna objeto passivo da atividade da criação.

INCULTURAÇÃO. Enculturação*.

INDULGÊNCIAS. Ações mediante as quais a igreja perdoa a pena temporal pelo pecado. Nesse contexto, o "temporal" refere-se especificamente ao tempo que a alma* deve passar no purgatório* enquanto expia seus pecados, ou fica limpa deles, antes de ir para o céu. Portanto, as indulgências não liberam uma alma do inferno* nem da condenação eterna. A prática de vender indulgências surgiu do sistema penitencial (penitência*) medieval, e naqueles casos em que o pecador não podia realizar a penitência prescrita, permitiam-lhe substituir por outras. Assim, por exemplo, acontecia com quem não podia ir em peregrinações por razões de saúde e mandava outro em seu lugar. Na época das cruzadas, dava-se indulgência "plena" àqueles que participavam do empreendimento, com isso dizia-se que seus pecados ficavam perdoados de tal maneira que não teriam castigo temporal no purgatório. Também existiam outras indulgências parciais relacionadas às ações, como visitar algum lugar sagrado. Posteriormente, surgiu a prática de oferecer dinheiro como ação de penitência e, assim, obter uma indulgência. Visto que a igreja tinha a sua disposição os méritos de Cristo e o *tesouro dos méritos, tais méritos podiam ser aplicados aos pecadores na forma de indulgências. Essa foi a origem da venda de indulgências, que até o final do Medievo alcançou proporções escandalosas, e em certo modo precipitou a Reforma Protestante. A Igreja Católica Romana ainda sustenta a doutrina sobre as indulgências, mas a regulamenta mais estritamente que antes.

INERRÂNCIA. Termo criado por alguns fundamentalistas para indicar que a Bíblia está absolutamente certa, de tal maneira que não contém erro algum, não só em questões de fé e doutrina, mas também de histórias e ciências físicas. Isso se refere unicamente ao texto original e, portanto, pode haver erros em todos os manuscritos, cópias ou traduções presentes. Também se refere à verdade última, que só será descoberta no final dos tempos. Logo, se a Bíblia diz que o sol se move em torno da Terra, em vez de dizer que a ciência mostra o contrário, é necessário recordar que ainda não sabemos tudo e, portanto, posteriormente descobriremos que o que a Bíblia disse era na realidade certo, por mais falso que pareça hoje.

INFALIBILIDADE. A capacidade de ensinar e, em particular, de definir as doutrinas sem a possibilidade de erros. Alguns cristãos afirmam que a Bíblia é infalível, não só na questão de fé, mas em tudo (inerrância*). Em várias épocas, outros declararam que as declarações dogmáticas dos concílios ecumênicos são infalíveis (Conciliarismo*) — mesmo quando possa ser debatido que concílios preencham todos os requisitos para serem considerados verdadeiramente ecumênicos. Desde a promulgação do dogma da infalibilidade papal pelo Primeiro Concílio Vaticano, no ano de 1870, a Igreja Católica Romana sustenta que o papa é infalível quando fala *ex-cátedra*, ou seja, por causa do próprio ofício e autoridade como papa. Até o final do século XX, surgiu uma série de debates dentro do catolicismo romano, sobre quando é que o papa, de fato, fala *ex-cátedra* e, portanto sobre o que na realidade significa a infalibilidade papal. Esses debates continuam no século XXI.

INFERNO. Literalmente os lugares inferiores. É o nome mais comum que se dá ao Hades.

INFERNOS, DESCIDA AOS. Antiga doutrina cristã, que já aparece no Novo Testamento (Ef 4.9; 1Pe 3.19) e, foi acrescentada ao texto atual do Credo* Apostólico no século IV. Tem sido interpretada de diversas maneiras. A interpretação mais comum durante o Medievo foi que depois de sua morte Jesus foi ao lugar onde os antigos patriarcas esperavam (Limbo*) e, os libertou. Outros pensaram que Jesus havia ido ao purgatório, para livrar as almas que ali se encontravam. Calvino espiritualizou a frase, declarando que é uma maneira de mostrar até que ponto chegaram a dor e a angústia de Jesus. No cristianismo antigo, o que se pensava (e o que mais tarde Lutero também afirmou) era que Jesus foi ao próprio coração do reino de Satanás, e ali destruiu seu poder para sempre, libertando aqueles que Satanás tinha cativos.

INFRALAPSARIANISMO. Nos debates sobre a predestinação que surgiram no escolasticismo* protestante, a posição de quem sustentava que, na ordem dos decretos divinos, o decreto sobre a predestinação* vem depois do decreto sobre a queda*. Em outras palavras, que Deus decretou primeiro a queda, e depois a eleição de alguns e a reprovação de outros. Na teologia posterior o termo é empregado com certa ambiguidade, visto que algumas vezes se refere à postura segundo a qual Deus decretou a eleição sobre a base de sua presciência da queda, e no caso de alguns teólogos, depois da própria queda (Supralapsarianismo*).

INFUSÃO (também "afusão"). Forma de batismo* na qual a água é vertida por sobre a cabeça. Às vezes, é confundida com aspersão*, que consiste em salpicar água sobre a cabeça da pessoa batizada (Imersão*).

INITIUM FIDEI. Literalmente, o começo da fé. Trata-se do primeiro passo para a salvação, do fato de aceitar a graça*. Isso ocupou um lugar importante nos debates em torno da doutrina agostiniana da graça, tanto na vida de Agostinho, como logo depois (Pelagianismo*; Semipelagianismo*).

Agostinho e seus seguidores insistiam em que o *initium fidei* se encontra na graça de Deus que é irresistível, e é dada a cada um segundo a decisão soberana da predestinação. Seus adversários sustentavam que os pecadores podem aceitar a graça que Deus lhes oferece, ou seja, dar o primeiro passo em direção à salvação. No ano de 529, o Sínodo de Orange declarou que o *initium fidei* não se encontra na natureza humana, mas na graça divina, que normalmente é recebida no batismo.

INSPIRAÇÃO. Termo que se usa mais com frequência em relação à autoridade das Escrituras*, mas que na realidade se refere a toda a atividade do Espírito Santo. Epistemologicamente, deriva do termo latino "respiração" e, é uma forma comum de traduzir o que é dito em 2Timóteo 3.16, no sentido de que "toda a Escritura é inspirada por Deus" (em grego, *theopneustos*).

Através da História, a maioria dos cristãos concorda que a Bíblia é inspirada por Deus, mesmo que entendam tal inspiração de maneiras diferentes. Em um extremo, muitos fundamentalistas afirmam que o Espírito Santo se apossou de tal maneira de quem escreveu os livros da Bíblia que tal processo foi praticamente um ditado e, que, portanto, não há erros nem variações nos livros da Bíblia (Inerrância*). Outros sustentam que a inspiração divina não ocultou a personalidade e o estilo particular de cada autor, mas os usou com a finalidade de comunicar verdades divinas. No outro extremo, alguns dizem que a Bíblia é inspirada da mesma forma que qualquer obra genial é inspirada e, que, como nos casos de qualquer literatura, deve ser lida buscando nela aquelas verdades que podem ser de importância para hoje. Entre esses dois extremos, a grande maioria dos cristãos sustenta, sempre, que a Bíblia é inspirada por Deus e que Deus lhes fala nela e por meio dela.

Em várias épocas tem-se discutido outros assuntos com relação à inspiração. Um deles é se as traduções e a transmissão do texto são também inspiradas. Mesmo que hoje, bem poucos cristãos diriam que alguma versão particular da Bíblia seja de inspiração divina em tempos recentes houve aqueles que pretenderam terem sido guiados pelo Espírito no processo de tradução e, portanto, sua versão tem autoridade divina. Mesmo antes do advento do cristianismo reclamações semelhantes foram feitas com respeito à versão grega das Escrituras hebraicas, conhecida como a Septuaginta, fundamentadas na lenda segundo a qual um número de eruditos, todos trabalhando independentemente, produziram traduções idênticas. Durante a época do escolasticismo* protestante, houve aqueles que disseram que o sistema de pontuação do texto massorético da Bíblia hebraica, mesmo que tenha sido desenvolvido por eruditos judeus, muito tempo depois do advento do cristianismo, foi inspirado por Deus e torna-se, portanto, infalível.

Uma questão mais difícil com relação à inspiração é a que se refere à formação do cânon*. As Escrituras são uma coleção de escritos individuais aos quais se têm atribuído autoridade, primeiro pelo povo de Israel e depois pela igreja. O Espírito Santo inspirou aqueles que fizeram a seleção? Como se relaciona essa inspiração com os próprios escritos? Isso quer dizer que a igreja pode reclamar para si inspiração divina? Tais questões vão além da inspiração e apresentam a difícil questão da autoridade da igreja diante das Escrituras. Portanto, têm sido fortemente debatidas entre católicos e protestantes.

Por último, é necessário apresentar a questão da ação do Espírito na leitura atual do texto bíblico. Basta dizer que a Bíblia foi inspirada no momento da escrita, ou seria necessário acrescentar que uma leitura correta requer a inspiração ativa do Espírito na comunidade que lê? Sobre isso, é possível assinalar que em Gênesis Deus "soprou" ou respirou sobre o corpo humano inerte "o fôlego de vida". Se a inspiração ou sopro divino dá vida a um corpo inanimado, poderia ser estabelecido um paralelismo, afirmando então que o Deus que inspirou os escritores sagrados, agora inspira seus eleitores?

INTERPRETAÇÃO. Hermenêutica*.

J

JANSENISMO. Movimento que recebe seu nome do teólogo católico romano holandês Cornelius Otto Jansen (1585-1638), que se opôs ao molinismo* tendo por base uma doutrina radicalmente agostiniana da graça* e da predestinação*. Segundo Jansen, o pecado* original danificou de tal maneira o arbítrio*, que depois da queda* não temos liberdade nem poder para resistir ao pecado nem para fazer bem algum. Em tal condição, mesmo aqueles que obedecem aos mandamentos de Deus não são verdadeiramente obedientes, visto que a base da obediência é o amor e, sem a graça irresistível de Deus, somos completamente incapazes de amar a Deus. Jansen e seus seguidores foram, com frequência, acusados de ser secretamente calvinistas. A Inquisição condenou sua principal obra, *Augustinus*, no ano de 1641, mas a Universidade de Lovaina e muitas pessoas na faculdade de Soborne em Paris negaram-se a aceitar esse decreto. No ano de 1643, o papa Urbano VIII acrescentou a Inquisição a sua autoridade, condenando uma vez mais o *Augustinus*. Dez anos depois Inocêncio X condenou cinco posições jansenistas. Mas os jansenistas sempre diziam que essas proposições não eram o que o próprio Jansen havia ensinado e, que, portanto, podiam desligar-se de suas condenações.

Um jansenista francês, Antoine Arnauld (1612-94) deu ao movimento uma mudança mais funcional, aplicando seus princípios à prática da comunhão frequente, e logo a seguir à uma grande parte de práticas e políticas eclesiásticas. Dessa maneira, o movimento se voltou para a política, tanto a secular quanto a eclesiástica, e posteriormente as questões da graça e a predestinação ficaram eclipsadas por questões de autoridade e de ordem. Na França, a abadia de Port-Royal, que era muito influente e inspirada por Arnauld, negou-se a submeter-se às condenações papais do jansenismo. A obra de

Arnauld teve sua continuidade com Blaise Pascal (1623-62), quando este teve de fugir para o exílio. Luís XIV concordou com Roma com relação à condenação do movimento, que para a época se tornara quase puramente político e radical. Clemente XI confirmou a condenação em 1713. Posteriormente, o jansenismo uniuse ao galicalismo e contribuiu para os elementos mais radicais da Revolução Francesa.

JESUS HISTÓRICO. A frase "Jesus histórico", que com frequência se contrasta com "o Cristo da fé", é relativamente ambígua, visto que algumas vezes se refere ao que se pode demonstrar sobre Jesus mediante a investigação histórica crítica e rigorosa, e outras vezes simplesmente se refere à figura histórica de Jesus de Nazaré. A mesma frase, "o Jesus histórico", tornou-se popular devido ao título que foi dado a uma tradução inglesa do livro de Albert Schweitzer, *A busca do Jesus histórico* (1906). Ali, Schweitzer repassava um grande processo, começando por Hermann S. Reimarus (1694-1768), que buscava descobrir o Jesus que se esconde por trás dos evangelhos, e fazê-lo mediante novos instrumentos de investigação histórica. Depois de repassar essa busca de quase dois séculos, Schweitzer chegou à conclusão de que o que cada um desses eruditos descobriu não foi na realidade Jesus de Nazaré como viveu no primeiro século, mas sim uma imagem moderna de Jesus, impactada pelas perspectivas burguesas modernas ao menos tanto como pela própria investigação histórica.

Mesmo que, geralmente, afirme-se que o livro de Schweitzer pôs fim à busca do Jesus histórico, essa busca não foi completamente abandonada. O que, geralmente, é descartado é a ideia de que a investigação histórica pode na realidade descobrir Jesus como foi no primeiro século. Não há dúvida de que os primeiros documentos que nos falam sobre Jesus, os evangelhos e outra literatura cristã, não são estritamente "históricos" no sentido de simplesmente fazer uma crônica dos acontecimentos. Foram escritos para a instrução e devoção dos crentes e são, portanto, os livros de fé; referem-se a Jesus como figura histórica, mas não são documentos históricos no sentido técnico e fica impossível ir atrás deles para descobrir os dados históricos sobre Jesus que se encontra atrás de suas diversas narrações. Por isso os estudos mais recentes sobre o Jesus histórico tendem a ser minimalistas, pois na realidade não procuram descobrir quem foi Jesus, mas o que se pode afirmar sobre ele e seus ensinamentos quando são aplicados aos evangelhos e a outros escritos cristãos métodos de investigação da história crítica.

JOAQUIMISMO. Movimento de inclinações apocalípticas que recebe seu nome de Joaquim de Fiore (ou de Flora, c. 1132-1202), místico calabrês que dedicou os últimos anos de sua vida ao estudo do Apocalipse. Com base nesse estudo, chegou à conclusão de que a história se desenrolava em três etapas: de Adão até Cristo, de Cristo até o ano 1260, e daí até o fim. Essas três etapas se relacionam com as três pessoas da Trindade, de tal maneira que a primeira é a idade do Pai; a segunda, a do Filho; e a terceira a do Espírito. A data do fim de uma era e começo da próxima é determinada sobre cálculos matemáticos, sobre a base de cada idade devia ter o mesmo número de gerações. Visto que entre Adão e Jesus houve 42 gerações, também haveria 42 entre o tempo de Cristo e a era do Espírito. Mesmo que tal coisa não tenha acontecido na era do Pai, a perfeição da era do Filho requer que cada uma dessas gerações seja de longitude igual. Contando trinta anos por geração, chega-se a essa data, 1260. Do mesmo modo que João Batista foi precursor antes do começo da segunda idade, assim também haverá um precursor antes do amanhecer da idade do Espírito. Segundo Joaquim, toda a comunidade monástica quando cumpre suas funções devidamente é esse precursor e, portanto, é um anúncio de um novo amanhecer.

O Quarto Concílio Laterano (1215) condenou a doutrina joaquimista referente à Trindade, que fazia parecer que o Pai, o Filho e o Espírito Santo não são senão três fases sucessivas da divindade. Mas é bem provável que essa condenação fosse também uma reação contra as tendências cada vez mais subversivas do movimento joaquimista. Essa dimensão subversiva do movimento se encarnou na ala radical dos franciscanos que diziam que a própria ordem havia traído os princípios de São Francisco, particularmente no que se referia à pobreza radical. Com o tempo o joaquimismo tornou-se uma crítica radical tanto do papado como de toda a igreja, afirmando que a nova idade começava, que seu precursor fora São Francisco, e que a igreja e suas autoridades eram parte de uma era que estava passando.

JUÍZO. Através dos séculos tanto o cristianismo como o judaísmo e muitas outras religiões sustentaram que Deus não somente ama, mas que também julga — ou, talvez, com maior exatidão, que o amor de Deus inclui o juízo. Esse foi um dos principais pontos aos quais o cristianismo ortodoxo se opôs ao marcionismo*, e a razão pela qual o regresso de Jesus "para julgar os vivos e os mortos" tornou-se parte do que mais tarde seria chamado o Credo Apostólico. A Bíblia não fala somente de um juízo final, mas também da possibilidade da experiência do juízo dentro da História. Isso se vê, por exemplo, nos muitos casos no livro de Juízes quando Deus castiga a infidelidade do povo entregando-o nas mãos dos opressores. Os cristãos continuaram essa mesma tradição escrevendo, por exemplo, sobre a morte dos perseguidores como o castigo de Deus sobre eles. Por outro lado, torna-se claro que no melhor dos casos esse juízo é somente parcial, visto que na História os bons nem sempre prosperam nem os maus perecem.

É nesse ponto que a ideia do juízo final ganha importância. Deus julga, não somente dentro da História, mas além dela, de tal modo que o mal será completamente destruído e o bem prevalecerá. Na teologia cristã, esse juízo final é sempre associado à parúsia ou regresso de Jesus. Mesmo que, tradicionalmente, a maioria dos cristãos tenha crido que esse juízo inclui tanto a salvação eterna como a condenação, há muitos que creem que o amor de Deus é tal que posteriormente todos serão salvos (Universalismo*) e que, portanto, vem o castigo que vem do juízo, não como um inferno* eterno, mas antes, como um processo doloroso de purificação (Purgatório*).

JUSTIÇA. Atributo de Deus que se reflete em toda a criação — particularmente na humanidade — e que posteriormente encontra sua culminação no Reino de Deus. Dizer que Deus é "justo" não quer dizer somente que pratique a equidade, mas também que é confiável e reto, e que requer dos seres humanos uma retidão e confiabilidade paralelas. Por isso, a palavra "justiça" com frequência é usada nas discussões referentes à relação entre os seres humanos e Deus (Justificação*; Justiça*, imputada).

Na filosofia aristotélica e, em boa parte da teologia cristã que deriva dela, a justiça é uma das quatro virtudes* cardinais ou principais e inclui tanto a relação da pessoa com outros como a retidão pessoal. No discurso teológico contemporâneo, a justiça é examinada tanto em seus aspectos compensativos, como o castigo do mal e a recompensa pelo bem, como em termos distributivos, pois a justiça requer também uma distribuição correta dos recursos e do poder.

Em geral, aqueles que sublinham as dimensões pessoais do pecado*, também sublinham a justiça compensativa, enquanto que a justiça distributiva, com frequência, está ligada a uma ênfase nas manifestações sociais do pecado, como a fome, a opressão etc.

Em várias épocas os teólogos têm explorado a diferença entre a justiça e o amor. No século IV, Ambrósio afirmou que a justiça consiste em dar a cada um o que é seu e, que só é possível praticar o amor (por exemplo, para com os pobres) uma vez que se tem praticado a justiça. Na ética contemporânea, alguns sustentam que enquanto o princípio do amor é fundamental nas relações impessoais, o princípio da justiça serve de guia para a prática concreta do amor em um mundo de conflitos e relações injustas.

JUSTIÇA, IMPUTADA. Um modo de entender a justificação característica de boa parte da tradição luterana, que sustenta que a justificação não faz que os pecadores sejam objetivamente justos, mas que simplesmente os declara assim. Muitos teólogos que seguem essa linha afirmam que Deus imputa a justiça de Cristo aos pecadores. Às vezes, é chamada também de "justiça forense" porque a ação justificadora de Deus é semelhante à de um juiz que declara o acusado absolvido. Tudo isso, com frequência, se resume na frase *simul justus et peccator* — por sua vez justo e pecador — que quer dizer que mesmo depois da justificação os pecadores continuam pecadores.

JUSTIÇA, FORENSE. Justiça*, imputada.

JUSTIFICAÇÃO. Termo tirado dos tribunais, onde se refere a produzir um veredicto a favor do acusado, que é declarado livre de culpa. Um dos princípios da Reforma Protestante é a "justificação pela fé", que na realidade significa justificação pela graça mediante a fé em Jesus Cristo. O que os reformadores queriam dizer com isso é que o que torna o pecador justo não são suas obras* ("obras de justiça"), mas a graça* divina. Mesmo que no fragor do debate alguns católicos romanos chegaram a declarar que a justificação é o resultado das boas obras e esse era o entendimento popular do tema durante o século XVI, na realidade a maioria dos teólogos católicos romanos concorda que a justificação é obra da graça de

Deus. A diferença é que para Lutero e os principais teólogos protestantes a justificação era a ação gratuita de Deus em declarar o pecador justo, ainda que apesar da presença contínua do pecado, enquanto que para os católicos romanos a justificação é a ação mediante a qual Deus infunde graça* ao pecador, que então pode realizar ações de justiça (boas obras) e, portanto, ser justo. A ênfase de Lutero sobre a justiça imputada (Justiça*, imputada), assim como a própria experiência em ter tentado justificar a si próprio mediante as obras, levaram-no a ver com desconfiança toda tentativa de falar da justificação relacionada às boas obras e, portanto não enfatizar tanto a santificação* como o fizeram Calvino e toda a tradição reformada* (Calvinismo*; Metodismo*; Santificação*).

K

KAIROS. No grego antigo havia dois termos para se referir ao tempo: *kairos* e *chronos*. O último se referia ao tempo como dimensão miscível conforme as horas, os dias e os anos se sucedem. Em contraste, o *kairos* é o tempo como momento significativo que certamente tem lugar dentro do *chronos*, mas com implicações que vão muito além — como na frase "tua hora é chegada". No Novo Testamento, o *kairos* central é o advento de Jesus. Sobre essa base, a palavra *kairos* é usada, com frequência como uma ocasião presente cujas implicações vão muito além do tempo ordinário. Na linguagem contemporânea, às vezes, é usada como adjetivo ao falar, por exemplo, de um "acontecimento kairótico".

KENOSIS. Palavra derivada do grego que significa esvaziamento, e que se traduz em Filipenses 2.7 como "a si mesmo se esvaziou". No século XVIII e, particularmente no XIX, essa mensagem de Filipenses veio a ser a base de uma interpretação cristológica que buscava explicar a possibilidade da encarnação* afirmando que o Verbo ou Palavra* eterna de Deus se esvaziou a si próprio dos atributos que são incompatíveis com o ser humano (onipotência, onisciência etc.) com a finalidade de poder encarnar-se.

KERYGMA. Substantivo grego que quer dizer "pregação" ou "proclamação" e que se usa tanto para o fato como para o conteúdo da pregação. Foi muito popularizado quando, na primeira metade do século XX, C. H. Dodd (1884-1973) propôs que era possível distinguir, por trás dos diversos escritos do Novo Testamento, o *kerygma* ou mensagem dos apóstolos. Há outras palavras que algumas vezes se traduzem como "pregar" todas derivadas do verbo "profetizar" em grego. Essas, geralmente são aplicadas quando se fala à comunidade dos crentes, explicando as Escrituras e aplicando-as à vida diária (Profecia*). Isso se relaciona estritamente com a

Didaquê. Em contraste, o *kerygma* é tanto a proclamação das grandes ações de Deus (particularmente em Jesus Cristo) como o conteúdo dessa pregação. Não é uma mera narração dos acontecimentos, nem tampouco sua interpretação, mas um chamado a quem escuta, pois é convidado para a fé e para a nova vida.

KOINONIA. Palavra grega que com frequência é traduzida ou explicada como "companheirismo", cujo alcance vai além do simples sentimento de amizade ou mesmo de amor. Na antiguidade, uma *koinonia* era também o que hoje chamamos de "corporação", visto que nela duas ou três pessoas tinham uma propriedade em comum.

O verbo paralelo, *koinonein*, aparece com frequência tanto no Novo Testamento como na literatura secular no sentido de compartilhar. O substantivo plural, *koinonoi* significa então "companheiros". Por isso, uma frase como "a *koinonia* [comunhão*] do Espírito Santo" pode querer dizer qualquer ou todas as coisas seguintes: (1) o companheirismo do Espírito com o crente; (2) a corporação ou corpo que tem o Espírito como sua possessão e herança comum (ou seja, a igreja); (3) o compartilhar dos bens do amor que é resultante da presença do Espírito.

L

LAICATO. Termo derivado do grego *laos*, povo. Na Septuaginta, com frequência, fala-se de Israel como *laos* de Deus. Nos primeiros capítulos de Atos há um contraste claro entre o "povo" (*laos*) e seus dirigentes, de modo que enquanto o povo mostra simpatia para com a igreja nascente, são seus líderes quem se opõem. Logo o termo "povo", com frequência é usado no sentido de povo comum e é desse uso que a prática cristã tradicional surgiu, do referir-se aos crentes em geral como o "laicato", em contraposição ao clero. Essa distinção já aparece no final do século I, na epístola de Clemente aos Coríntios. Portanto, em seu uso mais comum, o termo "laicato" refere-se a todos os crentes que não são ordenados.

Mesmo que no princípio o movimento monástico fosse, em parte, um protesto contra a profissionalização da fé nas mãos do clero, e por isso fosse um movimento estritamente laico, logo se associaram ao clero, de tal maneira que em alguns casos o "laicato" incluísse todos os crentes que não são ordenados, inclusive os monásticos e, às vezes, aqueles que não são ordenados nem tampouco levam uma vida monástica.

Foi disso tudo que surgiu o uso comum que se faz do termo "laico", hoje em dia, para uma pessoa que não é profissional e que possivelmente não conhece bem qualquer tema.

Também, do contraste entre o clero ordenado e o laico surgiu o costume de se aplicar o adjetivo "laico" a tudo o que é secular, ou no sentido menos amplo, a tudo que não esteja sob a hierarquia eclesiástica. Esse é o caso da frase "o Estado laico", que se refere a um Estado cujo governo e metas não são determinados pela igreja ou suas instituições.

Muitos teólogos contemporâneos declaram que o termo "laicato" carece de conteúdo teológico, visto que estritamente todos os cristãos são parte do laicato, do *laos* ou povo de Deus.

LANDMARQUISMO. Movimento teológico surgido no Tennessee em meados do século XIX, que sustentava que somente as igrejas batistas eram igrejas verdadeiras, que o batismo* só era válido quando administrado em uma congregação batista, e que a eucaristia* ou comunhão se restringe aos membros da congregação particular, porque não há essa coisa de uma igreja universal. O landmarquismo sustentava também que há uma linha ininterrupta de sucessão que une os batistas dos dias de hoje com Jesus e os apóstolos. Com a finalidade de mostrar tal coisa, os historiadores landmarquistas reivindicaram muitos personagens do passado aos quais a igreja, em geral, considerava hereges, e cujas opiniões eram interpretadas agora com a finalidade de concordarem com as doutrinas batistas.

LATINO-AMERICANA, TEOLOGIA. Mesmo que tenha havido muitos teólogos latino-americanos no passado, o termo "teologia latino-americana" refere-se normalmente a certa postura teológica que apareceu em conjunção com a Conferência de Medellín do Conselho Episcopal Latino-americano (CELAM) em 1968 e, cujo principal expoente foi o teólogo peruano Gustavo Gutierrez (1928-). Outros teólogos da mesma escola são Juan Luiz Segundo (1925-96), Leonardo Boff (1938-), Jon Sobrinho (1938-) e, entre os protestantes, José Miguel Bonino (1924-).

A teologia latino-americana é uma instância particular das teologias contextuais* e de libertação* e, procura interpretar o evangelho dentro de um marco de pobreza e opressão. Seu propósito é refletir teologicamente sobre as causas dos males que afetam a América Latina e sobre a resposta cristã a tais males.

Como instrumento hermenêutico para analisar a situação da América Latina, essa tradição teológica usa a análise marxista e neomarxista. Isso implica que a pobreza não é devida simplesmente à ignorância ou ao abandono, mas que tem causas estruturais. Além disso, as estruturas que produzem a pobreza e outras formas de opressão são justificadas mediante toda uma estrutura de ideias e perspectivas, ou seja, de uma ideologia* — nesse contexto a palavra "ideologia" não se refere unicamente a um conjunto de ideias ou de ideiais, mas antes à tentativa de justificar uma agenda sociopolítica fazendo-a parecer lógica, justa, inevitável etc. A análise marxista é empregada então para desmascarar essas ideologias, que com frequência incluem a própria teologia. Contudo, isso não quer dizer que os teólogos latino-americanos sejam marxistas no sentido de serem comunistas, e por essa razão, às vezes, preferem ser chamados de "marxianos", em vez de "marxistas".

Uma ênfase comum na teologia latino-americana é a insistência na *práxis** e sua relação com a reflexão. Se estivermos sempre em perigo de que a ideologia dominante nos cegue, um dos modos de evitar esse perigo é nos envolvermos em ações de libertação contra a opressão, a pobreza e suas causas fundamentais, o que é, além disso, um mandamento claro do evangelho. Portanto, a *práxis* não é somente qualquer ação; é a ação libertadora. Tal ação libertadora e, inclusive seus fracassos, nos levam então a nova reflexão. De tudo isso surge um processo circular de ação, reflexão, ação que constantemente se agrava e dá um enfoque melhor tanto à ação como à reflexão.

Outra maneira de dizer isso é se referindo ao "círculo hermenêutico". No caso da hermenêutica bíblica, nos é dito repetidamente o que o texto diz. Quando então nos envolvemos na *práxis* da libertação, isso nos permite ver novos sentidos para o texto. Isso nos leva a uma nova forma de *práxis*. Assim o círculo continua, mesmo que se trate mais de uma espiral do que de um círculo, porque cada volta nos leva a novos descobrimentos e novas ações. Também existe certo acordo entre os teólogos latino-americanos em sua análise da violência. Ao mesmo tempo em que deploram a violência, insistem em que se deve recordar que existe tanto estados de violência como atos violentos. Com muita frequência, a ordem estabelecida somente vê os atos de violência — por exemplo, quando alguém toma uma arma e assalta um banco. Mas é necessário recordar também os estados de violência, pois é possível que esse senhor que assaltou o banco tivesse filhos famintos, e que tenha respondido a esse estado de violência mediante uma ação violenta. Em vez de se unir à ordem existente notando, única ou principalmente, as ações violentas, os cristãos devem centrar sua atenção sobre os estados de violência que muito com frequência se encontram na raiz das ações violentas.

Em seu início, a teologia latino-americana tinha um tom acentuadamente otimista. Esperava-se que uma série de revoluções logo trouxesse uma mudança radical, de modo que a pobreza e a opressão fossem reduzidas. Em sua hermenêutica bíblica, muitos teólogos recorreram ao Êxodo e quase parecia que o mar Vermelho estava a ponto de se abrir. Mas nas décadas mais recentes prevaleceu um espírito mais sóbrio e até sombrio, com o sentimento que possivelmente a libertação não está próxima como se pensava. Por isso, na hermenêutica bíblica há uma ênfase maior no exílio e na importância da fidelidade a longo prazo. Alguns críticos dizem que isso mostra que a teologia latino-americana estava tão unida às esperanças marxistas que a queda da União Soviética levou também à queda da teologia latino-americana. Outros insistem que a teologia latino-americana continua ativa mesmo que, agora, responda a um contexto que se tornou mais opressor do que antes e que é precisamente devido a essa opressão, que essa teologia tem uma pertinência particular.

LECIONÁRIO. Uma lista de leituras bíblicas para a adoração cristã, normalmente seguindo o ano litúrgico. Esse nome também é dado ao livro que contém tais leituras. Mesmo que haja lecionários para leituras diárias e, também, para as horas monásticas de oração, no uso contemporâneo a maior parte dos lecionários se ocupa unicamente do serviço dominical (usualmente, da Eucaristia*). Em algumas ocasiões as leituras dos evangelhos e das epístolas são impressas separadamente, em tais casos os livros se chamam "evangeliários" e "epistolários" respectivamente.

LEI. Nos estudos bíblicos, com frequência essa palavra é usada como sinônimo de *Torah*, ou seja, a porção do cânon hebraico que recebe o nome de "Lei" em contraste com os "Profetas" e os "Escritos". Na Bíblia hebraica, a lei é um dom bom de Deus e sinal do amor de Deus. A lei é também eterna, visto que reflete a própria natureza de Deus. Expressa-se, contudo, entre os profetas a esperança de que chegará o tempo no qual a Lei escrita não será necessária, porque o pacto estará escrito nos corações humanos. No Novo Testamento o termo "Lei", geralmente, refere-se ao Pentateuco ou ao código mosaico. Jesus, com frequência usa a frase "a Lei e os profetas" para se referir às Escrituras. Declara, também, que não veio para revogar a Lei, mas para cumpri-la. Logo, há nos ensinamentos de Jesus uma valorização positiva da Lei. E, contudo, no Sermão do Monte afirma que devemos ir além da Lei de Moisés em toda uma série de ditos: "Ouvistes o que foi dito... mas eu vos digo..."

Nas epístolas paulinas, em particular em Romanos e Gálatas, fala-se um pouco mais negativamente sobre a Lei. Sem rechaçar a Lei, ao mesmo tempo em que afirma que a Lei foi dada por Deus, Paulo, com frequência refere-se a ela como sinal ou manifestação da profundidade do pecado e como insuficiente para a justificação. Isso levou muitos teólogos cristãos a estabelecer um contraste acentuado entre a Lei e o evangelho, ou pelo menos a debater a relação entre ambos (Lei* e evangelho; Antinomianismo*).

Tradicionalmente, considera-se que a Lei tem três funções fundamentais. Serve para convencer do pecado; proporciona direção para a organização da sociedade e do Estado, limitando assim as consequências do pecado e proporciona direção aos cristãos conforme tentam servir a Deus (Lei*, terceiro uso da).

No nível civil, a "lei" é também o conjunto de regras mediante as quais uma sociedade é governada. Os cristãos têm debatido, repetidamente, até que ponto devem obedecer as leis civis e em que medida ou como essas leis refletem a Lei de Deus. Desde o começo houve consenso de que as leis injustas não devem ser obedecidas e, a partir daí, os mártires negaram-se a adorar o imperador; os pacifistas insistiam em não aceitar o serviço militar obrigatório, houve o movimento dos direitos civis nos Estados Unidos etc. Contudo, também, existe certo consenso no sentido de que a boa ordem da sociedade também é valiosa (Estado*) e, portanto, os cristãos não devem utilizar sua fé como desculpa para desobedecer a lei conforme sua vontade ou conveniência. Entre esses dois princípios há um amplo campo para o debate, como se pode ver no século XXI nos desacordos entre cristãos em temas como o aborto, a pena de morte e muitos outros.

LEI E EVANGELHO. O contraste paulino entre a Lei* e o evangelho* levou alguns teólogos a debater a relação entre ambos. Em geral, todos concordam que tanto a Lei quanto o evangelho vêm de Deus; na teologia patrística e medieval tende-se a sublinhar a continuidade entre a Lei e o evangelho. Foi na Reforma, com sua ênfase na justificação* pela fé e não pelas "obras da Lei", que o tema da relação entre a Lei e o evangelho alcançou importância particular. Em geral, Lutero e a tradição luterana viam a Lei como meio pelo qual o pecado e a insuficiência humana se revelam, de modo que o caminho ficou aberto para o evangelho. Nesse contexto, contudo, é importante recordar que Lutero não pensava que a Lei estivesse unicamente no Antigo Testamento e o evangelho no Novo. A Lei consiste em tudo o que Deus requer de nós, seja no Decálogo ou nos ensinamentos de Jesus. O evangelho é a promessa de Deus apesar da nossa incapacidade de obedecer a Lei. A Palavra de Deus sempre nos vem como Lei e evangelho, como Não e como Sim, nos esmagando ou levantando leva-nos ao despertar de nossas habilidades e a esperar nas promessas de Deus

O resultado dessas opiniões é que Lutero deixou pouco a respeito do valor da Lei por si mesma como guia para o crente (Lei*, terceiro uso da). Lutero temia que a ênfase desmedida sobre essa função da Lei — função que o mesmo aceita, mas não sublinha — pudesse levar à justificação mediante as obras e, portanto, à negação do evangelho. Por isso, o perigo que sempre assediou a tradição luterana não tem sido depender demais da Lei, mas o contrário, o antinomianismo*.

Mesmo que Calvino concordasse com Lutero quanto à justificação pela fé, também insistia que a justificação deve levar a um processo de santificação* mediante o qual os crentes se conformam cada vez mais com a vontade divina. Ainda quando em seu contraste com o evangelho a Lei condena e esmaga o pecador, uma vez que o evangelho tenha sido aceito a própria Lei serve de fonte para guiar os crentes no processo de santificação. Essa ênfase tem sido característica da tradição* reformada e, por isso, enquanto que o perigo sempre presente do luteranismo extremo e o antinomianismo, sua contrapartida na tradição reformada é o legalismo, o rigorismo e até a possibilidade de voltar para a salvação mediante as obras*.

No século XX, o teólogo reformado Karl Barth (1886-1968) deu um novo rumo à questão ao insistir que a própria ordem, "Lei e evangelho", estava equivocada. Não chegamos ao evangelho por meio da Lei, mas ao contrário, porque a imensidão de nosso pecado não é reconhecida até que experimentemos o grande amor de Deus. O que dá força à Lei para esmagar o pecador é que o evangelho tem revelado o amor e a graça contra os quais o pecador se rebela.

LEI NATURAL. A lei implantada nos corações, que permite distinguir entre o bem e o mal ainda à parte da revelação*. A ideia dessa lei tem suas raízes na filosofia grega, e passou do estoicismo* ao cristianismo como base de uma moral que não se fundamenta na revelação e, contudo, serve à vontade de Deus. O princípio da lei natural foi explorado bem detalhadamente por Tomás de Aquino (c. 1225-74), que a empregou como fundamento para os princípios éticos que devem ser comuns a toda humanidade. Assim, por exemplo, a lei natural que impele os pais a conhecer e a cuidar de seus filhos deve servir como um chamado à monogamia mesmo entre pessoas e povos que não conheçam a Bíblia nem a ética cristã. Com o passar do tempo, as sociedades vão descobrindo que há certas práticas que destroem a vida social e outras que a apoiam e, isso é uma expressão da lei natural.

A lei natural tem permitido aos teólogos — particularmente aos teólogos católicos romanos — estabelecer uma série de condutas que pelo menos na teoria deveriam ser aceitas por todos os seres humanos, não com base na revelação ou na autoridade, mas com base na lei escrita em sua própria natureza. Expandido para além do campo da teologia, o princípio da lei natural dá origem à lei internacional, que supostamente deveria ser reconhecida como boa por todos os seres humanos de qualquer cultura ou convicção religiosa.

Os teólogos protestantes expressaram dúvidas sobre a lei natural. Mesmo que a maioria aceite sua existência e trate de relacioná-la com suas posturas éticas, alguns argumentam que a corrupção da humanidade (Depravação* total) é tal que a suposta lei natural tem sido torcida por nossas inclinações pecaminosas e, portanto, não se pode confiar nela. Karl Barth (1886-1968) escreveu amplamente contra o uso da lei natural na ética cristã.

LEI, TERCEIRO USO DA. A função da lei de Deus como guia para os crentes. Mesmo que as listas variem, em geral as outras duas "funções" da Lei são servir de guia para a sociedade, que há de organizar suas leis e práticas seguindo a Lei de Deus e servir de prova da incapacidade dos pecadores de servir a Deus. Lutero sublinhou esse segundo uso da Lei, que segundo ele, relacionava-se estritamente com o princípio fundamental da justificação* pela fé. A Lei esmaga, condena e até mata e, portanto, é uma espécie de preparação negativa para o evangelho. Mesmo que Lutero cresse que a Lei de Deus podia servir de guia para os crentes, nunca colocou muita ênfase sobre esse ponto, por medo de que pudesse levar à justificação pelas obras*. Em contraste com Lutero, Calvino, ao mesmo tempo em que concordava com o grande reformador quanto ao tema fundamental da justificação pela fé, sustentava e insistia que a justificação deve levar à santificação* e que nesse processo a Lei serve de guia para os crentes. Logo, uma das características da tradição reformada* tem sido essa ênfase no "terceiro uso da Lei". Lei* e evangelho.

LEITOR, CRÍTICA DA RESPOSTA DO. Uma forma de estudar textos, proposta até o final do século XX, que centra a atenção sobre o leitor como contribuinte ativo para um significado de um texto. Esses leitores podem considerar diversos níveis. Em um nível básico, supõe-se que todo o escrito foi feito com certos eleitores em mente, aos quais se chama comumente de "leitores implícitos" e que tais pessoas impactaram o próprio processo de composição. Além disso, todo leitor vê também o significado de um texto conforme suas perspectivas, interesses etc., porque a própria ação de ler é uma construção de sentido.

LIBERALISMO. Termo que se emprega com diversos sentidos segundo o contexto.

Na teoria econômica e política, nos Estados Unidos, o termo "liberalismo" é usado de uma mesma maneira diametralmente oposta ao seu sentido no restante do mundo. Nos Estados Unidos uma posição política ou econômica "liberal" sustenta que o Estado deveria intervir nas questões econômicas para produzir uma ordem social mais justa. Em outras partes do mundo, chamam-se de "liberais" aqueles que sustentam que o mercado deve ter força para determinar a si mesmo. Logo, quando os teólogos latino-americanos, por exemplo, condenam as consequências do que chamam de "capitalismo liberal", referem-se a algo muito diferente do que se entende nos Estados Unidos por "liberalismo".

Na história da teologia católica romana, o "liberalismo" refere-se ao chamado, no começo do século XIX, para que a igreja aceitasse os ideais políticos liberais da Revolução Francesa e de outros movimentos que floresciam, então. O principal promotor desse movimento foi Felicité Robert de Lammennais (1782-1854), defensor fervoroso do passado, ele tinha urgência de que o papa arrebatasse os governos seculares por causa da liberdade política, e assim abrisse o caminho do futuro. Entretanto, o papado estava demasiadamente atado à ordem tradicional para dar atenção a Lammennais, cujas opiniões foram condenadas por Gregório XVI na encíclica *Mirari* vos (1832). Apesar dessa ação pontifícia, o movimento liberal continuou crescendo dentro do catolicismo romano e, isso, posteriormente, levou à condenação, em 1864, de oitenta teses liberais, listadas por Pio IX, na *Silabus errores*. Logo, no catolicismo romano o "liberalismo" está mais associado à relação entre a igreja e a sociedade civil do que com as doutrinas (houve, também, dentro do catolicismo romano um movimento paralelo ao liberalismo protestante, o modernismo*).

Na história da teologia protestante, o "liberalismo" é um movimento que floresceu no século XIX e começo do XX. Mesmo que haja grandes diferenças entre os liberais, em geral concordam com a necessidade de reconciliar a doutrina e a fé cristã com a modernidade*. Isso inclui uma valorização da bondade e potenciais humanos mais positivos do que havia sido na teologia cristã. Tal valorização, do potencial humano, normalmente é acompanhada da expectativa que o progresso humano levaria por sua natureza a uma ordem social mais justa e razoável. Dada a ordem racional do universo da qual cada dia se sabia mais, a teologia deveria, também, tornar-se puramente racional e, assim, encontrar seu lugar entre as ciências (Razão*). Isso por sua vez implica que deve rechaçar os milagres*, assim como toda apelação ao "sobrenatural". A Bíblia deve ser estudada e criticada com as mesmas ferramentas analíticas e históricas que os eruditos aplicam a qualquer peça da literatura ou registros supostamente históricos. Mesmo que Jesus fosse, sem dúvida alguma, uma figura excepcional, era, provavelmente, possível que fosse muito diferente do que a tradição cristã — inclusive os evangelhos — tem feito dele e, portanto, os teólogos devem buscar o Jesus* histórico. A religião em geral e o cristianismo, em particular, são valiosos principalmente, porque servem de guia para a vida moral. O protestantismo liberal, nesse sentido, começou a decair conforme a Primeira Guerra Mundial, e os muitos acontecimentos trágicos que aconteceram no século XX, produziram dúvidas cada vez mais sérias sobre as ideias como a inevitabilidade do progresso, a bondade essencial do ser humano, a racionalidade objetiva da modernidade. O teólogo mais influente dentro do protestantismo que indicou a necessidade de buscar uma alternativa em lugar do liberalismo clássico foi Karl Barth, cujo *Comentário sobre Romanos*, publicado no ano de 1919, deu início a uma teologia pós-liberal, a neo-ortodoxia*.

No pensamento comum, por "liberalismo" entende-se como o oposto a fundamentalismo* e, os próprios fundamentalistas empregam o apelido para todos aqueles que não concordam com eles.

LIBERTAÇÃO, TEOLOGIA DA. Título comum que é dado a uma ampla gama de teologias contextuais, cada uma centrada sobre os temas da opressão e da discriminação em seu contexto particular. Logo, algumas teologias da libertação se interessam, sobretudo, pela opressão econômica internacional, enquanto que outras se ocupam do classismo, do racismo, da homofobia etc. Ao mesmo tempo em que reconhecem e reclamam sua contextualidade, essas teologias diferentes compartilham entre si uma visão de salvação que inclui, não somente a vida após a morte e uma relação pessoal com Deus, mas também a libertação das diversas formas de expressão do pecado na ordem social atual. Reconhecem que a ordem final de justiça, amor e paz, prometida nas Escrituras é escatológica e não pode ser alcançada mediante os esforços humanos, mas ao mesmo tempo insistem na necessidade de promover e praticar a justiça e o amor, não somente em nível pessoal, mas também nas práticas e estruturas sociais.

Visto que a frase "teologia da libertação" foi cunhada pelo teólogo peruano Gustavo Gutiérrez (1928-), às vezes, é dado, à teologia *latino-americana, o nome de "teologia da libertação". Mas as características mencionadas são próprias de uma grande variedade de teologias em diversas circunstâncias (Negra*, Teologia; Feminista*, Teologia; Hispânica*, Teologia; Minyung*, Teologia; Mujerista*, Teologia; Womanista*, Teologia).

LIMBO. Na teologia católica romana tradicional, é o lugar aonde vão as almas daqueles, que mesmo sem terem pagado por todos seus pecados e, portanto, sendo incapazes de entrar no gozo do céu*, tampouco merecem castigo eterno. Tradicionalmente, o limbo incluía o limbo dos pais (*limbus patrum*), onde os patriarcas e outros santos do Antigo Testamento esperam a ressurreição de Jesus e, no limbo de infantes (*limbus infantium*), as almas das crianças não batizadas vivem eternamente. Se esse lugar é de gozo ou de castigo, nunca foi decidido, pois Tomás (c. 1225-74) afirmava que há certo nível de gozo no limbo, mesmo que não fosse o gozo sobrenatural dos remidos, enquanto que Agostinho (354-430), especialmente em seus escritos ardorosos contra o pelagianismo*, afirma que o limbo é lugar de castigo e condenação.

LÍNGUAS. Glossolalia*.

LITURGIA. Palavra derivada do grego *leitourgía*, que literalmente significa "a obra do povo". No mundo helenista, referia-se, com frequência, aos dias de trabalho que os residentes de um Estado deviam ao governo, ou seja, uma espécie de imposto que não se pagava com dinheiro, mas com trabalho nas obras públicas.

Na Septuaginta, com frequência, refere-se ao serviço do povo a Deus, que se centra no templo. Assim, veio a significar o serviço ou a adoração a Deus e, particularmente, a ordem que segue esse serviço. Visto que o centro do culto cristão tem sido tradicionalmente a Eucaristia*, em alguns casos a última é chamada de "liturgia". (Litúrgica*, renovação).

LITÚRGICA, RENOVAÇÃO. O nome que geralmente é dado a um movimento de reforma da liturgia* que começou no século XIX, mas floresceu no século XX. Nesse movimento tomaram a direção os beneditinos franceses, até o final do século XIX, que indicaram que era necessário reformar a liturgia. O que, originalmente, isso queria dizer é que era necessário voltar ao que havia sido o culto no ponto culminante da civilização cristã, durante a Idade Média. Contudo, no século XX os estudos patrísticos haviam mudado o foco desse estudo e a restauração do culto cristão anterior, promovendo, particularmente, a participação do laicato* e empregando a liturgia como meio de instrução e edificação. Como resultado desses estudos patrísticos, deu-se importância maior ao significado do batismo*, à renovação periódica dos votos batismais e, particularmente, o caráter celebratório e não fúnebre da Eucaristia*. Foi dada, também, nova importância à Vigília Pascoal, que culmina o dia da ressurreição como o ponto culminante do ano cristão. O grande movimento dentro do catolicismo romano foi a promulgação da constituição *De sacra liturgia* pelo Segundo Concílio Vaticano no ano de 1963. Essa constituição incluía, entre outras mudanças importantes, o uso do vernáculo na Eucaristia.

Nesse meio tempo, acontecia um movimento paralelo dentro do protestantismo. Em geral, esse movimento era acompanhado de uma insatisfação geral sobre as formas e práticas de culto que se tornaram costume durante o século XIX e XX; insatisfação que também se refletia na criação dos cultos de adoração "contemporânea", na qual se abandonava os padrões e as práticas tradicionais, com frequência em busca de responder as necessidades que os adoradores sentem, e com pouco conteúdo ou crítica teológica. Também, houve muita discussão nas "igrejas jovens" quanto à relação entre a liturgia e a cultura*, e como estabelecer vínculos entre ambas ao mesmo tempo em que se mantém a essência das duas. Os estudos patrísticos, históricos e teológicos, que levaram à renovação da liturgia dentro do catolicismo romano, tiveram um efeito semelhante entre os protestantes. O resultado de tudo isso foi que muitos corpos protestantes, tanto nos centros tradicionais do protestantismo como no que antes era considerado "campo missionário", produziram novos livros de liturgia, hinários e outros materiais que refletiam a nova ênfase na Eucaristia, a participação ativa de todos os crentes, a importância dos ritos para a formação cristã etc.

LIVRE-ARBÍTRIO. Arbítrio*.

LOCI THEOLOGICI. Literalmente, "lugares teológicos". Esse foi o título de uma obra importante de Melanchthon (1497-1560), com o qual queria dizer "temas teológicos". O mesmo título foi utilizado mais tarde por vários teólogos luteranos, especialmente durante o período do escolasticismo* protestante. Entre teólogos católicos romanos, a frase é usada, mais comumente, para se referir, não aos temas tópicos da teologia, mas sim aos "lugares" onde a teologia encontra suas fontes: a Escritura, a tradição, a experiência etc.

LOGOS. Termo grego de diversos significados, que em geral se relacionam com a fala ou a razão. Em contextos diferentes pode ser traduzido como palavra, tratado, estudo, discurso, razão ou ordem. Tem tido um papel importante na teologia cristã porque é possível afirmar que a Segunda Pessoa da Trindade, o Logos ou Palavra* de Deus, é a fonte da ordem racional que preenche toda a criação.

Por um logo tempo, antes do advento do cristianismo, os filósofos gregos e helenistas sentiam curiosidade ante a relação que existe entre a ordem do mundo e a ordem da mente. Minha mente me diz que dois e dois são quatro. Se então olho ao redor e descubro que duas pedras mais duas pedras são quatro pedras, como explicar isso? Certamente deve haver um princípio de ordem ou de razão que se encontra tanto em minha mente como no mundo. Era esse princípio que os filósofos chamavam "logos". Enquanto todos concordavam em que sem tal logos o conhecimento seria impossível, debatia-se bastante a respeito de como é que esse princípio funciona.

Por seu lado, o quarto evangelho refere-se a um Verbo ou Logos de Deus que se encarnou em Jesus. Essa passagem, provavelmente, se inspira nas tradições hebraicas sobre a sabedoria*, e usa o termo grego *logos* para se referir à sabedoria, com pouca, ou nenhuma, relação, com a filosofia helenista tradicional. Mas para os primeiros cristãos, que tentavam comunicar sua fé a um mundo helenista educado, a possibilidade de relacionar essas correntes de pensamento parecia óbvia. Por isso diziam que aquele que se encarnou em Jesus era o próprio Logos que é o fundamento de toda a razão e de todo conhecimento — ou, nos termos do Evangelho de João "a luz que ilumina todo homem..."

Isso permitiu aos cristãos afirmar, não somente que sua fé tinha sentido, mas também que toda verdade conhecida por toda pessoa em qualquer parte do mundo é resultado da ação do próprio Logos que se encarnou em Jesus. Logo, já em meados do século II, apologistas como Justino Mártir diziam que qualquer coisa que os antigos filósofos sabiam, sabiam-na pelo Verbo e, portanto, os sábios de antigamente, quando falaram a verdade, eram cristãos.

Mesmo que a maioria dos teólogos posteriores não fizesse asseverações tão extremas sobre os antigos filósofos, há uma grande tradição de empregar a doutrina do Logos como um meio para reconhecer, explicar e aceitar qualquer verdade que se encontre além dos limites da igreja e suas doutrinas. Conforme essa tradição, toda pessoa que possui alguma verdade a recebeu do Verbo de Deus, o Logos, a Segunda Pessoa da Trindade*.

A doutrina do Logos, também, ocupou um lugar de menor importância dentro da doutrina trinitária. Uma vez que os cristãos começaram a pensar sobre Deus* e sobre os atributos divinos seguindo as pautas traçadas pela tradição filosófica grega, tornaram-se herdeiros de um problema que havia aparecido repetidamente nessa tradição filosófica, a questão de como o imutável pode relacionar-se com um mundo mutável (nas palavras de alguns filósofos de então, o problema do "uno e dos muitos"). Um ser imutável não pode comunicar-se e muito menos interagir com um mundo mutável. Mas na tradição bíblica afirma-se, repetidamente, que Deus se relaciona e interage com a criação. Como isso pode ser explicado?

Alguns teólogos antigos — particularmente Justino Mártir, que já foi mencionado — sugeriram que esse problema podia ser resolvido mediante o Logos, que podia ser um intermediário, uma espécie de ponte, entre o Deus imutável e o mundo mutável. Justino chegou a referir-se ao Logos como "um segundo Deus" — expressão que, naturalmente, não era aceitável do ponto de vista do monoteísmo* cristão. Em todo caso, essa teoria não resolve o problema da relação entre o Deus imutável e o mundo mutável, porque se o Logos é mutável não pode comunicar-se com Deus e, se é imutável, não pode comunicar-se com o mundo.

Com tudo isso, muitos teólogos seguiram o caminho de Justino nesse ponto, sugerindo que o Logos deve ser entendido como uma classe secundária da divindade subordinada ao Pai (Subordinacionismo*), enquanto outros insistiam que o que se encarnou em Jesus é Deus verdadeira e totalmente, ou a encarnação não tem sentido. No século IV, a postura subordinacionista foi expressa e defendida por Ário e seus seguidores e, portanto, recebeu o nome de arianismo* — doutrina rejeitada pelo Concílio de Niceia no ano de 325, e novamente pelo Concílio de Constantinopla no ano de 381. A partir de então, os teólogos cristãos, geralmente concordam que a Segunda Pessoa da Trindade, chamada de "Filho" ou "Verbo" (Logos), é tão divina e tão eterna como a Primeira Pessoa, e que portanto não é correto fazer do Logos um ser intermediário entre Deus e a criação — um ser maior que a criação e menor que Deus.

LUNDENSE, TEOLOGIA. Escola teológica dentro do luteranismo* que floresceu durante o século XX e que recebeu seu nome da Universidade de Lund na Suécia, sua sede principal. Suas principais figuras são: Gustaf Aulén (1879-1977), Anders Nygren (1890-1971) e Gustaf Wingren (1910-2000). Uma de suas características principais foi seu interesse renovado em Lutero e em suas fontes na teologia patrística, particularmente a de Irineu. Sua metodologia é a "investigação dos motivos" — *Motifvorschung*. Nesse contexto, um "motivo" é uma ideia central ou característica que se esconde atrás de diversas formulações. Assim, por exemplo, o livro de Aulén, sobre a redenção, traduzido sob o título de *Christus Victor*, explora os diversos modos de entender a obra de Cristo, procurando descobrir e restaurar o que ele chama de interpretação "dramática" de Irineu — postura que vê Cristo, não como vítima, mas como vencedor sobre os poderes do mal (*Redenção). Nygren, por sua vez, explorou os diversos sentidos do amor em seu livro de grande influência: *Ágape* e eros,* estabelecendo um contraste marcado entre as duas maneiras de recuperar a visão de Lutero sobre a graça*.

LUTERANISMO. Uma das principais tradições surgida da Reforma do século XVI junto ao catolicismo tridentino*, a tradição reformada*, o anglicanismo* e o anabatismo*. O termo "luterano" foi empregado, originalmente, por seus inimigos para indicar que se tratava de uma inovação herética criada por Lutero. Nesse sentido, os católicos romanos aplicavam-no a todos os protestantes. No princípio, as igrejas verdadeiramente luteranas denominavam a si próprias de "Igrejas da Confissão de Augsburgo", por causa do documento que seus dirigentes haviam apresentado ao imperador na Dieta de Augsburgo, em 1530. Posteriormente, contudo, tomaram o nome de "luteranas" pelo qual são conhecidas até hoje.

As diferenças entre o luteranismo e os outros ramos do protestantismo, particularmente a tradição reformada, são sutis, porém relevantes. Quase todos os ensinamentos de Lutero foram aceitos pelos demais protestantes, mesmo que com ênfases diferentes. Portanto, os três princípios fundamentais do luteranismo são comuns a todo o protestantismo: *sola scriptura, sola gratia, sola fide* — só a Escritura, só a graça, só a fé. Esses princípios afirmam a primazia das Escrituras, assim como a justificação* pela fé mediante a graça* de Deus.

Quanto à autoridade das Escrituras, Lutero e o luteranismo, geralmente, insistem na sua superioridade sobre a tradição, mas não rechaçam os elementos da tradição que a Bíblia não contradiz — as vestimentas litúrgicas, os crucifixos, rituais etc. Nesse ponto, o luteranismo e o anglicanismo diferem da tradição reformada (em particular de sua ala mais radical, que se inspira em Zwinglio) e dos anabatistas que procuram restaurar o cristianismo bíblico abandonando tudo quanto tem sido acrescentado pela tradição.

No que se refere à justificação pela fé mediante a graça de Deus, todos os protestantes concordam. Contudo, Lutero temia que falar demais do processo de santificação* que deve seguir a justificação abria a possibilidade de regressar à justificação mediante as obras. A justificação não faz que o pecador seja objetivamente justo, mas é antes a ação da graça de Deus que absolve o pecador quando ainda é pecador. Calvino e a tradição reformada, ao mesmo tempo em que concordam com Lutero quanto à justificação pela fé, tendem a sublinhar mais a obra de Cristo santificando o pecador e, portanto, também o valor da Lei de Deus como guia para os crentes (Lei*, terceiro uso da).

Por último, Lutero discordava tanto do catolicismo romano quanto de Zwinglio e Calvino ao afirmar que, na Eucaristia*, o pão e o vinho continuam sendo pão e vinho, mas, além disso, o corpo de Cristo está fisicamente presente neles e os crentes participam dele.

Após a morte de Lutero, houve uma grande série de controvérsias dentro do próprio luteranismo. Nessas controvérsias os luteranos estritos se opunham às posturas moderadas de Melanchthon e seus seguidores. Posteriormente, essas controvérsias levaram à *Fórmula de Concórdia* (1577), que se tornou um dos documentos fundamentais do luteranismo.

No século XVII, o luteranismo, da mesma forma que a tradição reformada, passou por um período de sistematização detalhada, que, com frequência, recebe o nome de ortodoxia* protestante ou escolasticismo* protestante. Essa época produziu algumas das principais obras de teologia sistemática dentro da tradição luterana, mas, também se caracterizou por um dogmatismo estreito. Como reação, boa parte do luteranismo do século XVIII voltou-se para o pietismo*, que sublinhava a fé pessoal, a oração, os grupos pequenos de devoção e apoio mútuo e as obras de caridade. Mesmo que no começo a maioria dos luteranos rechaçasse o pietismo, com o tempo o movimento deu forma a boa parte do luteranismo moderado, que sublinhava tanto a ortodoxia como a piedade pessoal.

M

MACEDÔNIOS. Os seguidores de Macedônio de Constantinopla, que concordavam com a decisão nicena, que o Filho é da mesma substância que o Pai (*Hommousion**), mas não estava disposto a afirmar o mesmo com respeito ao Espírito. Por essa razão, os macedônios, também, recebem o nome "Pneumatomacos*" — inimigos do Espírito. Sua posição foi rechaçada por um sínodo reunido em Alexandria no ano 362 e, posteriormente, pelo Segundo Concílio Ecumênico (Constantinopla, 381).

MAGNIFICAT. O canto de Maria em Lucas 1.46-55. Seu nome é derivado da primeira palavra latina, *Magnificat anima mea* (minha alma engrandece). Mesmo que, tradicionalmente, seja usado na oração vespertina e repetido, com frequência, na missa, suas palavras de reivindicação dos pobres e dos humildes têm alcançado eficácia especial com o surgimento das diversas teologias da libertação*.

MAJORISTA, CONTROVÉRSIA. Debate suscitado entre os luteranos por George Major (1502-74), que afirmava que as boas obras* são necessárias para a salvação. Chegaram a dizer contra ele que as boas obras levam à soberba e, portanto, são detrimentais para a salvação. Posteriormente a *Fórmula de Concórdia* (1577) condenou os dois extremos, declarando que as boas obras não são necessárias nem prejudiciais para a salvação.

MAL. Teodiceia*.

MANIQUEÍSMO. A doutrina de Mani ou Manes (c. 216-275). Por extensão, dá-se o mesmo nome a qualquer postura extremamente dualista. No último sentido, a ideia de que há nações boas e outras más, por exemplo, também, é chamada de "maniqueísmo".

No sentido estrito, o maniqueísmo surgiu, originalmente, no Império Persa e dali se espalhou pela Índia, China e Império Romano. O próprio

Manes parece ter tido contatos com o gnosticismo* e outras tendências ascéticas e, portanto, o maniqueísmo tem muito em comum com o gnosticismo. Sustenta que há dois princípios eternos e indestrutíveis, o bem, que é puramente espiritual, e o mal, que é material. A condição humana consiste, precisamente, em que somos parte da substância divina, da substância boa e, contudo, existimos nesta terra onde o divino se mistura com o mal e estamos presos a um corpo físico.

A salvação consiste, então, em regressar à nossa origem divina. E a consumação final de todas as coisas é simplesmente a separação última e definitiva entre o princípio do bem e o princípio do mal. Todavia, os dois continuarão existindo, mesmo que separados um do outro.

Conforme Manes, tudo isso ele sabia por causa da revelação divina. Tal revelação, já havia chegado anteriormente a outros como, Buda, Zoroastro e Jesus. Contudo, Manes é o maior de todos esses profetas, visto que também recebeu o "verdadeiro conhecimento" que explica as origens e os mistérios do mundo.

Agostinho (354-430) foi maniqueísta por algum tempo. Depois que se decepcionou com o maniqueísmo, porque não tinha respostas verdadeiras a várias de suas dúvidas, escreveu vários tratados contra ele, particularmente defendendo o livre-arbítrio*, que os maniqueístas negavam.

MARCIONISMO. A doutrina de Marcião (c. 100-c. 160). Filho de um bispo cristão no Ponto, Marcião viajou para a Ásia Menor e depois para Roma, onde foi expulso da igreja (c. 144). Fundou então a própria comunidade eclesiástica, que cresceu tanto que chegou a ser rival da igreja ortodoxa. Isso, por sua vez, induziu vários teólogos a refutar suas opiniões.

Ainda que Marcião fosse dualista, diferia das doutrinas gnósticas dominantes porque não cria em uma ampla sequência de seres espirituais ou intelectuais, cuja existência e erro levaram à criação do mundo. Também não cria que a salvação fosse obtida mediante um conhecimento secreto. Segundo ele, o mundo é a criação do Deus do Antigo Testamento, Jeová. Nesse sentido as Escrituras hebraicas estão certas. Mas Jeová não é o mesmo que o Pai de Jesus Cristo, que é o Deus cristão. Jeová é um Deus inferior e revanchista, que criou o mundo ou por inveja, ou por ignorância, e fez que as almas humanas ficassem aprisionadas nele. Jeová julga e castiga. Logo, há um contraste radical entre a religião de Israel e o cristianismo, entre Jeová e Deus, entre a justiça e o amor. Para nossa salvação, o Deus Supremo enviou seu Filho, Jesus, para nos levar de volta à verdade e à liberdade. Visto que a matéria é parte do domínio de Jeová e se opõe à realidade espiritual, Jesus não era de carne. Nem sequer nasceu, mas simplesmente apareceu sobre a terra durante o reinado de Tibério. Jesus era um ser celestial que aparentava ter corpo humano (Docetismo*), e sua função foi principalmente fazer que conhecêssemos o amor de Deus e nos convidar a receber o perdão divino.

Segundo Marcião, essa mensagem de amor não foi entendida pelos primeiros cristãos, que insistiam em interpretar Jesus como o cumprimento das promessas feitas nas Escrituras hebraicas. Somente Paulo o entendeu. É por isso que teve uma luta constante com outros cristãos que insistiam em obedecer a Lei do Antigo Testamento.

Visto que havia rechaçado as Escrituras hebraicas como palavra de um deus inferior, Marcião se viu obrigado a colocar outra coisa em seu lugar. Isso foi sua versão do que agora chamamos de Novo Testamento. Nessa coleção, Marcião incluiu as Epístolas Paulinas, junto ao Evangelho de Lucas, que Marcião respeitava por ter sido companheiro de Paulo.

Segundo Marcião, tanto as epístolas como Lucas foram revisados para eliminar desses livros toda referência possível às Escrituras hebraicas ou ao mundo material. Tais referências haviam sido acrescentadas posteriormente pelos intérpretes cristãos.

O desafio de Marcião e de seus seguidores levou a igreja, em geral, a desenvolver a própria lista de livros do Novo Testamento — uma lista que devia ser colocada, não em contraste com, mas junto das Escrituras hebraicas (Cânon*). Levou, também, a igreja de Roma a desenvolver um credo batismal construído em torno da fórmula trinitária do batismo. Esse credo, que afirmava que o Deus que criou e governa todas as coisas é o Pai de Jesus, que Jesus nasceu, que verdadeiramente sofreu, morreu e ressuscitou, que virá de novo para julgar, e que os corpos dos mortos ressuscitarão — tudo isso contrastando marcadamente com as opiniões de Marcião — o que posteriormente deu origem ao que agora chamamos de Credo Apostólico.

MARIA. O nome de várias mulheres nas Escrituras. É a forma neotestamentária do nome "Miriam" do

Antigo Testamento. Refere-se, comumente à mãe de Jesus.

A virgindade de Maria, quando concebeu Jesus, é tema que já se encontra na tradição cristã mais antiga (Virginal*, nascimento). Mesmo que o Novo Testamento se refira repetidamente aos irmãos de Jesus, em alguma data incerta, mais ou menos no século IV, já era costume afirmar que Maria continuou sendo virgem toda sua vida, que nunca coabitou com José, e que os "irmãos de Jesus" eram de outros parentes seus, ou talvez de José de um matrimônio anterior. No século IX, alguns declaravam que Jesus não podia ter nascido pelo canal do nascimento, visto que isso teria destruído a virgindade de sua mãe. Ratramno de Corbie († 868), escreveu contra essas ideias que lhe pareciam docéticas e insistia em que Jesus havia nascido pela "porta natural", mesmo que sem violar a virgindade física de Maria. Mesmo que outros atacassem os argumentos de Ratramno, parece ter sido um consenso geral para essa data que a "virgindade perpétua" de Maria envolvia, não só não ter conhecido homem, mas também que ao dar à luz a Jesus continuou sendo fisicamente virgem.

Muito antes disso, no século V, havia tido outra controvérsia sobre o título *theotokos** — mãe parideira de Deus — que se aplicava a Maria. Mesmo que o debate se relacionasse grandemente com temas cristológicos (*Communicatio idiomatum**; Nestorianismo*), o que na realidade se discutia em nível mais popular era sobre o respeito que se devia dar à mãe do Senhor. Logo, o título de "Mãe de Deus", sancionado pelo Concílio de Éfeso (Terceiro Concílio Ecumênico, 431), veio a ser o modo ortodoxo típico de se referir a Maria.

Maria também foi considerada a "Rainha do Céu", e a primeira entre todos os santos no céu. Por isso, quando a controvérsia iconoclasta levou à distinção entre a *latria* que se deve só a Deus e a *dulia* ou veneração aos santos e suas imagens, declarou-se também que Maria era digna de uma forma superior de veneração ou *hiperdulia*.

O contraste entre a antiga criação cujo cabeça é Adão levou também a muitas comparações entre Maria e Eva pois, se afirmava por exemplo que, da mesma forma que Eva foi quem levou Adão à árvore, foi Maria quem trouxe Jesus a este mundo e posteriormente à àrvore do Calvário. Mesmo que tais conexões já fossem feitas no final do século II por escritores como Irineu, em data posterior se tornaram asseverações no sentido de que Maria ocupa um lugar único na redenção, que é mediadora mais alta do que qualquer santo no céu e, por isso, começou-se lhe dar o título de "Mediadora de Todas as Graças", ou ainda a "Corredentora".

O profundo relacionamento de Maria com o nascimento e com a obra salvadora de Jesus fez que posteriormente isto levasse à teoria de que ela mesma (Maria) tivesse ficado preservada do pecado original quando foi concebida. Esta imaculada concepção de Maria foi alvo de muitos debates na Idade Média. Tomás de Aquino (1225-1274) a rejeitou, enquanto que Duns Escoto (1265-1308) e outros franciscanos a defenderam e incentivaram. Por fim, foi declarado dogma da Igreja Católica Romana pelo papa Pio IX na sua bula *Ineffabilis Deus* (1854).

Outro dogma que foi recentemente definido pelo catolicismo é o da assunção física de Maria, o qual a religiosidade popular tinha sustentado por muito tempo, mas foi declarado dogma por Pio XII em 1950.

A religiosidade popular, com frequência sancionada pelas autoridades eclesiásticas, sustenta também que a virgem Maria tem aparecido em vários lugares e formas, como Nossa Senhora de Lourdes e Nossa Senhora de Guadalupe.

MARXISMO. A filosofia de Karl Marx (1818-83). Filho de pais judeus, que haviam aceitado o cristianismo sob pressão, Marx tornou-se ateu em sua juventude. O marxismo é uma versão materialista da dialética hegeliana. Em vez de interpretar a História como o desenvolvimento da mente ou espírito, como fez Hegel, Marx interpretou-a como a dialética resultante dos conflitos de classe e do sistema de produção. Em uma época que a psicologia começava a explorar os lugares subconscientes da mente, Marx propunha que muito do que consideramos ser puramente racional na realidade esconde interesses de classes — interesses escondidos até de nós mesmos. Isso resulta em "ideologias"* que pretendem ser uma descrição da verdade, mas que na realidade são justificações de uma ordem econômica e social existente ou desejada.

O marxismo sustenta que esse processo histórico chega a sua culminação em uma ordem social e econômica justa, na qual todos recebem segundo a sua necessidade e na qual todos contribuem segundo as suas capacidades. Essa ordem utópica — que de certo modo é uma versão secularizada e ateia da escatologia judeu-cristã — é o Estado comunista e resultará de uma revolução por parte do proletariado.

Durante boa parte do século XX, o marxismo foi a ideologia oficial de várias nações que, com frequência, chamavam-se "socialistas" — a União Soviética, a República Popular da China, várias nações na Europa que eram satélites da União Soviética, Cuba etc. Durante a "guerra fria" entre essas nações e o Ocidente capitalista, pensou-se que o comunismo, como era praticado nesses países, e o marxismo fossem a mesma coisa e que, portanto, os sistemas opressivos do bloco socialista eram o resultado natural e necessário do marxismo. Por essa razão, a queda da União Soviética, assim como a evolução, que aconteceu em vários países socialistas afastando-se da ortodoxia comunista, criaram a impressão de que o marxismo já não era pertinente ou poderoso.

Isso pode ser correto com respeito ao marxismo como movimento político organizado; mas em um nível mais profundo o impacto de Marx é visto por toda parte. Na teologia, muitas teologias de libertação*, particularmente a *latino-americana, reconhecem esse impacto, e em certas ocasiões recebem o nome de "marxiana" para assinalar que, embora não sejam ortodoxas em seu marxismo, tampouco sejam comunistas ou ateias, encontram na análise marxista da realidade social e econômica instrumentos úteis para o seu empreendimento. Além disso, no século XXI o impacto da visão de Marx sobre as relações de interesses de classes e de ideologias se vê em toda uma plêiade de manifestações — desde as teorias pós-colonialistas e pós-modernas, até o modo pelo qual os políticos, inclusive nos países que nunca foram marxistas, projetam suas campanhas e no modo como as corporações estabelecem suas políticas de publicidade e mercado.

MATÉRIA. Aquilo de que as coisas são feitas. Na filosofia aristotélica, e em boa parte da teologia medieval tardia, a matéria individualiza-se ao receber a forma*. Em vários pontos através da História, mas, particularmente no século XIII, têm havido debates sobre se a matéria é eterna ou é criada por Deus (Averroísmo*). A doutrina da criação* *ex nihilo** surgiu e ganhou ênfase particular precisamente contra a ideia de que a matéria é eterna, e portanto não criada, o que implicaria na existência de outro princípio de realidade à parte de Deus.

MATERIALISMO. A crença de que a realidade consiste unicamente da matéria física, e que as realidades espirituais e não materiais não existem, ou não têm importância alguma.

Alguns entre os antigos filósofos eram materialistas e, também muitos dos primeiros teólogos cristãos — desde Tertuliano até o jovem Agostinho — tinham dificuldades em conceber realidades que não fossem materiais. Porém, em geral, a maioria dos teólogos cristãos tem rechaçado o materialismo como uma explicação demasiadamente simplista dos mistérios da vida e insistem em que Deus não é material. Visto que, durante a modernidade*, muitos entendiam o universo como um sistema fechado de causas e efeitos materiais, o materialismo moderno, geralmente, tem se inclinado até o predeterminismo (Marxismo*).

Em um sentido muito diferente, às vezes, se chama "materialismo" a atitude daqueles que estão constantemente preocupados com os próprios interesses, particularmente, seus interesses econômicos.

MENONITAS. Os seguidores de Menno Simons (1496-1561), atualmente a maior das tradições surgidas dos anabatistas do século XVI. Menno era pacifista e, por isso, o pacifismo tem sido uma das características permanentes das comunidades menonitas. Essa atitude os levou muitas vezes ao exílio para evitar tomar as armas, indo então até a Rússia, América do Norte e o interior da América do Sul. Sua negativa categórica em aceitar o serviço militar foi uma das principais razões que levaram ao estabelecimento da categoria de "objetores de consciência" em vários países ocidentais, permitindo-lhes abster-se do serviço militar, ou substituí-lo por algum serviço social.

Mesmo que, alguns menonitas — particularmente os *Amish* — tenham tentado conservar a simplicidade da vida do século XVI negando-se a se adaptar às conveniências modernas e, por isso, tenham se isolado do restante da sociedade, a grande maioria dos menonitas está profundamente envolvida em ações sociais e serviços humanitários.

MÉRITO. O valor das ações humanas que implicam em recompensa divina. Mesmo que a maioria dos teólogos esteja convencida de que Deus castiga o mal e recompensa o bem, os reformadores protestantes do século XVI, e seus seguidores, desde então, rechaçaram a ideia de que entre tais recompensas se incluam a graça* e a salvação* — que são dons de Deus dados gratuitamente e não alcançados mediante méritos humanos

A teologia escolástica, ao mesmo tempo em que afirmava a doutrina dos méritos, buscava estabelecer certas distinções que lhe permitissem afirmar a primazia da graça. A mais importante dessas distinções foi a que se estabeleceu entre mérito *de condigno* e mérito *de congruo*. O primeiro refere-se às ações que em si mesmas merecem recompensas. O segundo refere-se às ações que são compatíveis com a recompensa, mesmo sem merecê-la. No sentido estrito, não pode haver mérito humano que seja *de condigno* no que se refere a Deus, visto que tudo quanto somos é devido a Deus. Embora Deus tenha determinado e prometido que certas ações, realizadas com o apoio e ajuda da graça divina, teriam certas recompensas e, portanto, há um sentido secundário no qual os crentes que agem pela graça podem ganhar méritos *de condigno* e assim alcançar a salvação. Em contraste, o mérito *de congruo* não é resultado de um estado de graça e não é sequer verdadeiro mérito no sentido limitado no qual as ações, produto da graça, recebem mérito. Mesmo quando, no sentido estrito, o mérito é sempre resultado da graça, os santos podem realizar mais obras que as que são requeridas deles (Altruísmo, Obras* de) e esses méritos formam, então parte de um tesouro dos méritos. A igreja medieval estabeleceu uma teoria segundo a qual os méritos são transferíveis, de modo que os méritos de Jesus e dos santos estão disponíveis para os crentes nesse tesouro dos méritos. Isso se encontra no centro da visão medieval da penitência*, pela qual tais méritos são concedidos ao pecador arrependido e, posteriormente, tornou-se o fundamento da prática de vender indulgências*.

METAFÍSICA. O nome que foi dado pelos compiladores originais das obras de Aristóteles à seção que se encontrava imediatamente depois da física — portanto seu nome é *meta*, depois de, *física*. Visto que ali se discutia a natureza do ser como tal, a palavra veio a significar toda a investigação que se refere ao ser e, posteriormente, praticamente toda a investigação filosófica. Depois das obras de Hume, Kant e outros, a metafísica tem sido, com frequência, rechaçada como investigação de assuntos que se encontram além do alcance da experiência e do conhecimento humanos. Mas a teologia católica romana continuou utilizando a metafísica como fundamento apropriado para a investigação teológica. Com o declínio do empirismo*, vários teólogos e filósofos protestantes têm seguido o mesmo caminho, sendo que alguns empregando a metafísica de Whitehead (1861-1947) para desenvolver teologias do processo e outros, como Paul Tillich (1886-1965), regressando aos fundamentos "ontológicos" da teologia.

METÁFORA. Na linguagem teológica contemporânea, e particularmente na obra de Paul Ricoeur (1913-) e Sally McFague (1934-), a metáfora não é unicamente uma maneira figurada de falar sobre algo que se assemelha. O poder da metáfora não está somente em afirmar que uma realidade é como outra, mas ainda em recordar que as duas são diferentes — não só na consonância, mas também na dissonância. Portanto, uma vez que a metáfora se torna descrição literal, como no caso dos "pés" de uma mesa, já não é uma metáfora viva e poderosa. A partir dessa perspectiva, as parábolas de Jesus, por exemplo, são metáforas poderosas porque não dizem somente que o Reino é como alguma realidade, mas também assinalam o caráter único do Reino — o que Ricoeur chama "uma lógica de sobreabundância".

Portanto, mesmo que toda linguagem sobre Deus seja metafórica, isso não pode ser visto como um obstáculo nem como uma deficiência, mas sim como uma indicação de que Deus é único — e que sua unicidade pode ser expressa mediante uma variedade de metáforas.

METODISMO. O nome que geralmente é dado aos movimentos e igrejas surgidos do avivamento wesleyano*, mesmo que normalmente não se incluam sob esse nome os wesleyanos que participam do movimento de santidade* ou do pentecostalismo*. Seguindo Wesley (1703-91), os metodistas sublinham a piedade pessoal, a santidade individual e social e a proclamação do evangelho àqueles que não se encontram na comunidade dos fiéis. Da mesma forma que Wesley, a maioria dos metodistas é arminiana, mesmo que também haja metodistas calvinistas que na sua maioria derivam do trabalho de George Whitefield (1714-70) em Gales.

MILAGRES. O termo "milagre" é derivado da mesma raiz que o termo "admirar" e, portanto, o que se encontra no centro da ideia de milagre é o sentido de surpresa, admiração e espanto. Nas sociedades e culturas nas quais todos os acontecimentos são interpretados como manifestações misteriosas de poderes invisíveis, tudo o que acontece é misterioso e espantoso e, portanto, dificilmente se fala de acontecimentos particulares como "milagres". É nas sociedades e culturas que consideram que há no mundo uma ordem estabelecida e que os acontecimentos devem se suceder de certo modo que surge a ideia de milagre como acontecimento inexplicável. Tendo essa concepção como fundo, o Novo Testamento vê as ações de Jesus como "sinais" e maravilhas". Para seus contemporâneos, assim como para toda a igreja durante a maior parte de sua história, os milagres de Jesus não eram acontecimentos inexplicáveis. Eram explicados como sinais do poder do próprio Jesus, da mesma forma que qualquer acontecimento era a manifestação do poder que o produzia. Portanto, mesmo que os milagres fossem vistos como algo excepcional, espantoso e surpreendente, sua ocorrência não era problema.

Foi na modernidade* que os milagres se tornaram um problema. A modernidade vê o universo como um sistema fechado de causas e efeitos. Nada acontece sem que algum acontecimento prévio, em uma sequência fechada que o podemos explicar cientificamente ou imaginamos que poderíamos explicar, se tivermos somente conhecimentos maiores. Logo, pretender que um acontecimento é o resultado de uma intervenção de poderes além do próprio sistema é uma negação dos fundamentos da ciência e da historiografia moderna. Por essa razão, os teólogos liberais tendiam a rechaçar toda ideia de milagre ou intervenção divina na história da vida humana e em resposta, aqueles que criam que Deus intervém estavam convencidos de que a teologia liberal havia cedido terreno demais para a ciência moderna.

As críticas mais recentes dos paradigmas fundamentais da modernidade e o começo da pós-modernidade, voltaram a abrir a discussão com respeito à ordem do universo e, sobre a possibilidade da esperança* além dos limites do aparentemente possível, assim como, sobre a necessidade de construir novos modelos para interpretar o mundo e a História.

A ideia do milagroso e a possibilidade de esperança para aqueles que não a têm dentro do sistema tradicional fechado, será uma discussão importante nas décadas por vir.

MILENARISMO. É a expectativa de um reino de Cristo sobre a terra, seja antes ou depois de sua parúsia. O milênio tem sido tema de muito debate, particularmente entre os cristãos fundamentalistas dos séculos XX e XXI, que não concordam com a interpretação dos poucos versículos bíblicos no qual esse tema aparece, particularmente Apocalipse (20.2-7) — visto que Apocalipse é o único livro do Novo Testamento no qual se fala explicitamente de um reino de mil anos. No século II, alguns teólogos cristãos como Papías e Irineu criam em um reino de Deus sobre a Terra — reino de paz, justiça e abundância — e às vezes falavam dele como um reino de mil anos (Quiliasmo). Outros, como Agostinho (354-430), achavam que essas expectativas eram muito materialistas e preferiam entender o milênio, assim como toda referência bíblica para com a abundância escatológica, como linguagem alegórica para se referir a um Reino* de Deus puramente espiritual (Amilenarismo*). Durante a Idade Média, devido à influência de Agostinho e outros teólogos de tendências neoplatônicas, o milênio era entendido, geralmente, como maneira figurada de se referir ao céu* e, às vezes, a vida presente da igreja, de onde se supõe que o mal esteja atado. Muitos combinavam a afirmação na segunda carta de Pedro, que perante os olhos de Deus mil anos são como um dia, como a expectativa de que haveria mil anos entre a primeira e a segunda vinda de Cristo, ou seja, entre o nascimento de Jesus e sua parúsia.

Foi no século XVII que a especulação escatológica e as interpretações literais de Apocalipse 20 levaram a um novo interesse no milênio e, particularmente, no desenvolvimento de uma série de esquemas ou programas para os acontecimentos em torno do mesmo. Mesmo que os termos "pré-milenarista" e "pós-milenarista" parecem sublinhar as diferenças entre duas opiniões quanto à ordem dos acontecimentos, a diferença entre ambas tem a ver, não somente com a ordem dos acontecimentos finais, mas também com a visão e a responsabilidade cristã dentro dela. Em geral, os pré-milenaristas insistem em que o milênio é o resultado da intervenção divina, antes de vir a "grande apostasia", o anticristo*. E a "grande tribulação". No século XIX e, depois no XX, essas opiniões alcançaram muitos adeptos graças aos ensinamentos dispensacionalistas de J. N. Darby (1800-82) e Cyrus Scofield (1843-1921). A "Bíblia Anotada" do último deu a muitos eleitores fundamentalistas um esquema que parecia explicar a ordem e a relação entre os diversos acontecimentos escatológicos, e por isso teve grande êxito. Visto que nos esquemas pré-milenaristas o milênio será precedido por um grande mal e por tribulação, quem adota tais posturas, em geral, não adota posturas que não concedem grande importância à tarefa de melhorar a sociedade, de opor-se à justiça na ordem social e, às vezes, nem sequer de buscar a paz.

Em contraste, os pós-milenaristas sustentam que a pregação do evangelho e a reforma da sociedade por meio do impacto do testemunho cristão — e às vezes também graças ao progresso da humanidade — trazem consigo esse reino de paz e justiça que se chama "milênio". Portanto, enquanto os pré-milenaristas tendem a ser mais numerosos entre os fundamentalistas, os pós-milenaristas se tornam mais populares entre os seguidores do liberalismo* clássico dos séculos XIX e XX.

Contudo, é importante assinalar que o próprio tema do milênio é de importância e urgência bem maior para os pré-milenaristas que para os amilenaristas ou pós-milenaristas, muitos dos quais nem sequer usam o termo "milênio". Na realidade, as duas últimas categorias, com frequência são nomes que foram impostos a essas posições pelos pré-milenaristas.

MINYUNG, TEOLOGIA. Teologia da libertação* que se originou na Coreia durante a segunda metade do século XX, conforme os cristãos refletiam sobre a grande luta do povo coreano detrás da justiça social e dos direitos humanos. O termo "minyung" é uma combinação de *min*, povo com *yung*, massas. Ao combinar essas duas palavras, a teologia *minyung* refere-se a todos os oprimidos, excluídos, esquecidos e explorados, mas não só como uma massa amorfa, mas como povo capaz de determinar a si mesmo e de não ser determinado ou classificado por outros. Um dos pontos cruciais em que a teologia *minyung* desafia as posturas cristãs tradicionais refere-se à condição humana. Para os teólogos *minyung*, a ideia de pecado*, assim como tradicionalmente é entendida na teologia ocidental e imperialista, tem sido instrumento de opressão, pois, com frequência, culpa-se a vítima ao não se distinguir entre o pecado, e aquela pessoa contra quem o pecado é cometido. Em seu lugar propõem a noção coreana de *han*, que é, por sua vez, um sentido de impotência e descontentamento por parte dos oprimidos e a convicção de que a ruptura da justiça será vencida, o que leva à esperança genuína. Foi essa ideia de *han* que sustentou o povo coreano durante longos séculos de invasão e exploração. E, é também *han* o que leva o povo ao *minyung*, à esperança e à libertação em Jesus. Segundo um dos principais teólogos dessa escola, Nam Dong Suh (1918-84), a verdadeira fé e entendimento de Jesus nos levam, não a especulações e definições cristológicas, mas ao verdadeiro entendimento do *minyung*.

Os teólogos de *minyung* envolveram-se na maioria das lutas recentes do povo coreano, assim como em toda uma nova leitura das Escrituras, da teologia e também da história coreana, que tradicionalmente são contados a partir da perspectiva dos poderosos.

MISSIOLOGIA. A disciplina que estuda a missão. Durante os períodos patrístico e medieval, traduziram-se vários tratados sobre a proclamação do evangelho àqueles que ou não o ouviram ou não o receberam. Como resultado da conquista espanhola do hemisfério ocidental, o jesuíta José de Acosta (1540-1600) escreveu o que pode ser considerado o primeiro tratado missiológico moderno, *De procuranda indorum salute*. Mas a missiologia como tal não começou a se estabelecer no currículo teológico e em obras de teologia sistemática senão no século XIX.

Em suas primeiras etapas, a missiologia era sobretudo uma disciplina "prática", que se ocupava principalmente dos métodos para realizar um empreendimento missionário, ou seja, de questões como o estudo de línguas e relações intraculturais, métodos de comunicação e de apoio, e treinamento de líderes nativos, como acomodar o evangelho em uma cultura* diferente etc. Mesmo então, quando a ênfase na missiologia protestante caía sobre a conversão dos indivíduos, a ênfase na missiologia católica romana estava na criação e estabelecimento da igreja em novas terras — *plantatio ecclesiae*.

Dois novos elementos, durante a segunda metade do século XX, deram à missiologia um enfoque radicalmente novo. O primeiro foi o surgimento de uma igreja verdadeiramente mundial, unido à crescente secularização da sociedade nos lugares que, tradicionalmente, haviam sido centros missionários, de tal modo que já não se podia falar do "cristianismo" ou de "nações cristãs" e "pagãs". Isso levou a uma perspectiva global na qual a missão é responsabilidade dos crentes em todo lugar, e deve se dirigir sempre a todo lugar — "a missão nos seis continentes".

O segundo elemento foi que a missiologia começou a se afastar de sua antiga preocupação pelos métodos e meios e se tornou uma disciplina teológica que fundamenta seu trabalho na *missio* Dei*, e que propõe uma visão distinta da vida e obra da igreja fundamentada nessa *missio*. Nota-se que nos currículos teológicos a missiologia, que antes se encontrava entre as disciplinas "práticas", cada vez se encontra mais entre as "teológicas".

MISSIO DEI. Literalmente, a missão de Deus. O termo havia sido utilizado tradicionalmente na teologia trinitária como um modo de referir-se às relações internas da Trindade* — de modo que o Pai envia o Filho e esses dois enviam o Espírito. Com base em João 20.21, tem sido usado para se referir à missão cristã como extensão ou reflexo da missão de Jesus: "Como o Pai me enviou, assim eu vos envio".

O termo tornou-se comum na missiologia* protestante depois da conferência Mundial de Willingen em 1952. Tem duas implicações principais para as missões: a primeira, que a missão da igreja se fundamenta na missão interna da Trindade, assim como do Filho na encarnação*; a segunda, que a missão é de Deus e, portanto, tudo o que a igreja pode fazer é se unir a Deus na missão que já está acontecendo para a redenção da criação.

MISTÉRIO, RELIGIÕES DE. Nome que se dá a uma ampla gama de religiões que floresceram no mundo greco-romano no começo da era cristã, entre as quais se encontra o culto de Ísis e Osíris, os mistérios dionisíacos, os de Átis e Cibele, o culto à Grande Mãe etc. Parecem ter suas raízes nos antigos cultos de fertilidade mediante os quais se buscava explicar e aumentar a fertilidade da terra, dos ganhos e das pessoas. Visto que a fertilidade com frequência é cíclica, seguindo as estações do ano ou, no Egito, as inundações do Nilo, um tema característico nessas religiões está em seu interesse e no ciclo do nascimento, vida e morte que aparece tanto na natureza como nas vidas dos indivíduos. Da mesma forma que a natureza morre para depois renascer, assim também os deuses das religiões de mistério seguem um padrão básico no mito* da morte e renascimento e, também promete a seus seguidores uma nova vida depois da morte. Assim, o que originalmente eram religiões de fertilidade, pouco a pouco, tornaram-se religiões de salvação*. Comumente, nos ritos conhecidos como "mistérios" tal salvação se obtém ao se unir ao deus em sua morte e ressurreição — é daqui o nome que comumente lhes é atribuído.

A relação entre o cristianismo e as religiões de mistério tem sido amplamente debatida; há alguns pontos de contato ou de semelhança. O que não fica claro — porque não há fontes detalhadas da prática dos mistérios antes do advento de Cristo — é até que ponto o cristianismo impactou os mistérios, e até que ponto o contrário é certo. Em todo caso, os mistérios foram um dos principais rivais do cristianismo em sua expansão pelo mundo mediterrâneo e, é provável que tenham deixado sua marca em algumas práticas cristãs.

MISTICISMO. Termo cujos limites não estão claros, nem são sempre os mesmos. Estritamente, o misticismo é a experiência de uma relação imediata e prolongada com a divindade e a maneira em que essa experiência serve de eixo para toda a vida. Portanto, mesmo que às vezes se diga que experiências como a conversão súbita, os dons carismáticos e as visões tenham uma dimensão mística, e às vezes ocorram na experiência mística, não são a essência do misticismo. Tampouco o é o fervor religioso.

O misticismo existe em todas as principais religiões. Dentro do cristianismo, tomou diversas formas; uma delas foi profundamente impactada pela tradição neoplatônica, e sua meta é tornar a alma de tal modo unida à divindade que perca o próprio sentido, como uma gota de água que se dissolve no oceano. Outra forma de misticismo cristão usa metáforas matrimoniais, referindo-se às bodas místicas entre a alma e Cristo. Alguns místicos têm tido experiências de Deus como fonte de todo o ser. Outros têm centrado sua contemplação em Cristo, e particularmente em seus sofrimentos. Alguns místicos têm se sentido atraídos a uma vida de solidão e contemplação, enquanto outros se têm visto impulsionados a empreender atividades como o serviço aos necessitados ou a reforma da igreja. Alguns chegaram a pensar que sua comunhão com Deus era tal que podiam desligar-se dos serviços da igreja, enquanto outros se uniram mais ativamente à vida comum da igreja.

Dada essa variedade de experiências, não surpreende que muitos teólogos tenham dúvidas sobre o misticismo ou o rechacem por ser subjetivo demais, individualista ou quietista, ou por parecer tentar alcançar a salvação mediante as obras.

Mesmo que haja uma grande variedade nas formas e experiências do misticismo dentro da tradição cristã, a teologia mística, ou seja, a reflexão sobre e, guia para a experiência mística, em geral sustenta que a vida mística é um processo em várias etapas. Mesmo que haja vários esquemas para descrever essas etapas, comumente se fala de três deles: a purgação, a iluminação e a união. A vida mística, então, vem acompanhada de uma disciplina de reflexão e contemplação, e não consiste em um mero momento de êxtase*. A "via purgativa" é o processo mediante o qual a alma vai sendo limpa de seu pecado. A "via iluminativa" ajuda o discípulo a ver mais claramente o caminho até a perfeição e a praticar o amor e a pureza mais plenamente. A "via unitiva" busca unir-se a Deus como meta final de todo discipulado. Mesmo que geralmente se chamem "vias", na realidade são três etapas, de tal modo que a vida ascética começa com um processo de purificação (purgativa), passa depois à iluminação e à prática das virtudes que essa iluminação acarreta e culmina na união com o divino. Nessa união final, o misticismo oriental cristão tende a destacar o desaparecimento do ser dentro do mar da divindade, enquanto o misticismo ocidental tende a insistir na consciência permanente de diferença entre o ser humano e Deus.

MITO. Termo muito confuso cujo sentido é determinado por seu contexto ou pelas intenções de quem o utiliza. Em seu uso mais comum, um "mito" é algo que não é verdade, como quando se fala, por exemplo, do "mito da superioridade branca". Em seu uso clássico, um "mito" é uma história sobre os deuses ou sobre seres celestiais ou primigênios cujo propósito é explicar certos fenômenos ou produzir certa conduta. Assim, o mito de Ísis e Osíris expressa as inundações cíclicas e a fertilidade do Nilo, e o mito de Pandora nos adverte contra os perigos da curiosidade sem limites. Conforme a historiografia moderna se desenvolveu, os historiadores, às vezes, distinguem entre "mito" e "fato", com isso querem dizer que se uma história não é factual e que se desenvolveu com a finalidade de produzir certa interpretação dos acontecimentos, é mito. Em meados do século XX, Rudolf Bultmann (1884-1976) sustentou que, visto que a modernidade ultrapassou a visão mitológica da antiguidade, agora é necessário desmitologizar a mensagem do Novo Testamento. Recentemente, vários eruditos sustentaram que, visto que o mito é uma narração que interpreta a realidade e visto que a própria realidade não tem sentido sem interpretação, o mito é parte integral do conhecimento da vida.

MODALISMO. Sabelianismo*.

MODERNIDADE. O nome que geralmente é dado à cosmovisão da Idade Moderna, com frequência, por parte daqueles que afirmam que a modernidade está passando e estamos entrando na "pós-modernidade". A característica principal da cosmovisão da modernidade é sua busca pela objetividade racional e, portanto, também pela universalidade. Típico disso foi a filosofia de René Descartes (1596-1650), cujo famoso "método" busca descobrir verdades que não podem ser negadas por qualquer ser razoável e, que, portanto, sejam completamente objetivas e universais. Essa objetividade da modernidade está estritamente ligada à valorização da razão* como a própria essência da humanidade, até que ponto se pode afirmar que se existe porque se pensa. Seu modelo é a verdade objetiva das matemáticas. Sua meta é uma série de verdades universalmente aceitas, visto que o conhecimento objetivo tem essa firmeza que, posteriormente todos aceitarão. Profundamente impactada pelo êxito das ciências físicas, a modernidade concebe o universo como um mecanismo fechado, que se move mediante uma cadeia irrompível e puramente racional de causas e efeitos (Causalidade*) e, portanto, o universo moderno não deixa lugar para o mistério e até a beleza pode ser objetivada sendo transformada em uma série de proporções e razões temáticas. Na teologia, a modernidade encontrou expressão tanto no modernismo*quanto no fundamentalismo*, visto que cada um deles, a seu modo busca a classe de universalidade objetiva que é a marca da modernidade.

Recentemente, segundo as disciplinas da sociologia do conhecimento e a psicologia de profundidade, assim como as teologias contextuais* têm se desenvolvido, a própria ideia de objetividade e universalidade que se encontra no fundamento da modernidade tem sido posta em dúvida e, portanto — mesmo que a suposta "morte da modernidade" esteja sendo bem exagerada — discute-se muito sobre os novos e diferentes modos de entender a realidade (Pós-modernidade*).

MODERNISMO. Termo com frequência aplicado em círculos protestantes — em especial em círculos conservadores — a atitude fundamental de vários dos principais teólogos do começo do século XX que buscavam reconciliar o cristianismo com a modernidade*. Nesse esforço, esses teólogos tendiam a excluir o milagroso, a considerar como mais uma religião entre muitas e a centrar sua atenção sobre os ensinamentos de Jesus, antes mesmo que sobre sua pessoa como Salvador. Mesmo que tais opiniões fossem comuns entre os intelectuais durante a primeira metade do século XX e mesmo que muitos considerem que a Universidade de Chicago fosse o centro do modernismo, esse movimento nunca se organizou.

O próprio termo tem uma definição mais clara no caso do catolicismo romano, onde se refere à posição de um grupo de teólogos dirigidos pelo francês Alfred Loisy (1857-1940) e pelo jesuíta britânico George Tyrrell (1861-1909). Esses católicos aceitaram e tomaram para si os resultados dos métodos críticos para o estudo das Escrituras e da tradição que os eruditos protestantes haviam desenvolvido e convidaram os eruditos e teólogos católicos para seguirem os mesmos caminhos. Tentavam produzir, assim, uma nova interpretação do cristianismo e de suas doutrinas, que pudesse se reconciliar com as perspectivas e descobrimentos da ciência moderna.

Enquanto isso, o modernismo protestante refletia as opiniões de muitos dirigentes nas igrejas protestantes, que estavam convencidos de que a igreja e suas doutrinas deviam se adaptar às regras da modernidade, o modernismo católico romano recebeu forte oposição de Roma e por boa parte da hierarquia, cuja experiência da Revolução Francesa e de outros acontecimentos da época lhes haviam convencido de que o cristianismo e a modernidade eram irreconciliáveis. Com um breve parêntese de otimismo no começo do pontificado de Leão XIII, os modernistas viram a oposição e, posteriormente, a condenação da igreja — que ocorreu oficialmente em 1907 mediante o decreto *Lamentabili*.

MOLINISMO. As doutrinas do teólogo jesuíta Luis Molina (1536-1600), especialmente no que se refere à graça* e ao livre-arbítrio*. Molina insistia que a liberdade consiste não somente em "liberdade de toda coação", mas também na "liberdade da necessidade". Uma pedra que cai é livre de coação, mas não é verdadeiramente livre, visto que cai por necessidade. A doutrina da graça* irresistível pode conservar a liberdade da coação, mas se desentende da liberdade da necessidade. Mesmo depois da queda*, Deus dá a todos os humanos uma graça ou ajuda geral e isso basta para que a pessoa possa dar o primeiro passo em direção à fé. A isso segue o "hábito* da fé", que é o dom sobrenatural de Deus àqueles que desejam crer; a isso, então, Deus acrescenta outros dons do Espírito. Como é possível afirmar, então, a onisciência divina e a liberdade humana? Isso se alcança, segundo Molina, afirmando que há em Deus três classes de conhecimento. O conhecimento "natural" de Deus alcança todas as coisas, inclusive as que não existem. O conhecimento "livre" de Deus inclui tudo o que Deus decidiu que exista. O "conhecimento intermediário" — *scientia media* — é o conhecimento mediante o qual Deus conhece tudo o que há de existir e acontecer, mesmo que não tenha determinado. Esses "contingentes futuros" são o resultado da livre vontade daquelas criaturas às quais Deus dotou de arbítrio. Portanto, os acontecimentos contingentes futuros, inclusive a conversão do pecador, não dependem da presciência divina.

Os jesuítas defendiam arduamente o molinismo, enquanto que os dominicanos o atacavam com igual fervor. Isso veio a ser um dos principais pontos de contenda entre essas duas ordens.

MONARQUIANISMO (ou monarquismo). A insistência na unidade de Deus a tal ponto de negar a Trindade*. O termo é usado para se referir a posições muito diferentes. Assim, os eruditos se referem ao "monarquianismo dinâmico", que sustenta que só o Pai é Deus e que o que estava em Jesus era somente o "poder" — *dynamis* — de Deus. Em acentuado contraste com essa postura, o "monarquianismo modalista" afirmava que Jesus foi verdadeiramente Deus e, também o Espírito e o Pai, visto que o Pai, o Filho e o Espírito são somente três "modos" pelos quais Deus se relaciona com o mundo em diversos tempos. Modalismo*; Patripassionismo*, Sabelianismo*.

MONASTICISMO. Também monaquismo. Movimento que tomou diferentes formas através da história cristã, mas cujo fio comum é o desejo de servir a Deus com uma dedicação maior do que parece possível na vida diária "no mundo". O termo "monge", originalmente, queria dizer "solitário", visto que os primeiros monges eram ermitãos que se retiravam para uma vida de solidão em lugares remotos, particularmente os desertos escassamente habitados do Egito e da Síria. Porém, logo, alguns monges começaram a viver em comunidades monásticas, e essa variedade de monasticismo recebeu o nome de "cenobítico". A vida monástica sempre esteve disponível tanto para homens quanto para mulheres, mesmo que, em geral, o ramo feminino das ordens monásticas tenha levado vidas mais reclusas que a de alguns de seus irmãos homens. No Ocidente quase todo o monasticismo cenobítico leva o selo da *Regla* de São Bento (c. 529) que estabelece o padrão para a vida e oração monástica.

O monasticismo cresceu rapidamente depois da conversão de

Constantino e, em parte, como um movimento de protesto contra a igreja organizada e sua participação nos assuntos e na ostentação do mundo. Mas posteriormente tornou-se uma arma poderosa da igreja. Sua justificação teológica se encontra na distinção entre os mandamentos de Deus, que todos devem obedecer e nos "conselhos* de perfeição", que consistem principalmente na castidade, na pobreza e na obediência, que são as marcas distintivas da vida monástica.

O monasticismo evoluiu grandemente através dos tempos, passando por diversos movimentos de reformas conforme os antigos ideais iam sendo abandonados, ou conforme apareciam novos desafios. Particularmente, no Ocidente, os monastérios foram centros de estudo e aprendizagem, farmácias e hospitais, lugares onde copiavam e conservavam a Bíblia e outros escritos antigos e hospedaria para os viajantes. Foram, também, centros de missão, como no caso das ilhas de Iona e Lindisfarne. No tempo das cruzadas e da Reconquista Espanhola, surgiram as ordens monásticas militares. No século XIII, com a aparição dos franciscanos e dominicanos, os monges tornaram-se pregadores, professores e até inquisidores. No século XVI, os jesuítas e outras ordens tornaram-se o braço direito da coroa espanhola e da portuguesa para evangelizar o Hemisfério Ocidental e, do papado em sua luta contra o protestantismo. Lutero, e a maioria dos reformadores protestantes, rechaçou o monasticismo como um modo de alcançar o céu por meio das obras*. Mas é importante recordar que a própria Bíblia, que os reformadores tanto amavam, havia sido copiada e conservada por meio do trabalho dos monásticos e por muitos séculos as casas monásticas foram os únicos centros de aprendizagem e ensinamentos na Europa cristã — até que o surgimento das universidades no século XIII trouxe uma alternativa. Portanto, a maioria da teologia medieval e, ainda depois, a maior parte da teologia católica romana são teologia monástica.

MONERGISMO. A opinião segundo a qual, ainda que haja em Cristo duas pessoas, como havia sido definido pelo Concílio de Calcedônia no ano 451, há somente um princípio de atividade, uma *energeia* — de onde deriva o nome dessa doutrina. Isso foi proposto pelo patriarca Sérgio de Constantinopla († 638) como um meio de ganhar a boa vontade dos monofisistas mais moderados. A tentativa fracassou, criando maiores divisões do que reconciliações e, portanto, no ano de 634 o próprio Sérgio proibiu que se discutisse mais se em Cristo havia uma ou duas *energeias*.

Em um contexto completamente diferente, que tem a ver com a soteriologia*, às vezes, o termo "monergismo" é utilizado como o oposto a sinergismo*.

MONISMO. A opinião segundo a qual toda realidade é, afinal de contas, uma só. Assim, por exemplo, é a teoria neoplatônica que vê o mundo como uma série de emanações que surgem do Uno inefável. O mesmo pode ser dito de todos os sistemas panteístas. A doutrina cristã da criação*, ao mesmo tempo em que insiste em que tudo vem de Deus, também afirma que as criaturas são diferentes de Deus e não são parte da substância divina.

MONOFISISMO. A doutrina segundo a qual há em Cristo somente "uma natureza" ou *fisis*, a divina. Isso foi proposto primeiro pelo monge Eutiques (378-c. 455), que logo alcançou o apoio do patriarca Dióscoro de Alexandria e, posteriormente, foi condenada pelo Concílio Ecumênico, que aconteceu em Calcedônia no ano 451. Mesmo que o pensamento de Eutiques não seja totalmente claro — visto que alguns até disseram que ele havia declarado que o corpo de Cristo era feito de uma substância diferente e celestial — a preocupação dos monofisistas era que a doutrina das "duas naturezas" em Cristo — parecia dividida em duas, e se aproximava demais do nestorianismo*. Por isso alguns monofisistas estavam dispostos a dizer que Cristo era *de* duas naturezas, mas não *em* duas naturezas. Com isso queriam dizer que a humanidade de Cristo, mesmo que se encontre presente depois da encarnação, ficou, de tal modo, absorvida pela divindade, que se tornou uma natureza com ela. Portanto, a controvérsia monofisista foi a continuação da diferença entre as cristologias antioquena* e alexandrina*. O monofisismo é, então, o resultado da cristologia tradicionalmente "unitiva" dos alexandrinos.

Mesmo que tenha sido condenado no Concílio da Calcedônia, o monofisismo não desapareceu. Havia grande ressentimento contra o Império Bizantino na Síria, no Egito e Armênia; em todas essas áreas as igrejas monofisistas cresceram e continuaram existindo até o dia de hoje. Visto que a igreja da Etiópia tinha vínculos estreitos com a do Egito, também se tornou monofisista.

Entretanto, é importante assinalar que os eruditos distinguem entre os "monofisistas verbais", também chamados "severianos", por causa de seu mestre Severo de Antioquia (c. 465-538), e os "verdadeiros monofisistas". Ao mesmo tempo em que rechaçaram e continuam rechaçando a fórmula da Calcedônia, os "monofisistas verbais" afirmam que há em Jesus uma divindade e uma humanidade plena.

MONOTEÍSMO. A crença em que há um só Deus. É a doutrina fundamental tanto do cristianismo quanto do judaísmo e do islã — mesmo que haja indicações de que em certas etapas da fé israelita ela era henoteísta antes que estritamente monoteísta. Pela própria natureza, o monoteísmo leva a ideia de que, visto que há um só Deus, há somente um governante final de todas as coisas, em contraste com as religiões nas quais há diferentes deuses para as diferentes circunstâncias e funções da vida. Em última instância, o monoteísmo se opõe, não somente ao politeísmo, mas também ao dualismo*.

Contudo, em contraste tanto com o judaísmo como com o islã, o cristianismo sustenta que o Deus único é também o Deus Trino (Trindade*) e, portanto, com frequência é criticado sobre esse ponto tanto pelos judeus como pelos muçulmanos. Dentro da própria igreja tem havido grandes e amargas controvérsias sobre como esse Deus que é Uno pode ser Trino. Isso tem levado a posturas, por um lado, que se aproximam do triteísmo, com a qual se põe em perigo a natureza essencialmente monoteísta da fé cristã; por outro lado, as posturas nas quais parece não haver distinção entre as três pessoas divina (Sabelianismo*). A resposta da maioria dos teólogos ortodoxos é que a própria doutrina da Trindade pressupõe e requer uma maneira de entender o "Uno", não no sentido matemático de um ser solitário, mas sim como uma unidade orgânica que deve ser entendida nos termos do amor absoluto e eterno.

MONOTELISMO. Uma segunda tentativa pelo patriarca Sérgio de Constantinopla († 638) de entender a doutrina das duas "naturezas" em Cristo de tal modo que fosse mais aceitável para os monofisistas moderados. Após propor o monergismo*, e depois se retratar, Sérgio propôs que, mesmo que haja em Cristo duas naturezas, há só uma vontade — em grego *thelema*, e daí o nome de "monotelismo". Exatamente, o que Sérgio queria dizer com isso não ficou totalmente claro. Em todo caso, sua proposta nunca foi aceita pela maioria dos monofisistas e foi profundamente rechaçada pelos defensores mais tradicionais da Definição de Calcedônia — dirigidos por Máximo o Confessor (c. 580-662). Por último, o Sexto Concílio Ecumênico (Constantinopla, 681) rechaçou o monotelismo.

MONTANISMO. A doutrina e seita de Montano, antigo sacerdote pagão, que se converteu ao cristianismo por volta do ano de 155. Dizendo estar possuído pelo Espírito* Santo, ele e duas companheiras, Priscila e Maximila, declararam que com eles começava uma nova dispensação. Essa dispensação requeria um rigor moral maior, visto que da mesma maneira que a Lei* de Moisés havia sucedido a "Lei do evangelho", a última, naquele momento, estava sendo sucedida pela "Lei do Espírito". Os montanistas esperavam que o fim do mundo viesse logo e se reuniam em uma cidade da Frígia onde esperavam que a Nova Jerusalém se estabelecesse. Organizaram-se também em uma igreja que por algum tempo foi rival da igreja majoritária.

MORAL, TEOLOGIA. O nome que tradicionalmente é dado ao catolicismo romano e à ética* cristã. Mesmo que no presente a diferença seja questão de nomenclatura, os dois nomes distintos assinalam diferentes modos pelos quais essa disciplina se desenvolveu no princípio. Enquanto a ética protestante se inclinava em direção à ética filosófica e durante o século XIX, em geral, ao amplo uso de Kant a autonomia ética, a teologia moral do catolicismo se dedicava majoritariamente à solução de casos morais sobre a base de pressuposições teológicas e morais tomistas, da lei canônica (Cânon*), das Escrituras* e da razão*. Por isso recebe o nome de "casuística*" — nome que em alguns casos tem o sentido pejorativo de buscar justificativas e exceções para evitar a ação moral, mesmo que tais práticas não tenham sido comuns na verdadeira casuística, com exceção de alguns círculos jesuítas do século XVII (Probabilismo*).

Portanto, a teologia moral inclui questões éticas tanto no individual como no social, no privado como no público. Inclui a ordem justa da sociedade e do Estado, assim como as práticas sexuais e econômicas pessoais e, também, a questão de até que ponto, e por quais meios, os cristãos e a igreja como instituição hão de buscar legislação que governe as práticas morais de uma sociedade.

MUJERISTA, TEOLOGIA. Frase cunhada por Ada Maria Isasi-Díaz

(1943-) para se referir à teologia das mulheres latinas nos Estados Unidos. Ao mesmo tempo em que concorda com boa parte da teologia feminista*, a teologia mujerista insiste em que o feminismo tem se ocupado tanto das questões e perspectivas na cultura dominante, que não pode expressar a experiência, opressão e esperanças das mulheres que pertencem às minorias, e em geral das mulheres hispânicas. Além disso, ao mesmo tempo em que concorda com boa parte da teologia latina, a teologia mujerista assinala que a teologia latina, com frequência, ocupava-se tanto de questões de cultura, classe e raça que não dava atenção suficiente para as questões de gênero. Por isso requer um nome diferente: "mujerista". A metodologia da teologia mujerista sublinha, portanto, a necessidade de escutar o que dizem e experimentam verdadeiramente as mulheres latinas e depois interpretar essas questões em termos teológicos, antes de impor categorias teológicas tradicionais à vida das mulheres latinas.

N

NATURAL, TEOLOGIA. A teologia que afirma estar fundamentada sobre os dons naturais da mente humana e na "revelação geral" que todos recebem (Revelação*), antes que em uma "revelação especial" nas Escrituras ou em Jesus Cristo. Os primeiros apologistas (Apologética*) diziam que questões como a existência de um Ser Supremo e a vida após a morte foram descobertas pelos antigos filósofos e, portanto, poderia ser dito que o que esses apologistas propunham era semelhante à teologia natural. Contudo, para eles, como para a maioria da tradição escolástica, isso não bastava, visto que a revelação especial de Deus nas Escrituras e em Jesus Cristo acrescenta muito que a razão por si mesma não podia descobrir. Tomás de Aquino (c. 1225-74) sustentava que há certas verdades que os poderes da razão* corretamente aplicados podem descobrir e outras que se encontram além do alcance da razão e somente são conhecidas graças à revelação. Esses dois níveis têm certos pontos comuns, visto que Deus revelou aquelas questões (como as de sua existência) que, mesmo que acessíveis à razão, são necessárias para a salvação e desse modo a salvação se torna possível para aqueles que não podem seguir os argumentos filosóficos que provam esses pontos fundamentais da fé.

Em geral, os reformadores mostraram-se menos entusiastas para com a teologia natural, em parte porque rechaçava muito a teologia escolástica, em parte porque parecia diminuir a importância da revelação, particularmente das Escrituras, e em parte porque dava à natureza caída do homem poderes de justa razão que para os reformadores haviam se perdido ou pelo menos se corrompido pelo pecado. Para alguns reformadores a teologia natural bastava somente para mostrar a necessidade e o pecado humano, mas era incapaz de responder a tais necessidades.

Foram os deístas que elevaram a teologia natural a seu ponto culminante, alegando que era possível, mediante o mero uso da razão e do sentido comum, chegar a uma "religião natural" que não dependesse da revelação especial por parte de Deus, na qual, portanto, todos os seres humanos racionais poderiam concordar. Estavam convencidos de que o cristianismo não era, senão, essa religião natural e, portanto, pensavam que toda afirmação de uma revelação especial não era senão superstição na qual os cristãos haviam caído.

No século XX, Karl Barth (1886-1968) foi o cabeça de um forte ataque contra a teologia natural. Foi esse ataque que levou à ruptura final entre Lee e outro dos principais teólogos neo-ortodoxos, Emil Brunner (1889-1966). Mesmo que posteriormente tenha mitigado sua posição, Barth rechaçava toda tentativa de construir a teologia, mesmo parte dela, sobre a razão humana ou sobre os dons da natureza, insistindo que há um abismo entre a natureza e a graça e, portanto, entre a filosofia e a teologia, entre a razão e a fé. Isso era importante para Barth porque via na teologia natural uma aliada à tentativa por parte dos "cristãos alemães" de mostrar que o cristianismo havia chegado ao seu cume na civilização alemã e, assim, justificar as políticas do nazismo. Outro teólogo alemão da mesma geração, Paul Tillich (1886-1965) via a teologia natural como a explicação das perguntas e da insuficiência existencial as quais somente o evangelho pode oferecer resposta.

NEGRA, TEOLOGIA. Uma das mais importantes teologias contextuais* que surgiram durante a segunda metade do século XX. Trata-se de uma articulação à perspectiva teológica daqueles que descendem de africanos escravizados nas Américas e, particularmente, nos Estados Unidos. Mesmo que sua expressão formal date do século XX, o surgimento da teologia negra pode ser visto no modo em que os escravos interpretaram o cristianismo que receberam de seus amos. Sua expressão mais comum durante a escravidão foi a dos cânticos conhecidos como "espirituais negros", que com frequência se referem a Moisés tirando o povo da escravidão, a Deus libertando Daniel dos leões e ao carro de fogo que os levaria "ao lar" — com o qual se referiam tanto ao lar celestial como à esperança de que o sistema clandestino que havia se desenvolvido os levasse à liberdade no Norte. Em certas ocasiões, esse modo de entender a fé como um chamado à esperança e à liberdade levou à rebelião aberta, como no caso do famoso pregador Nat Turner.

Depois da emancipação, a experiência religiosa dos norte-americanos de origem africana ficou marcada simplesmente pela opressão da segregação e pelo desejo de serem cidadãos plenos e ter plena liberdade. Como se sabe, o principal porta-voz desse sentimento, durante o movimento dos Direitos Civis, foi Martin Luther King Jr. (1929-68); mas esse foi só o mais famoso entre os milhares de pregadores e mestres que viam o cristianismo da perspectiva da opressão e da exclusão e da esperança de um novo dia.

O nome que mais comumente se associa com o surgimento formal da teologia negra como tentativa de estudar a teologia tradicional e corrigi-la a partir de uma perspectiva negra é o de James Cone, cujo livro *A teologia negra e o poder negro*, publicado em 1969, marca o início da teologia negra como empreendimento formal. Seu livro posterior, *O Deus dos oprimidos* (1975), aplica a metodologia e a perspectiva da libertação* à doutrina de Deus, tentando corrigir aqueles aspectos da teologia tradicional sobre Deus que na realidade favorecem os poderosos.

Mesmo que a teologia negra tenha tido sua origem na América do Norte, segundo a ideia da "negritude" e da solidariedade negra, se generalizou por todo o mundo, particularmente, na África e no Caribe onde apareceram também novas variantes da teologia negra.

As mulheres norte-americanas de raça negra, conscientes de sua dupla opressão e exclusão, por serem negras e por serem mulheres e, com frequência em desacordo com as metas e perspectivas da teologia feminista* branca, desenvolveram a própria forma de teologia negra, a teologia "womanista"*.

NEO-ORTODOXIA. Chamada também de "teologia dialética" e "teologia da crise" porque sublinha a tensão dialética — em grego, *krisis* — entre o divino e o humano. Essa teologia foi uma reação contra a teologia liberal do século XIX, cujo otimismo sobre as capacidades humanas sofreu um rude golpe por causa da Primeira Guerra Mundial. O livro de Karl Barth (1866-1968) *Comentário aos Romanos*, publicado em 1919, é um marco na origem daquela escola teológica. Alguns dos principais colaboradores de Barth nesse empreendimento foram: seu colega e amigo de toda a vida Eduard Thurneysen (1888-1974), Emil Brunner (1889-1966) e Friedrich Gogarten (1887-1968). A neo-ortodoxia criticou a teologia liberal por haver minimizado a distância entre Deus e os seres humanos, com o qual perdeu de vista a transcendência divina e se prestou à sugestão de que Deus não é mais que a projeção das necessidades e aspirações humanas. Segundo os neo-ortodoxos, ao fazer isso, os liberais não consideraram suficientemente o poder e a amplitude do pecado, que torce todo conhecimento humano e, desse modo, haviam tornado a igreja incapaz de responder com uma palavra profética aos seus sonhos sobre o progresso humano que levaram à Primeira Guerra Mundial — mais tarde ao fascismo e outras formas de totalitarismo e também à Segunda Guerra Mundial. Ao destacar a necessidade da revelação* e autoridade das Escrituras e, ao mesmo tempo, ao fazer um uso maior da tradição da igreja antiga e da teologia dos reformadores, essa teologia mereceu o nome de "neo-ortodoxia*".

Além disso, é importante indicar que vários teólogos neo-ortodoxos estavam entre os proponentes e escritores da declaração de Bramen contra o nazismo, aos quais acusaram de idolatria.

NEOPLATONISMO. A forma que o platonismo* tomou depois da obra de Plotino (205-270); filósofo pagão que viveu, primeiro, em Alexandria e depois em Roma. Difere do platonismo clássico por suas tendências mais religiosas e místicas e, também, porque reflete o impacto do estoicismo*, do qual adotou muitas posturas. Segundo Plotino, toda realidade é derivada do Uno Inefável, como uma série de emanações. Nessas emanações, o Uno se move até a multiplicidade. O mal como tal não existe, mas é uma falta do bem, uma distância do Uno, de modo que quando se diz que algo é "mau" ou que está "corrompido" o que se indica é simplesmente que se move até a multiplicidade, antes que em direção ao Uno. O verdadeiro conhecimento é obtido mediante a contemplação das realidades superiores e, particularmente do Uno, sua meta é o êxtase*, no qual a alma contempla o Uno e se perde nele.

Mesmo que os neoplatônicos tenham rechaçado o cristianismo, pois para eles era rival da verdadeira filosofia, posteriormente muitos de seus ensinamentos foram absorvidos e incorporados ao cristianismo. Agostinho (354-430) encontrou no neoplatonismo ajuda para tratar com as dificuldades que tinha com doutrinas cristãs como a da incorporeidade de Deus e da Alma* e para enfrentar o problema de como o mal pode existir em um mundo criado por um Deus bom (Teodiceia*). Por isso, Agostinho foi um dos principais canais pelos quais o neoplatonismo entrou na teologia cristã ocidental. Pouco depois, por volta do ano 500, um autor anônimo que pretendia ser Dionísio, o Areopagita, mas que na realidade era um pensador neoplatônico cristão, escreveu uma série de tratados sobre a teologia mística que foram muito influentes durante a Idade Média. Assim, uma forma de neoplatonismo sem seus elementos anticristãos dominou na filosofia e teologia cristãs do Ocidente até a reintrodução de Aristóteles (Aristotelismo*; Tomismo*) no século XIII e, mesmo depois disso, boa parte da teologia mística leva o selo do neoplatonismo.

NESTORIANISMO. A doutrina de Nestório, patriarca de Constantinopla, declarada herética pelo Terceiro Concílio Ecumênico (Éfeso, 431). A cristologia* de Nestório era do tipo antioqueno e, portanto, buscava conservar a plena humanidade de Jesus fazendo uma distinção clara e radical entre essa humanidade e sua divindade. O debate surgiu no ano 428, quando Nestório defendeu os ataques de sua capela contra o título de *Theotokos** — mãe ou parideira de Deus — que era aplicado a Maria*. Mesmo que a devoção a Maria certamente teve um lugar na controvérsia. De fato o debate não era sobre ela, mas sobre a união da divindade e da humanidade em Cristo. Os oponentes de Nestório, dirigidos pelo patriarca Cirilo de Alexandria († 444), insistiam que a união que acontece em Cristo é tal que permite a *communicatio** *idiomatum* — ou seja, a transferência das propriedades ou atributos de uma natureza à outra. É em virtude desse princípio que se pode dizer que Deus falou em Jesus, que Deus caminhou na Galileia ou que Deus nasceu da virgem Maria. Segundo Cirilo, sem tal *communicatio*, não existe a verdadeira encarnação.

Contra Cirilo e seus seguidores, Nestório e seus defensores argumentavam que não pode haver verdadeira união entre "naturezas incompletas". A alma e o corpo são ambos naturezas incompletas, e quando se juntam formam a natureza completa do ser humano. Em Jesus, contudo, tanto a divindade como a humanidade são naturezas completas e, portanto, não podem se unir da mesma maneira em que o corpo e a alma se unem. Isso quer dizer que a união não é "natural". Em Cristo há duas naturezas completas e duas pessoas, unidas por sua vontade e propósitos comuns.

Vinte anos depois de sua condenação pelo Concílio de Éfeso, Nestório inteirou-se das decisões do Quarto Concílio Ecumênico (Calcedônia 451), e pensou que essas decisões reivindicavam sua posição. O livro que, então, escreveu em defesa de sua cristologia, tratando de mostrar que concordava com a *Definição de Fé* de Calcedônia, foi descoberto quase no final do século XIX, e apresenta dúvidas sobre o conteúdo exato da cristologia de Nestório, que até então se conhecia, quase que exclusivamente, pelos escritos de seus adversários.

Muitos dos seguidores de Nestório, assim como outros teólogos da tradição antioquena, que se sentiram ameaçados ou excluídos pelas decisões tomadas no Concílio de Éfeso, foram para o exílio além das fronteiras do Império Romano, onde fizeram da cidade de Nisibis o centro de uma florescente escola de teologia. O resultado foi que a igreja dentro do Império Persa se tornou nestoriana. Até o dia de hoje há remanescentes dessa igreja nestoriana, não só dentro das fronteiras do antigo Império Persa, mas também no Hemisfério Ocidental, onde alguns nestorianos encontraram refúgio contra as perseguições em suas terras nativas.

NICENO. Como substantivo, é uma forma abreviada para se referir ao Credo Niceno — que na realidade não é exatamente o credo originalmente promulgado pelo Primeiro Concílio Ecumênico (Niceia, 325), mas esse credo com algumas adições posteriores (*Filioque**). Como adjetivo, o que se refere ou concorda com as decisões de Niceia. Nesse sentido é usado com frequência para se referir ao partido que, sob a direção, primeiro de Atanásio e depois dos Capadócios, defendia o *hommousion**.

NOMINALISMO. No debate sobre a natureza dos universais*, a posição que sustenta que na realidade não existem, mas que são somente nomes — *nomina* — que se dão às coisas. O nominalismo extremo não foi comum, supondo que ainda se os universais sejam meros nomes fica claro que não são completamente arbitrários. (Há algo em comum entre todos os cavalos que não nos permite agrupá-los todos sob um mesmo nome e saber, ao mesmo tempo, que uma mesa não pertence à mesma categoria). Mas o nominalismo, mesmo em suas formas mais moderadas, torna difícil explicar o pecado* original ou defender uma visão estritamente hierárquica da igreja. Se a humanidade não é tão real como são os seres humanos individualmente, como se pode dizer que no pecado de um todos pecaram? E, se a realidade do cristão não está na igreja como entidade eterna (Eclesiologia*), mas antes nos próprios crentes, isso não implicaria que a autoridade deveria residir nos fiéis, antes que na hierarquia que pretende representar a igreja eterna?

Até o final da Idade Média houve um forte movimento de crítica ao realismo* como modo de entender os universais e, com frequência, isso recebia o nome de nominalismo — mesmo que a posição dos dirigentes desse movimento com respeito aos universais era muito mais moderada que a do verdadeiro e extremo nominalismo que havia existido anteriormente. Essa postura se relacionava estreitamente com os esforços de reformar a igreja mediante o conciliarismo*, com uma ajuda crítica ao modo pelo qual o escolasticismo tradicional havia entendido a relação entre a fé e a razão*, (*Potentia Dei absoluta).

NOTAS DA IGREJA. Marcas da igreja*.

NOVACIONISMO. Movimento rigorista que recebeu o nome de Novaciano, que no século III chocou as autoridades eclesiásticas em Roma sobre a questão da restauração dos caídos* durante tempo de perseguição. O resultado foi um cisma que durou várias gerações depois da morte do próprio Novaciano. Novaciano também escreveu um tratado *Sobre a Trindade* no qual se opunha ao modalismo* e que veio a ser um passo importante no processo em direção à definição da doutrina da Trindade*.

NUNC DIMITIS. As primeiras duas palavras do cântico de Simeão na versão latina de Lucas 2.29-32 e, portanto, o nome que se dá a esse cântico.

O

OBRA DE CRISTO. Reconciliação*.

OBRA. Todos os cristãos concordam que Deus os chama para praticar boas obras — ou seja, obras de misericórdia assim como devoção. Desde os tempos da controvérsia de Agostinho com o pelagianismo*, a maioria dos teólogos cristãos também concorda em que em um estado de pecado é impossível praticar boas obras que não sejam pecaminosas (como diria Agostinho, o pecador está em um estado de não poder não pecar). A questão que se tem debatido, então, entre os cristãos, particularmente entre os católicos e os protestantes, desde o tempo da Reforma, é qual é o papel das boas obras no processo da salvação. Na tradição medieval católica, assim como em sua continuação no catolicismo tridentino*, sustenta que a salvação* se alcança mediante os méritos* das boas obras, assim como pelos méritos de Cristo (Reconciliação*). Seguindo Agostinho nesse ponto, diz-se que a graça* de Deus, uma vez que a fé foi iniciada, colabora com o crente para realizar boas obras dignas de salvação.

Lutero sustentava que a salvação é a ação da graça de Deus, completamente à parte de nossos méritos. Segundo ele, mesmo depois de ser justificado, o pecador continua sendo pecador (**Simul justus et peccator*) e, portanto, todas as obras de tal pessoa continuam sendo pecaminosas e nada merecem. As boas obras, certamente, devem ser realizadas. Porém, não como meio de salvação, mas antes como sinal dela. Nada que possamos fazer — nem as obras de misericórdia, nem as obras de devoção, nem a "obra" de crer — nos dá a salvação, que fica completamente nas mãos de Deus.

OCASIONALISMO. A teoria do cardeal francês Nicolas Malebranche (1638-1715), mediante a qual tentava responder à questão que ficava pendente no cartesianismo* a respeito da "comunicação das substâncias". Se, como Descartes havia sugerido, o ser humano se compõe de uma realidade pensante — *res cogitans* — e outra que é extensa ou física — *res extensa* — como as duas se relacionam entre si? Como pode a mente perceber o que acontece ao corpo e comunicar suas decisões ao corpo? A resposta de Malebranche foi que essas duas realidades, assim como qualquer substância, na realidade não afetam uma à outra. É Deus quem intervém para fazer que o corpo faça o que a mente decidiu ou para fazer que uma bola de bilhar se mova quando a outra a golpeia. Portanto, o que comumente chamamos "causas" não o são na realidade, mas são melhores "ocasiões" da atividade divina. Daí o nome de "ocasionalismo" que é dado a essa teoria.

ONIPOTÊNCIA. Um dos atributos* de Deus*, e pelo qual se indica que Deus tem todo o poder em grau máximo. Mesmo que isso comumente seja dito, seu sentido exato não está totalmente claro, simplesmente, porque uma mente finita não pode conceber nem entender o sentido do "tudo" que se expressa na raiz *omni*. Essa limitação do entendimento humano tem sido assinalada repetidamente apresentando perguntas como: "Deus pode fazer que dois e dois sejam cinco?" "Deus pode fazer uma pedra tão grande que o próprio Deus não possa movê-la?" A primeira dessas perguntas assinala a relação entre a onipotência divina e a ordem lógica. A onipotência significa que a própria ordem lógica está sujeita às decisões divinas? Ou essa onipotência está limitada pela lógica, de tal modo que Deus não é verdadeiramente onipotente? A segunda pergunta apresenta as dificuldades lógicas implícitas na própria ideia de onipotência.

Através dos tempos, os teólogos de inclinações filosóficas têm debatido essas questões — mesmo que normalmente com exemplos mais difíceis. Alguns têm argumentado que onipotência significa que Deus pode fazer tudo o que é possível e outros respondem que a verdadeira onipotência requer que nada seja impossível para Deus. Alguns sustentam que Deus pode fazer o que é bom e outros respondem que qualquer coisa que Deus faça é boa, visto que é Deus quem determina o bem e o mal (**Potentia Dei absoluta*).

Por outro lado, também é possível de entender a onipotência de outro modo, já não como uma ideia filosófica derivada da natureza do Ser Supremo, mas antes como expressão da experiência do crente e da fé no poder de Deus. A palavra grega que no Credo dos Apóstolos é traduzida como "onipotente" na realidade não significa "que tudo pode", mas sim "que tudo governa". O que o credo afirma não é que Deus tenha poderes ilimitados, mas que todas as coisas estão sob o governo de Deus. Nesse caso, a onipotência é entendida e explicada, não em termos de uma infinitude de poder ideal ou racional, mas antes em termos do governo de Deus sobre todas as coisas e da vitória final de Deus sobre o mal.

ONIPRESENÇA. Um dos atributos* de Deus, que significa que Deus* está completamente presente em todos os lugares. Nessa definição, a palavra "completamente" é fundamental, visto que a presença de Deus não é como a do ar, que pode ocorrer em vários lugares, mas que sempre é parcial em qualquer lugar, pois nem todo o ar está ali. É a isso que comumente se refere à imensidade* de Deus. Nas Escrituras a onipresença divina é vista, por sua vez, como um dom e como uma realidade assustadora. Significa que Deus está disponível em qualquer lugar, mas também implica que é impossível se esconder da presença divina. Esse atributo de Deus causou menos debate que suas contrapartes onipotência* e onisciência*.

ONISCIÊNCIA. Um dos atributos* tradicionais de Deus, que significa que Deus sabe tudo. Como no caso da onipotência, essa asseveração aparentemente simples dá lugar a muitas dificuldades e debates. Pode se debater, por exemplo, se em Deus o querer e o saber são o mesmo, nesse caso tudo o que Deus sabe resulta do ser. Contudo, nesse caso, Deus não conhece o impossível, e parece, então que todos os acontecimentos, assim como tudo quanto existe, são necessários, pois nada é contingente (Contingência*). Também pode ser debatido se a presciência de Deus afeta sua impassibilidade*, visto que no conhecimento o que é conhecido produz um impacto sobre aquele que o conhece. Por último, a própria ideia de onisciência tem levado a muitos debates sobre o predeterminismo*, a predestinação* e o livre-arbítrio*. Se Deus conhece o futuro, como será possível que esse conhecimento não tenha já determinado o futuro? Se Deus conhece nossas decisões futuras, como somos livres para tomar tais decisões?

Essas dificuldades têm levado muitos teólogos — particularmente os da escola neo-ortodoxa — a declarar que os atributos como a onisciência e a onipotência não devem ser entendidos como o resultado da especulação filosófica, ou como consequências que seguem a própria ideia de Deus como Ser Supremo. A partir dessa perspectiva, a onisciência e a onipresença são entendidas melhor em termos do juízo* e da graça* de Deus. Não são atributos que descobrimos considerando características que pareçam necessárias no Ser Supremo para a mente humana, mas que são antes afirmações de nossa convicção, fundada sobre a revelação* de que Deus ama e julga toda a criação, que não podemos nos esconder de Deus e que nada ficará permanentemente escondido de Deus.

ONTOLÓGICO, ARGUMENTO. Argumento que busca demonstrar a existência de Deus partindo, não da existência do mundo (cosmológicos*, argumentos), mas sim da própria ideia de Deus. Sua expressão clássica se encontra no *Proslogion* de Anselmo de Canterbury (1033-1109), que se perguntou por que o salmo 53 declara que negar a existência de Deus é loucura. Segundo Anselmo, Deus é "o maior que se pode pensar", ou o ser perfeito. Com base nessa definição pensar que tal ser não existe é uma contradição, visto que qualquer ser existente seria maior e mais perfeito que o Deus que não existe. Em outras palavras, a própria ideia de perfeição e grandeza absoluta requer a existência e, portanto, o ser perfeito deve existir.

Mesmo que os argumentos de Anselmo possam ser resumidos nessas poucas palavras, têm sido muito debatidos através dos tempos. Quase que imediatamente depois de sua publicação, um monge de nome Gaunilo escreveu um tratado *Em defesa do néscio*, no qual argumenta que, mesmo que seja possível conceber uma ilha perfeita, isso não implica que tal ilha deva existir, visto que em tal caso seria menos perfeita que uma que já existe. Anselmo respondeu insistindo que seu argumento é válido somente para aquele que tem o grau supremo de perfeição, em cujo caso a existência é corolário necessário da essência. É precisamente nesse ponto que o argumento de Anselmo foi mais criticado. Kant (1724-1804) insistiu em que a existência nunca foi corolário nem atributo necessário de uma essência e que, portanto, a falácia de Anselmo está em não ver isso. Mais tarde, outros teólogos e filósofos propuseram modificações do argumento ontológico nas quais tratam de responder a crítica de Kant. Destaca-se entre eles Charles Hartshorne (1897-2000), filósofo do processo que cria que, dentro dos parâmetros da filosofia do processo, as objeções de Kant carecem de valor.

Em todo caso, há muitos teólogos que assinalam que, não importa se o argumento ontológico é válido ou não, no melhor dos casos o que pode ser provado seria a existência de um Ser Supremo, mas que esse ser não é necessariamente o Deus das Escrituras da fé cristã.

ONTOLOGISMO. Movimento surgido dentro da teologia católica romana do século XIX, como reação à crítica de Kant contra a especulação ontológica e contra a aceitação metafísica de vários teólogos em consequência dessa crítica. Os ontologistas, guiados pelo teólogo italiano Vincenzo Gioberti (1801-52), sustentavam que em certo sentido todo conhecimento é o conhecimento de Deus, e que, portanto, toda verdade implica uma percepção imediata e intuitiva da verdade divina. Tais opiniões, que pareciam levar ao panteísmo*, foram rechaçadas pela Inquisição no ano de 1861.

ORDO SALUTIS. Frase latina que significa "a ordem de salvação". É empregada tradicionalmente para se referir a vários elementos no processo mediante o qual o pecador é salvo e chega a sua redenção final. Mesmo que em desuso geral, muitas controvérsias, nos séculos passados, giraram em torno da *ordo salutis*. Como a controvérsia entre Agostinho (354-430) e o pelagianismo* e semipelagianismo*, na qual se debatia a primazia da graça na salvação, e se o *initium* fidei* se encontra na graça ou na liberdade humana. A teologia medieval desenvolveu um sistema estruturado da *ordo salutis*, no qual incluía não só o arrependimento*, a regeneração*, a penitência*, a santificação* e a visão* beatífica, mas também o purgatório* e o limbo*. As lutas internas de Lutero, durante seus anos de monge, podem ser vistas como uma busca de uma *ordo salutis* que respondesse a seu sentido de pecado e de falta. Os debates entre os luteranos e os calvinistas e, depois entre os calvinistas e Wesley, em torno da santificação, também se referem à *ordo salutis*.

Ainda que esses debates sejam importantes, é preciso assinalar que a grande variedade de experiências cristãs parecia indicar que qualquer descrição ou definição da *ordo salutis* deve ser flexível e provisional. Além disso, deve se notar que os antigos debates sobre essa *ordo* tendem a considerar a salvação* como uma questão privada e individual e a se desentender das dimensões cósmicas do plano divino de redenção*.

ORTODOXIA. No sentido mais estrito, a "ortodoxia" significa "doutrina correta" e, portanto, todas as igrejas consideram-se ortodoxas. O termo às vezes é usado com tons depreciativos, para se referir à classe de teologia que busca definir todo ponto de doutrina possível, pretendendo que aqueles que não concordam com ela sejam hereges. É nesse sentido que os historiadores se referem ao século XVII como a época da "ortodoxia protestante". Em um terceiro sentido, o termo é usado para se referir àqueles pontos essenciais da doutrina cristã em que toda a igreja — ou quase toda — esteve de acordo por um longo tempo, e por isso muitas igrejas protestantes tradicionais definem a ortodoxia como estar de acordo com as decisões dos primeiros quatro — ou às vezes sete — concílios ecumênicos.

Por último, a "Ortodoxia", escrita com letra maiúscula, em geral, refere-se às igrejas orientais que surgiram das antigas igrejas de fala grega e de suas missões, como a Igreja Ortodoxa Grega, a Igreja Ortodoxa Russa, a Igreja Ortodoxa Búlgara e outras. Essas igrejas concordam com a validade das decisões dos primeiros sete concílios ecumênicos e sustentam vínculos de comunhão entre si, mesmo sendo "autocefálicas" — o que quer dizer que cada uma delas tem a própria cabeça e, portanto, estruturalmente são independentes. Todas essas igrejas dão ao patriarca ecumênico de Constantinopla a prioridade, mas trata-se somente de uma prioridade de honra e não de hierarquia (além disso, há várias igrejas que não estão em comunhão com o restante da Ortodoxia, porque não aceitam os decretos dos primeiros concílios, mas que também se denominam de ortodoxas e que, às vezes, se incluem na ortodoxia oriental, porque têm muitas práticas e tradições comuns com a Ortodoxia. Como no caso da Igreja Copta e da Igreja da Etiópia).

ORTOPRAXIA. Palavra com frequência empregada, especialmente, pelos teólogos da libertação para indicar que a práxis* correta é tão importante como a doutrina correta — ou antes, que uma doutrina, não importa quanto correta seja essa teoria, se não surge e leva à práxis do amor é vã.

OUSIA. Hipóstase*.

OXFORD, MOVIMENTO DE. Movimento que surgiu na igreja da Inglaterra durante o século XIX e que buscava neutralizar a influência tanto do liberalismo* como dos evangélicos dentro dessa igreja, e voltar aos elementos mais "católicos" do cristianismo. Encontrou expressão em uma série de "Tratados para os tempos" — *tracts for the time* — pelo qual o movimento ficou conhecido também como "tractarianismo". O primeiro desses tratados foi publicado no ano de 1833 pelo teólogo de Oxford John Henry Newman (1801-90), que posteriormente se converteu ao catolicismo romano e chegou a ser cardeal. Mas muitos dos membros do movimento continuaram sendo anglicanos leais e, dessa igreja desenvolveram e fomentaram uma forma de piedade religiosa que encontrava profundo valor nas tradições doutrinais, rituais e devocionais da igreja, ao mesmo tempo em que continuavam sendo protestantes em sua perspectiva fundamental.

PACIFISMO. A postura dos cristãos que sustentam que a violência, em particular a guerra, opõe-se aos ensinamentos de Jesus e à vontade de Deus e que, portanto, os crentes deveriam abster-se de toda forma de violência. Não há dúvidas que a primeira igreja foi pacífica e que nela se proibia que os cristãos fossem soldados. Já no século II havia alguns cristãos no exército romano e, vários teólogos — particularmente Tertuliano (c. 155-c. 220) — escreveram contra tal prática. Na mesma época o filósofo pagão, Celso, criticou o cristianismo argumentando que se todos os romanos se tornassem cristãos ninguém defenderia o império — o que Orígenes (c.185-c. 254) contestou que em tal caso os inimigos do império também seriam cristãos e não haveria necessidade de defesa militar. Na época em que o império começou a apoiar o cristianismo, no começo do século IV, já havia muitos cristãos no exército. E no século V, sob o comando do imperador Teodósio II, somente os cristãos podiam ser soldados. Portanto, a atitude da igreja para com a guerra e o serviço militar havia feito um giro de 180 graus, de tal forma que, então se justificava a atividade militar acudindo os princípios da "guerra* justa".

Durante a Idade Média, os que mais tentaram retornar às doutrinas e práticas pacifistas foram, com frequência, grupos dissidentes como os albigenses*, os valdenses* e os husitas. No caso dos albigenses e dos husitas cruzadas maciças contra eles levaram muitos de seus seguidores a abandonar seu pacifismo anterior.

Nos tempos da Reforma, alguns anabatistas adotaram posturas pacifistas, enquanto que outros recorreram à violência para promover e defender suas opiniões. Desde o começo, Menno Simons (1496-1561) e seus seguidores, então conhecidos como menonitas* eram pacifistas. As guerras religiosas do século XVII levaram muitos a adotarem posturas pacifistas — entre eles os quacres* e os irmãos. O pacifismo também foi adotado por Martin Luther King (1929-68) na luta pelos direitos civis e no movimento em busca da independência da Índia por Mahatma Gandhi, que declarou que nesse ponto havia aprendido muito de Jesus.

Mesmo que alguns grupos pacifistas tenham rechaçado toda participação na sociedade civil em geral, temendo que tais participações, inevitavelmente, os levassem à atividade violenta, outros fizeram da violência uma prática de resistência, como instrumento ativo para a mudança social. Aqueles que praticam e defendem tal resistência sustentam, que atraindo a violência sobre si a desmascaram e com isso começam a desfazer as dimensões malignas e ocultas da violência.

PACTO. Aliança*.

PACTO, TEOLOGIA DO. Federal*, teologia.

PALAVRA DE DEUS. Mesmo que, hoje em dia, em seu uso comum a frase "Palavra de Deus" seja praticamente sinônima com as Escrituras*, seu sentido na realidade é muito mais amplo. Na própria Bíblia, tanto nos primeiros versículos do quarto evangelho como em Apocalipse (19.13), a Palavra ou Logos* de Deus não é outra que a Segunda Pessoa da Trindade*, que se encarnou em Jesus* Cristo. A Bíblia não se refere a si mesma como "a Palavra de Deus" — mesmo que alguns profetas tenham declarado que o que falavam era "a Palavra de Deus" — mas se diz que a Palavra ou Verbo é o que existia no princípio com Deus. Por isso e por diversas outras razões, em boa parte do debate trinitário inicial, muitos preferiram falar da Segunda Pessoa como o Verbo, Logos ou Palavra de Deus, antes que como o Filho.

No quarto evangelho, e na doutrina ortodoxa cristã, a Palavra ou Verbo de Deus está eternamente presente com Deus e participa na criação* de todas as coisas. Literalmente, é dito que "Todas as coisas foram feitas por intermédio dele, e, sem ele, nada do que foi feito se fez" (Jo 1.3). Isso corresponde à história da criação em Gênesis, na qual Deus cria mediante sua palavra: "Há... e houve..." (Gn 1.3). Portanto, a função da Palavra de Deus não se limita a comunicar ideias, princípios ou mandamentos. A Palavra de Deus é o próprio Deus em ação, criando e efetuando o que Deus pronuncia. Isso implica que, mesmo que no sentido estrito a Palavra de Deus não seja outra coisa que o próprio Deus, há certo sentido no qual ela pode ser aplicada também aos instrumentos ou meios que Deus cria para falar e para produzir o que Deus pronuncia. O primeiro desses é a própria Escritura, é por essa razão, que se torna mais comum se referir a elas como a Palavra de Deus. Nas Escrituras a Palavra de Deus chega a nós — a própria Palavra ou Verbo por quem todas as coisas foram criadas e por quem todas as coisas continuam sendo feitas. Fica claro que sobre esse ponto nem todos os cristãos concordam, visto que alguns pensam que as Escrituras dão testemunho do Verbo ou Palavra, ou seja, de Jesus Cristo, enquanto que outros as veem como uma coleção infalível de proposições e asseverações, não só sobre Jesus, mas também sobre o mundo, sua origem e funcionamento etc. (Fundamentalismo*). Por último, é necessário acrescentar que para muitos dos primeiros escritores cristãos, assim como para Lutero, para a maioria dos reformadores e para muitos teólogos de hoje, a Palavra de Deus age também nos sacramentos* e até no próprio ato da pregação — o que não quer dizer que o pregador seja infalível, mas que é um instrumento mediante o qual a Palavra de Deus cumpre aquilo para o que foi enviada.

PANENTEÍSMO. Termo cunhado pelo filósofo K. C. F. Krause (1781-1832), derivado das palavras gregas que significam "Deus em todas as coisas" para diferenciar do panteísmo*. Enquanto que no último o universo é Deus, segundo o panteísmo, mesmo que todas as coisas participem da natureza divina, essa natureza não se limita à totalidade das coisas. Portanto, Deus é imanente ao universo, que é divino, mas Deus é também transcendente, visto existir além do universo em sua totalidade. O próprio termo tem sido empregado para descrever também as posições dos filósofos do processo* Alfred N. Whiteehead (1861-1947) e Charles Hartshorne (1897-2000). O último empregou a relação entre uma pessoa e seu corpo como exemplo da relação entre Deus e o universo: assim como o corpo é parte da pessoa, mas não é a pessoa toda, assim também o universo se relaciona com Deus.

PANSIQUISMO. A ideia segundo a qual todas as coisas no universo têm certo grau de consciência. Essas opiniões eram usuais no mundo antigo, quando era comum pensar que os planetas e os outros corpos celestes tinham alma, e que os fenômenos naturais — por exemplo, a queda de uma rocha — explicava-se em termos da consciência das coisas envolvidas nesses fenômenos — como no caso do exemplo dado é a consciência da pedra que busca cair. Tais ideias apareceram repetidamente na história do pensamento ocidental; Tomás de Aquino (1225-1274), explicitamente as rechaçou e refutou. Foram reafirmadas por alguns no século XIX e tendências semelhantes podem ser vistas na afirmação de Teilhard de Chardin (1881-1955) no sentido de que todas as coisas se movem a um nível superior de consciência.

PANTEÍSMO. A teoria que sustenta que Deus é o universo em sua totalidade. Difere do panenteísmo*, porque o último não acredita que o universo esgote o ser de Deus, mas antes que, ao mesmo tempo em que tudo quanto existe é divino, o próprio Deus está além do universo. Vários teólogos e místicos cristãos adotaram posturas panteístas, ou pelo menos têm se aproximado delas. Isso tem sido particularmente correto sobre aqueles teólogos que aceitaram as teorias neoplatônicas, na qual tudo quanto existe é emanação do divino. Um exemplo disso é João Escoto Erigena (c. 810-770). Entre os místicos, alguns como Meister Echart (c. 1260-1327) foram acusados de panteísmo, mesmo que na realidade pareçam ter se aproximado mais do panenteísmo. Na filosofia moderna o sistema panteísta clássico é o de Baruch Spinoza (1632-77), que afirmou que tudo quanto existe é uma só substância, e que o pensamento e a matéria não são senão atributos dessa substância divina — substância que bem pode ter outros atributos que não somos capazes de perceber.

PARACLETO. Espírito* Santo.

PARADOXO. Palavra de origem grega cujas raízes querem dizer "contra a opinião comum" e que se usa na literatura para se referir a asseverações cuja contradição aparente aponta para uma realidade mais profunda — como quando se fala de uma "doce amargura", ou de "salvar a vida perdendo-a". Na filosofia antiga, a mesma palavra era utilizada para se referir àqueles pontos em que a lógica parece contradizer os fatos. No famoso paradoxo de Zenon, visto que o espaço é infinitamente divisível, o movimento parece logicamente impossível. No campo da teologia, foi empregado por Sören Kierkegaard (1813-55) e depois pela neo-ortodoxia*, para insistir que toda linguagem sobre Deus não é mais que uma aproximação; nunca consegue descrever a natureza e atividade divina. Segundo essa opinião, o próprio coração da fé cristã encontra-se no que Kierkegaard chamou de "o escândalo da particularidade", que assinala que a ação de Deus em um ser particular, em um tempo e em um lugar particular, tem importância universal para toda a humanidade, em todos os lugares e tempos.

PARAÍSO. Palavra provavelmente de origem persa que foi introduzida na literatura de Israel e mais tarde no grego da Septuaginta e do Novo Testamento. Em seu uso persa original, refere-se a um jardim cercado de prazeres; é nesse sentido que a Septuaginta o emprega para falar do jardim do Éden. A partir desse uso a literatura rabínica e, depois, a cristã começaram a se referir ao lugar de boa-aventurança reservado para os fiéis como o "Paraíso". Os teólogos medievais acreditavam que o paraíso ou Éden era um lugar na Terra e, portanto, muitos mapas antigos incluem sua suposta localização geográfica. Por outro lado, a identificação frequente do paraíso com o céu* e a maneira que o próprio céu era entendido, implicaram que o paraíso final será superior ao Éden original e não idêntico a ele.

PATRIPASSIONISMO. Nome que os opositores deram ao modalismo* e sabelianismo* baseado no fato de que se não há distinção real entre o Pai e o Filho, chega-se à conclusão de que o Pai sofreu em Cristo. Daí a palavra "Patripassionismo".

PATRÍSTICA. Disciplina que estuda os escritos, vida e obra dos "pais da igreja" — termo que também inclui várias "mães". À teologia dessa época se dá o título de "teologia patrística". Não há consenso em quando termina a era patrística. Alguns a estendem até o século XII, afirmando que termina com o começo do escolasticismo*. Outros a limitam aos primeiros oito séculos da história cristã. A maioria dos documentos que a patrística estuda está em grego e latim, mesmo que também haja documentos importantes em siríaco, copta, armênio e outras línguas antigas. Os livros que discutem a data, conteúdo e propósito dos escritos patrísticos são denominados "patrologias".

PATRONATO REAL. Refere-se aos privilégios e responsabilidades que os papas deram à coroa espanhola com as igrejas que iam surgindo nas "Índias". O *padroado* português refere-se a arranjos semelhantes como os que dizem respeito à coroa espanhola e suas colônias. Quando o hemisfério Ocidental foi "descoberto" pela Europa, os papas estavam muito envolvidos na política europeia e nos ideais do Renascimento para tomar sobre si a carga da enorme tarefa missionária que se abria perante seus olhos. Por isso uma série de bulas papais — particularmente de Alexandre VI, que foi papa de 1492 até 1503 — colocaram a responsabilidade dessa obra missionária sobre os ombros das potências coloniais, cujos soberanos receberam o "Patronato Real" sobre a igreja que iria surgir em suas colônias. Conforme esses arranjos, a coroa era responsável por todo o trabalho missionário, receberia os dízimos e as ofertas e cobriria todos os gastos da igreja (quando essas bulas foram promulgadas, a Europa, entretanto, não sabia do ouro do México e do Peru). As potências coloniais tinham o direito e a obrigação de estabelecer dioceses e paróquias, de fundar conventos e monastérios, de determinar quem podia entrar em suas colônias como missionário e até de "apresentar" ao papa aqueles candidatos que o papa então nomearia como bispos para as igrejas das colônias.

O resultado preciso disso foi que as igrejas fundadas nas colônias eram braços da política colonial e sua vida se determinava pelas decisões na metrópole antes que em Roma.

Nos tempos da independência da maior parte da América Latina, no século XIX, esse arranjo acarretou sérias dificuldades para a Igreja Católica Romana, visto que as nações recém-fundadas reclamavam para si todos os antigos direitos e privilégios da coroa; Roma não estava disposta a lhes permitir nomearem os próprios bispos. O resultado preciso foi que houve dioceses que permaneceram vagas por longo tempo.

PECADO. A barreira que separa os homens de Deus, e que se interpõe entre quem somos e quem Deus deseja que sejamos. Mesmo que na linguagem comum um "pecado" seja qualquer ação contra as práticas da sociedade, a maioria da tradição cristã está consciente que pecado é tanto uma ação como uma condição. Como ação, o pecado é a violação consciente da vontade de Deus, portanto, é possível falar de "pecados" no plural e classificá-los conforme diversos critérios. Isso é o que geralmente é conhecido por "pecado atual" — uma ação ou atitude que se rebela contra o que se sabe ser a vontade de Deus. Porém, em seu sentido mais profundo, o pecado não é uma ação nem uma atitude, mas uma condição em que os humanos encontram-se afastados de Deus e, por conseguinte, entre si e o restante da criação. Isso é parte do que se indica por pecado original* — uma condição em que todos nascemos e da qual não podemos nos livrar por nós mesmos. Essa visão do pecado se encontra na própria base do contraste entre o agostinianismo* e do pelagianismo*. Pelágio tendia a pensar dos pecados como ações ou decisões contra a vontade de Deus e, portanto, insistia em que é possível não pecar. Em contraste, para Agostinho, o pecado é um estado, uma condição na qual os pecadores se encontram e da qual não podem livrar-se por seus esforços. Em tal condição, os homens têm liberdade para escolher entre diversas opções, mas todas elas são pecados — como diria Agostinho, o ser humano *non posse non peccare*.

A redenção* é a ação pela qual Deus em Cristo vence o pecado e, portanto, cada interpretação da obra de Cristo se relaciona com ênfase diferente ou com uma dimensão particular com respeito ao pecado. Se, por exemplo, o pecado consiste em romper a lei de Deus e, portanto, deve satisfação a Deus, a obra de Cristo será vista como o pagamento da dívida que resulta do pecado humano. Se o pecado consiste na alienação psicológica ou emocional de Deus, então a obra de Cristo consistirá principalmente em dar um exemplo, mostrar o caminho e prover inspiração e guia. Se, por último, o pecado consiste em uma forma de escravidão ou sujeição na morte e ao poder do próprio pecado, então Cristo será o conquistador que vence os poderes que oprimiam a humanidade. Da mesma forma, muitos teólogos da libertação*, hoje, veem o pecado como uma realidade inextricavelmente relacionada com as diversas formas de opressão e, portanto, Cristo vem a ser o libertador.

Apesar do consenso, que o pecado é uma condição antes de tornar-se ação, os teólogos nem sempre estão de acordo quanto ao grau em que o pecado corrompe a natureza humana. Nesse contexto, a doutrina calvinista da depravação* total insiste que as consequências do pecado são tais que não só toda ação humana leva o selo do pecado, mas que nem sequer podemos discernir corretamente entre uma ação boa e uma má. É somente mediante a graça* — graça irresistível — que temos verdadeira consciência da profundidade de nossa condição pecaminosa. Em contraste com isso, muitos teólogos medievais — e com eles o catolicismo tridentino* — ao mesmo tempo em que afirmam que o pecado é uma condição, tendem a centrar sua atenção sobre o pecado como ação. Cada ação pode ser externa, no caso de uma ação física, ou também interna, no caso de atitudes de pecado. Considerando essa visão de pecado, esses teólogos têm prestado grande atenção à tarefa de classificar os pecados segundo sua gravidade. Tudo isso recebe importância particular devido às necessidades pastorais relacionadas com a administração do sacramento* da penitência, quando é necessário assinalar um pagamento ou satisfação* adequada para cada pecado. Por isso, os pecados podem ser mortais ou veniais, conforme sua gravidade. Outra tradição ou classificação dos pecados, que remonta pelo menos até o século VII, oferece uma lista de sete "pecados mortais", em contraste com as sete virtudes*. Esses sete pecados são o orgulho, a avareza, a luxúria, a inveja, a glutonaria, a ira e a desídia. É importante assinalar que em boa parte dessa discussão o pecado é visto como um problema individual e que as dimensões sociais do pecado, que tem um lugar tão importante na Bíblia, por um longo tempo ficaram ocultas sob suas dimensões mais privadas, particularmente as que têm a ver com a sexualidade.

PECADO MORTAL. Na teologia católica, um pecado tão grave que afasta Deus do pecador de tal forma que quem morre sem que tais pecados tenham sido perdoados, ou seja, morre em "estado de pecado mortal", fica irremissivelmente condenado ao inferno*. Em contraste, os "pecados veniais" são ou pecados menores, ou antes, aqueles que foram cometidos por ignorância. O pecador que morre em "estado de pecado venial" vai para o purgatório* antes de ser finalmente admitido no céu.

Em geral, os protestantes rechaçam toda classificação de pecado dessa índole, visto que todo pecado separa o pecador de Deus e, todo pecado, não importa quão grande ou quão pequeno, requer a graça* de Deus para ser perdoado.

PECADO ORIGINAL. A forma clássica de referir-se ao fato de que o pecado é parte da vida humana desde seu nascimento e, portanto, mais que ações que cometemos, é uma condição na qual vivemos. Costumava-se estabelecer um contraste entre o pecado original e os pecados atuais, que são os que cada indivíduo comete por sua conta. Mesmo que a visão mais comum do pecado original na teologia ocidental tenha sido da queda de Adão e Eva, na igreja antiga havia várias maneiras de entendê-lo. No século II, Irineu cria que Adão era a cabeça de toda a humanidade, nele literalmente a humanidade pecou. Por esse mesmo tempo, Clemente de Alexandria sustentava que o pecado original, mais que uma herança, é um símbolo que expressa o fato de que todos os humanos pecam. Logo, para ele o pecado original não era senão uma expressão da inevitabilidade do pecado atual. Alguns anos depois de Irineu e de Clemente, foi Tertuliano quem primeiro propôs entender o pecado original como algo que herdamos de nossos primeiros pais. Duzentos anos mais tarde, Agostinho desenvolveu a teoria do pecado original como herança e a relacionou com a concupiscência que, segundo ele, encontra-se presente no próprio ato da concepção. Na teologia contemporânea tende-se a entender o pecado original como descrição da condição em que todos os seres humanos nascem, que faz que o pecado seja inevitável mesmo antes que o saibamos e se relaciona, com frequência, com a insistência em que o pecado, antes que uma ação, é a condição na qual os seres humanos nascem e morrem. Pecado*.

PECADO VENIAL. Pecado Mortal*.

PELAGIANISMO. A doutrina de Pelágio, monge erudito de vida santa e de origem britânica que chegou a Roma no final do século IV. Ali ele se opôs às doutrinas de Agostinho sobre a graça* (Agostinianismo*), que lhe parecia desprezar a obediência cristã à Lei* de Deus, ao fazer a salvação* depender completamente da predestinação* de Deus e do dom gratuito da graça. Mesmo que reste pouco dos escritos de Pelágio e, portanto, seja necessário reconstruir suas doutrinas baseando-se grandemente nos testemunhos de seus adversários, parece que Pelágio rechaçava a ideia do pecado* original, afirmando que todos nascem em um estado de inocência semelhante ao de Adão antes da queda*, o pecado não corrompeu a natureza humana de tal modo que o pecador não possa abster-se de pecar, como Agostinho sustentava. Ao contrário, os pecadores têm o livre-arbítrio* necessário para aceitar a graça de Deus e, portanto, o *initium fidei* — o início da fé — encontra-se na vontade humana e não na graça de Deus.

O pelagianismo foi rechaçado repetidamente, primeiro por teólogos como Agostinho e Jerônimo e, depois, pelo concílio de Éfeso (Terceiro Concílio Ecumênico, 431) e pelo Sínodo de Orange em 529. Mas isso não significa que as opiniões de Agostinho sobre a graça e a predestinação fossem aceitas sem maiores discussões, visto que os semipelagianistas ainda objetavam e, posteriormente, mesmo que o semipelagianismo* fosse rechaçado, encontraram maneiras de suavizar as doutrinas de Agostinho sobre esses assuntos.

É pela última razão que, repetidamente, aqueles que tentam restabelecer a doutrina agostiniana da graça e da predestinação acusam seus opositores de pelagianismo. Assim, por exemplo, Lutero pensava que quase todos os escolásticos fossem pelagianos, os calvinistas ortodoxos reunidos em Dordrecht acusavam aos arminianos de pelagianismo, e os jansenistas diziam o mesmo daqueles que se opunham a eles.

PENITÊNCIA. Um dos sete sacramentos* tradicionais da Igreja Católica Romana, geralmente conhecido por "confissão" — mesmo que na realidade inclua muito mais que o ato de confessar os pecados — e, depois do Segundo Concílio do Vaticano, como a "reconciliação* dos penitentes". Tradicionalmente, o sacramento da penitência inclui o arrependimento sobre o pecado (Contrição*, Atrição*), uma ação pela qual se reconhece ou se confessa o pecado, e obras de arrependimento que servem de castigo ou pagamento (Satisfação*) pelo pecado que foi cometido e confessado. Devido às relações entre o termo "penitência" e a ideia de castigo, às vezes, o termo "penitência" refere-se, não à prática sacramental como um todo, mas somente ao último elemento.

Fica claro que a igreja antiga costumava confessar os pecados publicamente ante a congregação. Em certas ocasiões isso era feito detalhadamente, confessando pecados específicos e em outras ocasiões em termos mais gerais. Os pecados mais graves, como a idolatria, a fornicação e o homicídio, levavam à excomunhão* do pecador, que então vinha a fazer parte dos "penitentes" até o momento em que houvesse feito penitência suficiente por seu pecado. Quando se cumpria o último requisito, o penitente era oficialmente recebido na comunidade da fé e voltava a ser admitido na comunhão.

Parece que na primeira igreja tal arrependimento era permitido uma vez somente, e o processo de oferecer satisfação durava um longo tempo — em certas ocasiões toda a vida. Porém, conforme a prática da penitência foi evoluindo e a confissão dos pecados se tornou mais detalhada, também se tornou mais comum a confissão em segredo, na qual se confessavam os pecados perante o sacerdote. Desde o século V e, originalmente na igreja celta, começaram a se produzir "livros penitenciais" que serviam de guia para os sacerdotes que ouviam as confissões. Esses livros incluíam as perguntas que deviam ser feitas ao pecador, assim como a penitência ou o castigo que cada pecado requeria. Também por razões de conveniência mudou-se a ordem original e lógica dos elementos do rito, de modo que se tornou costume que o sacerdote declarasse a absolvição* do pecador no momento de fazer a confissão e que se considerasse que tal absolvição dependia de que o pecador cumprisse com a penitência prescrita. Conforme foi avançando a Idade Média, tornou-se comum substituir uma forma de penitência por outra. Alguém que não podia ir a uma peregrinação que lhe havia sido ordenada podia realizar obras especiais de caridade perto de sua casa, ou podia prover os recursos para que outra pessoa fosse em seu lugar. Tais comutações de penas posteriormente foram chamadas de "indulgências*".

Nos tempos da Primeira Cruzada, o papa Urbano II proclamou uma "indulgência plenária" para estimular as pessoas a se unirem ao empreendimento. Depois se tornou comum dar indulgências especiais aos peregrinos que iam a Roma em certos "anos santos". Posteriormente, a venda de indulgências tornou-se uma fonte importante de renda para a igreja e foi o fator precipitante no protesto de Lutero.

PENSAMENTO POSITIVO. A doutrina de Norman Vincent Peale (1898-1993), pregador popular e autor, segundo o qual não se devia deixar sobrecarregar pelos obstáculos e pelas dificuldades, que com a ajuda de Deus podem ser vencidos mediante o "pensamento positivo". Desentendendo-se no geral do poder e universalidade do pecado, tanto em suas dimensões individuais como sociais, Peale afirmava que mediante suas técnicas do pensamento positivo, a autoajuda e o descanso emocional, era possível alcançar felicidade.

PENTECOSTALISMO. O nome que comumente é dado a um amplo movimento surgido principalmente das igrejas de santidade* e, por meio delas, do avivamento wesleyano* ou metodista. Como outros precursores, a maior parte dos pentecostais segue o arminianismo* e defende o livre-arbítrio. Mesmo que quase todos aceitem a doutrina trinitária tradicional, há um ramo do movimento que a rechaça, em parte porque a doutrina da Trindade não se encontra nas Escrituras e por isso insiste em batizar somente "em nome de Jesus".

A marca característica desse movimento é a crença na experiência posterior à conversão semelhante à "segunda bênção" do movimento de santidade, mas que consiste no derramamento do Espírito* Santo sobre o crente — que, especialmente no começo do movimento pentecostal, considerava-se uma "terceira bênção", além da conversão e santificação. Tal derramamento se manifesta em sinais externos, dos quais o mais comum é falar em línguas (Glossolalia*). Essas línguas podem ser idiomas que o crente que as fala desconhece, ou também línguas "místicas" ou "angelicais" cujo sentido é misterioso.

Outros dons extraordinários do Espírito incluem a cura e a profecia. Por essa razão, é comum na adoração pentecostal separar um tempo para orar pelos enfermos, com frequência com imposição de mãos e unção com azeite. Também é frequente que no serviço pentecostal seja permitido a qualquer um dizer haver recebido uma "palavra do Senhor" para a congregação ou também para dar um testemunho do que Deus fez em suas vidas. Contudo, embora seja correto que os pentecostais tendam a ser literais em suas interpretações da Bíblia, não é certo chamá-los de "fundamentalistas". O fundamentalismo* foi uma reação consciente contra as posturas liberais, particularmente, quanto à interpretação da Bíblia. Em contraste com isso, a maior parte dos pentecostais em diversas partes do mundo não tem ideia alguma de que existiu o liberalismo e, portanto, não estão reagindo contra ele, mas simplesmente lendo e interpretando o texto no que podia ser chamado de uma interpretação "imediata" ou "inocente".

Também se pensa comumente que a característica principal do pentecostalismo é sua adoração emotiva. Não há dúvida que o culto pentecostal permite uma expressão mais livre das emoções do que acontece em outros serviços cristãos. Mas o que constitui o verdadeiro pentecostalismo não é tanto sua adoração como sua teologia, ao insistir no batismo do Espírito Santo como uma experiência que vai além da conversão.

O próprio movimento começou nos Estados Unidos a partir do século XX. Mesmo que antes houvesse outros movimentos de glossolalia, o avivamento de 1906 em uma igreja na rua Azusa em Los Angeles considerava-se o começo do movimento. Em poucos anos já havia aparecido por todos os Estados Unidos e mais além, a tal ponto que no final do mesmo século o pentecostalismo era o ramo cristão que mais crescia em todo o mundo; em vários países seus membros eram mais numerosos que os das outras igrejas.

PERFEIÇÃO. Mesmo que na teologia tradicional se chame de "perfeito" ao que não pode ser melhorado nem mudado, isso não tem sido sempre o caso dos teólogos cristãos. Assim, por exemplo, Irineu e outros teólogos de língua grega em data precoce afirmaram que Adão e Eva foram criados perfeitos, mas também que eram "como crianças": esperava-se que crescessem e se desenvolvessem em justiça. Em tal perspectiva, a perfeição é algo muito mais dinâmico que o seu entendimento mais tradicional, pois permite o crescimento e o desenvolvimento.

O lugar da "perfeição" na vida cristã tem sido muito debatido, especialmente a partir de João Wesley (1703-91) e dos primeiros metodistas, que insistiam na necessidade de pregar a perfeição ou a "inteira santificação*" como meta da vida cristã. Tal perfeição não é algo que alguém alcance por si próprio, mas um dom de Deus, da mesma forma que a salvação é dom de Deus. O próprio Wesley não cria que essa santificação completa fosse coisa comum e, em seus escritos somente menciona alguns nomes como exemplo dessa possibilidade. Mas ao mesmo tempo insistia que ao se deixar de pregar a perfeição como meta da vida cristã há o perigo de que os crentes deixem de se esforçarem para alcançá-la.

Ao mesmo tempo, Wesley expressou bem claramente que a perfeição não implica em completa liberdade do pecado e do erro, mas somente do pecado cometido de propósito contra a vontade de Deus que é conhecida por nós. É, além disso, "perfeição no amor", antes que obedecer a certas regras ou proibições. Mesmo aqueles que receberam esse dom sem par devem continuar avançando para a perfeição — no que se vê o eco das opiniões dos antigos teólogos gregos que Wesley conhecia muito bem.

Conforme o wesleyanismo se desenvolveu depois da morte de Wesley, houve alguns que pensaram que a tradição metodista estava abandonando a ênfase de Wesley sobre a santificação e, particularmente, sobre a inteira santificação. Tal insatisfação com a direção que o metodismo ia tomando levou ao surgimento do movimento de santidade*.

PERICORESIS. Circunsessão*.

PERSEVERANÇA. Em contextos teológicos esse termo, geralmente, se refere à "perseverança dos santos".

Essa doutrina, que parece haver sido proposta primeiramente por Agostinho (354-430), sustenta que aqueles que têm sido predestinados para a salvação perseverarão até o fim, apesar de toda tentação e fracasso. Isso, por sua vez, é consequência da doutrina da predestinação* e questão pastoral, visto que a doutrina da perseverança dá aos crentes a segurança de sua salvação e os livra da constante preocupação por ela. Tanto Lutero como Calvino concordavam com Agostinho nesse ponto, e assim afirmou o Sínodo de Dordrecht (1818-19), que definiu a perseverança dos santos como uma das características essenciais do calvinismo* ortodoxo. Essa postura foi rechaçada pelos arminianos que se fundamentavam em um entendimento da predestinação que não podiam aceitar, como também porque tal doutrina parecia convidar os crentes à complacência. Sobre esse ponto, Wesley e toda a tradição surgida dele (Metodismo*; Santidade*, movimento de; Pentecostalismo*), rechaçaram o calvinismo ortodoxo insistindo que sempre existe a possibilidade de "cair da graça".

PESSOA. Termo cujo sentido tem mudado drasticamente nos tempos modernos e que, por isso, com frequência dificulta nossa compreensão de algumas das fórmulas teológicas antigas. Em nosso uso de hoje uma "pessoa" é um indivíduo consciente. Portanto, quando os escritores modernos falam de um Deus "pessoal", o que querem dizer é que Deus se relaciona conosco como de pessoa para pessoa, que Deus ama, tem misericórdia etc. Pela mesma razão, quando lemos sobre "Deus em três pessoas" (Trindade*), tendemos a pensar em três centros individuais de consciência e, portanto, em três deuses.

Contudo, na teologia antiga, o termo "pessoa" tinha um sentido distinto. Foi introduzido na linguagem trinitária e cristológica por Tertuliano, que parece que o entendia de maneira semelhante ao modo como hoje os advogados se referem a uma "pessoa jurídica". Vários indivíduos unidos em uma corporação se tornam uma só pessoa jurídica e um indivíduo com várias corporações é mais de uma pessoa. Ao traduzir esse termo em grego, havia duas opções: *prosopon* e *hipóstasis*. A primeira se referia à máscara que um ator levava no teatro e, portanto, seria semelhante ao que hoje chamamos de "papel". Em uma mesma comédia, um só ator podia ocupar diversos papéis e, portanto, ter várias *prosopa*. A outra tradução possível, *hipóstasis*, é um termo filosófico que literalmente quer dizer subsistência, ou o que faz que algo exista. A maioria da igreja de fala grega logo rechaçou o termo *prosopon* a favor de *hipóstasis*. Depois, nos contextos trinitário e cristológico, uma "pessoa" não é o centro de consciência, como usado hoje, mas é antes um princípio eterno de subsistência dentro da divindade.

PERSONALISMO. Nome dado pela filosofia a qualquer sistema que centre sua atenção sobre o valor das pessoas como modo de entender e interpretar a realidade. No campo da teologia, o personalismo é a tendência teológica que prevaleceu na Universidade de Boston até o final do século XIX sob a direção do teólogo metodista Borden Parker Bowne (1847-1910) e que continuou depois por Edgar S. Brightman (1884-1953). Alcançou grande popularidade nos círculos teológicos norte-americanos durante a primeira metade do século XX e pode-se dizer que é a forma típica que o liberalismo* tomou na América do Norte. Como toda outra teologia de tendências liberais, o personalismo sublinhava a criatividade humana e sua capacidade para o bem e tendia a prestar menos atenção ao poder do pecado* como estado de corrupção da natureza humana.

PIETISMO. Movimento que surgiu na Alemanha sob a direção de Philipp Jakob Spener (1635-1705), como reação contra o escolasticismo* protestante; buscava despertar e desenvolver a fé pessoal dos crentes. Em geral se assinala o ano de 1625 como o início do movimento, visto que foi nessa data que Spener publicou seu importante livro *Pia desideria*, no qual expressava seis "desejos pios" que se tornaram o programa do pietismo. O primeiro deles era que os cristãos deviam organizar-se em pequenos grupos para estudar as Escrituras em um espírito de devoção. Visto que Spener deu a esses grupos o nome de "colégios de piedade", esse primeiro ponto do programa, com o título do livro, deram ao movimento o nome de "pietismo". Em segundo lugar, Spener expressava o desejo de que a doutrina comum do sacerdócio* universal dos crentes se tornasse efetiva confiando ao laicato* a direção de pequenos grupos de piedade. Em terceiro lugar, esperava que os crentes fossem além de sua visão do cristianismo como um conjunto de doutrinas e chegassem a experimentá-lo como fé vivente. Como consequência desse terceiro ponto, o quarto era que as controvérsias entre cristãos sempre acontecessem em um espírito de amor. Os pontos cinco e seis estão relacionados ao pastorado da igreja: o primeiro era que os pastores recebessem educação quanto às tradições devocionais do cristianismo e na prática de dirigir seu rebanho, além da teologia e outras questões acadêmicas que eram estudadas; o sexto, que o púlpito deixasse de ser um lugar de discussões teológicas sobre pontos obscuros e detalhados e recuperasse sua função de inspirar, instruir e alimentar os discípulos.

Mesmo que esses seis pontos de Spener não incluam o trabalho missionário, o pietismo foi logo conhecido por seu desejo de compartilhar sua fé com os outros e, portanto, foi uma das principais fontes do movimento missionário moderno entre os protestantes.

PLATONISMO. No sentido estrito, a filosofia de Platão, que viveu em Atenas no século IV antes de Cristo. Contudo, o termo é mais comumente empregado para se referir a uma grande tradição filosófica que impactou profundamente a teologia cristã. No período patrístico, o platonismo ganhou a forma de neoplatonismo*, e como impactou profundamente a escola Alexandrina* de teologia, posteriormente se fez sentir em toda tradição teológica. No século XVII, um grupo conhecido como "platonistas de Cambridge" tentou utilizar a filosofia platônica para fazer mediação entre o puritanismo* e os elementos mais tradicionais da Igreja da Inglaterra. Impactos semelhantes podem ser vistos através de toda a História.

No tempo do advento do cristianismo, Platão e seu mestre Sócrates eram altamente respeitados pela elite intelectual greco-romana. Sua filosofia havia alcançado boa parte da cultura popular da costa do Mediterrâneo. Por isso, quando se criticou os cristãos como gente inculta e irracional, muitos responderam tentando construir pontes entre o cristianismo e o platonismo, para assim fazer ver que boa parte dos ensinamentos cristãos era semelhante ao que Platão e outros sábios haviam dito antes (Apologética*). Ao mesmo tempo em que serviu para apresentar o cristianismo de uma maneira mais aceitável, também resultou em uma interpretação platônica de várias doutrinas cristãs, particularmente no que se refere a Deus, a esperança cristã e ao modo em que se adquire o conhecimento. Quanto à doutrina de Deus*, alguns cristãos logo perceberam que boa parte do que Platão havia dito sobre a Ideia Suprema do Bem e a origem do mundo podia ser empregada para defender tanto o monoteísmo* como a doutrina da criação*. No diálogo *Timeo*, Platão, havia se referido a uma ideia suprema do Bem, absolutamente impassível e a um ser intermediário ou demiurgo que criou o mundo inspirado pela Ideia Suprema. Usando esses temas, os cristãos começaram a identificar Deus com essa Ideia Suprema e, também a falar da criação como Platão havia feito. Isso levou a uma visão de Deus como impassível, impessoal e distante e que criou o mundo como um ser que, mesmo que existisse antes e fora do próprio mundo, é menos que o Ser Supremo. Tais opiniões se encontram por trás dos debates que aconteceram bem depois durante a controvérsia ariana.

Em segundo lugar, com respeito à esperança cristã, a ideia de Platão segundo a qual havia um mundo superior de realidades eternas por cima deste mundo de sombras, logo se uniu à doutrina cristã do céu* e do Reino* de Deus. A doutrina platônica da imortalidade* da alma veio a ocupar o lugar de — ou a afirmar-se junto à — doutrina cristã da ressurreição do corpo. Depois, o que antes havia sido essencialmente a esperança de uma vitória de Deus no futuro se transformou na esperança de deixar o mundo presente e passar para a eternidade.

Por último, a doutrina platônica do conhecimento (Epistemologia*), com sua desconfiança dos dados dos sentidos, dominou na teologia cristã desde o século IV até o XIII. Visto que Platão explicava a possibilidade do conhecimento com base na preexistência das almas, os cristãos logo rechaçaram tal preexistência, a alternativa que resultou foi a teoria agostiniana da iluminação*.

PNEUMATOLOGIA. Com um nome que deriva do grego *pneuma* (espírito, vento, alento) e *logos* (discurso, estudo, palavra, tratado), a pneumatologia é a parte da teologia que se dedica à doutrina do Espírito* Santo. (Isso pode produzir alguma confusão, porque às vezes na antropologia filosófica se fala da "pneumatologia" como o que se refere ao espírito ou alma humana).

A pneumatologia tem sido descuidada, em boa parte, pela teologia tradicional, recebendo especial atenção no século XXI, em parte, como resultado do enorme crescimento e impacto do pentecostalismo*.

PNEUMATOMACOS. Macedônios*.

POBREZA. O tema da pobreza e dos pobres surgiu na superfície da teologia cristã durante a segunda metade do século XX, quando diversas teologias da libertação*, assim como o desenvolvimento de certas formas extremas de capitalismo liberal, atraíram a atenção para a desigualdade nos níveis de vida em todo o mundo. A tradição cristã sempre sustentou que a pobreza, no sentido literal de carecer dos recursos necessários para a vida como o alimento, o abrigo, as vestes etc, não é resultado da vontade de Deus, mas do pecado — mesmo que não necessária ou exclusivamente o pecado dos pobres. Na literatura patrística*, em geral, fala-se da pobreza como o resultado da riqueza extrema e do uso egoísta do poder por parte de alguns e exorta, repetidamente, os cristãos a compartilharem seus bens com os necessitados. Durante a Idade Média, tais exortações eram tão radicais como foram antes e, portanto, limitava-se a convidar os ricos a darem esmolas aos pobres. Depois da Reforma, conforme o capitalismo se desenvolveu, popularizou-se a ideia segundo a qual os pobres o são como resultado de suas decisões, de sua desídia e de sua falta de criatividade, enquanto que os ricos o são graças às próprias boas qualidades. A visão antiga, segundo a qual a riqueza e a pobreza extremas são as faces da mesma moeda, foi abandonada a favor de uma interpretação diferente, segundo a qual os pobres simplesmente têm sido deixados para trás, enquanto que os ricos têm avançado em direção ao progresso e seus benefícios. A desigualdade entre as nações se expressava de maneira semelhante, dizendo que algumas eram "desenvolvidas" e outras eram "subdesenvolvidas". Foi em reação contra tais opiniões e contra a desigualdade no mundo, que as teologias da libertação, assim como a crítica *pós-colonial se desenvolveram, tornando a pobreza e a dependência desigual temas importantes para a discussão teológica.

Mesmo que através da História o cristianismo tenha deplorado e tratado de mitigar a pobreza, nesse sentido, há outro aspecto em que a pobreza tem sido louvada e recomendada. Isso é o que com frequência se chama de "pobreza voluntária" do monaquismo. Na teologia medieval essa pobreza voluntária é um dos conselhos* de perfeição, pois não tem o caráter obrigatório dos mandamentos, mas é, contudo, um caminho para um nível mais elevado do discipulado. Uma das características do monasticismo que permaneceram relativamente constantes através de suas diversas variantes é a centralidade da pobreza voluntária. Tal pobreza voluntária, com frequência tem sido inspirada na ideia de que é mais fácil para os cristãos dedicarem suas vidas a Deus se não estiverem demasiadamente sobrecarregados de pressões. Muitos monásticos têm visto as posses como obstáculo para a contemplação e têm escolhido uma vida de extrema simplicidade como condutora para a contemplação. Outra razão para a pobreza voluntária tem sido o que muitos reformadores, através dos tempos, têm chamado "liberdade da igreja": se a igreja e seus dirigentes têm poucas posses e não se preocupam com elas, isso tornará mais difícil aos governantes seculares impor sua vontade à igreja. A história do monaquismo inclui uma grande série de tentativas de reformar essa instituição voltando-a para uma regra de pobreza estrita, pois uma vez ou outra o êxito e o próprio prestígio dos movimentos monásticos os enriqueceram.

Um de seus convites mais radicais à pobreza voluntária surgiu no século XIII, quando a economia monetária estava voltando a recobrar seu apogeu na Europa ocidental, após longos séculos de uma economia de troca. A figura principal disso foi São Francisco de Assis (c. 1182-1226); a ele se uniram os fundadores de outras ordens mendicantes. O próprio Francisco insistia sempre que nem os padres como indivíduos, nem a ordem como tal deviam possuir nada. Quando essa regra foi suavizada pelo decreto pontifício, o resultado foi uma divisão aguda entre os franciscanos moderados e os mais radicais.

O movimento mendicante também levou a fortes debates teológicos, particularmente na Universidade de Paris, onde aqueles mestres que não tinham votos de pobreza se sentiam ameaçados pelos franciscanos e dominicanos recém-chegados. Como resultado desses debates, decidiu-se posteriormente que a imitação da "pobreza de Cristo", ainda que recomendável, não deve ser esperada de todos os cristãos e, tampouco, de todos os clérigos e outros dirigentes da igreja. Essa tem sido a postura da Igreja Católica Romana desde então. Por sua vez, os protestantes, ao rechaçar a distinção entre os mandamentos e os conselhos de perfeição, com frequência têm esquecido os antigos chamados à pobreza voluntária e o compartilhar dos bens, com o resultado de que, às vezes, a riqueza é vista como um sinal claro do favor divino.

POLISSEMIA. Derivado do grego *poly* (muitos) e *semeion* (sinal ou sentido), a polissemia se refere, portanto, à variedade de sentidos que podem ser encontrados em um símbolo ou texto — em particular, no campo da teologia, nas passagens bíblicas. Desde datas relativamente antigas teólogos como Orígenes (c. 185-c. 254) têm afirmado que os textos bíblicos têm uma variedade de sentidos. No caso de Orígenes, tratava-se de uma hierarquia de sentidos, de modo que quanto mais se ascendessem em espiritualidade, melhor se entenderia o texto. À parte de tais opiniões, tradicionalmente, tem se pensado que a polissemia é um defeito semelhante à ambiguidade. Contudo, recentemente segundo os eruditos perceberam, o impacto do leitor e de sua realização social e experiência sobre a leitura de um texto (leitor*, crítica da resposta do), especialmente sob o impacto da pós-modernidade, a polissemia é vista, não somente como inevitável, mas também como o resultado positivo de ler o texto a partir de uma variedade de perspectivas, de tal modo que em vez de falar de uma variedade de sentidos, mutuamente excludentes fala-se de uma "agregação" ao sentido de um texto graças à polissemia.

POSITIVA, TEOLOGIA. Nome que comumente era dado, em meados do século XX, à teologia baseada na revelação* e nas declarações autorizadas da igreja, antes que na razão e na experiência comum. Contrasta, então, com a teologia natural*.

POSITIVISMO. O pensamento de Augusto Comte (1798-1857) e, seus seguidores, que sustentavam que na interpretação do mundo a humanidade progrediu de uma fase "teológica" na qual a humanidade se baseava nos deuses e sua vontade para uma etapa "metafísica", na qual as explicações se baseavam na suposta natureza das coisas e daí para uma etapa final "positiva", na qual se deixa de lado as conjecturas a favor da observação empírica estrita.

Por extensão, o termo positivismo, às vezes, é aplicado a qualquer sistema que, sobre a base de um empirismo* radical, rejeite a metafísica*, a teologia e toda sorte de pensamento que não se construa sobre a observação demonstrável. Por algum tempo, o "positivismo lógico" dominou boa parte dos ensinamentos filosóficos, afirmando que as proporções *a priori* como as da matemática e da lógica não proveem informação sobre o mundo atual e que somente as proposições *a posteori*, baseadas na observação e verificação empíricas, proveem tal informação. Em consequência, disciplinas como a teologia, a ética e a metafísica eram consideradas, não como estritamente falsas, mas simplesmente como carentes de pertinência e de sentido. Contudo, até o final do século XX, o positivismo lógico foi criticado severamente por não aplicar a si mesmo aos próprios princípios os mesmos critérios ascéticos que aplicava a outras disciplinas e sistemas teológicos.

PÓS-VATICANO. Termo aplicado, com frequência, como frase adjetival às práticas teológicas do catolicismo romano depois do Segundo Concílio Vaticano (1962-65). É, com frequência, contrastado com o catolicismo tridentino, que cobre o período desde o Concílio de Trento (1545-63) até o Segundo Concílio Vaticano. O catolicismo pós-vaticano tende a se mostrar mais aberto ao papel do laicato*, com o qual o sacerdócio* de todos os crentes se torna mais efetivo, e a igreja é vista, não tanto como uma hierarquia* de prelados e sacerdotes, mas antes como o povo peregrino de Deus (Eclesiologia*). Isso se reflete na adoração da igreja, que é celebrada, agora, na linguagem vernácula, com maior participação laica e, também no ato da consagração da Eucaristia na qual o sacerdote, voltado para o povo, não fica mais de costas para ele. O catolicismo romano pós-vaticano também se mostra mais aberto para outras igrejas (Ecumenismo*), assim como para outras religiões e provê mais espaço para a liberdade religiosa, inclusive naqueles países que são em sua maioria de católicos. Por último, sua teologia é muito mais missionária, pois tenta responder as necessidades do mundo e já não se limita às questões mais técnicas e apologéticas que antes dominavam a teologia católica romana.

PÓS-COLONIAL, CRÍTICA. Uma forma de crítica cultural que com frequência analisa textos literários produzidos no contexto colonial, tanto pelos colonizadores como pelos colonizados. Nos estudos bíblicos, às vezes, o termo é usado com uma conotação ligeiramente diferente, pois se refere ao estudo do modo pelo qual as relações coloniais têm reforçado e justificado certas interpretações da Bíblia, assim como o modo pelo qual estas hão de ser lidas a partir de uma perspectiva pós-colonial. Em alguns casos, tudo isso está ligado a uma discussão dos textos no contexto dos antigos impérios em que foram produzidos e canonizados (Cânon*).

PÓS-MILENARISMO. A opinião daqueles que pensam que o milênio há de vir antes da parúsia, como preparação para ela. Em geral, os pós-milenaristas rechaçam a ideia de que o milênio virá somente depois de um grande mal e que, portanto, a maldade presente e crescente pode ser vista como o modo pelo qual Deus prepara o caminho para o milênio.

Mesmo que o liberalismo* clássico não tenha se ocupado muito do milênio e raramente tenha falado dele (razão pela qual alguns lhe deram o nome de "amilenarista"), os pré-milenaristas, com frequência têm dito que os liberais são "pós-milenaristas" porque muitos deles buscavam melhorar a sociedade e o mundo como se com isso esperassem trazer o milênio. Certamente, dentro do liberalismo clássico, com frequência, falava-se de "construir o Reino*".

PÓS-MODERNIDADE. A nova idade que segundo alguns tem surgido ou está surgindo conforme a modernidade* está passando. Dessa perspectiva, conforme o mundo se torna mais pluralista a "metanarração" (ou seja, o mito* básico que dá forma a uma cosmovisão) da modernidade está perdendo poder. Enquanto que a modernidade se caracterizava pelo "otimismo epistemológico", crendo que o conhecimento era uma realidade objetiva e sempre crescente, que levaria até a aceitação universal de seus descobrimentos, a pós-modernidade mostra-se ascética perante toda metanarração, toda pretensão de objetividade ou universalidade e, especificamente, todo discurso político, literário ou religioso que pretenda representar toda a realidade, ou estar livre de toda perspectiva.

No campo da teologia, a pós-modernidade abriu o caminho a uma cosmovisão que não vê o universo como um sistema fechado de causa e efeito, sem espaço para a atividade divina, como no caso da metanarração moderna. Por outro lado, ao negar o valor de toda metanarração, a pós-modernidade, pode debilitar as tentativas de corrigir as injustiças ou de promover a igualdade, visto que tanto a justiça como a igualdade, e outras ideias semelhantes, somente tem poder quando fazem parte de uma narração geralmente aceita.

POTÊNCIA. Ato*.

POTENTIA DEI ABSOLUTA. Parte da distinção, que se originou no século XI, mas que veio à tona da discussão teológica e filosófica no final da Idade Média, entre dois modos ou níveis do poder de Deus: a *potentia Dei absoluta* e a *potentia Dei ordinata* — o poder de Deus absoluto e o poder de Deus ordenado. Esse era um modo de escapar das dificuldades por causa da ideia da onipotência divina. Se Deus é onipotente, Deus pode agir de maneira contrária à lógica? Deus pode mudar os princípios da lógica?

Conforme o poder absoluto de Deus, certamente pode. Deus determinou que a onipotência divina funcionará somente dentro de certos parâmetros e, portanto, dentro deles, no poder ordenado de Deus, Deus não pode mudar os princípios ordenados da lógica. Juan Duns Escoto (c. 1265-1308), por exemplo, declarou que, sob sua *potentia absoluta* Deus não tem de aceitar os méritos* de Cristo como infinitos, nem tem de aplicá-los à humanidade pecadora, mas dentro dos parâmetros de sua *potentia ordenata,* Deus, livremente, determinou aceitar os méritos de Cristo como pagamento pelo pecado humano. Outros teólogos posteriores levaram a distinção mais longe, afirmando que os argumentos sobre a racionalidade da encarnação de Deus em um ser humano somente eram válidos segundo a *potentia ordinata* e não são, portanto, absolutamente corretos, pois Deus pode, igualmente, encarnar-se em uma besta ou em uma rocha.

PRAGMATISMO. Escola filosófica que apareceu nos Estados Unidos no final do século XIX e começo do XX, sob a direção, primeiro de, Charles Sanders Peirce (1839-1914), depois de William James (1842-1910) e John Dewey (1859-1952). Em reação contra o idealismo de boa parte da teologia anterior, o pragmatismo afirmava que o valor de uma doutrina depende nem tanto de sua verdade como de seu uso para a vida. Mesmo que esse não fosse o propósito de seus fundadores, em alguns círculos, o pragmatismo, com o tempo tornou-se a teoria que afirmava que qualquer coisa que funcione e produza os resultados desejados é aceitável e que qualquer coisa que não produza resultados tangíveis carece de importância. Nesse sentido, é que o termo é, geralmente, usado hoje.

PRÁXIS. Palavra grega que significa ação, atividade, feito, esforço, empreendimento etc. Na teologia contemporânea é, comumente, usado pelos teólogos da libertação* ao insistirem que não basta falar ou crer na verdade, visto que a verdade cristã é sempre verdade em ação, verdade em feitos. Portanto, a práxis é ação libertadora. Mas a práxis não deve ser confundida com o ativismo, visto que nem toda ação é libertadora, a própria práxis pode tomar a forma de resistência ou de reflexão libertadora. (Ortopraxia*).

PRESCIÊNCIA. Na teologia clássica, o aspecto da onisciência* divina pelo qual Deus conhece os acontecimentos que ainda não têm tido lugar e as coisas que ainda não existem. O próprio conceito foi muito debatido entre os teólogos e filósofos, visto que se Deus conhece todos os futuros contingentes (Contingência*), já não parecem contingentes, mas necessários; a liberdade (Arbítrio*) parece não mais que uma ilusão. Tomás de Aquino (c. 1225-74) e outros entre os escolásticos discutiram, repetidamente, como Deus pode conhecer os futuros contingentes sem torná-los necessários. Alguns teólogos reformados (em particular Beza, Zanchi, e mais tarde alguns dentro do escolasticismo reformado) utilizaram a presciência divina como argumento para provar a doutrina da predestinação* — com a consequência de que a predestinação se tornou predeterminismo*.

PREDESTINAÇÃO. A doutrina segundo a qual Deus determinou de antemão aqueles que hão de receber a vida eterna — em outras palavras, aqueles que são "eleitos" (Eleição*). Mesmo que muitos teólogos que defendem a doutrina da predestinação se neguem a decidir quanto a isso, outros afirmam que a contraparte lógica também está certa: que Deus também determinou quem será condenado eternamente — em outras palavras, quem foi "reprovado". A última posição se chama "predestinação dupla", visto que existe tanto uma predestinação para a salvação, como outra para a condenação.

Não há dúvida que o termo "predestinação" e muitos de seus derivados aparecem repetidamente na Bíblia, particularmente na literatura paulina. Contudo, foi Agostinho (324-430), em suas controvérsias com Pelágio e seus seguidores, quem primeiro desenvolveu extensamente a doutrina da predestinação (Agostinianismo*, Pelagianismo*, Semipelagianismo*). Agostinho estava convencido, através da própria experiência, que sua justificação não fora devido a sua iniciativa (Arbítrio*), mas sim devido à graça* de Deus operando nele. Estava convencido de que as consequências do pecado* são tão grandes, que os pecadores não podem, por si próprios fazer nada que não seja pecado. Eles têm liberdade, mas todas as suas opções são pecaminosas. Requer-se uma intervenção divina para capacitar o pecador a aceitar a oferta de salvação e a nova vida. Essa intervenção não pode ser devido a algo que o pecador faça ou deseje, mas, única e simplesmente, à iniciativa divina. Sem a graça de Deus, a humanidade não é mais que uma "massa de condenação". Se fosse por nós, em nosso estado pecaminoso, somente poderíamos rechaçar a graça de Deus. Mas a graça de Deus e a obra no pecador, para produzir a conversão são irresistíveis.

Segundo diria Agostinho, antes que creiamos, a graça de Deus "opera em nós para que possamos crer e depois "coopera" conosco para que possamos produzir frutos dignos de Deus. Se a graça é irresistível, e nem todos creem, isso se dá porque Deus concede graças a uns e não a outros. Isso, Deus faz conforme seu conselho secreto, sem nenhuma razão particular que seja relacionada às ações do pecado. Daí a doutrina da predestinação. Quanto ao número dos predestinados, Agostinho, chegou a especular que seria o mesmo número dos anjos caídos, e que o propósito de predestinar alguns pecadores para a salvação foi preencher o número dos exércitos angélicos, dizimado pelo pecado.

Deixando de lado a última especulação, fica claro que a doutrina de Agostinho da predestinação não é, como em outros casos, uma dedução lógica da onisciência* e da onipotência divinas, nem de outras especulações sobre a natureza de Deus. Mas antes, o resultado do desejo ardente de Agostinho de atribuir a salvação somente a Deus e a sua graça, de assegurar que os crentes não possam reclamar que creram porque são, de algum modo, melhores ou mais sábios que os que não creram.

Mesmo que em teoria a doutrina de Agostinho fosse, geralmente, aceita, na realidade, foi mitigada e ocultada o suficiente para não criar dificuldades e reações demais. Foi tema de controvérsias amargas nos tempos carolíngios, quando o monge Gotescalco saiu em defesa da doutrina de Agostinho em sua forma extrema, insistindo na dupla predestinação. A posição foi tal que Gotescalco passou o restante de seus dias prisioneiro. Mais tarde, a maioria dos escolásticos — inclusive Tomás de Aquino (c. 1225-74) — afirmou a doutrina da predestinação, mas sempre a suavizando, ou colocando-a como pano de fundo de modo a não afetar a maneira em que se entendia a *ordo* salutis*.

Quase todos os reformadores, e certamente Lutero e Calvino, reafirmaram os pontos essenciais da doutrina agostiniana da predestinação. Para Lutero e para Calvino, como antes para Agostinho, essa doutrina não é o resultado da especulação sobre a natureza e o poder de Deus, mas antes uma expressão da experiência de salvação pela graça de Deus e somente pela graça. Esse foi um dos principais pontos de conflito entre Lutero e Erasmo, que argumentavam que a predestinação destrói a liberdade e a responsabilidade. Porém, com o passar do tempo a doutrina luterana, mesmo que continuasse afirmando a predestinação, não a sublinhou tanto como a reformada*. No século XVI, a ortodoxia calvinista insistiu a tal ponto na predestinação e suas doutrinas paralelas da graça irresistível, da perseverança* dos santos e da expiação* limitada (particularmente em sua controvérsia contra o arminianismo*), que tais doutrinas tornaram-se a marca essencial do calvinismo.

Por último, no século XX, o teólogo reformado Karl Barth (1886-1968) expressou seu desacordo tanto com Agostinho quanto com Calvino sobre esse ponto, ao mesmo tempo em que sustentava certa versão da predestinação. Segundo Barth, a grande falha das doutrinas tradicionais da predestinação é que centram sua atenção sobre a salvação individual, e não em Jesus, que é o centro da teologia e o Eleito. A doutrina da predestinação significa que Jesus Cristo é tanto o Eleito como o Reprovado de Deus, porque leva os pecados de todos, e nele todos são eleitos. Mesmo que a doutrina de Barth sobre esse ponto não esteja completamente clara, ele foi acusado por isso de inclinar-se ao universalismo*.

PREDETERMINISMO. A doutrina segundo a qual tudo o que acontece foi predeterminado de antemão. Deve-se distinguir claramente da predestinação*, que se refere somente ao destino final das pessoas e não a outros assuntos. O predeterminismo tem uma longa história, visto que foi sustentado por muitos estoicos e, em tempos recentes, houve aqueles que insistem, visto que o universo é como uma grande máquina, em que tudo quanto acontece é resultado do que aconteceu anteriormente, todos seus movimentos e acontecimentos estão predeterminados. Sem dúvida alguma tal predeterminismo nega o livre-arbítrio* assim como a responsabilidade humana.

Apesar da diferença importante entre o predeterminismo e a predestinação, no fragor do debate alguns tratam de defender o último com argumentos que na realidade são predeterministas. Assim, por exemplo, o argumento que afirma que, visto que Deus é onisciente e o futuro já está determinado tende a demonstrar, não só a predestinação, mas também o predeterminismo. A maioria dos teólogos que têm defendido essa doutrina da predestinação têm cuidado em não cair no predeterminismo.

PREEXISTÊNCIA DA ALMA. Essa teoria aparece em diversas religiões e, com frequência, se relaciona com a transmigração* das almas, segundo a qual as almas passam por um círculo de encarnações sucessivas. Em seus diálogos, Platão apresenta Sócrates explicando o conhecimento (Epistemologia*) como resultado do que a alma aprendeu antes de nascer mediante a contemplação das ideias do mundo puramente intangível. Entre os cristãos, Orígenes (c. 185-c. 254) sugeriu que no princípio todas as almas eram "intelectos puros", e que o mundo físico foi criado como residência provisória para as almas caídas. As que caíram mais drasticamente foram os demônios, posteriormente todas serão restauradas a sua natureza primigênia como intelectos puros. Agostinho, por algum tempo, flertou com a ideia da preexistência das almas, porém posteriormente a rechaçou, como tem feito a maioria da tradição cristã a partir de então.

PREEXISTÊNCIA DE CRISTO. A cristologia* ortodoxa por longo tempo tem sustentado que o que se encarnou em Jesus existia antes de seu nascimento físico e terreno. Aqueles que se opõem a tal ensinamento recebem, comumente, o nome de "adocionistas", o que indica que Jesus foi um ser humano como outro que foi adotado como filho de Deus (tecnicamente, contudo, o "adocionismo" é reservado para uma posição de certos teólogos espanhóis do século VIII que acreditavam na preexistência da Segunda Pessoa da Trindade, mas se negavam a chamá-lo "Filho").

Nos grandes debates do século IV entre o arianismo* e a fé nicena, o que estava em jogo era a preexistência de Cristo, ponto que todos concordam, mas sua preexistência *eterna* e, portanto, sua plena divindade, é que os arianos não aceitavam.

PRÉ-MILENARISMO. A posição que espera que o milênio venha antes da parúsia, em geral, depois de um tempo de grande corrupção conhecido como a "grande tribulação". Mesmo que o pré-milenarismo tenha antecedentes medievais, as posturas pré-milenaristas presentes começaram a desenvolver-se no começo do século XVII; sua popularidade aumentou no século XIX, primeiro na Inglaterra e depois nos Estados Unidos. Seu sentido de que o milênio virá depois de uma grande tribulação, com frequência, leva os pré-milenaristas a se desentenderem das estruturas sociais e políticas do mal, ou pelo menos a não resistir a elas, sobre a base de que o mal é inevitável como preparação para a vinda do Senhor. No final do século XX, havia nos Estados Unidos dirigentes políticos que argumentavam que, visto que o retorno de Cristo colocará tudo em ordem, os cristãos não devem se preocupar muito com a destruição do meio ambiente, e deveriam se sentir livres para explorá-lo em benefício próprio.

PRESBITERIANISMO. O nome que é dado àqueles ramos da tradição reformada* que se caracteriza por um governo de "presbíteros", ou seja, um governo no qual "anciões", ou "presbíteros", unidos em um corpo que, com frequência, se chama "presbitério", exercem as funções de bispo. O presbiterianismo originou-se na Escócia, e ali se expandiu para a América do Norte, Austrália, Nova Zelândia e outras terras colonizadas pelos britânicos.

PRESENÇA REAL. Afirmação da presença de Cristo na Eucaristia*. Essa presença real pode ser física, como no caso da transubstanciação* ou da consubstanciação*, ou pode ser espiritual, como no virtualismo* de Calvino. O termo é comumente usado para excluir a postura daqueles que sustentam que a presença de Cristo é meramente simbólica, de modo que Cristo está presente porque os símbolos eucarísticos nos recordam dele. Contudo, em alguns círculos, que afirmam a presença real e física do corpo de Cristo no pão e no vinho consagrados, tudo o que não seja essa presença física é considerado uma negação da presença real.

PRINCÍPIO PROTESTANTE. Frase cunhada por Paul Tillich (1886-1965) com a qual se referia à resistência tradicional do protestantismo a dar autoridade final e absoluta a qualquer criatura, seja a igreja, seja a hierarquia, ou até a Bíblia. A razão disso é que Deus e sua graça excedem os limites de toda autoridade criada e, portanto, a fé é sempre paradoxal, pois sabe que o próprio conteúdo não é realmente seu objeto. Segundo Tillich, o "princípio protestante" não se limita ao protestantismo, nem sequer ao cristianismo, mas é básico em toda fé autêntica. Obviamente, ao expressar-se assim, Tillich, estava descrevendo o próprio entendimento do cristianismo e descontando a forte tendência em muitos círculos protestantes de dar à Escritura, precisamente a sorte de autoridade última que o "princípio protestante" não deveria admitir.

PROBABILISMO. Teoria proposta por Bartolomeu de Medina (1528-80) ao comentar sobre a *Summa theologica* de Tomás na Universidade de Salamanca. Medina aplicou à ação moral um princípio que por longo tempo havia sido comum em questões teológicas. Da mesma forma que é lícito sustentar uma opinião provável, mesmo que não tenha sido provada, também é lícito seguir uma conduta provavelmente correta, mesmo que não se esteja seguro disso. O que é provável não é *mandatório*, visto que não foi provado, mas o próprio fato de que é provável quer dizer que é razoável e, portanto, aceitável.

Alguns moralistas posteriores estenderam o argumento de Medina, afirmando que sempre que não se está seguro de que uma ação pecaminosa é lícita e, portanto, o "probabilismo" tornou-se sinônimo de frouxidão moral.

PROCESSO, TEOLOGIA DO. Escola teológica do século XX construída sobre os fundamentos da filosofia do processo desenvolvida por Alfred North Whitehead (1861-1947). Duas de suas figuras proeminentes foram, na primeira geração, Charles Hartshorne (1897-2000) e na próxima geração, John Cobb (1925-). A filosofia do processo vê a realidade, não como uma série de objetos dados, mas como uma série de acontecimentos contínuos. A realidade está constantemente vindo a ser, e daí o nome de "processo". Os elementos fundamentais que produzem a realidade são acontecimentos ou, usando termos mais técnicos, "ocasiões atuais". Essas ocasiões atuais são dirigidas pelo princípio mais alto de toda a realidade, que é a criatividade.

Construindo sobre tais fundamentos, Hartshorne, Cobb e outros têm desenvolvido uma teologia que não vê Deus como um ser estático, mas antes como a ocasião atual que inclui todas as demais. Isso quer dizer que o próprio Deus também está vindo a ser, que ainda não está completo ou terminado. Deus é parte do processo. Quer dizer, também, que todas as outras ocasiões anteriores são parte de Deus. Contudo, visto que Deus transcende a totalidade das ocasiões do universo, esse sistema não parece panteísta, mas antes panenteísta.

A teologia do processo considera que Deus é parte do universo, mas que transcende a ele continuando sempre o próprio processo. Isso implica que o futuro é desconhecido e imprevisível, até para Deus, que vai tomando forma conforme o futuro acontece. É por isso que muitos teólogos têm criticado a teologia do processo. Por outro lado, essa teoria ganhou solo fértil em outros círculos, particularmente, porque implica que pode verdadeiramente responder aos acontecimentos, que Deus é livre, e que, portanto, é possível falar de Deus empregando a metáfora de uma pessoa que responde a outra. Visto que Deus se revela em todas as ocasiões atuais, tudo é parte da revelação* divina e, portanto, a teologia do processo, com frequência tem dificuldades com a ideia de uma revelação especial. Pela mesma razão, os teólogos do processo tendem a ver Jesus, não como Deus encarnado (Encarnação*), mas antes como a mais clara das múltiplas encarnações de Deus em todas as ocasiões atuais.

PROCISSÃO. Além de seu uso litúrgico, no qual se refere a uma marcha, às vezes de celebração e às vezes de penitência, até o altar ou até algum centro de peregrinação, o termo "procissão é usado na teologia para se referir à relação do Espírito Santo com as outras pessoas da Trindade*:" conforme o credo Niceno*, enquanto que o Filho é "gerado" pelo Pai no que normalmente se chama "filiação*", o Espírito "procede" do Pai. Foram os grandes capadócios — Basílio de Cesareia, Gregório de Nazianzo e Gregório de Nissa — os que primeiro tentaram estabelecer essa distinção, declarando que, enquanto o Filho é gerado diretamente pelo Pai, o Espírito procede "do Pai através do Filho", por inspiração*. No Ocidente, contudo, Agostinho e outros entenderam de modo diferente a procissão do Espírito Santo. Conforme essa postura, o Espírito é o vínculo de amor que une o Pai ao Filho. Essa diferença se encontra na raiz da controvérsia em torno do *Filioque**, quando a igreja ocidental alterou o Credo, acrescentando a frase segundo a qual o Espírito procede "do Pai e *do Filho*".

PROFECIA. Termo grego que aparece no Novo Testamento, assim como na antiga tradução grega do Antigo Testamento — a Septuaginta. Em geral se refere a falar em nome de Deus, sob a inspiração e mandato divino. No Antigo Testamento, os profetas pronunciam palavras de juízo, direção e consolo. Na igreja antiga, falavam em meio à congregação, proclamando a palavra que Deus lhes dava. Logo, a "profecia" em muitos casos era o que hoje chamamos de "pregação".

Mesmo que às vezes o conteúdo da profecia se refira ao futuro, esse não é sempre o caso. Os profetas podem falar do futuro no sentido de prevenir a sua audiência do juízo iminente de Deus se não corrigir seus caminhos, ou de prometer-lhes restauração depois de um período de sofrimento e castigo. Também se refere aos profetas, à esperança final de um tempo de paz e justiça perfeitas, de uma nova terra e de um novo céu. Logo, sem descontar a dimensão da profecia que se dirige, em certas ocasiões, para o futuro, é necessário corrigir a ideia comum, segundo a qual a profecia no sentido bíblico consiste em predizer o futuro, ou em determinar um programa para os últimos acontecimentos (Escatologia*).

A igreja antiga, ante a necessidade de interpretar as Escrituras hebraicas, com base na sua experiência de Jesus Cristo, fez uso da interpretação (alegoria)* e tipológica, mas também interpretou alguns textos do Antigo Testamento como anúncios proféticos da vinda de Jesus. Isso, e o influxo de um ambiente no qual os oráculos e adivinhos eram comuns, deram à profecia um sentido cada vez mais parecido ao desses oráculos e adivinhos, a ponto de haver cristãos que creem que tudo o que seja "profecia" — desde Isaías no Antigo Testamento até o Apocalipse no Novo — é um anúncio detalhado dos acontecimentos futuros.

PROPICIAÇÃO. Uma oferta ou sacrifício que se oferece à deidade para evitar a ira divina, normalmente uma expiação por algum pecado. Na tradição cristã é comum se referir à morte de Cristo como propiciação para os pecados da humanidade. Na teologia tridentina*, a Eucaristia* é um sacrifício propiciatório que se oferece a Deus. A linguagem propiciatória também é empregada, com frequência em relação à penitência*. Contudo, em todos esses casos é importante recordar que, mesmo que se fale da morte de Cristo em termos de propiciação, é Deus quem oferece o sacrifício e, portanto, a ira de Deus que há de ser satisfeita é a contraparte do amor de Deus.

PROSOPON. Palavra grega que originalmente se refere ao rosto, ou, às vezes, à máscara que os atores levam ao teatro. Visto que em latim a palavra *persona* tem um sentido semelhante, o uso de *persona* na teologia trinitária levou alguns teólogos da língua grega a suspeitar que os de língua latina eram modalistas, como se o Pai, o Filho e o Espírito Santo fossem somente três máscaras ou rostos de Deus. Uma confusão semelhante decorreu quando os gregos usaram o termo *prosopon* no contexto cristológico. Posteriormente, decidiu-se que a melhor maneira de traduzir a palavra latina *persona* para o grego era *hipóstase**, e a palavra *prosopon* deixou de ser usada.

PROVAS DA EXISTÊNCIA DE DEUS. (Deus*).

PROVIDÊNCIA. Mesmo que, em geral, entenda-se no sentido que Deus provê, a providência implica muito mais que isso. A palavra é derivada do latim *providere*, que significa ver de antemão. Por isso, em seu uso clássico se refere, às vezes, ao conhecimento prévio que Deus tem das coisas. Mas na maior parte dos sistemas teológicos implica que Deus vê de antemão e, portanto, move os acontecimentos para o propósito da criação*. Nesse sentido é que Calvino sublinha a importância da providência — ênfase que tem sido característica de toda a teologia reformada.

Em alguns casos, a providência é entendida de tal modo que implica que tudo está predeterminado, de modo que não há liberdade (Predeterminismo*). Mas esse não é, necessariamente, o caso, visto que é possível entender a providência divina como o modo pelo qual Deus cumpre seus propósitos divinos, mesmo que apesar e através das ações dos pecadores.

PURGATÓRIO. Na doutrina católica romana e ortodoxa oriental, o lugar onde as almas dos mortos vão para serem purificadas e se prepararem para serem admitidas no céu*. Na literatura patrística* aparece com relativa frequência a ideia que os crentes que ao morrer não estão prontos para a presença divina devem passar por um processo de purificação antes de serem admitidos por essa presença. Orígenes (c. 185-c. 254) e outros se referem a uma purificação pela qual a alma há de passar "como pelo fogo". Agostinho (354-430) sugere a possibilidade de que existe um lugar para quem morre em graça*, mas não está preparado para ir para o céu. Logo, o que Agostinho propôs como possibilidade tornou-se a doutrina comum da igreja e seus dirigentes, que, então, começaram a sistematizar a ideia do purgatório, e seu lugar preciso na ordem de salvação (*Ordo* salutis*). Segundo a doutrina proclamada nos Concílios de Lyon (1274) e Florença (1439), o purgatório é um lugar de castigo temporal (ou seja, não eterno) e purificação, de tal modo que as almas no purgatório posteriormente serão admitidas no céu. No Ocidente, mas não no Oriente, a doutrina foi definida com mais claridade no Concílio de Trento (1545-63), que seguindo Tomás de Aquino (c. 1225-1274) distinguiu entre a culpa e a pena pelo pecado. Mesmo que a culpa fosse apagada pela graça de Deus, a pena permanece; é isso que se paga no purgatório.

A ideia do purgatório se relaciona estritamente com as missas e orações pelos mortos, para que sejam libertados do purgatório e admitidos no céu. Supunha-se que as indulgências* que eram vendidas no tempo da Reforma também livrassem a alma do purgatório.

Os reformadores rechaçaram a própria ideia do purgatório, principalmente porque fundamentava a salvação* nas obras* e não na graça. Isso os levou a rechaçarem também as orações pelos mortos, visto que aqueles que já estão no céu não necessitam orações e aqueles que estão no inferno* não recebem proveito algum delas — mesmo que na literatura patrística inicial se falasse de orações pelos mortos.

PURITANISMO. Mesmo que na linguagem corrente a palavra "puritano" tenha conotações de rigorismo moral, em seu sentido estrito o puritanismo foi um movimento que surgiu na Inglaterra durante a segunda metade do século XVI e a primeira metade do século XVII. Seu propósito era "purificar" de todas as práticas papistas, particularmente no que se refere ao culto e ao governo da igreja e, desse modo restaurar o cristianismo "puro" do Novo Testamento — de onde deriva o nome "puritanismo". O movimento levou à revolução armada, à reorganização da Igreja da Inglaterra sob um governo do tipo presbiteriano, à Assembleia de Westminster e à execução do rei Carlos I, em 1649. Após a restauração da monarquia, o Ato de Uniformidade de 1662 resultou na deposição de aproximadamente dois mil ministros puritanos. Desde muito tempo antes, muitos puritanos haviam fugido do país, e alguns, posteriormente, se estabeleceram na Nova Inglaterra.

Mesmo que a maioria dos puritanos preferisse o sistema presbiteriano de governo, havia entre eles também os congregacionalistas, batistas e independentes, assim como grupos mais radicais no social como os "niveladores", os místicos "buscadores" (Seekers), que buscavam a inspiração direta do Espírito* e os apaixonadamente escatológicos "Homens da quinta monarquia".

Q

QUACRE (do inglês QUAKER). O nome que comumente é dado ao grupo "Sociedade dos Amigos da Verdade", fundado na Inglaterra por George Fox (1624-91). Após uma grande busca espiritual, Fox descobriu o que chamou de "luz interior", que ele considerava ser Cristo vivendo no crente. Fox afirmava que, uma vez que alguém recebe essa luz interior, os meios externos da graça*, como a igreja e os sacramentos*, já não são necessários. É mais importante comer e beber espiritualmente do corpo e sangue de Cristo que participar da Eucaristia* física, que de fato pode ser um verdadeiro obstáculo à verdadeira comunhão com Deus. As igrejas eram para ele "casas com companheiros". Depois de muitas perseguições que incluíram açoites e prisões, Fox conseguiu certo reconhecimento e tolerância, e seu movimento se espalhou por toda a Inglaterra e depois pela América, onde um de seus membros, William Penn, fundou uma colônia que parece que era governada segundo os princípios dos quacres (Pennsylvania). Desde o começo, a Sociedade dos Amigos permanece firme a seus ideais pacifistas e igualitários, negando-se a participar de violência, e permitindo a todos que são movidos pelo Espírito*, inclusive as mulheres, falar em suas reuniões. O governo deve ser por consenso, antes que pela maioria de votos, de modo que quando há um desacordo a sociedade toda deve esperar a direção do Espírito para chegar ao consenso que Deus deseja. Todos devem gozar de liberdade religiosa, inclusive aqueles que estão em desacordo com os princípios quacres ou ainda com os princípios cristãos. Através de sua história os quacres têm se mantido ativos em causas sociais, praticando a caridade e promovendo a justiça.

QUEDA. O que se narra no capítulo 3 de Gênesis, e se emprega na teologia cristã como explicação — seja literal, seja metafórica — da distância inegável entre a vontade de Deus para a (&) criação e para a humanidade, e a condição presente de ambas. Nesse sentido, não resta dúvida que a nossa é uma criação "caída", na qual dominam a violência e a morte, na qual, portanto, todas as coisas não são como Deus deseja.

Até aqui existe um consenso geral entre os teólogos cristãos. Onde há, com frequência, desacordos é no que se refere ao caráter da queda. Em primeiro lugar, há aqueles que insistem em uma queda literal, afirmando que houve um tempo "antes da queda", no qual toda a criação era tudo o que Deus propunha, enquanto outros afirmam que a queda, assim como toda a narração sobre o Éden original, é uma metáfora valiosa para se referir às verdades paradoxais de que este mundo é a boa criação de Deus, e contudo, não é tudo o que Deus propôs. Além disso, há desacordos quanto à como se manifestam as consequências da queda nos seres humanos (*Pecado original), quanto ao que se perdeu na queda (*Donum superadditum) e quanto à presente necessidade humana como resultado da queda (Alienação*; Antropologia*; Expiação*; Existencialismo*; Recapitulação*; Redenção*).

QUIETISMO. No sentido geral, qualquer doutrina que sugira que o papel dos seres humanos em sua relação com Deus é de absoluta passividade — passividade que se reflete em uma atitude semelhante com respeito à vida na sociedade. Porém, no sentido estrito, o termo "quietismo" se refere a um movimento iniciado pelo místico espanhol Miguel de Molinos (c. 1640-97), cujo *Guia espiritual* defendia a passividade total ante Deus. Tudo o que a alma deve fazer é esperar que Deus aja. As ações morais ou ainda devocionais nada podem fazer para aproximar a alma de Deus. A oração deve ser uma atitude de silêncio antes que um hábito ou expressão, uma atitude de espera paciente antes que de petição. O quietismo — às vezes chamado também de "molinismo*" — espalhou-se por toda a Itália, onde Molinos havia vivido e, particularmente na França, onde Madame de Guyon (1648-1717), em seu *Breve e fácil método de oração* popularizou as doutrinas de Molinos. Como parte de sua devoção passiva, os quietistas, com frequência, desentendiam-se dos sacramentos* da igreja e, por essa razão e por outras foram fortemente criticados pelos jesuítas e por outros dirigentes eclesiásticos. O movimento foi declarado herético pelo papa Inocente IX em 1687.

RACIONALISMO. Termo cujo sentido exato depende quase completamente de seu contexto. Em geral, refere-se a qualquer sistema de pensamento ou metodologia de investigação que empregue a razão* como medida final da verdade. Mas isso pode ser entendido de muitas maneiras diferentes. Os escolásticos da Idade Média, e no século XVII os escolásticos protestantes, desenvolveram sistemas altamente sistemáticos e racionais, mas tais sistemas eram fundamentados, em última instância, sobre as doutrinas aceitas da igreja e a autoridade da revelação*, e não exclusivamente em argumentos racionais. O deísmo* é uma classe distinta de racionalismo, pois rechaça toda tentativa de apelar para a autoridade revelada e trata de desenvolver uma "religião natural" que seja completamente racional e evidente a qualquer pessoa que pense. A crítica de Kant à razão, que debilitou os argumentos dos deístas assim como de outros, pode ser considerada uma forma de racionalismo, mesmo que o próprio Kant quisesse mostrar, em boa medida, os limites da razão. Muitos teólogos liberais do século XIX foram também racionalistas, porque buscavam desenvolver uma interpretação do cristianismo que pudesse ser expressa e defendida em termos racionais.

RAZÃO E FÉ. A questão do papel da razão na fé tem sido debatida através de toda a história cristã. No começo do período patrístico, encontramos aqueles que pensavam que a revelação* cristã não tem nada a ver com a razão — e pelo menos com a razão filosófica — e outros que sustentavam que há uma conexão ou continuidade entre ambas.

Exemplo típico da primeira dessas tendências foi Tertuliano (c. 155-c. 220), cujos ditos a respeito se tornaram famosos: "Que tem a ver Atenas com Jerusalém?" Que tem a ver a academia com a igreja?" E, "há de se crer porque é absurdo?" (A última frase não queria dizer que a irracionalidade seja a razão para aceitar algo, mas sim que algumas coisas que os cristãos sabem não podem ser compreendidas e, portanto, não deixam alternativa senão crer nelas). Mesmo antes de Tertuliano, Taciano havia sustentado posições semelhantes. Tais posturas podiam até reclamar para si a posição de Paulo em suas famosas palavras de que a loucura divina é maior que a sabedoria humana. Essa atitude persistiu através dos tempos, tomando diferentes formas. Por exemplo, às vezes aparece relacionada com o misticismo*, que em certas ocasiões afirma que suas experiências e visões sobrepassam a razão e a lógica. No século XIX, Soren Kierkegaard (1813-55) adotou uma postura semelhante contra a influência predominante do racionalismo* hegeliano.

A segunda tendência pode ser ilustrada com Justino Mártir (?-c. 165), Clemente de Alexandria (c. 150-c. 215) e Orígenes (c. 185-c. 254), que concordavam entre si em que a Palavra* ou Verbo que se encarnou em Jesus Cristo foi a mesma Palavra que ilumina todos os que vêm a esse mundo, cuja sabedoria, portanto reflete os filósofos de antigamente (Alexandrina*, teologia*; Logos*). Para eles, a estrutura racional, tanto do universo quanto da mente é parte da criação de Deus e, portanto, serve de preparação para o evangelho. Logo, há uma continuidade essencial entre a fé e a razão e entre a filosofia e a teologia.

Mesmo que o impacto da segunda dessas tendências fosse tal que boa parte da doutrina cristã viesse a ser entendida em termos filosóficos (Neoplatonismo*), especialmente, através da influência de Agostinho (354-430) e do falso Dionísio, o Areopagita (c. 500), em geral a Idade Média inicial seguiu a tendência de Tertuliano, dando prioridade à fé e à lei e dedicando pouco esforço à especulação racional e filosófica — com a diferença importante de que, enquanto Tertuliano cria que havia um conflito entre a filosofia e a teologia, a Idade Média, em geral, estava pouco consciente desses possíveis conflitos, pois se estudava pouco a filosofia. A exceção mais notável foi João Escoto Erigena (c. 810-c. 877), cujas especulações extremamente neoplatônicas o levaram a um panteísmo* monista que a maioria de seus contemporâneos rejeitou.

Foi no renascimento intelectual, que aconteceu no século XII, que a questão da fé e da razão surgiu novamente, quando alguns eruditos começaram aplicar a "dialética" — especialmente, a lógica aristotélica — a questões teológicas. Figura proeminente nesse empreendimento foi Pedro Abelardo (1079-1142). A inimizade de Bernardo de Claraval (1090-1153) contra ele foi, principalmente, devido ao uso que Abelardo fazia da razão com a finalidade de explorar questões para as quais Bernardo estava convencido que a fé bastava. Como parte do próprio renascimento intelectual, e pouco antes dos conflitos entre Bernardo e Abelardo, Anselmo de Canterbury (1033-1109) combinou a fé com a razão de uma maneira que seria típica dos grandes tempos da Idade Média. O propósito de Anselmo era aplicar a razão às questões de fé, não porque pensasse que sem a razão não podia crer, mas antes porque estava convencido de que pensar sobre o que se ama é expressão desse mesmo amor. Como ele mesmo o expressou em uma oração, "Não busco, Senhor, penetrar tuas profundidades, com as quais não posso comparar minha mente; mas desejo, em alguma medida, entender tua verdade, que meu coração crê e ama". Então, conclui: "Não busco entender para crer, mas creio para entender". Portanto, o famoso argumento ontológico* da existência de Deus, e a discussão de Anselmo sobre a razão para a encarnação* e sobre a racionalidade da expiação* de Cristo não são realmente tentativas de provar essas doutrinas, mas antes tentativas de entendê-las melhor com a razão.

No século XIII, essas questões se complicaram devido à introdução na Europa Ocidental de vários dos escritos de Aristóteles que ficaram esquecidos por longo tempo, e que, com frequência, chegavam ligados às obras de seus comentaristas muçulmanos, em particular Averróis (1126-98) (Averroísmo*). Logo a postura filosófica desses escritos foi vista em muitos círculos como o ponto culminante da filosofia e da razão. A antiga epistemologia* fundamentada sobre pressuposições platônicas e neoplatônicas foi fortemente questionada. A nova filosofia desafiava muitas das doutrinas cristãs, como a da criação* *ex* *nihilo*, fazendo-as parecer contrárias à razão. Alguns argumentavam que a filosofia e a razão deviam ter primazia sobre a teologia e a fé. Posteriormente, alguns procuraram evitar conflitos com as autoridades eclesiásticas, declarando o que segundo eles era a doutrina de Averróis de uma "dupla verdade", de tal modo que o que é certo no campo da filosofia não pode ser no campo da teologia. Outros reagiram rechaçando a maior parte da nova filosofia.

Foi então que Tomás de Aquino (c. 1225-74) produziu sua síntese imponente, na qual empregava a lógica e a metafísica aristotélicas, e, no entanto, afirmava também a liberdade da teologia para fundamentar seu trabalho, não sobre a metafísica, mas sobre a revelação. Segundo Tomás, tudo o que é necessário para a salvação, Deus o revelou. Tais verdades estão igualmente disponíveis tanto para os mais sábios como para os mais ignorantes e isso pela revelação divina. De outro modo, a salvação seria por meio do conhecimento filosófico. Contudo, algumas dessas verdades, que Deus revelou, também são alcançadas pela razão (por exemplo, a existência de Deus), enquanto outras, como a Trindade* e a encarnação*, só podem ser conhecidas por meio da revelação e da fé. Essas verdades não são racionais no sentido de que a razão possa demonstrá-las. Mas tampouco são contrárias à razão. Se em alguns casos parece que a razão as contradiz, isso se deve ao fato de que a razão tem sido mal empregada. Esse é o caso, por exemplo, da negação por parte de alguns filósofos da criação *ex nihilo*. Nesses casos, a fé nos adverte que os filósofos estão errados e, desse modo, convida os filósofos a estudar novamente seus argumentos, para encontrar os erros ou as falácias que os desviaram.

Ainda que para Tomás as verdades que só podem ser conhecidas mediante a fé sejam poucas, o número de tais verdades cresceu conforme a Idade Média foi avançando. Posteriormente, Guilherme de Ockham (c. 1280-c. 1349) declarou que a razão natural não pode saber coisa alguma sobre Deus. Nesses casos, a razão e a teologia não podem mostrar mais que uma possibilidade ou probabilidade.

Lutero estudou com filósofos que concordavam com Ockham nesse ponto. Por isso, não nos surpreende que falasse da "razão absurda" como a causa de muitos erros na teologia e que insistisse na prioridade da revelação sobre a razão. Por outro lado, Calvino, Melanchthon e vários reformadores haviam sido treinados no humanismo* que havia surgido como parte de uma tentativa de sobrepor-se a algumas das características negativas dos tempos finais da Idade Média, portanto, mostrava-se mais positivo para com a razão, não como fonte de verdade religiosa, mas certamente como instrumento para entender, organizar e aplicar a verdade reveladora.

Os avanços científicos que aconteceram desde a Reforma, com a Guerra dos Trinta Anos e outras atrocidades cometidas em nome da religião, levaram muitos intelectuais europeus a uma postura cada vez mais racionalista. René Descartes

(1596-1650) estava disposto a negar qualquer coisa que não pudesse demonstrar por meios indubitáveis e, portanto, construiu um sistema que pretendia ser puramente racional e não depender da revelação ou de qualquer autoridade externa. Na Grã-Bretanha, a tradição empiricista seguiu um caminho paralelo, mesmo que fundamentasse suas conclusões sobre a razão pura pensando sobre si mesma, como o fazia Descartes, mas antes sobre a observação dos fenômenos e das experiências. O resultado foi uma série de sistemas que afirmavam se ocuparem dos temas tradicionalmente religiosos sobre bases puramente racionais (Racionalismo*). Desses sistemas diversos, o que atingiu o maior apogeu foi o deísmo*, que, com frequência, apresentava a si mesmo como uma defesa do cristianismo, mas estava disposto a defender somente aqueles elementos da fé cristã que pudessem ser demonstrados mediante a razão e, portanto, poderiam ser reduzidos a uma "religião natural" que seria aceita por qualquer pessoa pensante em qualquer cultura ou fé.

Todo esse processo foi detido pela obra de Emmanuel Kant (1724-1804) e sua *Crítica à razão pura*, na qual mostrou que a razão, em vez de simplesmente refletir o que as coisas são, na realidade é partícipe ativo do conhecimento, pois obriga todo aquele que percebe a ajustar-se aos próprios moldes e categorias. Isso torna impossível pretender que a "razão pura" possa se dirigir com sentido para temas como Deus e outras questões tradicionais da teologia.

Uma vez que a razão ficou destronada como meio para demonstrar a religião e suas doutrinas, restaram essencialmente três alternativas. A primeira dessas alternativas — que o próprio Kant seguiu — foi fundamentar a religião em algo que não fosse a razão. Kant sustentava que certos princípios religiosos, como a existência de Deus* e a imortalidade* da alma, deviam ser fundamentados, não na "razão pura", mas antes na "razão prática" que é o próprio fundamento da ética que se vive. Mais tarde, Schleiermacher (1768-1834) sustentou que a sede da religião não é o conhecimento ou a razão, nem tampouco a ação ou a ética, mas o "sentimento de dependência absoluta".

A segunda alternativa depois da crítica de Kant foi fundamentar a religião na revelação, e deixar de lado toda tentativa de justificá-la ou prová-la sobre a base da razão ou da filosofia. Esse foi o caminho, geralmente, seguido no século XIX por

Kierkegaard e no século XX por Karl Barth (1886-1968).

A terceira alternativa era concordar com Kant quanto ao papel ativo da mente no conhecimento e argumentar, então, que tal é a própria natureza de todas as coisas e acontecimentos, que não são mais que desenvolvimento da mente ou razão cósmica. Esse foi o caminho proposto por Hegel (1770-1831) e seus seguidores.

Recentemente, os trabalhos propostos por Karl Marx (1818-83) e Sigmund Freud (1856-1939) mostraram que a mente não é tão objetiva como a modernidade* pretendia, pois os fatores sociais e psicológicos, às vezes sem que o próprio pensador o saiba, produzem impacto e dão forma à razão e seus procedimentos.

O resultado tem sido uma tendência crescente para a incredulidade com relação a toda pretensão da razão ser "universal" ou "objetiva", e isso, por sua vez, levou a uma postura mais crítica com respeito à razão moderna que é característica da pós-modernidade*.

REALISMO. No que se refere à natureza dos universais*, a posição que afirma que são reais. Essa postura em filosofia tem consequências teológicas. Por exemplo, se a realidade de todos os seres humanos está em sua natureza comum antes que em sua individualidade, a doutrina do pecado* original, e seu impacto sobre toda a humanidade, não apresenta problema algum e, também, fica mais fácil compreender como a ressurreição de uma só pessoa, Jesus, pode servir para todas. Da mesma forma, o realismo tende a ver a igreja como uma realidade celestial, representada na Terra por uma hierarquia*, enquanto que a posição contrária, o nominalismo*, tende a ver a igreja como a comunidade dos crentes (Eclesiologia*).

O realismo extremo crê que o universal é mais real que o particular, e que, portanto, os universais mais inclusivos são os mais reais. As consequências inevitáveis são o monismo* e o panteísmo*.

RECAPITULAÇÃO. Também *anakephalaiosis*, colocar algo sob uma nova cabeça. Por isso, na teologia patrística* "recapitular" não significa, como hoje, resumir ou repetir brevemente. Refere-se antes à obra de Cristo ao vir a ser a cabeça de uma nova humanidade. O termo, que aparece em Efésios, foi amplamente usado por Irineu († c. 202) e outros. Dentro de seu marco ou referência teológica, Adão é a cabeça da velha humanidade, e nele todos pecamos. Para desfazer a obra de Adão, Jesus se oferece como uma nova cabeça. A ideia da igreja* como o "corpo de Cristo" deve ser entendida literalmente. Visto que Cristo conquistou o pecado, e que vive, os crentes, como membros de seu corpo, também conquistarão o pecado e também viverão.

Visto que a recapitulação envolve criar de novo a humanidade sob uma nova cabeça, boa parte da obra da redenção* consiste em desfazer a queda* da primeira criação e, portanto, Irineu e toda a tradição que sublinham a recapitulação veem muitos pontos paralelos entre a história de Adão e a história de Jesus. Adão foi tentado por meio de uma mulher, que era ainda virgem; Jesus foi trazido ao mundo por uma mãe virgem; Adão foi derrotado através de uma árvore; Jesus ganhou sua vitória pela árvore da cruz. A recapitulação veio a ser, então, o processo de desfazer a história da condenação através de uma nova história da salvação.

RECONCILIAÇÃO. O deixar de lado a alienação mental e os conflitos, restaurando assim os laços rompidos, do amor. Nesse sentido, usa-se com frequência na fala comum, por exemplo, quando dizemos que um casal se reconciliou. Na tradição cristã refere-se com frequência à restauração dos vínculos de amor e de obediência entre a humanidade e Deus. O termo é usado também para se referir à restauração dos vínculos de amor e respeito que hão de unir os seres humanos, e que o pecado rompeu. Nesse contexto, afirma-se, repetidamente, que a reconciliação com Deus implica e requer a reconciliação entre os crentes.

REDENÇÃO. Conceito que aparece em muitas religiões, entre elas o cristianismo e o judaísmo. No Antigo Testamento, com frequência, há referências à redenção de um prisioneiro mediante o pagamento de um resgate, ou à redenção de um terreno pagando a dívida sobre ele. É com base nesse sentido que hoje em dia se fala, por exemplo, de "redimir um bônus". Normalmente, a redenção implica em pagamento, um resgate pelo que se redime. Porém, no Antigo Testamento Yahweh, com frequência redime Israel, e nem sempre se assinala claramente que se tem pagado um preço por tal redenção. No Novo Testamento a obra de Cristo em nosso benefício também recebe o nome de redenção e é nesse sentido que o termo é comumente mais usado na teologia cristã, que, com frequência, resume a obra de Cristo como Salvador. Ao usar esse termo, contudo, é importante recordar que, mesmo que certamente tenha conotações de resgate e pagamento, o que Cristo fez pelos pecadores — sua obra redentora — foi muito mais que pagar pelo pecado e que, portanto, nesse caso a redenção inclui muito mais que comprar ou pagar um resgate.

Nas discussões sobre a redenção e a obra de Cristo, os dois pontos geralmente mais discutidos são: primeiro, como é que Cristo nos salva e, segundo, o alcance de sua obra redentora.

Quanto à primeira dessas questões, a teoria que tem dominado a teologia ocidental é a da morte expiatória, que alguns chamam também de teoria "jurídica" da obra de Cristo. Conforme essa opinião, Cristo nos salva porque em sua morte levou o castigo que devia ser nosso e, assim pagou o que devíamos a Deus. Mesmo que apareçam elementos dessa teoria muitíssimo antes, foi Anselmo de Canterbury, no século XI, quem desenvolveu sua expressão clássica no livro *Cur Deus homo?* (Por que Deus se fez homem?) Anselmo argumenta ali que tudo o que os seres humanos são e podem fazer é devido a Deus e que, portanto, uma vez que a humanidade cometeu pecado não tem com que pagar por ele, visto que qualquer coisa que pudesse oferecer já é devida a Deus. Além disso, visto que Deus é infinito, uma afronta contra Deus é uma dívida infinita, que nenhum ser finito pode pagar. E, contudo, deve ser paga, e isso deve ser feito por um ser humano, visto que são os homens que pecam. Depois, Deus se tornou homem em Jesus Cristo para, desse modo, por seus sofrimentos e sua morte, fazer um pagamento infinito — a palavra tradicional é "satisfação*" — pelos pecados de toda a humanidade.

Não é necessário assinalar que essa teoria centra a obra* de Cristo sobre seus sofrimentos e, particularmente, sobre a cruz. A encarnação* veio a ser, então, o meio mediante o qual Jesus chega à Cruz e à ressurreição não é mais que uma prova do favor de Deus. Nesse caso, Cristo é a vítima em um sacrifício cósmico. Às vezes, essa teoria tem levado alguns crentes a estabelecer um contraste entre um Pai justo e vingativo, e um Filho que ama, como se de alguma maneira o Pai tivesse obrigado o Filho a pagar o que requeria.

Em contraste com essa teoria substitutiva, outros têm proposto a teoria da "influência moral" ou a teoria "subjetiva" da redenção. Conforme essa opinião, Jesus nos salva oferecendo um exemplo tal de amor que o seguindo nos reconciliamos com Deus. Dentro desse contexto, mesmo que a cruz e a atitude de Jesus para com aqueles que o crucificaram sejam o ponto culminante da obra redentora, essa obra acontece através de toda sua vida, em seus ensinamentos e em seus relacionamentos com as pessoas ao seu redor. Mesmo que muitos tenham sugerido tais opiniões antes, foi Abelardo, no começo do século XII, quem a propôs como alternativa para a teoria substitutiva — e, em particular, para a opinião de alguns que era Satanás quem tinha um direito de propriedade sobre a humanidade e que, portanto, Jesus veio pagar o que devia a Satanás. Conforme o racionalismo* se tornou cada vez mais comum a partir do século XVIII, empregaram-se várias teorias da redenção semelhantes à de Abelardo como um modo de explicar como é que Jesus nos salva, mas sem ter de apelar para a metáfora da dívida paga. Por isso, a maior parte dos teólogos liberais do século XIX sustentava essa teoria de uma forma ou de outra.

O principal problema com essa teoria é que se aproxima muito do pelagianismo*, porque parece implicar que, se tivermos o exemplo e a inspiração adequados, somos capazes de alcançar nossa própria salvação — que o pecado* é somente algo que fazemos e que podemos deixar para trás com uma simples decisão.

Uma terceira interpretação fala da redenção como a vitória de Cristo sobre o pecado e o mal. Ainda que essa pareça a teoria mais comum na literatura cristã antiga, foi o teólogo sueco Gustav Aulén (1879-1977) quem chamou o restante da igreja a voltar a ela em seu livro famoso *Christus victor (Cristo o vencedor)*. Conforme Aulén, na era patrística a postura mais comum ante a questão da redenção era o que ele chama de a "teoria dramática", porque vê a História como um drama no qual Deus e o mal contendem. Essa teoria não era nem a de Anselmo, nem a de Abelardo, não destacava a morte de Cristo como pagamento, nem sua vida como exemplo. Era uma terceira opinião, segundo a qual Cristo é, sobretudo, o conquistador do mal que havia sujeitado a humanidade. Ao optar pelo pecado, a humanidade tornou-se escrava de Satanás, o que Jesus fez então foi conquistar Satanás entrando em seus domínios e saindo dele como conquistador. Isso quer dizer que a obra da redenção começa com a encarnação*, e que tudo quanto acontece a partir daí, inclusive a crucificação, a ressurreição e a ascensão* de Cristo, serve para romper o poder do pecado e os laços que nos escravizam.

Em uma variante da mesma teoria, diz-se que a humanidade pertencia a Satanás, que tinha o direito de propriedade sobre ela e autoridade para usar esse direito torturando os pecadores. Em seus sofrimentos, Jesus ofereceu-se a Satanás como resgate pela humanidade e em sua ressurreição saiu vencedor daquele que parecia ter se tornado seu senhor na crucificação. Como se percebe, essa teoria é uma versão um tanto distinta da primeira, a "jurídica", quanto da "dramática".

Mesmo à parte dessas teorias, outras têm aparecido na história do cristianismo. Por exemplo, alguns pensaram que Jesus era um mensageiro do além que veio para nos chamar para uma vida diferente. Outros o chamaram o "exemplar" no sentido platônico, de modo que toda uma nova criação se forma seguindo-o, e muitos (recapitulação*) o veem como "o Novo Adão", a cabeça de uma nova humanidade, cujo corpo é a igreja, de modo que em sua ressurreição e ascensão todos os que estão unidos a ele como membros de seu corpo têm a promessa e participação em sua vida e vitória. A última postura se aproxima muito e com frequência se une à "teoria dramática" de Aulén.

Quanto ao alcance da redenção, a opinião mais comum através de toda a história do cristianismo tem sido a que Cristo morreu por todos. Contudo, como resultado dos debates entre o arminianismo* e o calvinismo* estrito, a ortodoxia calvinista chegou à conclusão de que Cristo morreu somente pelos eleitos (Expiação*, limitada).

REFORMADA, TRADIÇÃO. Uma das principais tradições teológicas surgidas da Reforma do século XVI. As outras são: o catolicismo tridentino*, o luteranismo*, o anabatismo* e o anglicanismo*. A tradição reformada é derivada principalmente da reforma suíça, em particular, de Ulrico Zwinglio (1484-1531) e João Calvino (1509-64), mesmo que logo se expandiu e chegou a incluir outras igrejas reformadas na Holanda, a igreja presbiteriana na Escócia e as que derivam dela em várias partes do mundo, os huguenotes franceses, a Igreja Reformada da Hungria, várias igrejas regionais na Alemanha e muitas outras.

A tradição reformada concorda com a luterana na maioria dos pontos que as separam do catolicismo romano tridentino: a autoridade das Escrituras*, a justificação* pela fé, o sacerdócio* de todos os crentes etc. Concorda com o luteranismo, o catolicismo e o anglicanismo (e contrasta com alguns elementos dentro do anabatismo) em reconhecer a autoridade dos antigos credos e concílios, especialmente em questões como a Trindade*, a encarnação*, o batismo* de crianças etc. Difere do luteranismo em seu modo de entender a presença* real de Cristo na Eucaristia* e também pela ênfase feita sobre questões como a soberania e a providência de Deus, o processo da santificação, o uso da Lei* entre os crentes, o impacto do pecado* sobre a humanidade e em toda a criação e a obrigação dos cristãos de participar ativamente na construção da sociedade civil. Mesmo que em data posterior a tradição reformada ficou conhecida, sobretudo, por sua ênfase na predestinação*, nesse ponto Calvino concordava com Lutero e foi somente uma série de controvérsias entre os próprios reformados que levou à ênfase particular do calvinismo* ortodoxo sobre a predestinação e seus corolários.

Durante o século XVI, o principal ponto de desacordo entre os luteranos e os reformados era o modo pelo qual se entendia a presença de Cristo na comunhão. Lutero cria que essa presença era física, de tal modo que o corpo de Cristo está presente no, em torno e com o pão, que, contudo continua sendo pão (Consubstanciação*). Isso quer dizer que quem recebe o sacramento recebe a Cristo, mesmo que alguns o façam para a própria condenação. Zwinglio inclinava-se mais a pensar que a comunhão tem um significado simbólico que aponta para Cristo e para a sua morte e rechaçava qualquer noção de que há uma presença particular de Cristo no serviço eucarístico. Mesmo que Calvino não concordasse com Lutero, também diferia de Zwinglio, visto que sustentava que Cristo está realmente presente na Eucaristia, mas que essa presença é espiritual, revelada aos crentes pela fé. O corpo físico de Cristo está no céu, e é, somente em virtude do Espírito Santo (Virtualismo*) que o crente se une a esse corpo e recebe seus benefícios, ou seja, é elevado ao céu, onde Cristo está. Portanto, sempre houve dentro da tradição reformada tendências opostas quanto à presença eucarística de Cristo, e essa situação continua até o dia de hoje.

A ênfase reformada na soberania e providência de Deus implica que dentro dessa tradição se confia em que Deus está realizando seus propósitos mesmo quando o pecado parece prevalecer, que o mal será derrotado, e que os crentes devem confiar em Deus no que se refere a isso.

A ênfase reformada sobre a santificação vem principalmente de Calvino, que estava convencido que o cristianismo é muito mais que um caminho para a salvação. Ao mesmo tempo em que concordava com Lutero em que a salvação é recebida pela graça imerecida de Deus e não requer justiça ou obras por parte do pecador, também estava convencido de que a justificação é somente o princípio de um processo pelo qual Deus leva a humanidade a seus propósitos divinos. A meta final não é somente salvar as almas dos pecadores, mas santificá-los. Por essa razão, mesmo que o principal perigo que os luteranos tendem a cair seja o antinomianismo, o perigo paralelo dentro da tradição reformada sempre foi o legalismo.

Em estreita relação com as últimas ênfases, a tradição reformada também destaca o valor positivo da Lei para a vida do crente. Tanto Lutero quanto Calvino, seguindo Paulo e muitos outros, viam a Lei como uma maneira de mostrar o pecado, de fazer ver a insuficiência humana e assim apontar para a sua contraparte, o evangelho. Ambos criam que a Lei tem lugar no processo de formar a sociedade civil. Porém, Calvino, mais que Lutero, enfatizava também a necessidade de que os cristãos estudassem a Lei de Deus como guia no processo de santificação (Lei*, terceiro uso da).

Por último, quanto à questão do impacto do pecado*, Lutero e Calvino tendiam a estar de acordo, mas ao mesmo tempo em que boa parte da tradição reformada luterana posterior não sublinhou esse ponto, o mesmo tornou-se uma das características principais da tradição reformada, junto a uma ênfase semelhante sobre a predestinação. Isso foi resultado de uma série de controvérsias que na Holanda levaram ao Sínodo de Dordrecht (1618-19) e na Inglaterra à Assembleia de Westminster (1643). Ali se determinou que o calvinismo* deve afirmar não só a doutrina da predestinação absolutamente incondicional, mas também que a graça* é irresistível, que a humanidade ficou totalmente depravada pelo pecado (Depravação*, total), que Cristo morreu somente pelos eleitos (Expiação* limitada) e que, visto que sua fé se fundamenta no decreto divino da expiação, os santos perseverarão e não cairão da graça (Perseverança*).

Quanto à sociedade, a tradição reformada tende a adotar uma postura mais radical que luterana. Lutero sustentava que há "dois reinos", um civil e outro religioso, e que mesmo que os cristãos pertençam a ambos é necessário manter sempre essa distinção. Por isso, e por outras razões, o luteranismo tende a ser politicamente mais conservador que a tradição luterana. Em contraste, Zwinglio morreu no campo de batalha e, a partir de então, a tradição reformada viu-se envolvida em movimentos de rebelião em lugares como a Escócia, Inglaterra, os Países Baixos e, ainda nas colônias britânicas da América do Norte. Com frequência, esses movimentos de rebelião se estabeleceram com a meta de reformar a sociedade para fazê-la concordar com a vontade de Deus — o que pode ser visto com a dimensão sociopolítica da doutrina da santificação.

REFORMATA SEMPER REFORMANDA. Lema da tradição reformada*, que indica que a igreja sempre estará em processo de ser reformada pela Palavra* de Deus. A reforma não será algo que se tenha alcançado e que a igreja possa deixar para trás para se dedicar a outros assuntos. A reforma é a ação contínua da Palavra dentro da igreja. A igreja, como cada um de seus membros, estará sempre em processo de santificação*. Da mesma forma em que no caso dos indivíduos a santificação não é obra deles, a reforma da igreja também não é obra da própria igreja, mas de Deus que atua nela.

REGENERAÇÃO. Literalmente, "novo nascimento". Os cristãos sempre afirmaram que é necessário nascer de novo, como Jesus disse a Nicodemos. Contudo, a forma que esse novo nascimento toma e em particular sua relação com o batismo* tem sido pontos de ampla divergência. Fica claro que nos primeiros tempos patrísticos o batismo era fortemente ligado à regeneração, visto que nele se assinalava a morte para a velha vida e o nascimento para a nova. No entanto, conforme a sociedade civil se tornou coextensiva com a igreja, nascer para o mundo era praticamente o mesmo que nascer para a igreja, e conforme isso se refletiu na prática de batizar toda criança depois de seu nascimento, e conforme a eficácia do batismo foi sendo entendida em termos quase mecânicos, perdeu-se a necessidade de enfatizar a regeneração, que em teoria acontecia quando a criança era batizada. Foi nos tempos da Reforma que surgiu uma ampla variedade de opiniões com respeito à regeneração. O catolicismo tridentino* insistia na eficácia do batismo como regeneração. No outro extremo, a maioria dos anabatistas pensava que o batismo era um sinal que devia acompanhar o novo nascimento, e que não o efetuava, visto que esse novo nascimento é ação do Espírito Santo no crente.

Muitos dos que seguem a *tradição anglicana, luterana e reformada, ao mesmo tempo em que insistiam na iniciativa do Espírito na regeneração, conservam o batismo de crianças, em geral, interpretando-o como uma promessa efetiva de sua regeneração, mas, com o passar do tempo, essas tradições começaram a falar menos da necessidade do novo nascimento dando, assim, espaço para uma série de movimentos dentro delas que insistiam nessa necessidade que, com frequência eram vistas com suspeitas pelos elementos mais conservadores em cada uma dessas tradições. Alguns movimentos dessa índole, que sublinharam a regeneração, são: o pietismo*, os morávios, os avivamentos metodistas e o Grande Despertar nos Estados Unidos. É, principalmente, como resultado desses movimentos que o tema do novo nascimento ou da regeneração tornou a surgir como tema de discussão no final do século XX e começo do século XXI.

REGRA DE FÉ. Literalmente, o cânon* da fé. A regra de fé era um resumo das principais doutrinas do cristianismo que circulavam na igreja antiga, pelo menos no século II, e da qual vários escritores antigos dão testemunho. Parece ter sido desenhada como um método breve para determinar quais doutrinas deviam ser rechaçadas, de modo que os crentes que não tinham as Escrituras na mão, e que não eram versados em matérias teológicas, pudessem reconhecer e rechaçar falsos ensinamentos. Não parece que tenha sido um texto fixo, mas antes uma lista de temas, com certa flexibilidade, visto que os antigos escritores cristãos o citam de diversas maneiras. Alguns desses resumos da regra de fé se parecem tanto com o Credo dos Apóstolos, que é muito possível que o antigo credo batismal da igreja de Roma, da qual surgiu posteriormente o Credo dos Apóstolos, fosse uma expressão ou resumo da regra de fé.

REINO DE DEUS. Os evangelhos afirmam repetidamente que pelo menos boa parte, e possivelmente o núcleo, da pregação e ensinamentos de Jesus referem-se ao Reino de Deus. A ideia do Reino tem profundas raízes na religião de Israel, mesmo que as próprias palavras não apareçam, senão bem mais tarde, na literatura hebraica, onde, às vezes, parecem referir-se ao governo eterno e ao poder de Deus sobre todas as coisas, às vezes, ao governo de Deus por parte de Israel e, às vezes, a uma dimensão escatológica, referindo-se, então, à consumação final e à sujeição de todas as coisas à vontade de Deus. Mesmo que todas essas correntes de pensamento se encontrem em seus ensinamentos, fica claro que Jesus sublinhou a dimensão escatológica do Reino. O Reino está por vir — ou já veio em sua própria pessoa e está a ponto de se manifestar. Esse é o tema de muitas das parábolas nas quais Jesus fala do regresso do dono, do rei etc.

Nos ensinamentos de Jesus a dimensão escatológica do Reino está estreitamente relacionada com uma mudança radical da ordem presente, como pode ser visto em sua declaração de que os últimos serão os primeiros, que os pecadores e as prostitutas vão para o Reino de Deus antes que os religiosos, que o filho pródigo é recebido com festividades, enquanto que o irmão obediente fica fora da festa etc.

No Evangelho de Mateus, a frase "Reino dos céus" é, com frequência, usada em lugar de "Reino de Deus". Isso, provavelmente, é devido ao costume dos judeus mais religiosos de evitar falar sobre Deus e, portanto, utilizar a palavra "céus" como forma de falar de Deus sem mencionar seu nome. A frase de Mateus não significa, como alguns entenderam depois, que o Reino de Deus se encontre "lá em cima", em um lugar diferente chamado "céu", e que não tem nada a ver com a Terra. Para Mateus assim como Marcos e Lucas, a plenitude do Reino está, não em uma esfera celestial, mas no futuro.

Conforme o cristianismo foi abrindo caminho no mundo helenista, a ideia de um Reino de Deus, por vir, era, por sua vez, estranha e subversiva. Era subversiva porque a própria proclamação implicava em uma crítica da ordem existente, do reino de César. Era estranha porque a maior parte do pensamento helenista concebia a Idade do Ouro e da felicidade, não como algo no futuro, mas sim no passado distante e, também, porque contradizia a visão crítica da história do estoicismo* e outras filosofias dominantes.

Nessas condições, os apologistas cristãos encontraram certo apoio na ideia platônica de um mundo de ideias puras, superior e perfeito, do qual o mundo presente não é senão um reflexo, e começaram a se referir ao Reino de Deus como se fosse semelhante ao que Platão havia dito sobre o tal mundo espiritual. Visto que em Mateus Jesus proclamava o "Reino dos Céus", ficava relativamente fácil interpretar essas palavras como referentes a uma esfera de realidade distinta e por cima deste mundo físico e presente. Assim, a dimensão escatológica da pregação do Reino se tornou oculta e a ênfase mudou para o lugar aonde as almas vão depois da morte (imortalidade*).

Recentemente, os estudos bíblicos do século XIX, particularmente sobre o tema da escatologia* do Novo Testamento, e das várias teologias de libertação* do século XX, buscam restaurar tanto a dimensão escatológica como a radicalidade dos ensinamentos de Jesus sobre o Reino.

RELIGIONSGESCHICHTKICHE SCHULE. Literalmente, "escola da história da religião". Esse foi um movimento que floresceu até o final do século XIX e começo do XX, cujo propósito era aplicar à primeira história do cristianismo os próprios critérios históricos que se aplicam ao estudo de qualquer movimento ou acontecimento antigos. Além disso, o contato crescente com outras religiões, como resultado da obra missionária e do colonialismo, levou muitos a explorarem os paralelismos e diferenças entre diversas religiões. Mesmo que muitas das conclusões de seus primeiros proponentes (Wilhelm Bousset, 1865-1920; Johannes Weiss, 1863-1914; Hermann Gunkel, 1862-1932; Ernst Troeltsch, 1865-1923) tenham sido criticadas por eruditos posteriores, seus princípios metodológicos gerais causaram impacto sobre os estudos históricos até em épocas bem avançadas do século XX.

REMONSTRANTES. Outro nome que foi dado aos holandeses arminianos originais. O nome é derivado de *Remonstrância*, um documento firmado pelos arminianos holandeses em 1610. Mesmo que em muitos pontos seus desacordos com os calvinistas mais tradicionais fossem sutis, insistiam no ponto que Jesus morreu por todos (Expiação* limitada) e que a graça não é irresistível. Isso se tornou os dois pontos principais nos quais os ensinamentos dos remonstrantes foram rechaçados pelo Sínodo de Dordrecht.

REPROVAÇÃO. Predestinação*.

RESSURREIÇÃO. A ideia de que os mortos se levantarão de novo não aparece na literatura hebraica senão em data bastante tardia — não antes do século III a.C. — e ainda então, foi fortemente atacada pelos elementos mais tradicionais dentro do judaísmo. Durante os tempos do Novo Testamento, enquanto que os fariseus criam nela, os saduceus rechaçavam-na e, nesse ponto, Jesus e a igreja primitiva tomaram o partido dos fariseus.

Desde seu início, havia uma falta de claridade quanto à relação entre a ressurreição física dos mortos e à vida contínua da alma depois da morte (Imortalidade da alma*). A própria ambiguidade continuou existindo através de toda a história cristã, de modo que aqueles que mais haviam sido impactados pelo pensamento helenista destacavam a continuidade da alma, outros lhes recordavam que no Novo Testamento a esperança cristã se expressa com maior frequência em termos da ressurreição dos mortos do que nos termos da vida contínua — e muito menos da imortalidade — da alma.

Para os cristãos, a ressurreição de Jesus é muito mais que uma palavra de vitória. É o princípio da ressurreição final. Ao levantar-se de entre os mortos, Jesus, não só demonstrou quem ele era, mas, além disso, cumpriu parte daquilo para o qual foi enviado. Sua ressurreição é o amanhecer do Reino* de Deus em meio à História. É por isso que os cristãos se reúnem no primeiro dia da semana, o "dia do Senhor" ou de sua ressurreição, a fim de unir-se a ele em uma comida santa (Eucaristia*). Nesse sentido, cada domingo era dia da ressurreição. Quando, posteriormente, desenvolveu-se o ano litúrgico, separou-se um domingo em particular para que fosse o grande dia da ressurreição, um dos dois focos em torno dos quais o ano litúrgico é construído.

REVELAÇÃO. A ação pela qual o próprio Deus se dá a conhecer. O princípio segundo o qual Deus somente pode ser conhecido pela sua própria revelação é comum através de toda a história da teologia cristã. Porém, fica claro, também, que através dos tempos e em diversos contextos culturais e históricos, há aqueles que nunca ouviram da tradição judeucristã e, contudo, têm certa ideia da existência de Deus e dos deuses. Isso tem levado alguns teólogos cristãos a distinguir entre uma revelação "geral" e outra "especial", de modo que a primeira está disponível para todos os seres humanos e através da própria experiência e, a última, é a que está disponível especificamente por meio das Escrituras e na pessoa de Jesus Cristo.

Que se pode saber algo sobre Deus mediante a contemplação das maravilhas da criação é tema comum na tradição judeu-cristã, como se expressa no salmo 19.1: "Os céus proclamam a glória de Deus, e o firmamento anuncia as obras das suas mãos". Da mesma maneira, Paulo (Rm 1.19,20) diz que há certas coisas sobre Deus que são evidentes desde o princípio por meio das coisas que Deus fez; e acrescenta que os gentios têm uma lei escrita em seus corações (Rm 2.15). Portanto, é possível declarar que se pode saber algo sobre Deus contemplando tanto a natureza como a vida interna da pessoa.

Por outro lado, também fica claro que ao contemplar as maravilhas da natureza, se veja também a lei do canino e do calcanhar, a sobrevivência do mais apto, a destruição dos fracos e outras coisas semelhantes que poderiam ser interpretadas como sinais de um Deus muito diferente do Criador amável que nos apresentam as Escrituras. Da mesma forma, fica claro que a consciência humana pode ser torcida e manipulada de tal maneira que justifique o que desejemos (Depravação* total).

Por essas razões, muitos teólogos cristãos afirmam que essa "revelação geral" pode nos desencaminhar, que o salmista como pessoa de fé, como parte de um povo que recebeu uma "revelação especial" e que, no melhor dos casos, qualquer conhecimento "natural" de Deus somente basta para condenar o pecador, e nunca para salvá-lo. Lutero, por exemplo, refere-se a tal conhecimento de Deus como conhecer sua mão "esquerda", sua palavra de condenação, sem receber a palavra de amor e salvação. Outros têm sustentado que tudo o que é bom ou belo que se conheça à parte das Escrituras ou da pregação do evangelho se sabe porque neles se revela o Logos* ou a Palavra* eterna de Deus que estava em Jesus Cristo e que, portanto, nesse sentido, toda revelação e todo conhecimento se tornam "especiais" e até cristocêntricos.

Para a maioria dos cristãos, a revelação "especial" de Deus é a que podemos conhecer somente porque temos ouvido e aceitado o evangelho. Seu centro e seu conteúdo essencial é Jesus Cristo. As Escrituras dão testemunho dela. É a obra do Espírito* Santo.

Mas a questão não é tão simples. Em sua revelação, Deus, por sua vez se dá a conhecer e se esconde. Tornando claro que Deus se encontra muito acima do conhecimento humano, de tal modo que, "ninguém pode ver a Deus e viver". Portanto, a revelação de Deus, em certo sentido, o oculta; porque a revelação do divino se acomoda à capacidade humana de ver e entender. Corre o véu do mistério e, contudo o mistério permanece. Lutero expressou isso contrastando a "teologia de glória", que se equivoca porque procura ver Deus em sua glória e poder com a "teologia da cruz", que acerta ao ver Deus em seu sofrimento, na fraqueza, e até no que parece sua ausência.

S

SÁBADO. O sétimo dia da semana, que a lei ordena que se guarde como dia de descanso. Mesmo que fosse também dia de adoração e meditação, a ênfase caía sobre o descanso. Pela mesma razão, supunha-se que a terra descansasse um dia a cada sete anos, em seu ano sabático. Enquanto que o Novo Testamento afirma repetidamente que os cristãos se reuniam no primeiro dia da semana, não há indicação alguma que eles rejeitavam a prática de guardar o sábado. Parece que, os cristãos de origem judia, como todos os judeus, continuaram guardando o sábado; além disso, se reuniam no domingo, que com frequência se chama "o dia do Senhor", para celebrar a ressurreição do Senhor partindo o pão (Eucaristia*). Conforme a igreja se tornou cada vez mais gentílica, a prática de guardar o sábado foi sendo esquecida, e o domingo tornou-se o dia de adoração como — no caso dos cristãos que podiam fazê-lo — dia de descanso. Mais tarde, na sua tentativa de restaurar as antigas práticas bíblicas e, rechaçar tudo o que havia sido acrescentado por meio da tradição, os puritanos, e outros, começaram a aplicar as leis do Antigo Testamento, a respeito do sábado, ao dia cristão da adoração, o domingo, que se tornou, então, dia em que certas atividades estavam proibidas. Mais tarde, ainda, alguns entre os puritanos, seguindo o mesmo esforço de restaurar as práticas bíblicas, começaram a insistir que o dia de adoração e descanso para os cristãos não devia ser o domingo, mas o sábado, o sétimo dia da semana. Nesse ponto, seguiram-nos vários grupos insistindo em guardar o sétimo dia como o dia separado para a adoração e, portanto, foram chamados de "Sabatistas". O maior desses grupos é dos Adventistas do Sétimo Dia.

SABEDORIA. Nos livros mais recentes do Antigo Testamento, assim como durante o período intertestamentário, com frequência se escrevia sobre a Sabedoria de Deus e esses escritos tendiam a referir-se à sabedoria como Deus ou como um ser junto a Deus — ou, talvez, como uma manifestação do próprio Deus (veja Pv 8, por exemplo, passagem que inspirou boa parte da literatura posterior sobre esse tema). No Novo Testamento, o prólogo do quarto evangelho se refere ao logos* que se encarnou em Jesus, e a maioria do que ali se diz havia sido afirmada anteriormente sobre a Sabedoria de Deus — exceto quando se afirma que "o Verbo se fez carne". Logo, em boa parte da literatura cristã antiga se diz que Jesus é a sabedoria de Deus encarnada. Isso pode ser visto no próprio nome da catedral de Constantinopla, dedicada a "Santa Sofia" ou a sabedoria Santa — não é uma santa chamada Sofia, mas o próprio Jesus.

Até o final do século XX falava-se muito de "Sofia" como o nome feminino de Deus, e de um despertar na adoração de Sofia como regresso à feminilidade de Deus — ou da "Deusa". Ainda que o termo "Sofia" seja feminino, o mesmo se pode dizer de outras palavras abstratas no grego e, portanto não só a sabedoria, mas a verdade, a necessidade, o poder, a debilidade e muitas outras palavras são substantivos gramaticalmente femininos.

Em contextos totalmente diferentes, a teologia tradicional faz distinção entre a sabedoria — *sapientia* — e o conhecimento — *scientia*. Até o final do século XX, houve, repetidamente, chamados a recuperar aqueles aspectos do empreendimento teológico que se descrevem melhor como sabedoria e que, com frequência, ficam ocultos pelo conhecimento intelectual.

SABELIANISMO. O nome que comumente era dado, na antiguidade, ao monarquianismo* modalista. É impossível saber exatamente o que foi que Sabélio ensinou nos séculos II e III. Certamente acreditava que o Pai, o Filho e o Espírito Santo são três maneiras que Deus se manifesta. Aparentemente, parte do que fez foi incluir o Espírito Santo em uma discussão que até então havia sido centrada no Pai e no Filho. Possivelmente via a Trindade como três modos sucessivos pelos quais Deus se manifesta.

SACERDÓCIO. Um sacerdote é uma pessoa que intercede ante Deus a favor do povo, com frequência, oferecendo sacrifícios. No Novo Testamento e na antiga literatura patrística*, aqueles que dirigem a adoração na igreja nunca são chamados "sacerdotes" nesse sentido. Mas em meados do século III alguns cristãos começaram a se referir a tal pessoa como o "sacerdote".

Na maior parte da tradição cristã, as principais ordens ministeriais são bispos, presbíteros (ou anciões) e diáconos. Mesmo que os dois primeiros títulos, em princípio, pareçam ter sido sinônimos já para o século II ficou estabelecida a hierarquia que a maior parte das igrejas tem conservado até hoje: bispos, presbíteros (anciões) e diáconos. Em geral, aquelas tradições que afirmam que a Eucaristia* é um sacrifício se referem, normalmente, a quem a preside como "sacerdote", enquanto que as tradições, geralmente protestantes, que não dão esse caráter à eucaristia, preferem falar de "anciões" ou "presbíteros".

SACERDÓCIO DOS CRENTES. O princípio segundo o qual todos os cristãos são sacerdotes em virtude de seu batismo*. Isso tem seu fundo histórico no Antigo Testamento, no qual se fala do povo de Deus como "um reino de sacerdotes", e continua no Novo Testamento. Mas o sacerdócio universal foi ficando esquecido conforme o ministério ordenado veio a ocupar o lugar predominante na hierarquia da igreja. Foi Lutero, e a Reforma Protestante, que primeiro voltaram a ressaltar esse princípio da doutrina cristã — mesmo que o próprio Lutero, como a maioria dos reformadores, não encontrasse maneiras eficientes para que esse sacerdócio universal fosse uma realidade experimentada na vida da igreja. O catolicismo romano *pós-Vaticano também reconhece o sacerdócio de todos os crentes, mesmo que ainda insista na diferença entre esse sacerdócio e o clero ordenado.

SACRAMENTAL. À parte de seu uso óbvio como adjetivo para o que se refere aos sacramentos — como quando se fala, por exemplo, do "vinho sacramental" — o termo "sacramental" como substantivo refere-se aos ritos, práticas e objetos que fortalecem ou expressam a fé da igreja, mas não são considerados sacramentos. Esses são, por exemplo, o sinal da cruz, a bênção, as vestimentas, as vigílias de oração, o rosário e muitos mais. Alguns protestantes também aplicam o termo a ritos que o catolicismo romano considera sacramentos, mas os protestantes não, como o matrimônio e a unção dos enfermos.

SACRAMENTO. Termo que deriva do latim *sacramentum*, que se refere a um voto de lealdade e que foi empregado na igreja de fala latina para traduzir o grego *mysterion*, que o mundo de fala grega utilizava para se referir, normalmente à Eucaristia*, ao batismo* e outros ritos. Agostinho (354-430) definiu um sacramento como "a forma visível de uma graça* invisível"; a maior parte das definições mais tradicionais usa termos semelhantes falando do sacramento como "Um sinal externo e visível de uma graça interna e espiritual".

Durante séculos, o termo "sacramento" foi usado com grande flexibilidade. Agostinho, por exemplo, refere-se ao Pai Nosso, ao Credo e a vários elementos do culto cristão como sacramentos. Hugo de São Vitor (c. 1095-1141), em seu tratado *Dos sacramentos à fé cristã*, faz uma lista de não menos que trinta, visto que inclui tudo o que "representa por semelhança, significa por instituição, e por santificação contém uma graça certa, invisível e espiritual". Mas o próprio Hugo dá atenção especial a sete deles: o batismo, a confirmação, a comunhão, a penitência, a extrema-unção, o matrimônio e a ordenação, com o qual mostra que já estava adiantado o processo pelo qual se chegou a determinar a lista oficial dos sacramentos como sete. Pouco mais tarde, Pedro Lombardo († 1160) fez uma lista dos mesmos sete. Visto que seus quatro livros de *Sentenças* chegaram a ser o texto de teologia mais amplamente usado durante a Idade Média, esse número prevaleceu e, por fim, tornou-se oficial no Concílio de Florença em 1439. As igrejas orientais também estavam presentes naquele concílio, e elas também contam os sacramentos como sete. A Reforma protestante, em geral, reservou o título de sacramento para a Eucaristia* e o batismo*, porque se pode mostrar que esses dois foram instituídos por Cristo. Os outros foram, geralmente, conservados como ritos da igreja. A Igreja da Inglaterra oferece a lista tradicional de sete, mas declara, ao mesmo tempo, que o batismo e a eucaristia são os dois "principais". Alguns dos elementos mais radicais dentro do protestantismo rechaçaram o próprio termo "sacramento" porque lhes parecia "papista", e preferiram se referir as "ordenanças de Cristo". Outros acrescentaram a lavagem dos pés como sacramento instituído por Cristo. Mais tarde alguns grupos, particularmente os quacres, rechaçaram de todo os sacramentos físicos.

Quanto à eficácia dos sacramentos, a doutrina católica tradicional declara que é ex *opere operato*, ou seja, que sua eficácia não depende da virtude da pessoa que os administra. Quanto a quem recebe o sacramento, se não há fé e arrependimento, o sacramento ainda é válido, mas não eficaz — e até pode servir para a condenação. A teologia medieval, começando no século XIII, também declarou que um sacramento consiste de matéria e forma. Na eucaristia, por exemplo, a matéria é o pão e o vinho, e a forma são as palavras de instituição. No batismo a matéria é a água e a forma é a fórmula trinitária. É necessário que ambos, matéria e forma, estejam presentes para que o sacramento seja verdadeiramente esse. Sempre houve ambiguidades, como ao determinar a "matéria" dos sacramentos como o matrimônio e a penitência*. Entre os protestantes, há amplos desacordos quanto à eficácia dos sacramentos. Alguns creem que verdadeiramente produzem o que representam — assim, por exemplo, o batismo produz o novo nascimento. Outros os veem como sinal efetivo das promessas de Deus, que levam os crentes a essas promessas. Outros os veem como meros símbolos ou representações.

SALVAÇÃO. Soteriologia*

SANTIDADE, MOVIMENTO DE. Movimento que surgiu da ênfase de João Wesley sobre "a santidade espalhada por toda a terra", e sobre a "santidade bíblica". Wesley (1703-91), da mesma forma que Calvino, sublinhava a importância da santificação*; mas, em contraste com Calvino, insistia que a "completa santificação" é possível nesta vida — mesmo que raramente se alcance — e deve ser pregada como meta da vida cristã. Até o final do século XIX e começo do XX, grupos dentro do movimento metodista chegaram à conclusão de que as igrejas metodistas tradicionais haviam perdido ou esquecido essa ênfase na vida santa e isso deu origem, dentro da tradição wesleyana, a igrejas que sublinhavam a santidade como meta da vida comum. Com frequência, fazia-se uma lista das características da santidade como abstenção das atividades "mundanas" como jogos de azar, o uso do álcool, o assistir a entretenimentos frívolos etc. Entre as novas denominações surgidas assim do metodismo tradicional se encontram o Exército da Salvação, a Igreja Nazareno, a Igreja Wesleyana e outras. Muitos desses movimentos chegaram a se referir à santificação como uma "segunda bênção" — depois da conversão — mesmo que nem sempre estivessem de acordo quanto a se essa bênção é instantânea ou não, quão comum é ou quais os sinais pelos quais é reconhecida.

No começo do século XX, foi dentro dessas comunidades de santidade que começaram a aparecer as experiências de glossolalia*, e se chegou então a associar a "segunda bênção" com o batismo do Espírito, e esse batismo com a glossolalia, com o qual se deu a origem do movimento pentecostal moderno.

SANTIFICAÇÃO. O processo pelo qual o crente se ajusta mais à vontade de Deus. No catolicismo tridentino*, a santificação se relaciona estreitamente com a justificação*, de tal modo que a última depende da primeira. A santificação é o processo mediante o qual Deus, cooperando com o crente mediante a graça*, faz que o pecador seja justo e, portanto, capaz de morar na presença de Deus. Essa foi a doutrina medieval geralmente aceita, contra a qual Lutero protestou, declarando que os pecadores são justificados, não pela própria justiça, mas porque lhes são atribuídos os méritos de Cristo e que, portanto, um pecador justificado continua sendo tão pecador como antes da justificação (*Simul justus et peccator*; Justiça*, imputada). Mesmo que Lutero acreditasse que Deus opera no pecador justificado, para moldar sua vida e caráter, temia que a ênfase demasiada na santificação levaria um regresso para a justificação mediante as obras*, como se a justificação dependesse da santidade do crente. Calvino, ao mesmo tempo em que concordava com Lutero em seu entendimento sobre a justificação, sustentava que o ato de justificação, no qual a justiça de Cristo é imputada ao pecador, deve ser seguido por um processo de santificação, pelo qual o Espírito Santo faz que o crente se conforme cada vez mais à vontade de Deus. Ainda então, qualquer santidade que os crentes alcancem não os torna dignos da graça* de Deus. Para Calvino a santificação total era a meta da vida cristã, ainda que ao mesmo tempo insistisse que a perfeição não é alcançável nesta vida. Nesse ponto, João Wesley (1703-91) discordava de Calvino. Ele também acreditava na justificação como um acontecimento que se dava pela graça de Deus e na santificação como um processo que acompanha a justificação. Mas Wesley insistia na necessidade de pregar e ensinar a perfeição* cristã, ou a "inteira santificação" para evitar que o chamado à santificação fosse oco e inacessível. Não acreditava que fossem muitos os que são "aperfeiçoados na vida" e, quando era pressionado podia mencionar apenas alguns nomes, mas insistia na necessidade de apresentar e sustentar a santificação completa como a meta de vida cristã. Foi dessa ênfase wesleyana que surgiu o movimento de santidade, uma parte do qual afirma que a "segunda bênção" ou completa santificação é muito mais comum do que o próprio Wesley pensava.

SANTO. O santo é difícil de definir. Na Bíblia afirma-se repetidamente que Deus é santo, e também em um sentido derivado se fala dos objetos e ainda das pessoas que se encontram próximas de Deus como "santos" — o templo, a arca, o sábado, o povo de Deus — ou, então, convida-os a serem santos. Em algumas tradições cristãs, dá-se o título de "santo" a um bom número de pessoas através dos tempos. Em quase todas, esse título é dado a certos personagens importantes do Novo Testamento, como Paulo.

Para alguns, a santidade é um dos "atributos* morais" de Deus. Contudo, isso tende a limitar o santo ao campo da moral e da conduta, enquanto fica claro que a santidade de Deus envolve um sentido de mistério impenetrável. Isso foi claramente expresso pelo influente livro de Rudolf Otto (1869-1937), *A ideia do santo* (1917), no qual Otto explorou o sentido do "santo", não somente na tradição judeu-cristã, mas também na experiência religiosa em geral, e chegou à conclusão de que a ideia do santo é comum a todas as religiões e, que expressa a reação humana ante o "mistério tremendo e fascinante" do "totalmente Outro" que não pode ser totalmente conhecido ou ver-se a face. Logo, enquanto não há dúvidas de que a santidade de Deus implica pureza moral, e por sua vez requer uma pureza moral por parte dos seguidores de Deus (Santidade*, movimento de), a santidade é também a capacidade misteriosa de Deus ser o outro, que é impossível para alguém ver e viver.

SARSUN CORDA. Palavras latinas que o celebrante da Eucaristia* dirige à congregação, e que pode ser traduzida como "levantai vossos corações". A congregação por sua vez responde: "os elevamos ao Senhor". O uso dessa fórmula já aparece nos documentos de meados do século III.

SATANÁS. O sentido original da palavra em hebraico é simplesmente "adversário", e aparece em vários lugares do Antigo Testamento, referindo-se normalmente a indivíduos. Mas em alguns dos livros mais tardios do Antigo Testamento, esse "adversário" é o inimigo de Deus, e pelo menos quem apresenta perguntas e prova a fidelidade dos crentes. Particularmente, ao chegar ao período intertestamentário a literatura apocalíptica, Satanás e seus anjos alcançam maior proeminência e o mesmo acontece no Novo Testamento.

Ainda que as Escrituras não digam explicitamente que Satanás é um anjo caído (os diversos textos que foram interpretados nesse sentido podem também ser entendidos de outra maneira), tal ideia é realmente comum tanto no cristianismo antigo como nos escritos rabínicos.

Ao discutir Satanás e seu poder, a tradição cristã, geralmente, procura evitar os extremos. Por um lado, essa tradição sempre deixou bem claro que a existência de Satanás não deve ser entendida em termos dualistas, como se houvesse dois princípios eternos, um bom e outro mau. Satanás é criatura de Deus e, posteriormente ficará sujeito ao poder de Deus. Por outro lado, a mesma tradição insiste que a posição de Satanás contra Deus é real, que o mal* verdadeiramente se opõe a Deus, e não é mera aparência (Teodiceia*).

SATISFAÇÃO. Pagamento que se faz para expiar uma culpa. No século III, já era comum falar de apresentar satisfação a Deus mediante o jejum, o cuidado dos necessitados e outras boas obras. Posteriormente essa ideia foi aplicada também à obra expiatória de Cristo (Redenção*, Expiação*) e tudo isso levou à formulação clássica do livro de Anselmo (1033-1109), *Por que Deus se fez humano?* Disso resultou a predominância, durante toda a Idade Média posterior e até nossos dias, da teoria "substitutiva" ou "jurídica" da expiação.

A ideia de satisfação também ocupa um lugar importante na teoria prática da penitência*, visto que o arrependimento e a confissão* devem seguir a satisfação pelos pecados cometidos.

SEGUNDA VINDA DE CRISTO. Parúsia.

SEMIÓTICA. Do grego *semeion*, que significa sinal. A semiótica é a disciplina, surgida na segunda metade do século XX, que estuda os signos, sua inter-relação e as leis que governam seu sentido. Nesse contexto, "signo" é tudo o que pode ser apresentado em lugar de outro, ou apresentar um sentido além do mesmo. Logo, os signos incluem palavras, símbolos, gestos etc. Mesmo que a semiótica seja de interesse em diversos campos de estudo, inclusive na crítica literária, na linguística, na filosofia, na educação, na antropologia e até no desenho dos meios de comunicação, ela é de interesse particular para os teólogos como instrumento para analisar textos, especialmente textos das Escrituras*. Em um nível diferente, também se tem utilizado a semiótica para discutir o sentido e comportamento de certas ações e acontecimentos — em especial os milagres* de Jesus, que no quarto evangelho recebem o nome de "signos" ou "sinais" (Polissemia*).

SEMIPELAGIANISMO. Doutrina que também poderia chamar-se "semiagostinianismo", visto que o que os semipelagianos buscavam era rechaçar o pelagianismo* sem seguir Agostinho em suas posições extremas com respeito à graça* e à predestinação*. Com a finalidade de evitar as últimas consequências da ênfase de Agostinho sobre a prioridade da graça, os semipelagianos sustentavam que o começo da fé, o primeiro ato de crer — *initium fidei* — está nas mãos do pecador, e não de Deus. Essas opiniões alcançaram grande apogeu no sul da França, sobretudo nos arredores de Marsella, onde mestres monásticos como João Cassiano (c. 360-c. 435) escreveram tratados nos quais propunham uma posição intermediária entre Pelágio e Agostinho. O último escreveu vários tratados buscando refutar o semipelagianismo. Posteriormente, a maior parte da igreja medieval, ao mesmo tempo em que se declarava agostiniana, era na realidade semipelagiana, visto que se negavam seguir Agostinho em questões como a graça* irresistível e a predestinação*.

SEMPITERNIDADE. A qualidade de existir sem ter fim algum no futuro, mas tendo um começo. Segundo essa distinção, que era relativamente comum durante a Idade Média, somente Deus é eterno, visto que Deus não tem princípio nem fim. A vida dos crentes na presença de Deus, mesmo que geralmente se chame de "eterna", é na realidade "sempiterna". O mesmo pode ser dito do céu* e do inferno* (Eternidade*).

SEXO. Termo que se refere não só à atividade sexual, mas também ao modo pelo qual o gênero contribui com as diferenças e inclinações, metas, atividades e relacionamentos entre os seres humanos. Nas Escrituras, tanto a sexualidade como a atividade sexual são parte da boa criação* de Deus. O gênero aparece como característica central da cultura humana nas duas histórias da criação, que estão nos dois primeiros capítulos de Gênesis. A relação entre Yahweh e Israel, com frequência, é descrita como a que existe entre o esposo e a esposa; e o mesmo pode ser dito da relação entre Cristo e a igreja.

Por outro lado, visto que a sexualidade é uma característica central da natureza humana, e que se encontra envolvida em todas as relações humanas, nas Escrituras e em toda a tradição cristã, considera-se necessário prover certa direção, quanto à sua expressão, particularmente nos atos e práticas sexuais. O adultério e várias formas de fornicação são condenados, repetidamente nas Escrituras, não porque o sexo em si seja ruim, mas antes porque é tão poderoso que seu mau uso pode minar e destruir toda relação humana e social. Por essa razão, a única questão moral que a Bíblia discute com maior frequência do que a sexualidade é a justiça econômica e o uso e distribuição dos recursos físicos. Nem o sexo nem os recursos econômicos são em si maus, mas tanto um quanto o outro podem ser usados facilmente de maneiras opressivas e destruidoras.

Quando o cristianismo primeiro abriu passagem no mundo greco-romano, já havia nele, assim como no próprio judaísmo, várias religiões e tradições filosóficas que pensavam que o sexo era mau, ou que era um obstáculo no caminho da sabedoria. Algumas dessas tradições sustentavam que a paixão é contrária à razão e que, assim, quanto mais se evitar a paixão — e, portanto, os desejos e atividades sexuais — mais sábio se será. É interessante notar que, ao mesmo tempo em que tais tradições filosóficas e religiosas condenavam o sexo, afirmavam vários estereótipos, supostamente fundamentados na sexualidade e, por isso, declaravam que as mulheres são menos razoáveis e mais inclinadas a deixar-se levar pela paixão. O impacto de tais opiniões no cristianismo deu lugar a duas perspectivas sobre a sexualidade que apareceram repetidamente em boa parte da tradição cristã.

A primeira dessas perspectivas tem a ver com a atividade sexual como concessão à atividade da carne e, portanto, como algo que, sem ser intrinsecamente mau ou pecaminoso não é tão bom quanto o celibato*. Foi, em parte, com o resultado de tais opiniões — mesmo que por considerações sociais e econômicas — que o celibato clerical tornou-se norma, visto que era inconcebível que uma pessoa "contaminada" pelo sexo pudesse ministrar no altar. (Conselhos* de perfeição; Ascetismo*; Monaquismo).

A segunda perspectiva vê o varão como superior à mulher e, portanto, como o único capaz de dirigir a vida da igreja. A partir dessa perspectiva, as mulheres, supostamente porque se inclinam menos para a razão e mais para a paixão, são menos capazes de dirigir outros para a sabedoria. A expressão mais notável é às mulheres celibatárias de grande sabedoria, a quem se considera então "quase como varões". Além disso, ao ver as mulheres como tentadoras para a paixão, essa segunda perspectiva reforça a primeira.

Recentemente, devido em parte às mudanças culturais e em parte a uma melhor compreensão do processo reprodutivo e da psicologia da sexualidade, várias questões relacionadas com a sexualidade e seu uso têm ocupado lugar central no discurso ético e teológico. Isso é verdade com relação às questões como o controle da natalidade, o aborto, a inseminação artificial, a fertilização *in vitro*, a clonagem e a homossexualidade.

SHEOL. No Antigo Testamento, o lugar para onde vão os espíritos dos mortos. Na maioria das passagens, nas quais se usa esse termo, não parece um lugar de recompensas ou de castigo, mas antes um lugar de uma existência penumbrosa. Em algumas passagens, é um lugar distante de Deus. Com o advento do cristianismo, ficou cada vez mais identificado como o hades* ou inferno*.

SÍMBOLO. Aquilo que representa ou ocupa o lugar de outra coisa, trazendo-a à mente. No sentido estrito, todas as palavras são símbolos, visto que um som ou um grupo de caracteres trazem à mente o que significam. Enquanto alguns preferem limitar o uso do termo "símbolo" a um sinal, que está de tal maneira identificado com o que significa que de fato o torna presente. Esse é o caso da bandeira nacional, ou no caso do cristianismo, a cruz.

Na teologia cristã tradicional, o termo "símbolo" aparece com maior frequência em dois contextos diferentes. O primeiro desses é a teologia eucarística, na qual alguns declaram que a presença de Cristo na comunhão é "simbólica", antes que física ou corpórea. O segundo contexto é o dos credos*, que originalmente em grego recebiam o nome de "símbolos". Assim, por exemplo, o "Antigo Símbolo Romano" é o velho credo do qual evoluiu o presente Credo Apostólico.

SIMONIA. A prática medieval de comprar e vender postos eclesiásticos. Recebe seu nome de Simão, o Mago, que segundo o livro de Atos quis comprar de Pedro e de João o poder de dar o Espírito. Uma grande série de movimentos de reforma buscou extirpar a simonia e castigar aqueles que a praticavam. Durante o século XVI, todos os reformadores, tanto católicos como protestantes, declararam-na ilícita. Por extensão de significado, às vezes, aqueles que recebem cargos na igreja como pagamento por serviços prestados, ou por serviços que esperam, recebem o nome de "simoníacos".

SIMUL JUSTUS ET PECCATOR. Frase que significa "vez do justo e pecador", e que veio a ser uma das características do luteranismo*. O que Lutero queria dizer com essa frase é que a justificação* não é uma ação objetiva mediante a qual Deus faz que o pecador seja justo, mas que é antes a absolvição do pecador, que é declarado justo, não com base em seus méritos* ou ações, mas com base na justiça de Cristo, que é imputada ao pecador (Justiça*, imputada).

SINAIS DA IGREJA. Também são chamados de "notas" ou "marcas" da igreja. São características pelas quais se pode conhecer e descrever a igreja verdadeira. Mesmo que haja referências a tais sinais em tempos anteriores, o tema veio a ser questão de debate nos tempos da Reforma quando foi, originalmente, usado na polêmica protestante. A oposição clássica dos sinais na igreja como mostra de falsidade das igrejas protestantes foi exposta pelo cardeal Roberto Belarmino (1542-1621), que propôs quinze características da igreja que, segundo ele as igrejas protestantes não têm. Apesar dessa lista tão extensa, posteriormente, a discussão sobre os sinais da igreja centrou-se sobre os quatro sinais mencionados no Credo Niceno*: una, santa, católica e apostólica. Em geral, os protestantes, que aceitam o Credo Niceno, concordam em que esses quatro sinais da igreja são essenciais, mas os interpretam de maneira diferente do catolicismo romano (Unidade* da igreja; Santidade*; Catolicidade*; Apostolicidade*). Por outro lado, em certa medida como resposta à polêmica católica romana, alguns reformadores declararam que os sinais essenciais da igreja são a pregação da Palavra de Deus e a administração correta dos sacramentos*.

SINCRETISMO. O combinar elementos aparentemente contraditórios de diferentes religiões ou sistemas filosóficos. Assim se diz comumente, por exemplo, que as práticas religiosas do Império Romano eram sincretistas. O termo, geralmente, é usado com conotações pejorativas, implicando que ao aceitar uma influência estranha negase algo fundamental no cristianismo. Alguns teólogos contemporâneos do Terceiro Mundo debatem se a própria ideia do sincretismo e a acusação de praticá-lo não são um modo pelo qual os antigos centros missionários procuram reter o controle, fazendo aparecer o fantasma do sincretismo cada vez que uma igreja jovem pretende encarnar o evangelho em sua cultura (Inculturação*) de modo que ameacem a hegemonia dos centros tradicionais.

O mesmo termo foi aplicado, durante o século XVII, à proposta de Jorge Calixto (1586-1656) que todas as igrejas se unissem no que ele chamava de "consenso dos primeiros cinco séculos".

SINERGISMO. Derivado de raízes gregas que significam "trabalhar juntos", esse termo é aplicado na teologia a qualquer explicação da participação dos seres humanos em sua salvação que faça parecer que o *initium* *fidei* não está somente nas mãos de Deus. Foi usado primeiro pelos luteranos estritos contra Melanchthon (1497-1560), que procurava construir pontes de diálogo com os católicos mais moderados, propondo uma colaboração entre o divino e o humano no ato da conversão. Tendências semelhantes apareceram dentro do catolicismo romano no Concílio de Trento (1545-63), recebendo maior impulso conforme o molinismo* foi alcançando apogeu e se rechaçou o jansenismo*. Entre os calvinistas, muitos acusaram os arminianos de serem sinergistas.

SINÓPTICOS. Termo que se usa para descrever os primeiros três evangelhos, cujo esboço e visão geral são comuns — daí a palavra "sinópticos", ou seja, que têm uma visão comum — e que de certo modo contrastam com o quarto evangelho. O "problema sinóptico" refere-se à necessidade de explicar tanto os pontos comuns como a diferença entre os três evangelhos sinópticos. A opinião comumente aceita é que Marcos foi o primeiro dos três, que Mateus e Lucas usaram Marcos como seu esboço básico, mas também usaram uma fonte comum, agora perdida — que os eruditos chamam "Q" — e, além disso, cada um deles tinha as próprias fontes fragmentárias. Mesmo que exista um consenso geral nesses pontos, ainda são debatidos.

SINTÉRESE (também "sindérese). Termo empregado na psicologia moral medieval, referindo-se, normalmente, ao conhecimento que a alma tem dos princípios de ação ética. Conforme alguns místicos, é o próprio coração da alma, onde a alma se encontra com o divino.

SOCINIANISMO. Forma antitrinitária do anabatismo*, que recebe seu nome do italiano Fausto Socino (1539-1604), que se refugiou na

Polônia e ali alcançou muitos seguidores. O socinianismo sustenta que a doutrina da Trindade*, assim como a da geração eterna do Filho, não são bíblicas, e devem ser rechaçadas. Também rechaça a teoria que vê a obra redentora (Redenção*) de Cristo como uma satisfação* pelos pecados, declarando que não é bíblica e que em todo caso contradiz a graça de Deus e o perdão gratuito de Deus aos pecadores. Durante o século XVI vários escritos socinianos — entre eles o Catecismo Racoviano, escrito por Socino na cidade polaca de Racow — foram introduzidos na Inglaterra e depois nos Estados Unidos. Por esse meio contribuíram com o surgimento do unitarismo* no mundo de fala inglesa.

SOCIOLOGIA DA RELIGIÃO. A sociologia como disciplina foi desenvolvida inicialmente por Augusto Comte (1798-1857) e seus contemporâneos. Era parte das tendências positivistas da época e, portanto, tentava explicar a religião como uma fase passageira no desenvolvimento das sociedades. Esse foi o tom prevalecente nos estudos sociológicos da religião até quase o final do século XX. Por essa razão, muitos teólogos reagiram com uma negativa geral a utilizar os métodos de análises sociais em suas investigações.

Ernst Troeltsch (1865-1923) foi uma notável exceção, cuja distinção, entre as que chamava "igrejas" e "seitas", mesmo que muito criticada e corrigida, ainda se emprega. No começo do século XX, um estudante de Troeltsch, H. Richard Niebuhr (1894-1962), ao estudar *As fontes sociais do denominacionalismo*, mostrou como dois fatores sociológicos afetam as posturas teológicas e eclesiásticas. A partir de então, os teólogos têm se movido, cada vez mais, para o uso da análise sociológica como material para a sua reflexão. Isso foi recomendado pelo Segundo Concílio Vaticano (1962-65) em seu documento *Gaudium et spes*, e entusiasticamente endossado na reunião dos bispos católicos da América Latina em Medellín (1968). A partir de então, o uso da análise sociológica, não só para entender a religião como fenômeno, mas também para desmascarar as agendas escondidas (ideologia*) das posturas e práticas religiosas, tornou-se prática comum na teologia da libertação* e na teologia contextual. Como resultado disso, debateu-se muito se a antiga ideia de que a filosofia é a melhor preparação para o estudo da teologia deve ser conservada, pois alguns sugerem que a análise econômica e social é pelo menos tão importante como a filosofia.

Ao mesmo tempo, em parte como resultado da crítica pós-moderna da modernidade, os sociólogos têm se visto obrigados a reconhecer que eles também são parte do fenômeno que estudam, e que, portanto uma sociologia da religião objetiva e positiva, como Comte propôs, é uma expectativa falsa.

SOLIPCISMO. A afirmação de que tudo quanto existe — pelo menos tudo cuja existência possa ser demonstrada — é o eu, e que o mundo externo é ou pode ser ilusão criada pelo eu.

SOTERIOLOGIA. Do grego *sotería*, salvação, e *logos*, tratado, razão. Portanto, a soteriologia é o estudo da doutrina da salvação. No Antigo Testamento, as ações de Deus ao livrar o povo da fome, da escravidão e de outras dificuldades, com frequência são chamadas de ações de salvação, e Yahweh, repetidamente, é louvado como o Salvador de Israel. No Novo Testamento, "salvação" pode referir-se tanto à cura de uma enfermidade como ser liberto do pecado — e, às vezes, ambos. Portanto, a salvação não se relaciona somente com o destino eterno dos propósitos de Deus para a criação — e especificamente para o ser humano. Por isso a salvação inclui tanto a justificação* como a santificação*.

No mundo greco-romano, onde o cristianismo ganhou forma, havia muitas religiões que ofereciam "salvação". A maioria delas entendia a salvação, principal e exclusivamente, como vida depois da morte, e com frequência combinava essas ideias de salvação como o ideal de escapar do mundo material. Dado esse contexto, não nos surpreende que com bastante frequência os cristãos perdessem sua visão mais plena da salvação conforme aparecia nas Escrituras, e chegassem a pensar que a salvação fosse unicamente uma entrada para o céu* — às vezes, chegaram até a pensar que essa entrada era um escape para o mundo físico. Talvez o mais importante que tem sucedido no campo da soteriologia em décadas recentes tenha sido o descobrimento da noção mais ampla da salvação como algo que inclui, não só a salvação da morte e da condenação eterna, mas também a liberdade de toda classe de opressão e injustiça (Libertação*, teologia da). Em seu sentido pleno, a salvação certamente inclui a vida eterna* na presença de Deus; mas também inclui o processo de santificação, que nos leva a maior comunhão com Deus; e inclui também a destruição de todos os poderes do mal que se interpõem entre a presente ordem da criação e os propósitos de Deus (Queda*, Pecado*).

Os cristãos sempre insistiram que a salvação vem por meio de Jesus, cujo próprio nome significa "Yahweh salva", e que recebe corretamente o título de Salvador. Como Jesus consegue isso tem sido explicado por uma série de metáforas, todas elas úteis, mas nenhuma suficiente por si mesma (Redenção*). Portanto, Jesus é o Salvador como quem paga resgate pelos nossos pecados, como quem nos oferece um exemplo e mostra o caminho para Deus, como o conquistador dos poderes de Satanás e da morte etc.

Um dos temas mais debatidos no campo da soteriologia tem sido a questão da participação humana em nossa salvação. Nós damos o primeiro passo em direção à salvação, ou é antes a graça de Deus agindo em nós o que nos leva a esse passo inicial? (*Initium* fidei;* Pelagianismo*; Agostinianismo*). Estariam alguns predestinados a crer e serem salvos e outros não? Somos justificados pelas obras*, ou pela fé? Qual é a relação entre a justificação e a santificação? (*Simul* justus et peccator*). Como participamos desse processo? (Sinergismo*).

SUBORDINACIONISMO. Qualquer doutrina que declare que o Filho (e/ ou o Espírito Santo) é subordinado ou secundário, ou menos divino que o Pai. A forma de subordinacionismo que apresentou maior desafio para a igreja antiga foi o arianismo*.

SUBSTÂNCIA. Termo derivado da metafísica aristotélica que se refere normalmente à realidade que subjaz uma coisa, em contraste com seus acidentes*. Esse termo é usado, com frequência na discussão teológica, particularmente com referência à Trindade* e à Eucaristia*.

Na formulação da doutrina trinitária, o termo "substância" foi usado para se referir à divindade comum às três pessoas divinas. Isso é derivado da proposta de Tertuliano (c. 155-c. 220), que em Deus há três pessoas e uma só substância. No mundo de fala grega, entretanto, "substância" podia ser traduzida como "hipóstase*" ou também como *usia*. Etimologicamente, a primeira dessas duas traduções parecia a melhor, visto que tanto *substância* como "*hipóstasis*" se referem ao que subjaz uma realidade. Mas os gregos preferem falar de "uma *usia* (ou essência) e três hipóstasis", empregando o termo *usia* como o equivalente do latim *substantia*, e *hipóstasis* como o equivalente do latim *persona*. Essas diferenças tiveram de ser esclarecidas antes que o Oriente e o Ocidente pudessem chegar a um acordo quanto à formação da doutrina trinitária.

Na teologia eucarística, o termo "substância" tem tido um papel importante graças à explicação da presença de Cristo na Eucaristia, conforme a teologia católica tradicional, em termos de transubstanciação*.

Por último, a partir de Descartes (1596-1650), os filósofos que o seguiram debateram a questão da "comunicação das substâncias" — que se refere, essencialmente, a como o corpo se comunica com a mente e a alma*. Kant (1724-1804) questionou toda a discussão dessa índole, afirmando que a própria ideia de substância não tem fundamento empírico algum, mas é antes uma categoria que a mente utiliza para classificar e entender o que percebe.

SUCESSÃO APOSTÓLICA. Um argumento, originalmente, para refutar os gnósticos e outros mestres que pretendiam ter recebido ensinamentos secretos de Jesus ou de seus apóstolos. O argumento era, simplesmente, que havia esses ensinamentos secretos; Jesus os teria comunicado aos seus apóstolos, e esses àqueles a quem entregaram as igrejas. O mesmo haviam feito os seus sucessores, e assim sucessivamente. Portanto, visto que há agora — no século II, quando esse argumento era empregado — várias igrejas que podem mostrar uma linha ininterrupta de sucessão que os conecta com os apóstolos, são elas que hão de estabelecer o que é que Jesus ensinou. Todas elas concordavam que não existe tradição secreta. Portanto, quem pretende ter tal tradição não será acreditado.

Naquele momento, isso não queria dizer que aqueles bispos e outros dirigentes da igreja que não podiam reclamar para si a sucessão apostólica direta não eram bispos ou dirigentes válidos. Mas simplesmente concordavam em sua doutrina com os bispos que podiam mostrar essa sucessão, com isso bastava.

Mas progressivamente o argumento se expandiu até chegar a significar que com a finalidade de ser verdadeiro bispo, alguém tinha de ser parte dessa linha de sucessão, consagrado por outro bispo ou bispos que tenham sido consagrados por outro, dentro da sucessão, e assim sucessivamente até chegar aos apóstolos.

Essa foi a maneira mais comum de entender a sucessão apostólica através de toda a Idade Média e até os dias de hoje. Essa é a postura, não só da Igreja Católica Romana, mas também das diversas igrejas ortodoxas, da comunhão anglicana e de muitos protestantes.

No século XVIII, João Wesley convenceu-se de que na igreja antiga um presbítero e um bispo eram o mesmo e, portanto, quando a Igreja da Inglaterra se negou a ordenar ministros para os metodistas na América, Wesley decidiu que, visto que o próprio era presbítero, podia transmitir a sucessão a outros; ordenou dois dos seus seguidores. Isso foi parte de um processo que começou nos tempos da Reforma e no qual a sucessão apostólica, mesmo que sempre fosse considerada importante, foi redefinida de diversos modos. Contudo, ainda em seu uso mais comum, conserva seu sentido tradicional de uma linha ininterrupta de bispos que remonta até os próprios apóstolos.

SUPEREROGAÇÃO. O ganhar méritos* extras realizando obras* que não são somente "boas", mas "melhores". Segundo os conselhos* de perfeição, há obras, como o celibato* e a pobreza* voluntária, que não são requeridas de todos os cristãos, mas que são melhores que o que de fato se requer. Tais obras de supererogação, que não são necessárias para a salvação, ganham méritos que são acrescentados ao tesouro* dos méritos da igreja.

SUPRALAPSARIANISMO. Opinião de alguns calvinistas ortodoxos durante a época do escolasticismo* protestante, quando os teólogos debatiam sobre a ordem dos decretos* eternos de Deus. Segundo os supralapsários, o decreto de eleição (Predestinação*) é anterior ao decreto sobre a queda*. Essa é a origem do nome que é dado a essa postura, visto que *lapsus* significa queda. Observe-se que o debate não é sobre se a predestinação foi antes ou depois da queda. Com isso todos os calvinistas ortodoxos estavam de acordo: a eleição e a condenação não são respostas de Deus à queda, mas parte dos decretos eternos de Deus. O debate relacionava-se com a questão da ordem dos decretos que determinam esses acontecimentos (Infralapsarianismo*).

T

TEÂNDRICO. Palavra de origem grega que une os termos "Deus" e "homem". Às vezes, é usada para se referir à presença do divino e do humano em Cristo. (Cristologia*).

TEÍSMO. Palavra cunhada no século XVII como contrária ao ateísmo e que, portanto, originalmente queria dizer simplesmente crença em Deus. Com o passar do tempo veio a significar também a rejeição do deísmo* e do panteísmo* e, portanto, significa a crença em um só Deus, transcendente e pessoal, que criou e conserva todas as coisas. Dessa forma, é doutrina comum do judaísmo, do cristianismo e do islã.

TELEOLOGIA. A opinião segundo a qual todas as coisas se movem para o seu fim proposto. Essa ideia aparece na filosofia, pelo menos desde os tempos de Platão e Aristóteles, e foi incorporada à teologia cristã, particularmente pelo escolasticismo*, que distinguia entre a "causa eficaz" e a "causa final" de uma coisa ou acontecimento. A "causa eficaz" era o que normalmente chamamos, hoje, "causa": uma bola de bilhar move-se porque a outra a golpeou. A "causa final" é a meta para a qual um acontecimento se move. Logo, como causa eficiente de todas as coisas, Deus as fez no princípio, mas como sua causa final Deus é também o propósito para o qual foram criadas. A ideia da teleologia e das causas teleológicas ou finais caiu em desuso durante a modernidade*, principalmente devido ao êxito das ciências físicas, que se dedicavam precisamente a estudar as causas eficientes. No século XX, houve alguns teólogos que sublinharam o movimento de criação para o seu fim proposto. Entre eles se destaca Theilhard de Chardin (1881-1955). Mais recentemente, um dos resultados da crítica pós-moderna das pressuposições da modernidade tem sido o novo interesse no pensamento teológico.

TEODICEIA. Palavra empregada pela primeira vez por Leibnitz, no ano de 1710, como parte do título de um ensaio no qual buscava refutar quem afirmava que a existência do mal prova que não existe um Deus bom e amável. A própria palavra é derivada de duas raízes gregas que significam Deus (*theos*) e justiça (*dike*).

O problema do mal, que é a preocupação principal da teodiceia, por longo tempo preocupou os filósofos e teólogos de persuasão teísta. Fica claro que se não há Deus, não é necessário explicar o mal; se há vários deuses ou vários princípios eternos, o mal pode ser explicado como resultado desse conflito entre eles. Mas o teísmo tem de enfrentar a questão: se Deus é bom e onipotente, como é que o mal existe? Em última análise, as diversas soluções propostas tendem a negar pelo menos um dos três pontos que parecem fundamentais: primeiro, a bondade divina; segundo, a onipotência divina; terceiro, a realidade do mal. Visto que os cristãos não negam jamais a existência de Deus, a maior parte dos teólogos e filósofos cristãos tem procurado respostas tentando redefinir o mal, ou a onipotência divina. O próprio Leibnitz achava que o mal era fundo necessário para o bem, visto que o único modo em que conhecemos o bem é contrastando-o com o mal. Isso implica que o que parece mal da nossa perspectiva não o é da perspectiva divina e, portanto essa suposta "solução", simplesmente nega a realidade do mal. Outros, particularmente alguns teólogos do processo*, têm argumentado que temos entendido mal a onipotência divina, visto que Deus está em meio do próprio processo e, portanto, está lutando contra o mal. Nessa suposta solução, Deus é bom e o mal é real; mas é possível perguntar se Deus é verdadeiramente onipotente.

A teologia cristã consistentemente tem atribuído o pecado* e o mal ao uso errado da liberdade e, isso é sugerido com frequência como solução para o problema da existência do mal: o mal se origina na liberdade livre das criaturas — humanas e angélicas — e não na vontade de Deus. Contudo isso, simplesmente, adia o problema, visto que sempre se deve perguntar, por que um Deus onipotente e amoroso daria existência às criaturas dando-lhes ao mesmo tempo a oportunidade de pecar?

Talvez a melhor solução seja declarar que não há solução, que o que faz o mal ser tal, o que dá ao mal seu enorme poder, é o próprio mistério de sua existência, o fato de que não pode ser explicado e, contudo está aí.

TEOFANIA. Termo derivado do grego *theos*, Deus e *phaino*, manifestar-se ou aparecer que, portanto, refere-se à manifestação de Deus. Usa-se para se referir a qualquer acontecimento revelatório no qual se vê a presença de Deus, como a sarça ardente de Moisés, a pomba no batismo de Jesus e o próprio Jesus — as quais a teologia cristã com frequência chama de suprema teofania (Revelação*).

TEOLOGIA. A própria etimologia da palavra implica que ela se refere ao estudo ou tratado sobre Deus (ou os deuses). Na Grécia clássica, os poetas recebiam o título de "teólogos", visto que cantavam sobre os deuses. Na igreja antiga, às vezes, quando se falava de Deus, isso recebia o nome de "teologia". Mas na maioria dos escritos dos primeiros cinco séculos do cristianismo, a "teologia" é a disciplina que leva a alma* para a contemplação do divino. Nesse sentido, um teólogo é um místico. Contudo, nos tempos de Agostinho (354-430) já encontramos o uso do termo referindo-se à disciplina que trata sobre Deus. Para Agostinho, e para a maioria dos escritores nos séculos seguintes, a teologia não se ocupava de todo o corpo de doutrina cristã, mas somente da doutrina de Deus. Era reflexão e ensinamento sobre Deus, da mesma forma que a eclesiologia é a reflexão e o ensinamento sobre a igreja e a cristologia é a reflexão e o ensinamento sobre Cristo.

Foi, principalmente, o escolasticismo que começou a dar ao termo "teologia" o uso que tem agora, referindo-se a todo corpo de doutrina cristã, e posteriormente como reflexão sobre esse corpo de doutrina. Nesse sentido é que se emprega o termo "teologia" durante a Idade Média tardia e até o dia de hoje.

Quanto ao propósito e métodos da teologia, muito tem sido acrescentado. Para alguns, o propósito da teologia é descobrir verdades a respeito de Deus e da vida que se pode alcançar mediante o uso da razão somente (Razão* e fé) — às vezes também da experiência. Para outros, a teologia tem um propósito apologético, pois procura convencer àqueles que não creem ou, em outros casos, procura pelo menos derrubar os obstáculos que se interpõem a fé. Outra postura sustenta que a teologia é um exercício intelectual por meio do qual os fiéis chegam a entender melhor o que já creem pela fé, portanto, a teologia, antes que buscar novas verdades, regozija-se em descobrir as profundidades das verdades que já se creem. Para outros, a teologia é a sistematização da doutrina cristã sobre as bases das Escrituras, ou das Escrituras e da tradição. Muitos teólogos contemporâneos sustentam que pelo menos uma das funções da teologia é relacionar a mensagem cristã com as situações históricas em que se vive, ocupando-se assim, por exemplo, da opressão de sexo, raça ou classe. Por último, alguns sustentam que a tarefa da teologia é criticar e corrigir a vida e a proclamação da igreja à luz do evangelho.

Naturalmente, cada uma dessas opiniões sobre o propósito da teologia tem consequências importantes para o método que essa disciplina deve seguir. Assim, alguns sustentam que a melhor preparação para a tarefa teológica é o estudo da filosofia, enquanto outros preferem as ciências sociais como disciplinas pelo menos tão importantes como a filosofia para servir de fundo para a teologia. Do mesmo modo, alguns afirmam que a teologia é uma disciplina intelectual que pode ser realizada mesmo à parte da igreja, enquanto outros sustentam que a teologia é tarefa da comunidade dos crentes e que os teólogos só são teólogos quando estão imersos nessa comunidade e refletem sua vida.

TEOLOGIA DA CRUZ. *Theologia crucis*.*

TEONOMIA. O que Paul Tillich (1886-1965) propõe como fundamento da existência autêntica. Essa existência, em contraste com a heteronomia* e a autonomia*, é construída sobre o fundamento de todo ser, Deus. Contudo, a plenitude da teonomia não é alcançada durante nossa existência histórica, mas serve de esperança que resiste às nossas tendências até a heteronomia e a autonomia.

TEOPASQUISMO. Versão da cristologia* alexandrina* que surgiu no começo do século VI, durante o reinado de Justiniano. Um grupo de monges, particularmente de Escitia, propôs que a fórmula "um da Trindade sofreu" fosse proclamada como doutrina original da igreja. Devido a sua origem, às vezes, a controvérsia teopasquita é chamada também "controvérsia dos monges escitios". Em todo caso, o que a fórmula proposta pretendia fazer era restaurar a afirmação alexandrina tradicional de uma cristologia na qual a união entre o divino e o humano fosse tal que o que se dissesse de um também seria dito do outro (o que se conhece como o princípio da *comunicatio* idiomatum*). Justiniano, cujas metas políticas levaram a construir pontes entre a ortodoxia e os monofisistas da Síria e do Egito, deu seu apoio à proposta desses monges, e pressionou o papa João II para que a afirmasse, mesmo que antes o papa Hormisdas a tivesse rechaçado. Outras controvérsias logo obscureceram a questão do teopasquismo e, quando, um século mais tarde, as terras onde o monofisismo havia sido popular foram conquistadas pelos muçulmanos, o governo bizantino perdeu o interesse em uma fórmula cujo principal atrativo estava em servir de ponte para o monofisismo.

TEOPOIESIS. O processo de tornar-se mais semelhante a Deus, às vezes, também chamado de divinização*. A maioria dos teólogos ocidentais tem rejeitado essa ideia, ou pelo menos não a sublinha, por temerem que leve a pensar que a meta da alma é se perder e ser absorvida na divindade — o que aconteceu em algumas tradições místicas. Trata-se, contudo, de uma ideia bem comum em vários dos escritores cristãos antigos, como Irineu († c. 202) e Atanásio (c. 295-373), continuando sendo, sempre, parte da espiritualidade das igrejas orientais, nas quais tem um lugar semelhante ao da santificação* no Ocidente. Sua meta não é que a distância entre Deus e o crente desapareça, mas capacitar o crente para estar na presença de Deus.

TEOSIS. Teopoiesis*.

TESOURO DOS MÉRITOS. Segundo a teologia penitencial da Idade Média (Penitência*; Satisfação*), a totalidade dos méritos* de Cristo e dos méritos que os santos têm ganhado por suas obras de supererogação*. É esse tesouro que a igreja administra agora por meio de seu sistema sacramental*. Essa doutrina se encontra no fundo da controvérsia sobre as indulgências* e sua venda.

THEOLOGIA CRUCIS. Literalmente teologia da cruz. Mesmo que, às vezes, a frase refira-se à ênfase sobre a contemplação da cruz, que caracterizou a devoção até o final da Idade Média, é utilizada com maior frequência para se referir à insistência de Lutero em afirmar que Deus é conhecido, não em sua glória ou por meio da especulação metafísica ou filosófica, mas onde Deus decide se revelar, ou seja, na debilidade e loucura da cruz. Lutero estabelece um contraste entre a teologia da cruz e a falsa "teologia da glória" e sobre essa base rechaça toda tentativa por parte dos teólogos e filósofos de determinar ou descrever a natureza e a atividade de Deus sobre fundamentos puramente racionais (Razão* e fé).

THEOTOKOS. Título que, com frequência, é empregado a Maria e que significa "mãe [ou, mais exatamente, 'parideira'] de Deus". Foi o centro do debate em torno ao nestorianismo*, e o Concílio de Éfeso no ano 431 (Terceiro Concílio Ecumênico), o afirmou como expressão válida da *communicatio* idiomatum*. Mesmo nos tempos do debate original, o que se discutia era principalmente questões de cristologia*, muitos protestantes rejeitam esse título com expressão do que lhes parece uma ênfase excessiva sobre Maria* e seu papel na salvação.

TIPOLOGIA. Um modo de interpretar as Escrituras que vê nos acontecimentos passados "tipos" ou "figuras" dos que vieram depois e, particularmente, da vida e obra de Cristo. Enquanto que a profecia* centra sua atenção sobre as palavras de um texto e como anunciam os acontecimentos futuros e a alegoria procura descobrir sentidos ocultos nessas palavras, a tipologia observa os próprios acontecimentos como parte de um padrão da ação de Deus que culmina em Jesus Cristo, mas que depois continua na vida da igreja. Assim, por exemplo, as passagens sobre o Servo Sofredor em Isaías são vistas como referências aos acontecimentos no tempo de Isaías, mas também como referência ao Servo Sofredor por excelência, Jesus, e por extensão à vida da igreja e dos cristãos que hão de sofrer.

TOMISMO. A escola filosófica e teológica que surge de Tomás de Aquino (c. 1225-74). Nos tempos de Tomás de Aquino, muitos dos escritos de Aristóteles são reintroduzidos na Europa ocidental, e isso levou alguns filósofos a afirmar que a razão filosófica conduz a conclusões contrárias às doutrinas estabelecidas da igreja (Averroísmo*). A maioria dos teólogos reagiu rejeitando o aristotelismo*, ou aceitando algumas de suas teses e incorporando-as dentro do marco tradicional agostiniano. Mas alguns se convenceram que a nova filosofia apresentava um desafio e uma oportunidade que os teólogos deviam considerar mais seriamente. Os mais notáveis entre eles foram Tomás de Aquino e seu mestre, Alberto, o Grande (1206-1280).

Um dos pontos principais em que a nova filosofia se afastava do platonismo* tradicionalmente preponderante era sua epistemologia*. Enquanto os teólogos tradicionais criam que o melhor conhecimento é o que não depende da experiência, Tomás seguiu Aristóteles ao afirmar que todo conhecimento começa na experiência, com isso deu à percepção sensorial um lugar importante no processo de alcançar o conhecimento, já ao corpo deu um papel central na vida da fé. Como resultado disso tudo, pode-se dizer que Tomás abriu o caminho para a investigação empírica moderna e, portanto, para o desenvolvimento tecnológico da modernidade*.

Ao mesmo tempo em que aceitava a metafísica aristotélica, Tomás rejeitava algumas das conclusões da filosofia reintroduzidas recentemente na Europa ocidental, como a eternidade da matéria*, a ideia de que todas as almas* são somente uma e a afirmação que a razão, propriamente usada, pode alcançar conclusões contrárias à fé. Cria que havia algumas verdades, como a Trindade* e a encarnação*, que se encontram além do alcance da razão, mas isso quer dizer que estão *por cima* da razão, mas não são *contrárias* a ela (Razão* e fé).

Sobre a base da filosofia aristotélica e da doutrina cristã recebida da tradição, Tomás construiu um impressionante sistema teológico cujo monumento principal é sua obra magna, *Summa theologica*.

O tomismo, geralmente, não era aceito de imediato. No ano 1277, o arcebispo de Paris condenou 219 teses que considerava heréticas e, das quais várias foram tomadas dos escritos de Tomás. Em Oxford deram-se passos semelhantes. Vários teólogos distintos, muitos deles franciscanos, escreveram contra o tomismo. Os dominicanos saíram em defesa de seu falecido mestre, proibindo os membros da ordem de atacar suas ideias; em 1309 declararam que os ensinamentos de Tomás eram os ensinamentos oficiais da ordem. Poucos anos mais tarde, em 1323, o papa João XXII canonizou Tomás. No século XVI, os jesuítas adotaram sua teologia, mesmo que sempre houvesse diferenças entre o modo como eles e os dominicanos interpretavam o tomismo. Muitos dos presentes no concílio de Trento (1545-63) eram tomistas e, portanto, o Concílio adotou boa parte de seus ensinamentos e de sua fraseologia.

No ano de 1879, Leão XIII, em sua bula, *Aeterni Patris*, recomendou o estudo de Tomás a toda sua igreja e estabeleceu um programa para produzir uma edição crítica de todas as suas obras. Naquele tempo, o tomismo sofria as consequências da atitude geral do catolicismo romano durante o século XIX, de rejeitar tudo o que fosse moderno. Por isso, além dos círculos eclesiásticos, o tomismo era considerado questão do passado e carente de pertinência. Contudo, em parte graças à bula de Leão, no século XX, houve um despertar do tomismo, dirigido primeiro pelos neotomistas franceses como Jacques Martain (1882-1973) e Etienne Gilson (1884-1978), e mais tarde pelos jesuítas Karl Rahner (1904-1984) e Bernard Lonergan (1904-1984), os quais intentaram responder à crítica kantiniana da epistemologia tradicional desenvolvendo o que ele chamou de um método transcendental *.

TRADIÇÃO. O sentido original dessa palavra tem pouco a ver com a repetição de uma ação, como se usa hoje. Uma "tradição" — *traditio*, ou em grego, *paradosis* — era qualquer coisa que se passasse de uma pessoa para a outra. Por isso, usa-se essa palavra quando Paulo se refere ao que recebeu de outro com respeito à comunhão e, também ao falar sobre a traição de Judas, que foi uma "entrega". Em tal sentido, todo ensinamento é tradição, como o é também a comunicação de qualquer notícia. Da mesma maneira, passar as Escrituras de uma geração à outra, ou o copiar seu texto, também é *traditio*.

Durante o século II, alguns mestres gnósticos começaram a reclamar que haviam recebido uma tradição secreta, supostamente passada por Jesus a algum discípulo favorito e por ele a outros, até chegar ao mestre que agora a ensinava. Contra tais ideias, a igreja proclamou a autoridade da tradição recebida de todos os apóstolos, assim como se proclamava abertamente em todas as igrejas que podiam reclamar origem apostólica (Sucessão apostólica*). Se alguém propusesse uma interpretação do evangelho, ou de alguma passagem nas Escrituras, de maneira que negasse alguns elementos fundamentais da fé — por exemplo, a encarnação* — a tradição da igreja, o consenso que se expressava nas Escrituras assim como os ensinamentos das igrejas apostólicas eram empregados para refutá-lo. Assim surgiu um método teológico em que as Escrituras e a tradição colaboravam para conservar e defender a ortodoxia. Com o passar dos séculos, várias práticas, crenças e perspectivas teológicas foram aparecendo que, geralmente, considerava-se parte da tradição e, portanto, completamente de acordo com as Escrituras. Foi a Reforma Protestante que, em seu esforço por retomar a doutrina e as práticas bíblicas, assinalou que muitos desses acréscimos não eram parte da tradição correta da igreja. Com isso começou um amargo e prolongado debate sobre a autoridade da tradição em comparação com a das Escrituras, mesmo que entre os protestantes não houvesse um acordo completo quanto ao significado da Bíblia. Essa prioridade quer dizer, como afirmavam os anabatistas, que tudo o que não se encontra na Bíblia deve ser rechaçado? Ou quer dizer, como pensavam os luteranos e os anglicanos, que tudo o que é tradicional deve continuar, com exceção dos casos nos quais contradiz claramente as Escrituras? Por sua vez, a Igreja Católica Romana, no Concílio de Trento (1545-63) tomou a posição oposta, equiparando a autoridade da tradição com a das Escrituras.

Foi no século XIX que esse conflito, entre protestantes e católicos, chegou ao seu ponto culminante. Boa parte do liberalismo* protestante não só rejeitou a autoridade da tradição, mas também chegou a interpretar as Escrituras de uma maneira não tradicional, duvidando de sua autoridade, sua veracidade e às vezes de sua pertinência. O catolicismo romano, por sua vez, dedicou-se à defesa da tradição, não somente contra aqueles que diziam que contradizia as Escrituras, mas também e particularmente contra os apelos da modernidade*.

Durante a segunda metade do século XX esse debate se acalmou, conforme as duas partes começaram a reconhecer que as Escrituras e um sentido adequado da tradição são inseparáveis, e também que a tradição por si própria, sem a correção das Escrituras, tem a tendência de afastar-se de seu sentido e conteúdos originais.

TRADUCIANISMO. Um dos modos pelos quais os teólogos da antiguidade explicavam a origem das almas* individuais: da mesma forma que o corpo e suas características são herdados dos pais, assim também se herdam a alma e suas características. Contra essa teoria, outros insistem no "criacionismo" — segundo o qual cada alma nova é uma criação individual por parte de Deus. Mesmo que, posteriormente a maioria dos teólogos rechaçasse o traducianismo porque implicava em uma visão materialista da alma, com tudo isso, essa teoria teve um papel importante nas discussões precoces sobre o pecado* original. Tornava-se simples reclamar que, do mesmo modo que se herdavam as feições, herdava-se também o pecado.

TRANSCENDÊNCIA. Palavra derivada do latim, que significa sobrepassar. Usa-se na teologia para afirmar que, mesmo que Deus esteja presente no mundo (Imanência*), Deus não é parte do mundo, nem, tampouco, o mundo é divino (Panteísmo*). Deus existe à parte e além da criação.

TRANSCENDENTALISMO. Um movimento que se associa normalmente ao nome de Ralph Waldo Emerson (1803-82) como seu principal fundador, e que surge do unitarismo*, mas que vai além dele quanto a sua valorização positiva da potencialidade humana. Em termos filosóficos, o transcendentalismo foi uma combinação do idealismo* com o misticismo panteísta, pois sustentava que todo o universo é a expressão da "Superalma" ou mente de Deus e que o que consideramos mal, pecado, dor e todas as outras realidades negativas não são mais do que momentos passageiros no pensamento da Superalma. Mary Baker Eddy (1821-1910), fundadora da Ciência Cristã, sofreu o impacto do transcendentalismo.

TRANSCENDENTAL, MÉTODO. O método teológico desenvolvido pelo jesuíta Bernard Lonergan (1904-84). Mesmo que originalmente fosse neotomista, Lonergan chegou ao convencimento de que a crítica kantiana ao conhecimento, que segundo alguns tornava o tomismo* obsoleto, requeria uma reformulação do tomismo tradicional. Por isso centrou seu trabalho, como o havia feito Kant, sobre o próprio processo do conhecimento — ou, para usar sua frase, "uma investigação da investigação". Segundo Lonergan, há quatro operações no conhecimento: a experiência, o entendimento, o juízo e a decisão. Mesmo que a última não seja estritamente uma fase no processo de conhecer, é o que faz que o conhecimento cause impacto na vida. Sobre essa base, Lonergan reconstruiu a epistemologia* e a metafísica* tomistas, em uma nova versão pós-kantiana.

Quanto ao próprio conhecimento teológico, Lonergan se move uma vez mais da visão tradicional do conhecimento para uma nova visão, que inclui o modo como o conhecimento afeta a vida contemporânea. Do mesmo modo que a plenitude do conhecimento implica decisão, assim também o conhecimento teológico leva à sua interpretação contemporânea e dali à decisão. Cada um desses dois passos inclui algumas "especialidades". O primeiro inclui a investigação, a interpretação, a história e a dialética. O segundo, os fundamentos, as doutrinas, a sistemática e a comunicação. Logo, cada "especialidade" no primeiro nível tem um paralelo no segundo, como segue: investigação/fundamentos, interpretação/doutrinas, história/sistemática e dialética/comunicação. O passo da última especialidade da primeira etapa, dialética, para a próxima fase é paralelo ao passo do conhecimento no sentido tradicional para a decisão e, portanto, envolve uma espécie de "conversão intelectual" que serve como ponto de partida para o restante da tarefa teológica.

TRANSIGNIFICAÇÃO. Termo sugerido por alguns teólogos católicos depois do Segundo Concílio Vaticano (1962-65), como um modo contemporâneo de expressar a doutrina tradicional da transubstanciação*. Esses teólogos, particularmente Karl Rahner (1904-84) e Edward Schillebeeckx (1914-), sugeriram que, visto que a modernidade* já não pensava em termos de substância* e acidente*, era melhor falar da presença* real de Cristo na Eucaristia* em termos de uma "transignificação" (Rahner também sugeriu o termo "transfinalização"), pelo qual os elementos eucarísticos já não significavam pão e vinho, mas o corpo e o sangue de Jesus. Mesmo que esses teólogos não negassem a presença real de Cristo na Eucaristia, e oferecessem esses termos não como substitutos, mas como complementos da transubstanciação e como uma tentativa de mostrar que o que o Concílio de Trento (1545-63) havia canonizado não era metafísica aristotélica, muitos os acusaram de ensinar que a presença de Cristo na Eucaristia era puramente "simbólica". No ano de 1965, em sua encíclica *Mysterium Fidei*, Paulo VI, mesmo que sem declarar que a transignificação era uma doutrina herética, advertiu contra alguns de seus perigos.

TRANSMIGRAÇÃO DAS ALMAS (*Preexistência das alma).

TRANSUBSTANCIAÇÃO. A doutrina oficial da Igreja Católica Romana sobre a presença de Cristo na Eucaristia*. Segundo essa doutrina, a substância do pão e do vinho é substituída pela substância do corpo e sangue de Cristo, enquanto que os acidentes do pão e do vinho permanecem. Desde bem cedo, os cristãos têm sustentado que Cristo se encontra presente na Eucaristia de algum modo especial. Pelo menos até o final do século IV, já era comum afirmar que o que estava presente era o corpo físico de Cristo. No século IX, Pascasio Radbeto declarou que depois da consagração eucarística, o pão e o vinho já não são os mesmos, mas se transformam no corpo e no sangue de Cristo — o mesmo corpo e sangue em que Jesus nasceu da virgem Maria e sofreu sob Pôncio Pilatos. Isso foi negado por Ratramno de Corbie e outros, o que mostra que pelo menos nesse tempo esse entendimento da presença real ainda não era universal. Contudo, mais tarde, nesse mesmo século, Haimón de Halberstadt insistia em que a Eucaristia, pela ação milagrosa de Deus, "essa substância de pão e vinho se converte substancialmente em outra, ou seja, em carne e sangue". No século XI, a controvérsia tornou a surgir, agora em torno da pessoa de Berengario de Tours, que defendia a posição de Ratramno e se viu obrigado a se retratar repetidamente. Isso praticamente pôs fim ao debate sobre a questão. No ano de 1215, o Quarto Concílio Laterano promulgou a doutrina da transubstanciação como ensinamento oficial da Igreja Católica Romana. Pouco depois, as igrejas orientais fizeram uma proclamação semelhante. Mais tarde, no mesmo século, com a introdução do aristotelismo* na Europa ocidental, foi possível que Tomás de Aquino (1225-74) apoiasse essa doutrina sobre considerações e esclarecimentos metafísicos mais cuidadosos. No século XVI, o Concílio de Trento (1545-63) reafirmou a doutrina da transubstanciação, por aquela data atacada pelos protestantes.

TRIDENTINO. Refere-se ao Concílio de Trento (1545-63) — em latim, *Concilium Tridentinum*. Esse concílio, convocado com a finalidade de responder ao desafio protestante e ao mesmo tempo de reforçar o catolicismo romano, rejeitou praticamente todos os ensinamentos dos protestantes e decretou uma série de reformas. Isso refletia a atitude fundamental da reforma católica, que ao mesmo tempo em que rejeitava as doutrinas protestantes buscava reformar a vida prática da igreja e, produzir eruditos capazes de refutar o protestantismo e outras heresias, assim como de centralizar a administração eclesiástica sob uma série de papas que estavam igualmente comprometidos com a teologia tradicional e com a reforma da moral.

Visto que essa atitude prevaleceu no catolicismo romano desde os tempos do Concílio de Trento até o Segundo Concílio Vaticano (1962-65), é comum referir-se ao catolicismo durante esse período como "tridentino", e distingui-lo assim tanto do catolicismo anterior como do catolicismo "pós-conciliar" (ou Pós-Vaticano II).

TRINDADE. A doutrina na qual Deus, ao mesmo tempo em que é uno, existe eternamente em três "pessoas*", que geralmente recebem o nome de Pai, Filho e Espírito Santo. A própria palavra "Trindade" não aparece nas Escrituras. Em grego, parece ter sido utilizada primeiramente pelo bispo Teófilo de Antioquia, no século II. Contudo, os ingredientes fundamentais da doutrina se encontram nas Escrituras, na qual se considera que Jesus é digno de adoração e, no entanto ele não é o mesmo a quem ele se refere como "Pai", e ele próprio, "Jesus", promete o Espírito Consolador como "outro consolador". Logo, pode-se dizer que o desenvolvimento da doutrina trinitária é simplesmente de esclarecimento e definição do que já estava implícito nas Escrituras.

Por outro lado, é importante recordar que normalmente as doutrinas não são somente o desenvolvimento de considerações puramente intelectuais, mas também uma tentativa de expressar a fé que a igreja experimenta na adoração. Sabemos que desde seus primeiros tempos os cristãos se reuniam no primeiro dia da semana — o dia da ressurreição do Senhor — para cantar hinos a Cristo como Deus. Também sabemos que os cristãos estavam convencidos de que o Espírito que morava neles era Deus. Logo, não surpreende que a reflexão teológica se movesse na direção de procurar esclarecer a relação entre esses três a quem a igreja experimentava na adoração e como, no entanto, essa adoração e a fé que se expressava nela continuava monoteísta.

Algumas das primeiras tentativas de expressar a relação entre esses três tomaram o caminho do que mais tarde se conheceu como modalismo ou sabelianismo*, posição que sustentava que o Pai Criador havia se convertido no Filho Redentor nos tempos da encarnação e, depois no Espírito Inspirador em Pentecostes. Esses três são, portanto, somente três rostos ou três "modos" pelos quais Deus se manifesta aos crentes. Essas doutrinas logo foram rechaçadas, porque, tanto em sua adoração como nas Escrituras, a igreja sabia de um Filho de Deus que é distinto do Pai e que também prometeu e enviou o Espírito. Quando Jesus caminhava na Terra, não se esgotava ali toda a divindade. Além disso, os cristãos rogavam ao Pai em nome do Filho e sob a direção do Espírito. Um tratado muito influente foi o escrito de Tertuliano (c. 155-c. 220) *Contra Práxeas*, no qual empregou terminologia legal e metafísica para chegar à conclusão de que Deus é "três pessoas em uma substância". Mesmo que levasse algum tempo posteriormente, isso veio a ser a doutrina oficial da igreja, de modo que a fórmula de Tertuliano foi adotada como a expressão clássica da Trindade.

O que levou aos debates sérios sobre a Trindade, e posteriormente à formulação da própria doutrina, foi o surgimento do arianismo*, que sustentava que, mesmo que o Filho possa ser declarado divino, não é Deus no sentido estrito, porque não é eterno; na realidade é uma criatura. A isso o Concílio de Niceia (Primeiro Concílio Ecumênico, 325), respondeu com o credo que estabelecia claramente que o Filho é "Deus verdadeiro, do Deus verdadeiro, engendrado, não feito; da mesma substância [*hommousion**] que o Pai". Mesmo que a isso se seguissem amplos debates e se propusessem outras fórmulas (*homoiusion**) e também se debatesse a divindade do Espírito (Macedônios*), ao chegar ao Concílio de Constantinopla (Segundo Concílio Ecumênico, 381), a controvérsia praticamente havia terminado. A fórmula final que a partir daí foi usada na igreja de fala latina era a que havia sido proposta antes por Tertuliano: "uma substância, três pessoas". A Igreja Grega falava de "uma *usia*, três *hipóstasis*". Mais tarde, haveria um renascer do arianismo quando os godos e outras tribos germânicas, que haviam se convertido ao cristianismo graças a obra de missionários arianos, invadiram a Europa ocidental.

Um princípio importante que surgiu durante a controvérsia foi o da circunsessão* ou *perichoresis*, que significa que as três pessoas estão de tal modo interpenetradas que na ação de cada uma delas as outras estão presentes. Logo, mesmo graças ao que os teólogos chamam de "apropriações*, é correto falar da encarnação* da Segunda Pessoa da Trindade", também faz sentido em que toda a Trindade esteja presente em Jesus; ao mesmo tempo em que foi o Espírito quem desceu no Pentecostes, foi a divindade na pessoa do Espírito, que mora nos crentes.

No século IX, surgiu uma controvérsia em torno do termo *Filioque**, que significa "e do Filho". Isso havia sido acrescentado ao Credo Niceno no Ocidente, de modo que agora se declarava que o Espírito* Santo procede "do Pai e *do Filho*". Os gregos protestaram contra essa interpretação no Credo, que também refletia uma visão um pouco diferente do lugar do Espírito na Trindade e, posteriormente, foi uma das questões que levaram ao cisma final entre o Ocidente e o Oriente e que ainda perdura.

Começando no século XVI e chegando a sua culminação no XIX, houve toda uma série de críticas contra a doutrina da Trindade, que diziam ser irracional e carente de pertinência para a vida dos crentes. Recentemente houve um despertar no interesse sobre a Trindade, que vários teólogos veem como paradigma para uma vida em comunidade e, também, como princípio que requer a redefinição da unicidade de Deus de forma que se evite a tendência do monoteísmo não trinitário, a postura de hierarquia de extrema autoridade e até a tirania.

TRINDADE ECONÔMICA. O nome que geralmente se dá à ideia segundo a qual as distinções dentro da Trindade* se relacionam com a atividade de Deus na criação (*opera ad extra*), e não são intrínsecas à Trindade (não existem *ad intra*). Essa opinião é rejeitada pelos teólogos ortodoxos, que insistem que Deus é trino em si mesmo, e não somente em suas relações externas — em outras palavras, que há em Deus uma "Trindade imanente". Dentro desse contexto, o termo "econômico" é entendido em seu sentido etimológico de "administração" ou "manejo" e, portanto, a frase "Trindade econômica" é aquela que existe somente no modo em que Deus maneja ou administra a criação e não no próprio Deus.

Para complicar a questão, nos escritos de alguns teólogos antigos, ao mesmo tempo em que defendem a Trindade imanente, dizem que Deus existe segundo certa "economia" divina e, portanto, parecem estar propondo uma visão econômica ou externa da Trindade, quando na realidade o que esses autores querem dizer é que a administração ou manejo interno de Deus é trino — que Deus é trino porque a "economia" de Deus, tanto interna quanto externa, é trina.

TRISAGION. Hino antigo, que data pelo menos do século V, que é cantado tanto na liturgia oriental como na galiciana: "Santo Deus, Santo e poderoso, Santo e imortal, tem piedade de nós". Esse hino veio a ser tema de controvérsia até o final do século V, quando o bispo monofisista de Antioquia, Pedro, o Bataneiro († 488), acrescentou a frase "que foi crucificado por nós", que segundo alguns era uma expressão extrema e inaceitável da cristologia* alexandrina*. Mais tarde, a controvérsia em torno dessa fórmula foi reavivada no teopasquismo*.

U

UBIQUIDADE. A habilidade de estar presente em lugares diferentes ao mesmo tempo. Geralmente, é incluída nos atributos* tradicionais de Deus, onde é semelhante a Onipresença*. Nos debates depois da Reforma, esse termo tornou-se fundamental da maneira pela qual os luteranos entendiam a presença física de Cristo na Eucaristia*. Lutero argumentava que, devido a sua união com a divindade, o corpo ressuscitado de Cristo recebeu o poder de estar em mais de um lugar ao mesmo tempo e que essa ubiquidade torna possível estar fisicamente presente em vários serviços eucarísticos ao mesmo tempo.

ULTRAMONTANISMO. Palavra de origem latina cuja raiz significa "além dos montes" e que, portanto, foi empregada, particularmente na França, mas também na Alemanha e outras regiões do norte da Europa, para se referir ao movimento dentro do catolicismo romano que buscava centralizar a autoridade na cidade de Roma e na pessoa do papa. Seu principal opositor foi o galicanismo*, cuja defesa da "antiga liberdade da igreja galega" se opunha aos interesses ultramontanistas. Mesmo que o conflito tenha começado no século XVII, foi no século XIX que o ultramontanismo conseguiu prevalecer, em parte como resultado da Revolução Francesa, em que muitos dos dirigentes do galicanismo pareciam se submeter ante a pressão do Estado e, em parte, como reação contra as ameaças do liberalismo*, o Estado secular, e outras ideias modernas. A promulgação da infalibilidade* papal pelo Primeiro Concílio Vaticano (1870) marca o topo do ultramontanismo. Mesmo que esse fosse um triunfo para esse partido, não alcançou sua meta de declarar o papa infalível, não só em questões de fé e moral, como foi decidido pelo concílio, mas também em questões de administração eclesiástica.

UNIÃO HIPOSTÁTICA. Termo, provavelmente, cunhado por Cirilo de

Alexandria († 444) em seus debates contra o nestorianismo. Nestório afirmava que há em Cristo duas naturezas, cada uma com a própria subsistência ou hipóstases. Se não fosse assim, dizia ele, os dois elementos unidos em Cristo, e sua humanidade, teriam resultado em uma terceira realidade, que não seria humana nem divina e, portanto, já não se poderia falar de uma "união", mas somente do resultado da união. Foi por essa razão que Nestório insistia que em Cristo há duas naturezas, a divina e a humana, e duas hipóstases nas quais cada uma dessas naturezas subsiste. Foi por essa mesma razão que rejeitou o princípio da *communicatio idiomatum*, visto que os predicados sempre são aplicados à substância, à hipóstase.

Em resposta a Nestório e seus seguidores, Cirilo declarou que a união de Cristo é tal que tanto sua divindade como sua humanidade subsistem somente na hipóstase, que é a Segunda Pessoa da Trindade. Portanto, a humanidade de Cristo não tem hipóstase própria (Anhipóstasis*). Ao mesmo tempo em que Jesus é divino e humano, é somente uma pessoa. Portanto, tudo o que se diz de Cristo se diz de sua pessoa, e daí a insistência de Cirilo sobre a *communicatio* * *idiomatum*.

Essa opinião foi adotada pelo Concílio de Calcedônia (451), que declarou que Cristo é divino e humano e que essas duas naturezas subsistem "em uma pessoa e uma hipóstase".

UNIDADE DA IGREJA. Um dos principais sinais da igreja e tema de debate teológico através dos séculos. Mesmo que quase todos os cristãos concordem em afirmar que em algum sentido a igreja é una — se é o corpo e a esposa de Cristo, Cristo não tem mais que um corpo e uma esposa — há grande desacordo quanto à natureza precisa dessa unidade. Na teologia patrística, nas discussões sobre a unidade a ênfase recaía sobre a Eucaristia*, de tal modo que enquanto as igrejas locais aceitassem umas as outras na mesa eucarística eram parte de uma só igreja. Por isso, a união entre as igrejas em diversas cidades era expressa mediante a oração pelo restante da igreja e, em particular, pelos bispos de outras cidades, durante a Eucaristia. Os nomes dessas pessoas pelas quais se orava eram escritos no "dípticos" — uma lista de duas folhas nas quais se escreviam os nomes daqueles por quem se orava na comunhão. Excluir alguma pessoa dos dípticos era considerado uma ação de romper a comunhão e declaração de que a pessoa cujo nome era eliminado já não era parte da igreja.

Por isso, quando existia uma ruptura entre bispos, isso se dava a conhecer apagando dos dípticos os nomes daqueles com quem não se estava de acordo.

Durante a Idade Média, a aceitação da autoridade pontifícia no Ocidente, ou de algum patriarca no Oriente, veio a ser a marca da unidade. Mas a importância da unidade eucarística era tal que, mesmo que houvesse tensões e grandes desacordos entre Roma e Constantinopla por longo tempo, a divisão não se tornou oficial e definitiva senão no ano 1054, quando os legados do papa romperam a comunhão com o patriarcado de Constantinopla.

Durante a Reforma, a ênfase mudou para a unidade de doutrina, enquanto que o catolicismo romano continuava insistindo em uma igreja transnacional, a maioria dos corpos protestantes organizou-se em igrejas nacionais ou até regionais, cuja união estava em concordância de doutrina, ou em aceitar alguma declaração de fé — para a tradição luterana, por exemplo, essa unidade estava na Confissão de Augsburgo. Enquanto que isso significava que a unidade já não se entendia em termos puramente administrativos, ou seja, em ter somente um chefe ou autoridade, também implicava que qualquer detalhe de doutrina podia facilmente levar à divisão. O resultado disso foi a proliferação das denominações protestantes, algumas das quais reclamam que seus pontos de doutrinas particulares são suficientemente importantes como para romper os vínculos com as demais e, às vezes, até chegam a afirmar que somente elas são a verdadeira igreja.

Nos séculos XIX e XX, a questão da unidade da igreja tornou-se novamente urgente, particularmente no que, então se chamava o "campo missionário", mas também entre os eruditos bíblicos. O resultado foi o movimento ecumênico moderno. Ainda, contudo, enquanto todos os participantes estavam de acordo que a igreja é una e que sua vida deve manifestar essa unidade, existe grande variedade de opiniões quanto ao que constitui a unidade externa que os cristãos devem buscar.

UNITARISMO. Movimento moderno de tendências racionalistas que alcançou grande ímpeto na Nova Inglaterra, no século XIX. Foi chamado de unitarismo porque negava a doutrina da Trindade, mas também negava a divindade de Cristo; tendia a considerar o pecado como uma imperfeição passageira da natureza humana, que é essencialmente boa.

Logo, em seu uso mais comum, o termo "unitarismo" refere-se a muito mais que a negação da Trindade.

Por outro lado, em certos contextos utilizou-se o próprio termo para se referir a qualquer postura que negasse a Trindade. Assim, por exemplo, visto que há muita discussão sobre a Trindade dentro do movimento pentecostal, existe um pentecostalismo "unitário" — mesmo que esse tenha pouco a ver com o unitarismo racionalista da Nova Inglaterra.

UNIVERSAIS. Na filosofia medieval, as ideias que unem os membros de um gênero ou espécie — por exemplo, todos os cavalos participam da mesma "cavalidade" que os torna membros dessa espécie. A questão que então se debatia era se tais universais são reais, ou se existem somente na mente. Em um extremo, o nominalismo sustentava que os universais são meros nomes, questão de conveniência — como alguns diriam, "o vento da voz". No outro extremo, o realismo* sustentava que os universais não são só reais, mais até mais reais que suas instâncias particulares, visto que as últimas derivam de sua existência e sua natureza deles.

Cada um desses dois extremos apresentava sérias dificuldades tanto para a teologia como para a filosofia. Se os universais não são mais que nomes, maneiras arbitrárias pelas quais a mente junta as coisas, o que é que nos impede de unir as coisas arbitrária e erraticamente? Como é possível saber algo, se tudo o que conhecemos são instâncias particulares, e se os vínculos que usamos para generalizar não têm realidade alguma?

No campo da teologia, o nominalismo extremo também acarretava problemas. Se não existe tal coisa como a humanidade, mas somente os seres humanos, como entenderemos o pecado original? Como pode o sofrimento de um só homem, Jesus, expiar pelos demais? Em que consiste a unidade da igreja?

Por outro lado, o realismo extremo leva ao monismo*. Se a realidade última dos indivíduos se encontra nos universais que os une, a realidade de cada universal está nos universais mais elevados — por exemplo, a realidade do cavalo está em sua "cavalidade", mas a realidade da "cavalidade" está na "animalidade" e, assim sucessivamente. Posteriormente, a realidade de todos os seres há de se encontrar em um ser universal supremo, o "ser".

No campo da teologia, essa doutrina levaria ao panteísmo*, e alguns utilizaram o realismo extremo para afirmar que todas as almas humanas são somente uma e que posteriormente se fundem em Deus.

Havia muitas posições intermediárias, por exemplo, o "conceptualismo" de Pedro Abelardo (1079-1142), o chamado "nominalismo" de Ockham (c. 1280-c. 1349) e outros teólogos do final da Idade Média, que na realidade se aproximavam mais do conceptualismo que do verdadeiro nominalismo de séculos anteriores. Em geral, por toda a Idade Média, a questão dos universais pareceu um enigma insolúvel no qual tanto os teólogos como os filósofos se viam presos.

UNIVERSALISMO. A doutrina segundo a qual posteriormente todos serão salvos, não há condenação final, e o inferno* é somente um estado passageiro cuja função é purificar as almas antes que possam estar na presença de Deus. Sua descrição da consumação final, com frequência, a forma de uma apocatástase* — mesmo que uma postura universalista não envolva necessariamente um regresso ao estado original de todas as coisas, como na verdadeira apocatástase*. Nos Estados Unidos e nas terras aonde chegaram os missionários norte-americanos, o universalismo tem relações históricas com as formas mais racionalistas do unitarismo*.

USIA. (Também Ousía). Hipóstase*.

UTRAQUISTAS. Aqueles entre os husitas que sustentavam que na Eucaristia* todos, tanto o clero como os leigos, deviam participar dos dois elementos, o pão e o vinho (*sub utraque specie*). Mesmo que sua posição tenha sido condenada pelo Concílio de Constança, em 1415, posteriormente os católicos tiveram de ceder nesse ponto e permitir aos husitas que se reconciliavam com Roma receber a comunhão nos dois elementos — concessão essa que foi repetidamente negada e reafirmada, mas que posteriormente, no século XX, tornou-se prática comum para toda a Igreja Católica Romana.

V

VALDENSES. (Também waldenses*). Conhecidos originalmente como os "Pobres de Lyon". São os seguidores de Pedro Waldo, Valdés ou Valdo († 1217), que se dedicou a uma vida de pobreza, mas as autoridades romanas o proibiram de pregar. Em resposta, o movimento separou-se da igreja. Perseguido, seus membros se escondiam em vales da Suíça e do norte da Itália, onde conseguiam sobreviver. Nos tempos da Reforma, aceitaram a teologia reformada, e com isso tornaram-se a mais antiga de todas as igrejas reformadas — a *Chiesa Evangelica Valdese*.

VESTIGIA TRINITATIS. Princípio desenvolvido por Agostinho (354-430), segundo o qual há vestígios ou sinais da Trindade* em todas as criaturas. Não se trata somente de ser possível usar as criaturas como ilustração ou exemplos da Trindade*, mas antes que, precisamente porque foram criadas pela Trindade, todas as coisas levam o selo do Deus Trino. O exemplo favorito de Agostinho é o da mente, que mostra o selo da Trindade ao ser memória, entendimento e vontade. Cada um desses três é distinto; mas em cada um deles se encontra toda a mente; e, contudo, há uma só mente.

Os teólogos medievais desenvolveram esse princípio levando-o mais longe. Por exemplo, Boaventura (1221-74) distingue os vestígios da imagem e semelhança da Trindade. Todas as coisas são vestígios da Trindade, porque todas devem ser verdade e bondade. Todas as coisas racionais levam a imagem em sua memória, intelecto e vontade. A semelhança da Trindade se encontra naqueles seres racionais que têm fé, esperança e amor, ou seja, entre os crentes.

VIDA ETERNA. Frase que aparece repetidamente no Novo Testamento e que se refere a uma das promessas da fé cristã. Estritamente poderia ser dito que a vida depois da morte, antes que "eterna" é sempiterna, porque a eternidade* pertence somente a Deus. Entretanto, pode se interpretar a frase "vida eterna" como referente não só à vida que continua para sempre, mas também como a vida em Deus, há um compartilhar da vida do Eterno. Em todo caso, fica claro que desde o começo e através de toda a sua história o cristianismo tem sustentado que há vida após a morte, e que essa vida dura para sempre. Por outro lado, essa vida eterna e duradoura em comunhão com Deus não precisa, necessariamente, esperar até a morte, visto que no Novo Testamento se fala repetidamente de uma "vida eterna" que começa no presente. Por último, é importante assinalar que na primeira escatologia* cristã a vida após a morte se relaciona estreitamente com a expectativa de uma ressurreição final do corpo e, em contraste com a ideia grega da imortalidade* da alma, essa vida após a morte não é algo que nos corresponda por natureza, mas antes, é dom da graça divina.

VIRGEM MARIA. Maria*.

VIRGINAL, NASCIMENTO. A condição virginal de Maria ao conceber Jesus encontra-se nos evangelhos de Mateus e Lucas, mas não em Marcos, nem em João, que não se ocupam do nascimento de Jesus. No século II, alguns polemistas anticristãos afirmaram que Jesus não havia nascido de uma virgem — *parthenos* — mas de um soldado romano chamado Pantheros. Contudo, a maioria dos estudiosos, inclusive aqueles que negam o nascimento virginal, considera que isso não é senão um pouco de maledicência inventada pelos inimigos do cristianismo, visto que não há fundamento algum para crer nisso. Em todo caso, não há dúvida que, já no século II — e pelo menos em alguns círculos durante o século I, como indicam os evangelhos de Mateus e Lucas — o nascimento virginal era entendido, com frequência, de maneira tipológica, como o cumprimento da questão que aparece repetidamente no Antigo Testamento na qual as mulheres estéreis dão à luz aqueles que serão instrumentos escolhidos por Deus.

É importante notar que a maior parte da oposição durante o século II à ideia do nascimento virginal não foi pela objeção de Jesus ter nascido de uma virgem, mas sim por se pensar que Jesus não havia nascido. O que escandalizava essas pessoas não era crerem que uma virgem houvesse concebido Jesus, mas sim que Deus se dignasse a entrar no útero de uma mulher e nascer dela. Logo, a referência ao nascimento virginal no Antigo Símbolo Romano — o precursor do Credo Apostólico — não se dirige contra aqueles que pensavam que Jesus tinha um pai terreno, mas antes contra aqueles que pensavam que ele nunca nasceu, senão que apareceu.

Quase no final do século II e, cada vez mais, através dos séculos o nascimento virginal de Jesus levou a centrar a atenção sobre Maria*. Além disso, ao serem introduzidas na igreja noções que o contato sexual contamina, tornou-se cada vez mais comum afirmar que Maria havia sido virgem, não só ao conceber Jesus, mas por toda a sua vida. A "virgindade perpétua de Maria" já era defendida por Ambrósio e por Hilário de Poitier no século IV. No século IX, dava-se por estabelecido, não só que Maria nunca havia tido um contato sexual, portanto Jesus não tinha irmãos, mas que em seu nascimento Jesus não destruiu a virgindade física de sua mãe. Posteriormente, isso levou a outros ensinamentos sobre Maria, como a imaculada* concepção e sua assunção*, assim como à prática de pedir interseção e até de chamá-la "corredentora".

VIRTUALISMO. Termo que se emprega com frequência para se referir ao modo como Calvino entendia a presença de Cristo na Eucaristia*, que acontece pelo poder, ou seja, em virtude, do Espírito Santo. Mesmo que o corpo ressuscitado de Cristo esteja no céu, e ali permaneça, na comunhão Cristo alimenta os crentes "em virtude do Espírito". Esse poder é tão grande, que antes de falar de como Cristo desce do céu para a mesa eucarística, é possível falar de como o Espírito leva a comunidade que adora à presença de Cristo, no céu, como antecipação do banquete final.

VIRTUDES. Aristóteles define a virtude como "uma disposição que torna alguém bom". Na ética grega clássica havia quatro virtudes principais, com frequência chamadas virtudes "cardinais". Elas são a prudência, a justiça, a temperança e a força física ou moral. A prudência é a disposição que permite a quem a tem fazer juízos corretos com respeito aos valores e conduta. A justiça é a prática de dar a cada um o que lhe corresponde. A temperança é a virtude que permite a quem a tem governar os próprios desejos e em particular o desejo de abusar do que em si mesmo é bom. Por último, a força capacita a praticar as virtudes apesar das dificuldades, oposição ou possíveis consequências. A essas quatro "virtudes cardinais", a tradição cristã acrescentou as três "virtudes teologais" que a graça* infunde ao crente. Essas são: a fé, a esperança e o amor. Juntas, essas sete virtudes são a contrapartida dos sete pecados cardeais que são a raiz de todo pecado: o orgulho, a avareza, a luxúria, a inveja, a glutonaria, a ira e a desídia.

VISÃO BEATÍFICA. Literalmente, a "visão gozosa". É a visão de Deus que conforme boa parte da tradição constitui a meta da vida humana. Através da História, tem se debatido, tanto sua natureza, como seu conteúdo e a possibilidade de alcançá-la nesta vida. Alguns sustentam que uma visão completa de Deus não é possível ao intelecto humano, mesmo no paraíso, porque o finito não pode compreender o infinito. Alguns têm contestado se referindo a uma visão "em excesso" — que significa uma visão na qual antes que o intelecto compreenda o divino é o divino que envolve todo o intelecto humano. Quanto ao conteúdo da visão beatífica, o que tem sido debatido é se no céu o intelecto vê todas as coisas em Deus, ou as vê diretamente. Quanto ao tempo em que se pode conseguir, o que se debate é se é possível, pelo menos em alguns casos excepcionais, alcançar essa visão durante a vida presente.

VITORIANOS. Escola teológica centrada no monastério de São Vitor, nos arredores de Paris. Seu fundador foi Guilhermo de Campeaux (1070-1122), mas seus mais famosos mestres foram Hugo (c. 1095-1141) e Ricardo († c. 1173) de São Vitor. Todos eles se caracterizavam por combinar a piedade mística com a investigação racional, e, por isso são considerados entre os mais importantes precursores do escolasticismo*.

VOLUNTARISMO. Palavra que tem dois sentidos muito diferentes. Em boa parte da discussão contemporânea sobre a natureza da igreja, particularmente nos Estados Unidos, o voluntarismo é a postura segundo a qual a igreja é uma associação voluntária, formada por aqueles que, pelo próprio arbítrio, decidem unir-se a ela e sustentada por aqueles que livremente decidem dar-lhe ofertas e outros recursos. Com frequência tal posição vem unida a uma eclesiologia* que vê a igreja, não como parte do evangelho, mas simplesmente como uma associação de cristãos que se unem para se apoiarem mutuamente na fé.

No seu uso mais tradicional, o voluntarismo é a postura que sustenta que a vontade se encontra acima da razão. Essa tem sido a posição de muitos dentro da tradição agostiniana, com a qual refletem a experiência do próprio Agostinho de saber o que era verdadeiro e bom antes de estar disposto a crer e fazê-lo. O voluntarismo recebeu sua expressão clássica na teologia de Juan Duns Escoto (1265-1308), que sustentava que em Deus não há diferença entre a vontade e a razão, mas também que do nosso ponto de vista é melhor entender Deus como vontade soberana antes que como razão. Escoto também sustentava que o mesmo é certo do ser humano, visto que a razão não governa a vontade, mas que com frequência o contrário é o que acontece. Essas ideias foram levadas a um extremo pelos teólogos medievais tardios, que chegaram a dizer que, dada a primazia e a liberdade da vontade divina, é mais correto dizer que qualquer coisa que Deus faz é boa — em outras palavras, que a vontade livre de Deus é tal que se encontra acima da própria bondade (*Potentia Dei absoluta*).

W

WALDENSES. Valdenses*.

WESLEYANOS. Os herdeiros e seguidores do avivamento que aconteceu na Inglaterra no século XVIII sob a direção de João Wesley (1703-91) e seu irmão Carlos (1707-88). Inclui as diversas igrejas metodistas, assim como boa parte do movimento de santidade* e do pentecostalismo*. Logo, existe grande variedade entre os wesleyanos, mesmo que em geral sejam arminianos, e destaquem a experiência religiosa e a santidade da vida (Santificação*; Perfeição*).

WOMANISTA, TEOLOGIA. Do inglês "woman", mulher. A forma de teologia contextual* e de libertação* feita pelas mulheres norte-americanas de origem africana. Essa teologia está profundamente consciente do modo pelo qual a teologia e o cristianismo têm sido usados para justificar a opressão dos afro-americanos em geral e das mulheres afro-americanas em particular. Logo, ao mesmo tempo em que participa na luta dos negros (Negra*, teologia), a teologia womanista insiste na importância da perspectiva feminina; e, ao mesmo tempo em que participa de boa parte da luta feminina (Feminista*, teologia), insiste em manter sempre presente a questão do racismo e de suas consequências na escravidão e outras formas de opressão. Por isso, a teologia womanista inclui análise de gênero, assim como de raça e de classe. A partir dessa perspectiva busca, então, reinterpretar a fé cristã e reler as Escrituras de tal modo que reflitam as experiências das mulheres afro-americanas e as levem à libertação, assim como a libertação de outros oprimidos. Entre as principais dirigentes desse movimento se encontram Jacquelyn Grant (1948-) e Delores Williams (1929-).

Sua opinião é importante para nós. Por gentileza envie seus comentários pelo e-mail editorial@hagnos.com.br

Visite nosso site: www.hagnos.com.br

Esta obra foi impressa na Imprensa da Fé.
São Paulo, Brasil.
Primavera de 2015